ACTA DIURNA

Michael Klonovsky

Schilda wird täglich bunter

Reaktionäres vom Tage
Acta diurna 2016

Edition Sonderwege

Donald Trump gewidmet.
Dem Mann, der die versteinerten Verhältnisse
zum Tanzen bringt.

VORBEMERKUNG

Die *Acta diurna* haben in den vergangenen Jahren eine immer stärkere Verbreitung gefunden, so dass es kaum mehr nötig erscheint, diesen Notaten einführende Worte beizusteuern. Johannes Gross leitete den letzten Band seiner Notizbücher mit der Bemerkung ein, in ihnen sei »die Rede von Begebnissen und Begegnungen, die einer Seele vorkommen, die, nichts zu suchen, in ihrer Wirklichkeit umherläuft«. Solch interessiert-gleichgültiges Flanieren scheint dem Autor der vorliegenden Betrachtungen nicht mehr vergönnt zu sein; ihm wurden die meisten Themen, wie man sagt, unter die Nase gerieben. Dass er seine Nase dann zuweilen rümpft, ist die wenig überraschende Folge.

Es mag dem Leser etwas absonderlich erscheinen, dass ein der Buntheit gewidmetes und dieselbe im Titel führendes, also offenkundig primär dem Optischen verpflichtetes Buch derart olfaktorisch anhebt. Doch ich versichere Ihnen, die in Rede stehende Buntheit ist auch zu riechen, sogar zu hören – und vor allem: zu spüren. Geben Sie, die Sie schon länger hier leben, sich freudig dieser irisierenden, zuweilen auch etwas irritierenden Buntheit hin! Allen anderen Menschen weiter draußen in den Ländern rufen Katja Kipping und ich zu: Schilda wartet auf Sie! (Und Charles Bronson alias Mundharmonika würde an dieser Stelle ganz sicher nicht sagen: »Irgendjemand wartet immer«, wenn er den Hartz-IV-Regelsatz kennte.)

In das hier behandelte Jahr fällt der Wechsel des Chronisten aus dem Journalismus in die Politikberatung – halb zog es, halb schob man ihn dorthin. Der Wechsel hing zusammen mit einem Bruch, und dieser sehr lose mit dem Eintrag vom 23. Januar. Ein paar stutzerhafte Opportunisten und Zeitkorrekte fanden meine kleine Etüde über die beiden Wagnerianer A. Merkel und A. Hitler geradezu hochverräterisch schlimm. Kurz strich das Auge Saurons über meinen wie immer festlich gedeckten Tisch. Ein namenloses Grauen stieg auf unter schwindenden Bäumen – –

Vor kurzem gestattete ich mir, die Aussage zu präzisieren: Was ich – und keineswegs nur ich – damals scheinbar keck formulierte, werde in verblüffend kurzer Zeit ein Gemeinplatz, ja eine Trivialität sein. Nun ist es soweit. Ein Heerrufer des Trivialen, bislang Vizekanzler und damit an den politischen Geschehnissen unbeteiligt, Sigmar der Beherzte und Beleibte, sagte in einem Interview, Merkel habe Deutschland und Europa »in eine Sackgasse geführt«. Als Ursachen dafür nannte er »Naivität oder vielleicht auch Übermut«. Das Resümee des Merkel-Stellvertreters: »Europa steht vor der akuten Gefahr, zusammenzubrechen. Die Aufbauarbeit von zwei Generationen steht vor der erneuten Zerstörung.« Und der Vorhang im Kanzleramt zerriss in zwei Stücke von obenan bis untenaus. Als Außenminister erschien Gabriel später vielen.

Analog zu den beiden Vorgängerbänden sind die ursprünglich als Online-Tagebuch erschienenen Texte für die gedruckte Version leidlich gekürzt und gestrafft, aber niemals gemildert worden. Wie immer suchte der Autor, Galle und Geifer mit Weihrauch und Myrrhe zu übertäuben. Zu übertönen? Auszuräuchern. Dass er mit seinen Prognosen seit Jahren viel zu oft richtig liegt, bedauert niemand mehr als er.

München, im Februar 2017   *Michael Klonovsky*

ACTA DIURNA 2016

Niemand verdient seiner Güte wegen gelobt zu werden, wenn er nicht auch die Kraft hat, böse zu sein. Jede andere Güte ist meist nur Trägheit und Willensschwäche.
La Rochefoucauld

Am wenigsten aber liebe und achte ich jene Kleinen, Nichtigen, Spürnäsigen, die davon leben, daß sie Bescheid wissen und Fährte haben, jenes Bedienten- und Läufergeschmeiß der Zeit ...
Thomas Mann

You shouldn't give a shit about skin-colour, you shouldn't give a shit about sexuality, you shouldn't give a shit about gender, but you should be deeply suspicious of the people who do.
Milo Yiannopoulos

Leben heißt: Galle absondern.
Emil Cioran

INHALT

Vorbemerkung – 9

Acta diurna 2016 – 11

Januar – 13
Februar – 47
März – 70
April – 89
Mai – 108
Juni – 154
Juli – 189
August – 236
September – 251
Oktober – 283
November – 320
Dezember – 359

Personenregister – 391

JANUAR

1. *Januar*

Merke: Der natürliche Feind der Vielfalt ist die Meinungs-
vielfalt.

2. *Januar*

»In der Silvesternacht kam es im Bereich des Kölner Hauptbahnhofs zu mehreren sexuellen Übergriffen auf Frauen«,
meldet – warum eigentlich? – die regionale Presse. Mehr als
30 Frauen seien beschwerdeführend bei der Polizei vorstellig geworden. Eine von ihnen schilderte: »Wir wurden massiv ange-
fasst, an den Brüsten und im Intimbereich. Die Männer lachten,
griffen uns in die Haare und behandelten uns wie Freiwild. Wir
schlugen um uns, weinten und hatten große Panik. Es war Hor-
ror.« Eine Siebzehnjährige berichtete: »Vor dem Hauptbahnhof
wurden wir von einer Gruppe von mindestens 30 Männern
umringt und eingekreist.« In der »riesigen Traube« seien ihnen
nicht nur Taschen und Wertgegenstände geraubt, sie seien von
den Männern auch hemmungslos begrapscht worden. »Ich hatte Finger an allen Körperöffnungen.«
    Bei den Tätern handelt es sich um junger Nordafrikaner,
die in der Vergangenheit bereits durch Taschendiebstähle und
Drogenhandel in der Nähe des Hauptbahnhofs aufgefallen
sind.
    Das Typische und Zukunftsweisende an solchen, nun ja,
willkommenskulturellen Missverständnissen liegt darin, dass

diese in zärtlicher Geilheit auf Beutefrauen entflammten dunklen Gestalten genau wissen, in welche verteidigungsunfähige Bananenrepublik sie eingedrungen sind, was allein daraus erhellt, dass sie der Polizei offenbar als Diebe und Drogenhändler bekannt waren; doch in einer solchen Republik ist das bekanntlich kein Grund, sie vor die Tür oder hinter Schloss und Riegel zu setzen (vor die Tür geht sowieso nicht mehr, denn Frau Merkel hat alle Türen, wie weiland die 68er Kommunarden die Klotüren, aushängen lassen). Wobei man es in einer echten Bananenrepublik vermutlich nicht wagen dürfte, sich einheimischen Maiden gegenüber so zu betragen, noch dazu in einer Nacht, in welcher die halbe Stadt auf den Beinen ist, denn dort riskierte man, von den aufgebrachten männlichen Landsleuten der terrorisierten Frauen spontan gelyncht zu werden. Aber es gibt ja in *Schland* gar keine Landsleute mehr! Auch keine Damen und Herren übrigens, sondern nur Mitbürgerinnen und Mitbürger, davon manche, nein viele, mit (teils nur etwas vordergründigem) Migrationshintergrund, aber dass irgendwer aus dem Kreise der entwaffneten, enteierten, unter der Nazivorwurfskeule allzeit zusammenzuckbereiten männlichen Eingeborenen schwungvoll Hand anlegte bei der Landes- bzw. Landeskinderverteidigung, da sei Pegida vor! Beziehungsweise der Justizminister Maas, der solchem Rassistenpack schon in den Anfängen zu wehren wissen würde, aber hallo und willkommen!

Selbstverständlich, sage ich, wissen die heißblütigen nordafrikanischen Mitbürger vom Kölner Hauptbahnhof sehr genau, in welchen weichen, nachgiebigen, neuerdings sogar aller schützenden Grenzen weltbrüderlich entratenden Landeskörper sie eingedrungen sind, und wer wird sich wundern, dass sie auch da und dort ohne groß zu fragen in ein unverteidigtes Landeskind einzudringen versuchen? Und mal unter uns, Schwestern, es ist doch beim Wollen geblieben, oder? Die Zeugin hat gesagt, *an* – nicht *in* – den Körperöffnungen sei ihr der Willkommensdank erstattet worden, an der Tür quasi. Also hört mal auf, herumzuzicken und zur Polente zu rennen! An Weiberfastnacht wollt ihr doch auch grapschen und Krawatten abtrennen, ohne dass ein erschütterter Muselman oder Mohr euch gleich anzeigt!

PS: Bei den in Rede stehenden Afrikanern handele es sich aber keineswegs um »Flüchtlinge«, verlautbart die Polizei. Was mag das bedeuten? Dass sie schon länger zu Köln am Rhein weilen bzw. tätig sind? Womöglich gar abstammen von afrikanischen Gladiatoren aus der *Colonia Claudia Ara Agrippinensium*?

5. Januar

Der Kölner Polizeipräsident Wolfgang Albers erblickte in der silvesternächtlichen Frauenhatz am Hauptbahnhof »Straftaten in einer völlig neuen Dimension«. Ganz falsch. Dergleichen geschieht seit Jahrhunderten in zerfallenden Staaten, in die fremde Völkerschaften drängen. Wie normal es ist, zeigen die überaus ähnlichen Vorfälle in Hamburg und wer weiß, wo noch überall. Und wir stehen erst ganz am Anfang.

6. Januar

Alle, die jetzt behaupten, die Herkunft der Täter auf der u. a. Kölner Silvesterkirmes sei egal, sollen sich die Frage stellen, ob dergleichen Exzesse auch an braven, äußerlich als solchen kenntlichen Muslimas vollzogen worden wären.

7. Januar

Leserin ***, Juristin, schrieb mir zur Kölner Silvesterkirmes*:

»Die Herkunft der Täter ist natürlich relevant, die Herkunft und Lebensart der weiblichen Opfer halte ich jedoch beim vorliegenden Geschehen für irrelevant.

Es geht bei sexuellen Übergriffen natürlich grundsätzlich auch ums Herrschen und Terrainmarkieren, wie Sie ja selbst gestern geschrieben haben. Als Frau, die alleine in Köln lebt, kenne ich das Verfolgt- und Belästigtwerden durch muslimische Männer seit Jahren, das ist längst normal. Ich persönlich bin froh, dass das Thema jetzt ans Licht kommt. Ich habe im letzten Jahr die Konsequenzen gezogen und bin ins sichere Umland gezogen. Das nur als Hintergrund.

Unabhängig von diesen längst normalen ›täglichen Einzelfällen‹ gewinnt man jedoch ein etwas anderes Verständnis der Vorgänge in der Silvesternacht, wenn man sich die Parallelen zu den Geschehnissen auf dem Tahrir in Kairo während des ›Arabischen Frühlings‹ vor Augen führt. Auch dort wurden Frauen in großem Stil belästigt, verjagt und vergewaltigt. Wenn man die Berichte der Augenzeugen liest, könnte es sich um das gleiche Geschehen handeln. Und: Es war vollkommen egal, woher die Frauen kamen, wie sie gekleidet waren, wie sie lebten. Es gab Ägypterinnen, die mit ihren eigenen Kopftüchern gewürgt wurden.

---

* Bei den hier zitierten Zuschriften sind Orthographie und Grammatik des Originals im Wesentlichen beibehalten.

Dort konnte man bereits nachweisen, was ich hier nur ver-
mute: dass es sich bei den Vorgängen um konzertierte Aktionen handelte und dass zumindest ein Teil der Täter als bezahlte
Söldner agierten. Das Misshandeln, Vergewaltigen und sexuelle
Bedrängen von Frauen stellte auf dem Tahrir wie auch in Köln
eine Kriegshandlung dar, die der Destabilisierung des Staates
und Demoralisierung der Bevölkerung diente bzw. dient. Daher
ist die interessante Frage hier nicht, wie eine Muslima behandelt worden wäre. Ich bin mir sicher, sie wäre bei diesen Vorgängen nicht geschont worden.
    Die interessante Frage ist: Wer hat die Aktion koordiniert?
Und warum?«

Ich gestatte mir die kleine Anmerkung, dass die Frauen in Kairo sich allein durch ihre Teilnahme an den Demonstrationen
als Feinde des »wahren« Islam der Radikalen offenbart hatten,
weshalb sie auch ein Kopftuch nicht schützen konnte. Ansonsten hat die merkwürdige Parallelität der Exzesse in mehreren
deutschen, aber auch österreichischen, Schweizer und sogar
finnischen Städten schon frühzeitig die Vermutung geweckt,
es könne sich um ein konzertiertes Vorgehen gehandelt
haben; übrigens auch dergestalt, dass manche Zeitgenossen mutmaßen, die Aktionen seien von Einwanderungsgeg-
nern angestiftet, organisiert, vielleicht sogar bezahlt worden,
womöglich von sesshaften Ausländern selber, weil man die
Stimmung in Deutschland endlich kippen sehen wolle, damit
Angela Merkel ihren willkommenskulturellen Amoklauf abzu-
brechen genötigt werde, den schließlich doch jeder Hirnbesitzer
des Landes für dumm und verhängnisvoll halte. – Ich will
mich an diesen Spekulationen nicht beteiligen. Mir scheint
die These, dass sich der Mob an einem ohnehin exzessförder-

lichen Abend spontan sammelte und per Händi in bekannter
Südländermanier immer mehr Kumpane zusammenrief, sich
an seiner Stärke und an der Ohnmacht der Kartoffeln und
Schweinefleischfresser erfreute, genüsslich das Revier mar-
kierte, sich nahm, was man vor der Nase hatte, und so einfach
dem Gefühl Ausdruck verlieh, dass man dieses Land als eine
Art Beute betrachte, und zwar allein aufgrund der schieren
Zahl eingewanderter junger Männer – wir haben mehr Illegale
im Land als von Staats wegen Bewaffnete – am einleuchtend-
sten. Allah schütze Angela Merkel!

9. Januar

Den »Niedergang eines Machtsymbols« hat unlängst die *Frankfurter Allgemeine Sonntagszeitung* verkündet. Deutsche Spitzen-
manager trügen nämlich keine Krawatten mehr. Diesen »neuen
Look« hätten sie allerdings nicht selber erfunden, sondern nur
»abgekupfert« bei den total hippen, trendigen und überhaupt
vorbildlichen Internet-Millionären im Silicon Valley.

Davon abgesehen, dass der halsfreie »Look« so neu gar nicht
ist, denn schon die Steinzeit kannte ihn, steht man etwas irritiert vor der Behauptung, es handle sich bei der Kragenbinde
um ein Machtsymbol. Da woll(t)en uns die Krawattenmänner
von Cary Grant bis Pep Guardiola nur ihre Macht demonstrieren? Gott, wie prosaisch.

Zur Erkenntnis, was dieses kleine Accessoire recht eigentlich bedeutet, führen die Bilder von Boxchampions, denen
man Sakko und Schlips angelegt hat: Sie sehen sofort ma-
nierlich aus. Es geht um Manieren. Es geht um Ästhetik. Die
Krawatte gehört zu jenen Bollwerken, die der Mensch gegen

den inneren Affen errichtet hat. Dieses kleine Stück Stoff ist ein großes Stück Zivilisation und vor allem: Kultur. Kultur bedeutet immer ein Mehr an Anstrengung, egal, ob beim Bau von Kathedralen oder beim Binden eines Krawattenknotens. Das erklärt, warum sie vergleichsweise unpopulär ist. Die Gegner der Kultur sind: die Schwerkraft, das Praktische, die Eile und die Vulgarität (die man heute gern Authentizität nennt). Was Manager tun oder lassen, hat selten mit Kultur zu tun, sie dienen anderen Göttern.

Gewiss: Krawatte, Einstecktuch, Manschettenknöpfe, Maßanzug, das sind auch Distinktionsmerkmale, die schnell zum Protzgegenstand irgendwelcher Fatzkes werden können. Im Wesentlichen aber sind dergleichen Dinge da, um die Welt schöner und ihre Träger ansehnlicher zu machen. Sie mögen einerseits Rüstungen sein, aber andererseits bezeugen sie, dass man seiner Umwelt mit Achtung entgegentritt. Es gibt übrigens auch Menschen, die daheim allein für sich selbst eine Krawatte anlegen – aber das ist Champions League.

10. Januar

Eins.

»Im Rhein, im schönen Strome/ Da spiegelt sich in den Welln,/ Mit seinem großen Dome/ Das große heilige Köln.«
(Heinrich Heine, *Buch der Lieder*)

Zwei.

Zuerst hatten die Anschläge der Islamisten nichts mit dem Islam zu tun. Dann hatte die unkontrollierte Masseneinwanderung von vornehmlich Muslimen weder mit Kontrollverlust noch mit Muslimen und bei Lichte besehen auch nichts mit

irgendwelchen Massen zu tun. Sodann wiederum hatten die
Anschläge von Paris nichts mit eingewanderten Muslimen bzw.
überhaupt mit wandernden Menschenbrüdern zu tun. Schließlich hatten die Jahreswechsel-Saturnalien auf der Kölner Domplatte und andernorts nichts mit Flüchtlingen zu tun.

Nachdem sich all das als empirisch nicht wirklich haltbar
erwiesen hatte, erfolgte ein bestmenschlicher Rückzug in das
letzte, sozusagen notbeleuchtete Erklärschema: Während auf
dieser Welt Weiße vollkommen schuldhaft Straftaten gegen
Nichtweiße begehen, steckt hinter den Verbrechen von Nicht-
weißen gegen wen auch immer stets eine die besagten Taten
letztlich mildernde Ursache. Die andere Kultur etwa, aus der
sie stammen, vor der sie einerseits geflohen sein mögen, die
sie aber anderseits in sich tragen und als Heimat empfinden,
was einen erheblichen Identitätskonflikt erzeugt (dessen Dimension ein mit sich selbst zu hundert Prozent nichtidenti-
scher Deutscher gar nicht verstehen kann). Oder die traumatischen Umstände ihrer Flucht. Beziehungsweise Wanderung.
Natürlich auch die latent rassistische, als kränkend empfun-
dene Distanziertheit der deutschen leider immer noch Mehrheitsgesellschaft. Zuvörderst aber, und gottlob gerade nach
Köln angeprangert, gehört der Aufenthalt in engen, gegen die
ständigen Angriffe von Eingeborenen notdürftig mit Zäunen
abgesicherten Lagern zu den nun wirklich jederfrau verständ-
lichen Frustrationsursachen, zumal die erzwungene Untätig-
keit besonders die jungen afrikanischen Männer geradezu in
die Abwechslungskriminalität nötigt. Wer da nicht mal einer
Maid ins Höschen langt, vereinzelt mit Eisenstangen auf andere Frustrierte eindrischt oder wenigstens ein Händi mopst,
dem ist womöglich sogar von Integrationsfachleuten kaum
mehr zu helfen.

Drei.

Kollege *** fühlt sich durch die Reaktion gewisser Schickeria-schachteln aus dem *Refugees welcome!*-Edelreservat auf die Sil-vesterkrawalle an die geflügelten Worte weißer Hundebesitze-rinnen erinnert: »Also das hat er ja noch nie gemacht!« Doch doch, Frauchen, das hat er schon immer gemacht, Sie haben nur präventiv-indigniert weggeschaut.

Vier.

Nach dem nordrhein-westfälischen Landesvorsitzenden der Polizeigewerkschaft GdP, der im Walten der Extremkuschler auf der Unterwäscheparty zu Köln und anderswo »eine völlig neue Dimension der Gewalt« erkannt hatte, machte Justiz-minister Maas dortselbst eine »neue Dimension organisierter Kriminalität« aus. Derselbe Maas weiß zugleich, dass die Zahl der Straftaten von Asylbewerbern wegen der Enge in den Lagern und in vielen deutschen Herzen so beharrlich steigt, dass Zen-surmaßnahmen innerhalb der Innen- und Justizministerien sowie der Polizei eingeführt wurden. Derselbe Maas sagte in demselben Statement allerdings, dass sich die Kriminalitäts-bilanz von Deutschen und Einwanderern nicht unterscheide (in absoluten Zahlen glaube ich das sogar) und man anders-lautenden Behauptungen – vulgo: rechter Hetze – mit jener Entschiedenheit entgegentreten müsse, die ihm, Maas, bislang offenbar für die gleichzeitige Bekämpfung islamistischer Hetze, linker Straftatenprahlerei oder linksextremer Kämpfer gegen rechts nicht zu Gebote steht. Es ist schon erstaunlich, was für Kretins in diesem Land Ministerposten bekleiden.

Fünf.

Ich gebe aber zu, dass mich die Karrieren und Äußerun-gen deutscher demokratischer Kretins aufgrund der Vorher-sehbarkeit nahezu sämtlicher ihrer Lebensregungen allmählich so sehr ennuyieren, dass ich überhaupt kein Fernsehen mehr schaue und die Lückenpresse nur noch lese, um da und dort aufzulachen und die Blätter hernach zum Schweißaufsaugen unters Ergometer zu legen. Abends lese ich dann zuweilen in den wenigstens vergnüglichen Memoiren aristokratischer Kretins.

Sechs.

Stopp: Maas sprach bei seinem Kriminalitätsvergleich von »Flüchtlingen«, nicht von Einwanderern. Obwohl er das gewiss nicht so meinte, wie ich es meine – in der Tat war keiner der Kölner Gangster ein Flüchtling; ein Mensch, der an Leib und Leben bedroht in ein sicheres Land flieht und dort Aufnahme findet, benimmt sich mit Sicherheit nicht so –, führt die Unterscheidung auf die richtige Spur. Vor vier Tagen erklärte Innenmister Thomas de Maizière, im vergangenen Jahr seien 1,1 Millionen »Flüchtlinge« nach Deutschland gekommen, und alle Zeitungen plapperten dieses Wort gedankenlos nach. Schauen wir nach, woher die sogenannten Flüchtlinge kommen. Selbst wenn man berücksichtigt, dass in den Aufnahmeeinrichtungen gilt: Syrer ist, wer sich als Syrer ausgibt, sind nur um die 430 000 Ankömmlinge als Syrer registriert. Dazu 120 000 Iraker. Macht 550 000. Will heißen: Von den Flüchtlingen sind 50 Prozent keine, sondern, rein staatsrechtlich betrachtet, Eindringlinge. Und wie solche haben sich die Silvesterbeutemacher und Frauenerniedriger in vielen Städten ja auch benommen.

Sieben.

Allmählich beginnt die Beute zu zappeln, mancherorts sogar sich zu wehren. Allerdings steht sie zwischen zwei Fronten: den vitalen Invasoren auf der einen, den eigenen medienverstärkten Funktionseliten auf der anderen Seite. Wer sich in einer solchen Situation geschmäcklerisch über gewisse AfD-

Figuren entrüstet, gleicht jemandem, der bei steigendem Was-
serpegel über die Qualität der Rettungsboote zu räsonieren
anhebt. Ersaufen ist womöglich doch unangenehmer. Wer
sonst sollte, wie der Genosse Marx formulierte, die versteinerten (politischen) Verhältnisse zum Tanzen bringen, nachdem die realen Verhältnisse längst die Musik dafür spielen?
Das Gerede von Rechtsruck, Viertem Reich oder, noch komi-
scher, Muslimen als den neuen Juden ist natürlich lächerlicher
Unfug; die Deutschen, die 1933 ff. den Stacheldraht ausrollten
oder Grenzen niederwalzten, waren, wie ihre roten feindli-
chen Brüder im Osten auch, junge Leute um die Zwanzig in
Millionenstärke; die heutigen Deutschen haben im Schnitt
die Fünfzig überschritten und lärmen bevorzugt im Internet herum, während die Straße vielerorts längst den neuen
Herren gehört. Schon aus Rücksicht auf ihre Bandscheiben
und andere Elementaria des knirschenden alten Leibes werden viele, zum vielleicht letzten Mal, auf eine demokratische
Karte setzen.

Acht.

Ehe diese Meldung völlig untergeht: Der Präsident des Bayerischen Gemeindetags rechnet bis 2020 mit 20 Millionen Muslimen in Deutschland. Der Lückenpresse war diese Prognose wohl
zu niedrig bzw. nicht sensationell genug; vielleicht hat Merkel sie
aber auch bloß mit dem *Nicht hilfreich!*-Stempel versehen.

Neun.

Das ist aber nur die erste Welle. Nach UN-Schätzungen werden
anno 2100 in Afrika statt der heutigen 1,2 Milliarden Menschen
4,4 Milliarden leben. In Europa dagegen wird sich die Bewoh-
nerzahl von heute 738 Millionen auf 646 Millionen reduzieren.
Wird sie natürlich nicht; Europa wird bloß schwarz. Möglich,
dass die Religion des Friedens von dieser Welle selber mit fort-

gespült wird, wahrscheinlich wird sie aber hinreichend viele Proselyten machen, um als Klippe oder Fels darin zu überdauern. Selbst wenn dieser Prozess halbwegs friedlich ablaufen sollte, woran zu zweifeln ähnlich gute Gründe bestehen wie für jeglichen Zweifel an Merkels Zurechnungsfähigkeit, wird der Kontinent, von dem nahezu alles stammt, was das Leben auf diesem Planeten erträglich macht (ja, liebe Eselinnen und Esel, auch vieles Schlimme), nicht nur nicht mehr derselbe sein, sondern ein so vollkommen anderer, so dass es sich womöglich denn doch und aller Toleranz zum Trotz empfiehlt, ihn zu verlassen. Aber der weiße Mann (wenn er sich erst einmal aller rotgrünen Schlacken entledigt hat) ist findig genug, um sich irgendwo am Rande der Erde oder im Universum ein neues hyperboräisches Plätzchen zu suchen, und wenn er es sich dort wohnlich eingerichtet hat, ich wette, dann werden sie ihm wieder auf die Pelle rücken, von außen wie von innen, und ihm vorwerfen, er habe das alles nur auf Kosten der anderen erworben ...

11. Januar

Eine nicht unbedingt stattliche Reihe von Öffentlichkeitsarbeitern hat auf die Silvester-Exzesse mit dem Hinweis reagiert, dergleichen sei auf urdeutschen und garantiert muslimfreien Großveranstaltungen wie dem Oktoberfest doch normal. Mein Kollege Alexander Wendt stellt dazu die interessante Frage, warum sie dann niemals zuvor in einem beherzten *Aufschrei* dagegen protestiert haben. (Pedanten könnten freilich einwenden: Hatten sie doch auch diesmal nicht vor.)

Wendt schreibt an den Springer-Journalisten Alan Posener: »Sie gehören offenbar auch zu denjenigen, die jetzt entdek-

ken, dass das Oktoberfest schon seit Jahren der beschwiege-
ne deutsche Tahirplatz ist. Im Jahr 2015 hatte es bei mehr als
5 Millionen Besuchern und im Zeitraum von 14 Tagen 20 An-
zeigen wegen sexueller Belästigung und eine versuchte Vergewaltigung gegeben, das nur nebenbei. Meine Fragen, gestellt
teils im Zusammenhang mit einem Rechercheprojekt, teils
aus anthropologischer Neugier, lauten: 1. Waren Sie einmal
auf dem Münchner Oktoberfest? 2. Wenn Sie wissen, dass das
Oktoberfest eigentlich der deutsche Tahirplatz ist und Rudel
von Männern täglich über Frauen herfallen – warum haben
Sie als Journalist den Skandal nicht längst aufgedeckt? Denn
dann können ja die Zahlen der bayerischen Polizei nicht stimmen, nicht wahr?«

12. Januar

Zitat des Tages, verzapft von zwei deutschen Premiumjour-
nalistInnen: »Die organisierten Trickdieb-Banden, die offenbar schon lange zum Kölner Hauptbahnhof gehören,
bestehen wohl überwiegend aus Nordafrikanern, die schon
länger in Deutschland sind – aber offenkundig nicht angekommen sind. Eine echte Perspektive sehen sie für sich
nicht, sonst wären sie wohl nicht zu professionellen Dieben
geworden. Sie kennen den Grundbestand der Vorurteile in
der deutschen Gesellschaft. Dass sie die Urangst des älteren
weißen Mannes – die nehmen uns unsere Frauen weg – auf
der Domplatte in der Silvesternacht ausagiert haben, war die
größtmögliche Provokation einer Gesellschaft, die sie nicht
aufnehmen will.« Der ganze Altjungfernporno stand im Berliner *Tagesspiegel*.

»Ist das verstanden worden?«, pflegte mein Chemie-Lehrer immer zu sagen, wenn er berechtigte Zweifel hegte, dass dem so war. Also noch mal zur Sicherheit: Wenn Ihnen, meine Damen, ein Araberl oder auch ein Negerl fulminant an die »Speckmusch« (E. Henscheid) geht, ohne vorher Ihr Plazet eingeholt zu haben, dann will er bloß die Urangst des (ggf. Ihres) älteren weißen Mannes ausagieren und die Gesellschaft provozieren, die ihn bislang nur zum Hauptbahnhof statt zu Deutschland gehören ließ. Kein Grund also, irgendwelches Ge- oder gar einen #aufschrei anzustimmen; und er versteht Sie sowieso nicht.

Späterer 12. Januar

Im Grunde kann man's oftmals bei der Selbstentlarvung belassen: Unter der Überschrift »Wahrheit ist ein zartes Gut« referiert mein Lieblingsnarr Georg Diez auf *Spiegel online* über die journalistische Sorgfaltspflicht, welche im konkreten Fall darin bestanden habe, über die etwas aus dem Ruder gelaufene Kölner Lingerie-Spontanparty eben erst mal drei Tage zu schweigen und dann zögerlich und zagend den einen oder anderen Übergriff einzuräumen. Dies etwas unlustig abgehakt habend (er war ja nicht dabei), geht unser Bild von einem deutschen Mann schneidig zum Gegenstoß über mit den Fragen: »Was ist mit den No-go-Areas für Ausländer oder einfach nur Politiker? In Wismar wurde diese Woche ein Politiker der Linken niedergestochen. Wo blieb da der #aufschrei?«

Er folgte am selben Tag in jenem Medium, wo Diez seine Schwurbeleien ausstellt: »Staatsanwaltschaft: Linken-Politiker soll Messerattacke erfunden haben«. Besser drei Tage warten, schon vergessen?

Sich neigender 14. Januar

Leser *** will offenkundig meine Vorurteile gegenüber deutschen Studenten in Betreff Bildungsgrad sowie Sprach- und Konversationsniveau zerstreuen; jedenfalls schreibt er mir folgenden, hier leicht gekürzt wiedergegebenen Brief:
»Verehrter und gelehrter Herr Klonovsky,
die pikareske Anrede ist geliehen vom frühen Joachim Kaiser (aus der Zeit, da er noch kein Beethoven-Zombie war), aber das werden Sie wissen, sonst wären Sie bloß verehrt.

Am Montagabend kreuzte in Schwabing Martin Mosebach meinen Weg. Warum erkenne anscheinend nur ich diesen bedeutenden Mann und wo ist die ihm gebührende Menschentraube? Warum sieht er so unglücklich aus, hat er etwa noch nie eine Hochkultur untergehen sehen? Trifft er sich mit Klonovsky zur Pizza oder mit Botho bei Pegida?

So viele Fragen drängten sich mir auf, dass ich es versäumte, ihn an- und ihm meine Hochachtung auszusprechen. Das suche ich nun zu kompensieren, indem ich mich endlich an Sie wende, um Ihnen zu danken für manches, allem voran jedoch für das Führen und Veröffentlichen Ihres Online-Tagebuchs, in dessen grandiosem Humor sich Ihre glückselige Veranlagung zum Amor Fati weist.

Dieses Kompliment spreche ich aus als selbsternannter Erbe Harald Schmidts (welcher im vergangenen Jahr seinen Katholizismus mit dem zitierfähigen Satz umriss: ›Ich glaube, dass es etwas Größeres gibt als Andrea Nahles.‹) und Urheber teils bemühter Bonmots wie:
Man wird heiter älter als Ernst Jünger.
Man muss auch mal über den eigenen Talleyrand hinausblicken.
Hochhuth kommt vor dem Fall.

Ich bin gegen die Bierdeckelsteuer, weil schon Caesar an den Ideen des Merz scheiterte.

Napoleon plante zwar eine Invasion der britischen Inseln, doch mit Lord Nelson hatte England noch ein Ass im Ärmelkanal ... und so fort.

Sollte es möglich sein, dass große Stilisten durch bloße Präsenz – und sei es in Schwabing auf dem Bürgersteig – ungeahnte poetische Kräfte freisetzen in Schreibenden, die ansonsten dürftig begabt scheinen? Immerhin verfasste ich am späten Montagabend meinen bisher druckreifsten Brief an Rolf Schilling. Schätzen Sie ihn? Wenn es auch zugegebenermaßen manches unfreiwillig Komische aus seiner Feder geben mag (wobei man jenen Versen natürlich Komik plausibler attestieren kann als deren Unfreiwilligkeit), so findet sich doch nach meinem Dafürhalten vieles überaus Gelungene.

Viel zu umfangreich ist dieser Text bereits geraten, dessen Summe ein schlichter Dank sein soll für Ihre Tagebuch-Einträge und Feuilletons.

Mit besten Grüßen verbleibe ich

Ihr sehr ergebener

***

(seit 2015 Student der Germanistik und Geschichte).«

15. Januar

Wie sonderbar, dass dieselben Leute, die behaupten, Nation, Staatsvolk und Landesgrenzen seien Kategorien von gestern, immer brav ihre Wohnungstür abschließen und argwöhnisch achtgeben, dass niemand außer ihnen Zugriff auf ihr Konto besitzt.

16. Januar

Als CDU und SPD im November 2013 ihren Koalitionsvertrag vorlegten – Motto: »Deutschlands Zukunft gestalten« –, fragte ich mich verwundert, was wohl der dort erstmals prominent auftauchende Terminus »Transphobie« bedeuten möge. Jener nämlich, beteuerten die Koalitionäre, müsse hierzulande neben der allseits gerügten Homophobie und über diese hinaus der Kampf angesagt werden. Nun dürfte ein erster herausragender Fall bekannt geworden beziehungsweise aufgrund der üblichen Mechanismen doch eher unbekannt geblieben sein. In Dortmund sind zwei Transsexuelle, also heute Frauen, hinter dem Hauptbahnhof von drei Jugendlichen zunächst auf Arabisch beschimpft und sodann angegriffen worden. »Euch Huren müsste man steinigen«, habe einer der drei dem Schutzsuchendenstadium offenbar glücklich Entwachsenen gerufen, und da neben den beiden dekadenten Eingeborenen gleich ein Kiesbeet die erforderliche Munition darbot, seien die Lauser sogleich zur Tat geschritten. Die beiden Nunmehr-Frauen hatten großes Glück – als die ersten Steine auf sie flogen, bog zufälligerweise ein Streifenwagen der Polizei um die Ecke. Die »nordafrikanischen Täter« im Alter von 16 bis 18 Jahren wurden festgenommen, der Ältere, ein hinreichend bekannter Intensivtäter, sitzt jetzt wegen gefährlicher Körperverletzung in Untersuchungshaft. Die erste Steinigung auf deutschem Boden muss sich noch etwas gedulden.

Den Qualitätsmedien, *Bild* und *Focus online* ausgenommen, war dieser Zwischenfall keine Erwähnung wert, und auch die Transphobie-Bekämpfer aus den Koalitionsparteien beschwiegen ihn aus willkommenskulturellem Idealismus und weil gerade ohnehin dermaßen viel Wasser auf die Mühlen der AfD fließt.

18. Januar

Lückenpresse, x-te Fortsetzung. »Hamburg: Prügelei bei Kinderfußballturnier – mehrere Verletzte«, meldet *Spiegel online*. »Bei einem Kinderturnier in Hamburg kam es nach einer umstrittenen Schiedsrichterentscheidung zu einer Schlägerei. Auch Erwachsene wurden handgreiflich – gegen Acht- bis Zehnjährige«.

Das ist ja wieder typisch für Kevin, Bernd und Klaus!, denkt sich der Leser. Denkt er natürlich nicht, denn er weiß genau, was in der Meldung fehlt, nämlich der Gorilla auf der Hollywoodschaukel. Es trafen aufeinander die Mannschaften Bergedorf 85 und FC Bingöl. Ein Klick zur Lokalpresse offeriert: Der FC Bingöl ist ein kurdischer Verein, der schon öfter wegen Schlägereien ins Gerede geriet. *Spiegel online* ist daran allerdings vollkommen unschuldig. Nur die Lokalpresse zieht nicht mit. Sind halt keine richtigen Journalisten.

20. Januar

Sie sollen, geneigter Leser, nicht glauben, mein kleiner Eckladen verwandle sich allmählich in eine medienkritische Schlupfbude. Wer mit einem Dreck ringt, mahnt ein altdeutsches Sprüchlein, bekommt, er gewinne oder verliere, dreckige Hände. Doch wenn einer wie ich, der die schwachen Spätausläufer des Stalinismus noch erlebt hat, in der *Süddeutschen* liest, wie eine freie Journalistin Selbstanklage erhebt – die *SZ* formuliert: »WDRAutorin geißelt sich selbst« –, weil sie unter dem »Druck der Live-Situation« im niederländischen Radio »Unsinn geredet«, nämlich zu Protokoll gegeben habe, die öffentlich-rechtlichen

Sender seien angehalten, über Merkels Flüchtlingspolitik eher positiv zu berichten, wenn einer wie ich bzw. nur ich dies denn also liest, kann dieser eine oder ich nicht an sich halten und muss es in seinem deutschen Deliriums-Diarium *bon gré mal gré* festhalten. Jeder weiß, dass die Gute nichts als die Wahrheit gesagt hat, dass die Entrüstung des Senders nur ein Sichertappt-Fühlen war, und das prompte Statement, man berichte stets »ausgewogen und unabhängig«, ein Offizialwitz ist, wie er auch in der Spätzeit der DDR gern verkündet wurde – wobei ich jenen Desinfektionszwang, der mich damals nach jedem medialen Penetriertwerden heimsuchte, noch nicht mit dem Waschdrang gleichsetzen will, den Medienkontakt derzeit regelmäßig bei mir auslöst.

Nun, wie auch immer, die molestierte Maid, als freiberufliches Callgirl besonders auf das Wohlwollen ihrer Zuhälter angewiesen, tat jedenfalls Abbitte und sprach reuig: »Mir ist das ungeheuer peinlich. Denn ich bin niemals aufgefordert worden, tendenziös zu berichten oder einen Bericht in eine bestimmte Richtung zuzuspitzen.« Auch das mag in gewisser Weise stimmen, denn während die SED-Chefpropagandisten den nachgeordneten Genossen Medienschaffenden sicherheitshalber exakt vorgaben, was sie zu melden und zu kommentieren hatten, ist der endaufgeklärte bundesrepublikanische Durchschnittsjournalist so zugerichtet, dass er selber weiß, was von ihm erwartet wird, und im Glücksfall sogar wähnt, seine eigenen Ansichten vorzutragen, während er die herrschende Tendenz so sturheil befolgt, dass unsereinem der alte Kohl-Kalauer von der Gnade der späten Geburt durch die gnadenvoll spätgeborene Rübe rauscht.

Einschub: Ich habe mir früher gelegentlich und recht amüsiert ausgemalt, wie Stasi-Chef Mielke die Generäle der Hauptabteilung Aufklärung dafür lobt, dass sie die *Monitor*-Sendung

des grämlichen Klaus Bednarz unter ihre Fittiche genommen
hätten, und sich erkundigt, was der Mann denn dafür einstrei-
che, woraufhin die Belobigten verlegen mit den Schultern zuk-
ken und gestehen, dass sie überhaupt nichts getan hätten, der
Mann mache das ganz von allein … – Einschub beendet.

Die Selbstanklage der WDR-Domestikin geschieht nur wenige Tage nachdem der Kriminologe Christian Pfeiffer, über
dessen Diagnosen ansonsten das Nessoshemd allgemeinen
Gelächters gebreitet sei – er erklärte beispielsweise anno 2000
die vermeintliche Ertränkung eines Kindes durch zwanzig oder
auch zweihundert Skinheads im sächsischen Sebnitz für glaubwürdig –, nachdem also dieser Gevatter Tod ausgeplaudert
hat, dass man ihn im Staatsfernsehen vor einer Live-Sendung
aufgefordert habe, nicht das Wort »Flüchtlinge« zu erwähnen,
wenn er über Kriminalität spreche. Pfeiffer ist zwar kein Journalist, aber die Anweisung kam von Vertretern dieser Sparte,
und sie ging an einen, wie man sagt, renommierten Experten,
nicht an eine subalterne Freiberuflerin. Erinnern wir uns ferner
daran, wie viel Zeit vergehen musste, ehe unsere Qualitätsmedien über die Silvesterkrawalle sich zu berichten buchstäblich
genötigt sahen, was sie mit ihrer Sorgfaltspflicht zu begründen
suchten, einer Pflicht, die in anderen Fällen keine Rolle spielt,
etwa wenn in einem Dresdener Asylheim das erste schwarze Pe-
gida-Opfer von einem afrikanischen Landsmann erdolcht wird,
wenn Rechtsextremisten liberale Medienschaffende von hinten
krankschubsen oder Linksparteilern ihre Kneipenrechnung in
den Unterarm kerben, dass es einen Diez graust.

Spotten wir nicht, »wir alle sind schwache Menschen« (Kon-
sul Johann Buddenbrook). Außerdem sind das alles nur Petitessen, verglichen mit der schon vor mindestens einem Jahr
politisch befohlenen und bis in die Gegenwart medial beflis-

sen befolgten Desinformation größeren Stils über kriminelle
Eindringlinge aus Nordafrika. »Führende NRW-Innenpolitiker
waren schon im Oktober 2014 über Straftaten durch Gruppen
nordafrikanischer Männer, die in Flüchtlingsheimen in Nordrhein-Westfalen lebten, informiert. Um die Bevölkerung nicht
zu beunruhigen, suchten sie mit diesen Informationen zunächst
aber nicht offensiv die Öffentlichkeit. Das legt zumindest das
Protokoll einer Innenausschusssitzung vom 23. Oktober 2014
nahe«, meldete die *Welt* am 17. Januar 2016.

Dieselbe betrügerische Geringschätzung des Demos bezeugt
der auf Befehl der grünroten Landesregierung exekutierte Aus-
schluss der AfD aus der SWR-Talkrunde vor den Landtagswahlen. Dass diese Spitzbuben, die von Demokratie offenbar nur
wenig halten, quasi im selben Atemzug die Polen und Ungarn
wegen staatlicher Bevormundung der Medien kritisieren, würde ich freilich nur dann für grandios erachten, wenn stichhaltige
Beweise vorlägen, die Indolenz, Spaltungsirresein und moralische Hybris als Primärmotive ausschlössen.

21. Januar

Thomas Steinfeld, langjähriger Feuilletonchef der *Süddeutschen*,
macht in einem Artikel mit u. a. Rüdiger Safranski, Reinhard
Jirgl und Frank Böckelmann die »intellektuellen Wortführer einer neuen nationalkonservativen Bewegung« – also quasi von
Pegida – ausfindig und dingfest, was Letztgenannter ausdrücklich begrüßt, denn »die Menschen da draußen im Land« (so
A. Merkel, weniger Hüterin denn Mehrerin derselben) sollten
ruhig wissen, dass auch viele Intellektuelle dächten wie sie.
Steinfeld erfindet in diesem Text übrigens die »globale Nation«,

freilich nur als Plapperbegriff ohne jeden Ansatz einer Definition, was das sein mag und wie in einer solchen ein Staat sein
Recht setzt und seine Souveränität definiert.

Mit anderen Worten: Es handelt sich um eine Kapitulati-
onserklärung vor der laufenden Landnahme durch überwiegend junge nordafrikanische Männer. Thilo Sarrazin hat – wie
vor ihm andere auch, etwa der Schreiber dieser Zeilen, und
zuletzt die *New York Times* – darauf hingewiesen, dass Käß-
mann-Deutschland gewaltige Augenwischerei betreibe, wenn
man die Neuankömmlinge auf eine Gesamtbevölkerung von
80 Millionen anrechne: »Wir hatten im vergangenen Jahr
rund 1,1 Millionen Flüchtlinge, davon 800 000 junge Männer.
Man muss sich vergegenwärtigen, dass wir in der Altersgrup-
pe der 15- bis 30-Jährigen nur fünf Millionen deutsche Männer
haben. Die Zusammensetzung der Bevölkerung ändert sich
dramatisch. Hinzu kommt: Seriöse Wissenschaftler sagen
voraus, dass bis zu 80 Prozent der Flüchtlinge auf unserem Ar-
beitsmarkt keine Chance haben werden, weil ihnen einfachste
Qualifikationen fehlen.« Die »globalisierte Nation« ist nichts
als ein verwesender, in Anarchie und »molekularen Bürgerkrieg« (H. M. Enzensberger) absinkender, einstmals blühen-
der Nationalstaat als schließliche Beute von wem auch immer.
Deutschland erntet, was 40 Jahre moralische Erpressung und
negative Auslese in der Politik, an den Universitäten und in
den Medien gesät haben.

Es liegt, psychologisch gesehen, nahe, Kommentare wie
jenen von Steinfeld als vorauseilende Bitte um ein künftiges
Verschontwerden an die Adresse der eindringenden neuen
Herren zu interpretieren, wobei die natürlich kein Feuilleton
lesen; es handelt sich eher um ein mentales Training für künftige Anpassungsspitzenleistungen. Was ist schließlich, neben

der naturhaft wirkenden Verlogenheit durch die Vermählung von Gesinnung und Brotkorb, das habituell Verbindende bei deutschen Zeitgeist-Lautsprechern? Genau: Es sind wahre Schrumpfmannsbilder, sie alle haben eine Körperspannung wie Regenwürmer. Sie sind prädestiniert, ja geknetet für Unterwerfungsgesten jeglicher Art. Nehmt die Brüder und Schwestern nicht zu ernst, wenn sie sich krümmen; sie trainieren nur.

Schön, mein Fürst, kommst du einhergeschritten:
Sterben will ich drum zu Füßen dir;
Schön bewegst du dich, mein holder Türke:
Sterben will vor deinem Wuchs ich hier.
Hafis

Sich vollendender 23. Januar

Von ihrem Amt sowie ihrer Geschlechtslosigkeit abgesehen, schienen lange Zeit kaum Ähnlichkeiten oder gar Verbindungen zwischen A. Hitler und A. Merkel zu bestehen. Mittlerweile dämmert es vielen, dass es eine womöglich fundamentale, ins Metaphysische reichende Allianz zwischen den beiden geben könnte insofern, als die heutige Kanzlerin den letzten Willen des Führers, das Verschwinden der Deutschen, zwar nicht direkt exekutiert – das erledigen sie durch ihre Kinderwunscharmut allein –, aber immerhin kolossal beschleunigt. Beim Umkreisen der Frage, was derzeit eigentlich und warum passiert, kam mir noch eine Affinität, ein Konnex, eine bislang eher übersehene geistige Wahlverwandtschaft der beiden eigenschaftslosesten deutschen Staatsführer in den Sinn:

Beide waren bzw. sind Verehrer des Linksextremisten Richard
Wagner, Bayreuth-Pilger, weihevoll Ergriffene (er gewiss weit
kenntnisreicher als seine Nachfolgerin), beiden war bzw. ist
als Topos und Option ein Finale namens Götterdämmerung
geläufig, in welchem der komponierende Revolutionär und
Großutopist die bisherige Welt, speziell die bürgerliche Gesellschaft, auf der Bühne dem Untergang in den Fluten und
Flammen des Gerichtstages übergibt. Der deutsche Führer
brachte bekanntlich die bislang eindrucksvollste Realversion
dieses Großreinemachens zustande, und seine komplemen-
täre Nachfolgerin Brünnhilde Merkel ist gerade dabei, starke
Scheite zuhauf schichten zu lassen am Rand des Rheins, um
das, was damals übrigblieb und sich rappelte, neuerlich einer
»glodernden Lut« (E. Stoiber) bzw. eben doch einer Flut zu
überantworten, welche sich über den gesamten Kontinent zu
ergießen anschickt.

Bringen wir die Inkommensurabilität der weltgeschichtli-
chen Ausgangslage, der entfaltbaren Kräfte und der Verbrechen
in Abzug und stellen wir in Rechnung, dass der eine Prozess ab-
geschlossen ist, während der andere gerade anläuft, dann lässt
sich, halbwegs schlechten Gewissens, folgender Vergleich ziehen: Der eine, Hitler, setzte das von ihm beherrschte juvenile
Volk in Marsch, die halbe Welt zu überrennen, die andere, Merkel, ruft die halbe Welt herbei, das von ihr regierte greise Volk
zu überrennen; der eine akzeptierte keine fremden Grenzen,
die andere akzeptiert keine eigenen Grenzen; der eine meinte es auf monströse Weise böse mit den Fremden, die andere
meint es auf monströse Weise gut mit den Fremden; der eine
verlangte seinem (im allerweitesten Sinne) Volk übermenschliche Leistungen beim Unterjochen fremder Völkerschaften
ab, die andere verlangt ihrem (im allerweitesten Sinne) Volk

übermenschliche Leistungen beim Bewillkommnen fremder
Völkerschaften ab; der eine ruinierte Deutschland durch eine
außer Rand und Band geratene Inhumanität, die andere ist dabei, Deutschland durch eine außer Rand und Band geratende
Humanität zu ruinieren. Beiden Hauptakteuren gemeinsam indes ist der sturheile Marsch in den Kollaps, das triumphierend
widervernünftige, gegen jedes Maß, gegen alle Tradition und
alle Vernunft gerufene: »So – werf' ich den Brand/ in Walhalls
prangende Burg.«

24. Januar

»Herr ***«, sagte ein Bekannter über einen prominenten Opponenten der Kanzlerin, dem es an der letzten Entschiedenheit
mangelt, seine Position in der Öffentlichkeit geltend zu machen, »ist ein vorsichtiger Mutiger.«

26. Januar

Formulierungsvorschlag für das Ende der Trauerrede auf eine
Kanaille: »Er ist jetzt hoffentlich in einer schlechteren Welt.«

27. Januar

Mir ist heute zum ersten Mal bewusst geworden, dass Mozarts
Geburtstag und die Befreiung von Auschwitz auf dasselbe Da-
tum fallen; damit könnte der Hoffnung doch ein symbolischer
Termin eingeräumt werden.

Nachtrag: Kaisers Geburtstag übrigens auch (das hätte ich als Preuße eigentlich parat haben müssen); es nimmt der Hoffnungen kein Ende.

29. Januar

Eins.

Gestern war für mich ein historischer Tag: 35 Jahre nachdem der Stasi-Major T. mein Traktätlein »Zur Kritik des DDR-Bildungssystems« beschlagnahmte (ich kam aus der Sache heil heraus, weil mein Vater mit dem Mann zusammen studiert hatte und ihm ausreden konnte, mich seinen Genossen zu überantworten; übrigens künde ich hier zum ersten Mal von T.s Dienstpflichtverletzung), ist ein Text von mir, den ein libertäres Magazin auf seiner Facebook-Seite gepostet hatte, von kalter Zensorenhand getilgt worden. Bei besagtem Text handelt es sich um meine kleine Etüde über die beiden götterdämmerungsaffinen Wagnerianer A. Hitler und A. Merkel, nachzulesen in diesem Diarium unter dem 23. Januar. Historisch ist der Vorgang, weil die Internet-Zensur, die unser Justizministerlein Maas seit langem und ausschließlich gegen »rechts« angekündigt hat, nunmehr also ins Werk gesetzt wird, und zwar offenbar nicht (nur) gegen sogenannte rassistische Hetze, sondern auch gegen das Statuieren viertelwegs geistreicher und halbwegs gewagter Analogien zum Kurs der momentanen Parteien- und Staatsführung ... – historisch also, um den Faden wieder aufzunehmen, ist der Vorgang insofern, als er, aufgemerkt nun denn, unter der Mitwirkung von Frau A. Kahane alias »IM Victoria« stattfindet, die acht Jahre lang als Stasi-Spitzel »ehrlich und zuverlässig«, so ihr Führungsoffizier, Dutzende Personen aus ihrem Umfeld beobachtet und den Genossen des MfS getreulich darüber berichtet hatte, was sogar in der *Wikipedia* steht, obwohl dort viele ihrer Gesinnungskumpan_innen daran arbeiten, dass dergleichen Ehrenrührigkeiten nicht das Lexikon des Weltweitwissens trüben. Später schloss sich Kahane mutig dem antifaschistischen Widerstand gegen das Vierte Reich an, gründete in wiederholter Lebensgefahr die Amadeu-Stiftung und darf heute im Auftrage des Justizministers wieder in einstweilen noch beratender Funktion den Klassenfeind bearbeiten. Womit sich für mich ein Kreis schließt. Heimat ist, wo du bespitzelt, denunziert, zensiert wirst. Und wirklich heimisch bistu worden, wenn du anerkennst, dass es gut sey.

Zwei.

Ein Wort an die Gebildeten unter meinen Verächtern. Neben der kognitiven Dissonanz nimmt auch, scheint's, die kognitive Legasthenie unter Öffentlichkeitsarbeitern ständig zu. Neuerlich halten mir ein paar hermeneutisch Hochbegabte im Empörungstremolo vor, ich hätte in besagter Etüde unsere Kanzlerin der Herzen mit dem zu Braunau am Inn einem Schmeißfliegenei entschlüpften Oberteufel und Menschheitsabschaum verglichen. Ich gestatte mir zunächst den formalen Hinweis, dass die Überschriften über meinem Text, wo immer er im Netz veröffentlicht wurde, nicht von mir stammen, denn ich setze in den *Acta diurna* keine; soll meinen: Jene ca. 98 Prozent der Kommentierer, die nicht über die Lektüre einer Headline hinauskommen, weil's ihnen sofort höllisch in den Fingerchen zu jucken beginnt, ihren Senf, wie man jenem gegenüber ungerechterweise sagt, dazuzugeben, kakeln ins Leere, beruhigen sich dabei aber vermittels bewährter Affektabfuhr wieder halbwegs, und so soll es meinetwegen bleiben. Sodann: Natürlich kann ich Frau Merkel mit jedem und allem vergleichen, wonach immer mir der Sinn steht, mit Claudia Schiffer, einem Schuhlöffel, einem Zierfisch, dem iranischen Präsidenten oder eben dem besagten Alien aus Braunau – indem sich wer darüber echauffiert, hat er ja ebenfalls: verglichen –, denn ohne Vergleich gelangt man schwerlich zur Differenz. In besagtem Text ist nun ausdrücklich auch von der Inkommensurabilität der Umstände die Rede, bevor das wagnerianisch Gemeinsame der beiden Akteure herausgestellt wird. Wer denn aber zwischen Vergleichen und Gleichmachen nicht zu unterscheiden versteht, möge sich vielleicht in die Mysterien der Sterbehilfe einlesen und/oder für immer schweigen.

Drei.

Nein, ich bin nicht »auf« Facebook, und ich werde mich weiterhin fernhalten. Die Gründe finden Sie unter: Zwei. Außerdem bin ich sehr empfindlich gegenüber sozialem Mundgeruch und dem penetranten Odium der Zeitgenossenschaft.

Vier.

Folgende Perspektive auf meine Fingerübung gibt es auch noch, und sie sei niemandem vorenthalten: »Oft sind Sie meine einzige Freude, wenn ich meine tägliche Rundschau im Netz durchführe«, notiert Leser ***. »Diesmal allerdings haben Sie es geschafft, mir einige Ekel-Schauer über den Rücken zu jagen. Die Einordnung der aktuellen Lage und ihrer Akteure unter Zuhilfenahme der Werke des Meisters ist absolut unangebracht und geradezu obszön!«

Fünf.

In der ersten existentiellen Krise dieses (freilich von seinen sogenannten intellektuellen Wortführern jahrzehntelang mental sturmreif geschossenen) Landes seit der Höllenfahrt der NS-Diktatur versagt die Staatschefin mitsamt dem sogenannten

Parlament vollständig und geradezu methodisch, weil sie, un-
kultiviert, historisch ahnungslos, als Lakaiin erst der Sowjets,
später der Amerikaner konditioniert, eben nicht die Kanzlerin
Deutschlands ist, sich gar nicht als eine solche empfindet, sondern eher wähnt, die Verwalterin eines ihr politisch zugeteilten
Gebietes zu sein, das weder historisch noch sittlich noch kulturell noch, *horribile dictu*, irgendwie ethnisch zusammenhängt
und in dem, wie sie selber formulierte, eben »möglichst viele
Menschen« leben sollen.

Sechs.

Was nun die Zusammensetzung dieser möglichst vielen hierzulande leben sollenden Menschen angeht: »Entsetzt« hat,
laut *Bild*, bei der Plauderrunde von Maybrit Illner die sogenannte Islamexpertin Lamya Kaddor auf das Statement eines
AfD-Mannes reagiert, man möge bei der Aufnahme von Menschen verfolgten Christen Priorität einräumen. »Sie wollen
zwischen den Religionen unterscheiden? Wären der AfD also
eine Million Ukrainer lieber als eine Million Muslime?« Ich
weiß nicht, was der arme Mann und wahrscheinlich Christen-
mensch auf diese Frage geantwortet hat, ich will es für ihn hier
tun und sagen: Was Ukrainerinnen angeht, müssen Sie Paolo
Pinkel fragen, ansonsten ein klares Nein! Was wir hier brauchen, existentiell brauchen, überlebensnotwenig brauchen,
sind noch mehr junge muslimische Männer aus den Tiger- und
Boomstaaten Nordafrikas, eifrige, strebsame, arbeitswütige,
faustische Naturen, die Nobelpreisträger, Patentanmelder und
Unternehmensgründer von morgen, die heute bereits bei den
Mathematikolympiaden und »Jugend forscht«-Wettbewerben
die Preise nur so abräumen, Liebhaber der universellen Bildung und der Künste, Pioniere der Weltraumforschung, der
Quantenphysik, der Nanotechnologie und des Weinbaus,

Makroökonomen und musisch gestimmte Schöngeister, frei-
mütig und weltoffen, die uns mit ihrer sympathischen, hilfs-
bereit-unaggressiven Wesensart, ihren erlesenen Manieren,
ihrem Humor, ihrer toleranten Religion, ihrer Weltweisheit
und dem Liebreiz ihrer Frauen noch mehr betören als heute
ohnehin schon, beim Scheitan und Sarrazin, davon wollen wir
mehr! Mehr! Mehr!

30. Januarius

Wenn ich derzeit gehäuft lese, die Hetze, die Drohungen, die
Beleidigungen seitens rechtsgerichteter Internet-Nutzer hätten
ein unerträgliches Ausmaß erreicht, das die Gesellschaft sich
bzw. »wir uns« nicht mehr gefallen lassen dürfe(n), folgere ich
daraus dreierlei.

Erstens: Es gibt solche Figuren.

Zweitens: Jemand möchte, dass sich möglichst viele Menschen schuldig fühlen, weil es solche Figuren gibt.

Drittens: Unseren Gesinnungswächtern und Konsensvoll-
streckern entgleitet die Kontrolle über die öffentliche Meinung
immer mehr, und sie wollen den mentalen Boden für neue
grundlegende Zensurmaßnahmen bereiten. Für solche Fälle haben wir das Strafrecht und nichts außerdem. Alle Äußerungen,
die nicht strafrechtlich relevant sind, sind in einer sogenannten
Demokratie legitim (im Sinne des Erlaubten), auch die von Volker Beck und Björn Höcke.

Wer etwas anderes propagiert und z. B. Facebook-Einträge löschen lässt, die im Sinne des Strafrechts völlig einwandfrei sind, ist
ein Demokratiefeind, ein Pluralismusfeind, ein Freiheitsfeind. Ach
was: ein Demokratiehasser. Pluralismushasser. Freiheitshasser.

31. Januar

Und schon wieder ist ein Monat vorübergezischt, der uns
um die 100 000 neue »Menschen da drinnen im Land« (so
wahrscheinlich A. Merkel) beschert hat, obwohl die Zeit der
Bescherungen eigentlich gerade hinter uns liegt. Dieser Tage
zirkuliert in vielen Medien ein ursprünglich auf Facebook
veröffentlichter, durchaus an die Nieren des Lesers gehender
Text eines Arztes, der in einem Erstaufnahmelager Dienst tut.
Obwohl man anfangs nicht erfuhr, wo genau der Mann die er-
schöpften und verletzten Neuankömmlinge medizinisch erst-
versorgt, übernahmen sämtliche einschlägigen Internetporta-
le den Bericht vergleichsweise prompt; einzig *FAZ online* fand
sich, wenn ich's recht überschaue, bemüßigt, einmal nach-
zufragen und eine Bestätigung einzuholen; Ort des Gesche-
hens ist also ein Erstaufnahmelager in Erding bei München.
Ich halte das nicht fest, weil ich dem Text misstraue, sondern
weil mich die Sorglosigkeit unserer Medienschaffenden beim
Behandeln von Quellen, sofern die Tendenz der Nachricht
stimmt, immer wieder tief beeindruckt. An den Darstellungen
des Arztes zu zweifeln, besteht kein Anlass, wenngleich er für
einen wirkenden Mediziner erstaunlich viel polemisiert und
Merkels Politik der offenen Grenzen preist; womöglich hat er
den Text nicht ganz allein oder nicht ganz von allein verfasst;
sei's drum: Die Indienstnahme von Missständen ändert nichts
an deren Faktizität. Zusammengefasst liefert der Text zwei
partielle Korrekturen der landläufigen Ansicht: Zum einen
kämen in Erding deutlich weniger junge Männer und deutlich
mehr Kinder an als bislang zumindest anderswo, zum zweiten
befänden sich die Ankommenden in einem weit desolateren
gesundheitlichen Zustand als sonst zu hören oder zu spüren.

Mit anderen Worten: Der Doktor hat es mit tatsächlichen Flüchtlingen zu tun.

Es ist viel zu selbstverständlich, dass man armen, geplagten Menschen Hilfe anbietet, als dass ich es eigens erwähnen mag; in diesen Topf dürfen beispielsweise meine Steuerzehntausender gern fließen, insonderheit jene, die üblicherweise der Antifa und anderen sinistren Kämpfern gegen »rechts« zugegaunert werden. Der Kultivierte sollte Abstand zu jenen halten, deren Herzen eng und hart sind (sofern es sich nicht um Genies handelt).

Kommt jetzt das Aber? Aber gewiss doch! Diesem präludierend sei nun an die ebenfalls auf Facebook veröffentliche Klage einer ebenfalls freiwilligen Helferin erinnert, die vor kurzem ebenfalls auf einigen Webseiten verbreitet wurde, wenngleich weit seltener und mit deutlich weniger Bekennereifer als der in Rede stehende Arztbericht. Die Frau sah sich in ihrem Asylheim überwiegend mit juvenilen Männern aus Westasien und Nordafrika konfrontiert oder auch von ihnen umzingelt. Deren unablässige sexuelle bzw. sexualisierte Belästigungen und sonstige Unverschämtheiten trieben sie schließlich dazu, den Bettel hinzuschmeißen. Auch in diesem Fall besteht kein Grund, an der Authentizität der Schilderungen zu zweifeln.

Ersichtlich haben wir nicht nur zwei gesellschaftliche Perspektiven auf die Einwanderer, die beiden Optiken entsprechen offenbar auch den Tatsachen. Natürlich kommen bei uns Menschen in großer Not an, aber ebenso treffen hier dreiste Forderer und Invasoren ein, die ihre gewalttätigen Sitten und Gebräuche mitbringen. Viel zu selten wird übrigens thematisiert, dass aus Syrien geflohene Christen von muslimischen »Mitflüchtlingen« auf deutschem Boden munter weiterterrorisiert werden, sofern sie niemand auf private Initiative aus ihrem Getto erlöst.

Und auch wenn ein Erstaufnahmemediziner verkündet, momentan träfen besonders viele Kinder ein, ändert das nichts an der statistisch belegten Tatsache, dass die meisten Einwanderer junge muslimische Männer sind.

Ein Politiker, der bei Trost ist, wird nun alles in Bewegung setzen, Verfolgte und Eindringlinge voneinander zu trennen, den einen zu helfen, die anderen abzuweisen. Ein Politiker, der bei Verstand ist, wird überhaupt Asyl und Einwanderung voneinander zu scheiden suchen, für die Gruppe der Einwanderer Kriterien festlegen und den Asylanten wiederum erklären, dass sie unter bestimmten Umständen, etwa wenn sie zu viele werden oder sie sich in ihrer neuen Umgebung ohne Alimentierung nicht zurechtfinden, nach dem Wegfall des Fluchtgrundes wieder heimkehren müssen, mag die Asyllobby auch insistieren, was ihre Konten hergeben.

Und nun erkläre mir doch bitte jemand, wie das alles ohne Grenzsicherung und Grenzkontrollen auch nur ansatzweise funktionieren soll. Anders formuliert: Wenn unser offenbar reichlich grünfrommer Erstaufnahme-Arzt den Verfolgten und Notleidenden helfen will, darf er gerade nicht die Merkelsche Willkommenspolitik bedingungslos gutheißen, denn die wird zügig dazu führen, dass die Aufnahmebereitschaft bzw. -willigkeit der sich immer stärker ausgenutzt fühlenden Deutschen immer mehr sinkt.

»Als der chinesische Philosoph Me-ti von einer Audienz mit einem sehr hohen Beamten kam, berichtete er seinen Schülern, die hohe Persönlichkeit habe mit ihm hauptsächlich über sogenannte gefährliche Gedanken gesprochen. Der Herr, berichtete Me-ti, hat sich ungenau ausgedrückt, wenn auch sehr heftig, aber ich wäre nicht erstaunt, wenn er solche Gedanken wie ›Wer arbeitet, muß essen‹ oder ›Wenn man eine Brücke bauen will, braucht man Brückenbauer‹ oder ›Der Regen fällt von oben nach unten‹ als gefährliche Gedanken behandeln würde. Ihr könnt mir glauben, ich bekam den Eindruck, daß es sehr gefährlich sein muß, in der Haut dieses Herrn zu stecken.«

(Aus: Bertolt Brecht, *Me-ti. Buch der Wendungen*, Frankfurt am Main 1965)

FEBRUAR

1. Februar

Kollege ***, den derzeit wie so manchen der Weltlauf generell sowie insonderheit jener nach Deutschland sacht gruselt, erzählt einen Traum. Darin sei er von seinem Vorgesetzten aufgefordert worden, einen kleinen Fluss aufzustauen. Während er – im Traum wie in der Wirklichkeit das Pflichtbewusstsein in Person – sich sofort anheischig machte, den Auftrag zu erfüllen, fiel ihm auf, dass er ja direkt am Ufer des Flüssleins wohne; wenn er das Wasser also staue, werde es ihm ins Haus fließen. Diese Bedenken habe er denn auch seinem Chef vorgetragen, doch der habe lachend abgewinkt und gesagt, er möge nicht so pessimistisch und bedenkenträgerisch sein, das werde schon funktionieren, wahrscheinlich laufe das Wasser ganz woanders hin, er möge einfach anfangen. Befohlen, getan; *** errichtete aus Steinen einen Damm in Form eines gegen die Strömung gefügten Halbrunds, das Wasser staute sich, schwoll an und überschwemmte schließlich seine Bleibe. Als er den Chef zur Rede stellen wollte, war der nicht mehr auffindbar und irgendwohin verschwunden. In der nächsten Traumsequenz, erzählt ***, habe er dann verschiedene fremde Leute gesehen, die ihm teure Gegenstände aus seinem vom Hochwasser ramponierten Haus trugen; offenbar hatte eine Versteigerung seiner Habe stattgefunden, und vergeblich versuchte er, das eine oder andere Stück zu behalten. – Hier endete des Schlafgesicht.

»Sie träumen sogar schon von Frau Merkel«, sagte ich ihm.

3. Februar

Wolfgang Herles, ehemaliger Leiter des ZDF-Studios Bonn und Ex-Moderator der Kultursendung *aspekte*, tat kund und zu wissen, was im Grunde jeder weiß, nämlich: »Es gibt tatsächlich (…) Anweisungen von oben. Auch im ZDF sagt der Chefredakteur: Freunde, wir müssen so berichten, dass es Europa und dem Gemeinwohl dient. Und da braucht er in Klammern gar nicht mehr dazusagen: Wie es der Frau Merkel gefällt.« Es setzte hinzu: »In besonderen Zeiten wird das ZDF zum Gesinnungssender.« Die Flüchtlingskrise sei für ihn eine »besondere Zeit«.

Wenn Medien, die mit einer staatlichen Zwangssteuer großzügigst finanziert werden und deren Intendantensessel proporzgenau mit Parteikadern besetzt sind, nicht nur als Staatsmedien wahrgenommen, sondern auch als solche bezeichnet werden, sollte das eigentlich niemanden erschüttern, und die meisten Zeitungen fühlten sich auch nicht bemüßigt, über dieses Stöckchen zu springen, sondern setzten ihren demokratischen Schlummer fort. Und die seltsame Diskussion darüber betreffend, wie genau dergleichen – angeblich angebliche – Anweisungen nun den Weg zu den Redakteuren finden mögen: Was eine Sardine vermag, kann doch ein Journalist erst recht!

4. Februar

Gestern Abend erzählte mir ein befreundeter Physik-Professor, er habe in allen seinen wissenschaftlichen Publikationen noch nie eine Arbeit zitiert, die vom afrikanischen Kontinent und aus dem arabischen Raum stamme, Südafrika und natürlich Israel ausgenommen, und zwar keineswegs vorsätzlich, sondern weil dort einfach nichts Relevantes veröffentlicht werde. Was das gesamte muslimische Vorderasien angehe, bildeten der Iran und die Türkei seit Atatürk Ausnahmen, wobei Letztere unter Erdogan sich inzwischen möglicherweise zur Regression anschicke. –

Heute nun lese ich, ein, wie es heißt, Experte fordere Arabisch als Pflichtfach in deutschen Schulen. Etwa bei *ntv*: »Mit seiner Forderung, auch deutsche Kinder müssten in der Schule Arabisch lernen, stößt der Präsident der privaten Kühne Logistics University in Hamburg, Thomas Strothotte, eine neue Debatte über Integration an. In einem Gastbeitrag für die Zeitung *Die Zeit* schrieb Strothotte: ›Hierzulande sollte hinzukommen, dass die Flüchtlingskinder aus dem Nahen Osten Deutsch und die deutschen Kinder Arabisch lernen‹. Beide Sprachen, so der Informatiker, müssten für alle Schüler und Schülerinnen bis zum Abitur zur Pflicht werden – und im Optimalfall auch als gleichberechtigte Sprachen im Unterricht anerkannt werden. Auf diese Weise würde den jungen Deutschen ›ein Zugang zur arabischen Welt‹ ermöglicht. (...) Bereits vor zwei Jahren hatte zudem der stellvertretende Hauptgeschäftsführer der Berliner Industrie- und Handelskammer, Christian Wiesenhütter, ähnliches gefordert. ›Wir müssen endlich anerkennen, dass Arabisch eine Weltsprache ist, und wir müssen Schritt halten‹, hatte er dem *Tagesspiegel* gesagt.«

Das letzte Mal, dass einem Volk bzw. einer Bevölkerung oder eben auch Menschen da draußen im (damals freilich festumfriedeten) Land eine Fremdsprache als Pflicht auferlegt wurde, war in der DDR, an deren Vorbildlichkeit für hiesige Schritthalter mit jedem Tag immer weniger Zweifel bestehen. Dass ausgerechnet ein Informatiker dergleichen vorschlägt, also ein

Mensch aus einer Sparte, in der Arabisch nicht die geringste Rolle spielt, soll uns als Einwand nicht irritieren, denn in welcher wissenschaftlichen oder, allgemeiner, geistigen Sphäre, mit Ausnahme der religiösen, spielte Arabisch eine Rolle? Es ist zuweilen ein heikles Unterfangen mit der Gleichstellung.

Doch schauen wir zuerst auf die möglichen positiven Begleiterscheinungen flächendeckender Unterrichtung in der Sprache Muhammads, Gott segne ihn und schenke ihm Heil. Zunächst einmal könnten deutsche Kinder bereits nach kurzer Zeit das islamische Glaubensbekenntnis fehlerfrei sprechen, etwas später auch den Koran im Original lesen, was ja, folgt man den Auskünften muslimischer Bekenner, ein ästhetisch einzigartiges Erlebnis und für das innere Sicheinschwingen aufs Gebet nahezu unerlässlich sein soll. Wer sich für das Hochmittelalter, die Schriften von Averroës und Avicenna oder die Endfassung der (eigentlich dem Indisch-Persischen entstammenden) »Geschichten aus Tausendundeiner Nacht« interessiert – unter deutschen Schülern bekanntlich sehr verbreitete Leidenschaften –, wird im Arabischen großes Vergnügen und bisweilen gar Belehrung finden, wenngleich speziell lyrisch Interessierte sich besser gleich aufs Persische verlegen sollten. Nicht zuletzt kann eine arabisch bekundete Unterwerfung während einer nächtlichen U-Bahn-Fahrt zuweilen gesundheitsfördernd, wenn nicht gar lebensrettend wirken.

In eine noch rosigere Zukunft einer deutsch-arabischen Lernsymbiose weist der launige Einwurf meines Kollegen ***, in diesem Falle erhöhe sich endlich einmal die Zahl derjenigen, die auch arabisch *schreiben* könnten. Will meinen: Die Zahl der arabischsprechenden Nichtalphabeten stiege. Wenn biodeutsche Schüler ins Arabische drängten, bestünden gute Aussichten, dass dieses ehrwürdige Idiom sich bis zum endgültigen

Verschwinden des bzw. der Deutschen zu einer achtbaren und geschlechtergerechten neuen Umweltschutz-, Technikkritik-, Moralexport- und Antirassismussprache emporschwänge. Beziehungsweise schwönge. Oder schwängere. Es lebe denn also die deutsch-arabische Befruchtung, das Englische wird sich warm anziehen müssen, gewissermaßen. Inschallah!

5. Februar

Relativ unbemerkt von der Öffentlichkeit und von mir auch nur durch die Lektüre der eher arkanen *neuen musikzeitung* registriert, ging Ende Januar in der Hamburgischen Staatsoper erstmals die Oper *Stilles Meer* des Japaners Toshio Hosokawa über die Bühne, »Fukushima als Oper« (*tagesschau.de*), »Grüße aus Fukushima« (*zeit.de*), die »Oper über Fukushima« (*ntv*) oder eben gleich »die Fukushima-Oper« (*stern.de, welt.de,* etc.de). Prompt rauschte unsereinem die Idee durch die bislang vielleicht allzu unkorrupte Rübe, eilends ein Textbuch für ein Oratorium namens »Global Warming« zu schreiben, mit Chören aussterbender Eisbären und vor Hitze kollabierender Pinguine, antiphonal vorzutragen, oder noch besser: das unter alle sieben Häute gehende Libretto für eine Oper über ein von sächsischen Wutbürgern belagertes Asylantenheim. Freilich ließ mich der Hintergedanke, dass das angebliche Fukushima-Opus ja nun von einem Japaner stammt, erst einmal weiterlesen, und so stellte sich heraus, dass der Begriff »Fukushima« in der gesamten Oper nicht ein einziges Mal auftaucht, laut Programmheft die Handlung aber in einem Dorf »an der Grenze zum Sperrgebiet rund um Fukushima 1, unweit des Kernkraftwerks« spielt. Mmm.

Tatsächlich handelt es sich, wie der Titel ja auch sachdienlich andeutet, um ein Stück, das sich mit den Folgen der Tsunami-Katastrophe beschäftigt, und womöglich kam das Atomkraftwerk nur deshalb ins Programmheft, weil *Stilles Meer* ein Auftragswerk der Hamburgischen Staatsoper ist, deren PR-Leute schließlich wissen, was sie dem deutschen Feuilleton an wenn schon nicht Reizwäsche so doch wenigstens Reiztermini zu präsentieren haben. Die Flutwelle mit knapp 20 000 Ertrunkenen war eine japanische Katastrophe, Fukushima indes, mit null Toten dort-, aber Zigtausenden Hirntoten hierzulande, eine deutsche. Deshalb erscheint die Kritik der *Zeit* an der Besetzung der Premierenaufführung auch etwas unangemessen: »Muss die Protagonistin eine (blonde) Deutsche sein, verfügt das Publikum über so wenig Abstraktionsvermögen und Empathie?« Aber was gehen uns die Probleme der Japaner an?

Späterer 5. Februar

Neues geflügeltes Wort: Wir wollen keine schlafenden Araber wecken.

6. Februar

In der demnächst wohl einstigen sogenannten Karnevalshochburg Mainz hat die Polizei für den Rosenmontagsumzug erstmals sichere Räume und Notinseln für Frauen eingerichtet. Dort können die Damen gegebenenfalls tun, was heute ohnehin immer mehr Deutschen obliegt und im kommenden Epöchlein ein veritabler Trend werden dürfte: Schutz suchen vor Schutzsuchenden.

7. Februar

Nicolás Gómez Dávila spricht: »Legitim ist das soziale System, das die Koexistenz der größtmöglichen Zahl an Werten erlaubt.«

8. Februar

Und weiter mit dem immergleichen frommen Sermoni!

Was ist hier falsch? »Fremdwort Zivilcourage: Alica Trovatello, Tochter des Bläck-Fööss-Gitarristen, wird zusammengeschlagen und niemand greift ein«, schlagzeilt die Unterhaltungsmusikzeitschrift *Rolling Stone* (ich habe keine Ahnung, was »Bläck Fööss« bedeutet, aber es muss in der dortigen Eingeborenenfolklore eine gewichtige Rolle spielen). Der *Kölner Express* hat den Vorfall tags zuvor bereits ausführlich beschrieben: Die 26-Jährige hatte am Freitagabend Karneval gefeiert und war auf dem Heimweg gegen 2 Uhr nachts am Bahnhof Ehrenfeld ausgestiegen. Dort, berichtet sie, habe sie eine Gruppe Jugendlicher passieren wollen. Einer der jungen Männer habe sich vor ihr aufgebaut und sie »sexistisch auf das Übelste beschimpft«. Dann habe er ihr Sachen aus der Hand gerissen und sie ins Gesicht geschlagen. »Im Umkreis waren 20 Leute, ich habe um Hilfe gerufen – doch niemand hat das interessiert.« Stattdessen habe sich ein weiterer Mann aus der Gruppe dazugesellt und sie ebenfalls geschlagen. Die junge Frau flüchtete in eine naheliegende Bierstube, deren Wirt sie prompt wieder vor die Tür gesetzt habe. »Er meinte, er wolle keinen Ärger in der Kneipe haben.« Inzwischen hatten sich die Schläger aber mit einer anderen Gruppe angelegt, schließlich sei die Polizei gekommen. Die Beamten konnten immerhin einen der Täter festnehmen.

Was also ist hier falsch? Hat vielleicht Alica Trovatello etwas falsch gemacht? Zunächst noch einmal zum Zivilcourage einklagenden *Rolling Stone*. Dort steht zu lesen, eine Polizeisprecherin habe erklärt, bei dem Mann handle es sich »um einen polizeibekannten 24-jährigen deutschen Staatsbürger«. Außerdem: »Von einer Seite erhielten die Angreifer sogar Lob: Pro-NRW-Vize Dominik Roeseler verhöhnt Alica Trovatello auf seiner Facebook-Page. Weil ihr Vater mit den Bläck Fööss gegen u. a. Pegida auftrete, habe es ›bei dem Vater die richtige getroffen‹.« Können Sie dem zivilcouragierten Gazettlein folgen, das nicht einmal hinreichend Magerstufen-Courage besitzt, um den Gorilla auf der Hollywoodschaukel zu erwähnen? Klar, das Blatt folgt seinerseits nur *Bild*, wo exakt dasselbe zu lesen steht: fünf Männer, deutscher Staatsbürger. Anders der *Express*: »Gegen Yussuf B. (24, Name geändert) liegen laut Polizei bereits über 20 Einträge, darunter schwere Körperverletzung, vor.« Nochmals: Was ist falsch?

Ist es:

a) dass Yussuf B. (Name geändert) nicht schon lange im Gefängnis saß? Oder

b) dass der Express nicht »Holger B. (Name geändert)« geschrieben hat und dafür eine Rüge des Presserats verdient? Oder

c) dass sich Alica Trovatello nachts allein und ohne züchtige Kopfumhüllung in der Öffentlichkeit herumtreibt?

Schicken Sie Antwort a) und c) bitte an das Bundesministerium der Justiz und für Verbraucherschutz, z. Hd. Gen. Meiko Haas, Mohrenstraße 37, D-10117 Berlin; Antwort b) an den Deutschen Presserat, Fritschestr. 27/28, 10585 Berlin.

9. Februar

Der soeben verstorbene R. Willemsen ist für mich insofern
interessant, als er einen Trend verkörperte, den ich bereits länger beobachte: Immer mehr westliche Y-Chromosom-Besitzer
sterben als großer Junge (oder, wenn's am Ende schnell geht,
als juveniler Greis); das Stadium des Mannes, zumal des reifen
Mannes, lassen sie einfach aus.

Ganz später 9. Februar

Jetzt erst gelesen: Im aktuellen *Spiegel* frohlockt das Pendant ungefähr eines Quästors aus dem Jahres 407 darüber, dass es keinen einzigen germanischen Barbaren zu den Parthern, quatsch,
Sassaniden, zieht, dass sie allesamt nur nach Rom wollen. Rom
müsse, folgert er, irgendwie alles richtig machen ...

12. Februar

Derselbe Wein schmeckt bekanntlich aus verschieden geform-
ten Gläsern ganz leicht unterschiedlich; ein ähnliches, wenngleich weit durchschlagenderes Phänomen ist zuweilen auch
beim »Geschmack« ein- und desselben Textes in verschiedener
Umgebung zu beobachten. Ich meine dabei nicht die Tatsache,
dass ein Artikel in einem angesehenen Periodikum immer se-
riöser wirkt, als wenn derselbe Text in einer Studentenzeitung
stünde; das ist normaler Selbstbetrug. Viele Menschen scheinen
aber der Ansicht zu sein, dass die Qualität eines Textes davon
abhänge, wer ihm beipflichtet und wer nicht, ja nicht nur das:

Sie meinen offenbar, die Qualität verändere sich geradezu dadurch. Derselbe Gedankengang, den sie am Morgen noch glänzend fanden, kommt ihnen am Nachmittag anrüchig vor, nachdem sie gelesen haben, wie viele Falschmeiner den Text, worin er entwickelt wurde, »geliked« und kommentiert und wie viele maßgebliche Vertreter des Establishments ihn verurteilt haben. Plötzlich fällt ihnen auf, welch gefährliche Assoziationen in diesem Text verborgen liegen, auf welche radikalen Folgerungen er hinauslaufen könnte. Ihre Sympathie für den Autor beginnt zu verfliegen; im Grunde sind sie ihm sogar ein bisschen böse dafür, auf welches Eis er sie geführt hat und welche Begeisterung er dabei aus ihnen zu kitzeln vermochte. Am Morgen werden sie sich erstmals öffentlich von diesem Autor distanzieren.

Nur der Text ist unverändert geblieben.

18. Februar

Dass der Chef der Zürcher *Weltwoche*, Roger Köppel, neuerdings für die Schweizerische Volkspartei im Nationalrat sitzt, »schränkt seinen Denkraum weiter ein«, statuiert der *Spiegel*-Journalist Thomas Hüetlin. Das könnte sogar stimmen – aber warum wäre diese Formulierung im *Spiegel* weder gebräuchlich noch vorstellbar, wenn es um den Denkraum eines grünen Abgeordneten ginge? Weil der vorher schon hinreichend eng war? Was den Schweizer Unruhestifter angeht, werden wir weiterhin belehrt, seine Politik sei »ressentimentgetrieben«. Kurz zuvor reiht Hüetlin eine Art Schlüsselroman eines ehemaligen *Weltwoche*-Mitarbeiters unter die Anklagepunkte, welcher beschreibe, wie der Chefredakteur einer Wochenzeitung »immer mehr dem rechten Denken und dem Ressentiment verfällt«. – Halten

wir kurz inne: Wenn ein eher unbekannter Journalist einen bekannten Journalisten angreift, ein Angestellter einen erfolgreichen Unternehmer, ein politischer Räsonierer einen aus dem
Stand ins Parlament gewählten Politiker, und sich dabei als Besitzer einer angeblich moralischeren Weltsicht aufspielt, was,
bitteschön, ist das anderes als sortenreines Ressentiment?

Lasst uns, liebe Kinder und vereinzelte Eltern, heute also
über das Ressentiment reden. Es bedarf keines empirischen
Nachweises, dass mit dem Begriff in der hiesigen Öffentlichkeit nahezu ausschließlich gegen »rechts« hantiert wird, das ist
eindeutig. Sogar der Verfasser dieses Diariums, gewiss einer der
ressentimentfreiesten Menschen in seinem Hausgang, sah sich
mit diesem Vorwurf konfrontiert, gewissermaßen summarisch,
denn ein Rezensent des *Deutschlandradios* verwies ihn mit dem
Dekret »Die Schwäche des rechten Denkens ist das Ressentiment, die Schwäche des linken Denkens die Phrase« des diskursiven Feldes. *Quod erat* hinreichend *demonstrandum.*

Was aber bedeutet eigentlich Ressentiment?

Zunächst einmal: Der Vorwurf ist ehrenrührig. Gemeint ist
eine schwelende, sinistre, enge, dumpfe Gemütsverfasstheit, die
anderen Böses wünscht. Wenn wir von »ausländerfeindlichen
Ressentiments« hören, von »rassistischen Ressentiments«, von
den »Ressentiments der alten weißen Männer« oder (freilich
zunehmend seltener) von »antisemitischen Ressentiments«,
ist uns klar, dass jeder, den die Vorwürfe treffen könnten, aus
der Gemeinschaft der Anständigen besser auszuschließen ist.
Beziehungsweise er es schon selbst erledigt hat. Ressentiment
scheint so etwas wie moralische Krätze zu sein.

Eine halbwegs adäquate Übersetzung des französischen Wor-
tes lautet »Groll«, näherhin ist ein *heimlicher* Groll gemeint. Der
Groll unterscheidet sich vom Zorn dadurch, dass er sich nicht

ausagiert, sondern vor sich hin schwelt und brütet. Er nagt an dem Grollenden und verdüstert sein Leben. *Etwas* nagt an dem Grollenden und verdüstert sein Leben. Daraus lässt sich zunächst einmal folgern, dass dieses Etwas stark genug sein muss, den Grollenden in seiner Aversion verharren zu lassen. Das Ressentiment kann sich nicht – beziehungsweise nicht *direkt* – ausagieren. Ressentiment richtet sich stets nur *von unten nach oben*. Es ist ein Zeichen von Ohnmacht. Wer immer das Wort verwendet, sollte sich das zunächst vor Augen führen. Wer »ausländerfeindliche Ressentiments« in sich trägt, ist gewiss kein Plantagenbesitzer, noch wohnt er in einer Villengegend.

Aber ist der Begriff überhaupt semantisch sinnvoll zu umgrenzen? Hatte etwa Spartakus ein Ressentiment gegen Rom? Gab es unter den Männern des 20. Juli 1944 ein Ressentiment gegen Hitler? Hegten die verfolgten Juden Ressentiments gegen die Nazis? Man sieht sogleich, der Groll muss eine negative moralische Dimension bekommen, sich gegen etwas Anerkanntes, Positives richten, damit er sich im Kraftfeld des Zeitgeistes zum »Ressentiment« aufladen kann. Damit wird der Begriff aber moralisch gefasst, also relativ, und für die Beschreibung einer Gesellschaft ungefähr so ergiebig wie das ptolemäische Weltbild für jene unseres Sonnensystems. Ein paar linke Schlaumeier haben ein eleganter als alle deutschen Entsprechungen klingendes Fremdwort gekapert und in ihren Herrschaftsdiskurs eingespeist. Der Journalist zieht verlässlich mit. Ressentiment ist folglich alles, was schwelend böse ist und dem von Fall zu Fall neu zu definierenden Menschheitsfortschritt irgendwie im Wege liegt. Aber dann könnte man doch gleich »schwelend böse« sagen oder vom dumpfen Groll sprechen? Wut ist Wut, Hass ist Hass, Geiz ist Geiz, Neid ist Neid, Groll ist Groll. Ohnmächtiger Groll ist ohnmächtiger Groll, und so fort. Was wäre das Besondere am Ressentiment?

Um zu beschreiben, aus welchen negativen Energien sich Pöbelaufstände wie die Französische Revolution oder die 68er Studentenunruhen speisten, verwendet heute kaum jemand den Terminus Ressentiment (zumal in dem Augenblick, wo es sich triumphierend durchgesetzt hat, es schon wieder keines mehr im Sinne des heimlich schwärenden Grolls wäre, sondern jenes der besiegten Gegenseite auslöste). Die Motive für die besagten Aufstände sind mit Worten wie Neid, Wut, Hass, Zorn hinreichend beschrieben. Nicht einmal wenn wir nach dem Gegenstück des Ressentiments suchen und es im *Gönnen* festmachen, geraten wir ins Eindeutigere, denn Gönnen ginge auch als das Gegenteil etwa des Neides oder der Missgunst durch. Man wird feststellen, dass Ressentiment kein besonders fruchtbarer Begriff ist, dessen wahllos-gezielte Verwendung in der Gegenwart sich wohl lediglich seinem Hautgout, seiner pejorativen Kraft verdankt. Es sei denn, man vollzieht jene entscheidende Wendung, die Nietzsche ihm gab. Ein Ressentiment, das den Namen verdient, ist *schöpferisch*, und zwar gegen-schöpferisch. »Der Sklavenaufstand der Moral beginnt damit, daß das *Ressentiment* selbst schöpferisch wird und Werte gebiert: das *Ressentiment* solcher Wesen, denen die eigentliche Reaktion, die der Tat, versagt ist, die sich nur durch eine imaginäre Rache schadlos halten«, heißt der berühmte Passus in Nietzsches *Genealogie der Moral* (1. Abhandlung, 10. Abschnitt). »Die Schwäche soll zum *Verdienste* umgelogen werden«, fährt der Philosoph fort (1,14), »das Sich-nicht-rächen-Können heißt Sich-nicht-rächen-Wollen«. Nietzsche verortete dieses schöpferische Ressentiment bekanntlich in der jüdisch-christlichen Tradition, in welcher eine schlaue Priesterkaste die Ohnmacht zur Tugend umdefiniert habe bzw. durchaus hat; dies soll uns hier nicht interessieren. Dass die Botschaft Christi im Kern vollkommen ressentimentfrei ist, steht für mich außer Zweifel (und auch Nietzsche hätte in diesem Fall zugestimmt).

Das Ressentiment, das diesen Namen verdient, wird also tätig, aber es attackiert nicht direkt, sondern auf Schleichwegen, es greift nicht das Überlegene und Vortreffliche an, sondern behauptet, es existiere überhaupt nichts Überlegenes und Vortreffliches beziehungsweise es sei woanders zu finden, und alles, was bislang als vortrefflich gegolten habe, sei unter moralischen Gesichtspunkten anrüchig, diskriminierend, ein bloßes Machtmittel, eine Konvention, ein »Konstrukt«. Es handelt sich keineswegs um Ressentiment, wenn sich Menschen gegen eine Tyrannei erklären; ein Machtloser, der nach Macht oder »Teilhabe« verlangt, ist ein völlig normaler Fall, warum sollte man ihn mit Ressentiment in Verbindung bringen? Ressentiment wird daraus, wenn der Machtlose behauptet, Macht sei schlecht. (Erzähle jetzt keiner vom Barfüßler Gandhi, der wusste sehr wohl, wie man Macht gebraucht.) Der Fuchs, der nicht an die Trauben kommt und beteuert, sie seien ihm viel zu sauer, befindet sich mit diesem Argument auf dem Wege ins Ressentiment, aber voll erblühte dieses erst in der Behauptung, süß sei schlecht (um ein treffendes Bild Max Schelers zu gebrauchen). Wer behauptet, er entstamme zwar keiner großen alten Familie mit Tradition, aber er könne dasselbe leisten wie jemand mit diesem erlauchten Pedigree, mag recht haben oder nicht, aber erst, wenn er sagte: Tradition ist schlecht, wertlos, diskriminierend etc., agierte er im Banne des Ressentiments.

Wenn dem so ist, dann gelangt man rasch zu der Erkenntnis, dass das Ressentiment weit eher auf Seiten der (neidischen) Linken zu finden sein muss als auf jener der (geizigen) Rechten. Die Linke versucht schließlich, das Bestehende unter ständigen

Legitimationsdruck zu setzen, sie attackiert unentwegt Institutionen, Traditionen, Gepflogenheiten, Konventionen und Konstanten unter dem Hinweis darauf, diese seien ungerecht, elitär, hierarchisch, patriarchalisch, rassistisch, sexistisch, nicht mehr zeitgemäß, schlössen Menschen aus etc. pp. Hier gibt es nicht nur für das Gerechtigkeitsempfinden, sondern auch für das Ressentiment ein unüberschaubares Betätigungsfeld. Intellektuelle Moden wie Feminismus, Multikulturalismus, Gender Studies, Poststrukturalismus sind ohne das unterschwellige Wirken von Ressentimentkräften gar nicht denkbar, wie überhaupt die geisteswissenschaftlichen Fakultäten an den Universitäten veritable Ressentimentkraftwerke bilden, in denen Benachteiligungsgefühle durch Diskursturbinen geleitet und in moralische Erpressungsenergien umgewandelt werden. Das ganze Projekt »Diversity« ist angewandtes Ressentiment, es richtet sich in Wahrheit gegen jede Distinktion, jede Art von Vornehmheit, Erlesenheit und Besonderssein. Das Ressentiment will die Herrschaft des Mittelmaßes (und vielleicht wird der Planet ja anders nicht zu retten sein als vermittels durchgesetzten Mittelmaßes), deswegen gedeiht es gemeinhin nicht bei Menschen mit einem IQ unter 100, sondern in jenen Intelligenzregionen, die von Dummheit und Genialität gleichermaßen weit entfernt sind. Einzig in historischen Ausnahmesituationen, wenn etwa Rom herrscht und der vermeintliche Erlöser am Kreuz endet, kann es vorkommen, dass sich ein Genie ins Ressentiment verirrt und die paulinische Umwertung vornimmt.

Und so lässt sich letztlich aus dem teilergiebigen Begriff wenigstens eine persönliche Lehre ziehen: Man prüfe sein Denken und Urteilen stets genau darauf, ob sich Ressentiment hineinverirrt hat. Und wenn, dann verwerfe man den gesamten Gedanken.

22. Februar

Darf man, fragt Freund *** kummervoll, nach Clausnitz noch
Gedichte schreiben?

24. Februar

Edith Rosh, die knuffige deutsche Wunschjüdin, die sich selber in Lea Rosh umbenannte, um nachträglich symbolisch auf
die Seite der Opfer zu wechseln, eine Attitüde, die tatsächliche Shoa-Überlebende ungemein zu beeindrucken pflegt, die
Fernsehjournalistin Edith Rosh also, als deren »Lebenswerk«
Wikipedia die Errichtung des Berliner Holocaust-Stelenfeldes
anführt, obwohl ihr mutiger Kampf gegen das »Niedersach-
senlied« ebenfalls wert wäre, in lebenswerkliche Dimensionen
emporgepriesen zu werden, die Gedenk-Domina Edith »Lea«
Rosh denn hat in der *Welt* eine kultige, ja führerkultige Anzeige
veröffentlicht, welche in Versalien anhebt mit den geflügelten
Worten (die eigentlich von mir stammen; ich äußerte sie erst-
mals anno 1990 in einem Straßburger Restaurant beim Anblick
der finalen Käseplatte):
　　»Wir schaffen das!
　　Frau Bundeskanzlerin!
　　Sie haben unser Land verwandelt. Man hat keine Angst mehr
vor Deutschland, im Gegenteil: man will nach Deutschland.
Nach den Schrecken, den Untaten, die von Deutschland aus-
gingen, ist das auch für uns eine neue wunderbare Erfahrung.«
　　Der erste Satz ist ohne Zweifel richtig, Frau Merkel hat dieses
Land verwandelt. Ansonsten wurde dieser Text offenkundig von
einem Menschen verfasst, der entweder Interessen und/oder

nicht die geringste Ahnung von Geschichte besitzt. In der Zeit, bevor Merkel das Land verwandelte – wir werden in den nächsten Jahren sehen, in was –, kamen bekanntlich mehrere Millionen Türken, Italiener und Polen nach Deutschland, und wenn ich recht im Bilde bin, war unter diesen Menschen die Angst vor Deutschland verblüffend unausgeprägt; außer Akif Pirinçci, der sich zu seinem Unglück sogar auf die Deutschlandliebe verstieg, wird auch bis heute kaum einer von ihnen politisch verfolgt. Doch schon seit – zumindest für Frau Rosh – Olims Zeiten reisten Menschen vergleichsweise angstfrei dauerhaft in deutsche Lande ein, wobei diese Angstfreiheit sich etwa für Salzburger Protestanten oder französische Hugenotten erst einstellte, als sie endlich preußischen Boden unter den Füßen wussten; zuvor mussten sie gewisse Nächte überleben, deren berühmteste den Namen eines der zwölf Apostel trägt und zu Paris zelebriert wurde. Auch unter den muslimischen Bosniaken, die in der friderizianischen Armee Dienst taten, scheint die Angst vor Deutschland kontrollierbar gewesen zu sein. Fjodor Dostojewski wiederum wechselte zwar ständig die Spielbanken – sein im *Spieler* verewigtes Martyrium führte ihn erst nach Wiesbaden, dann nach Baden-Baden und schließlich nach Bad Homburg –, doch wenn die Legende nicht falsche Tatsachen vortäuscht, hatte er nur Angst vor gewissen Gläubigern, die mehrheitlich nicht einmal Deutsche waren. Sein Kollege Vladimir Nabokov emigrierte vor einem leicht exzentrischen Gesellschaftsexperiment, das gleichwohl bis heute Fürsprecher in den deutschen Feuilletons besitzt, anno 1917 aus seiner russischen Heimat nach Berlin wie Abertausende seiner Landsleute auch, von denen sich die wohlhabenderen in Charlottenburg niederließen, weshalb sich die Bezeichnung »Charlottengrad« etablierte, und aus dieser Klientel ist ebenfalls keinerlei Angstbekenntnis gegenüber irgendeinem im Exilland waltenden Schrecken überliefert. Jener hub erst 1933 an, vertrieb unter anderem Nabokov nach Amerika und endete bekanntlich 1945. Zwölf Jahre von tausend.

Jedoch für Personen solch ideologisierten, jakobinischen Schlages ist dies die essentielle Zeit, während die helldeutsche Geschichte ungefähr 1968 beginnt, wenngleich sie 1945 als das Geburtsjahr ihres besseren Landes begreifen, nur war die Nachkriegsrepublik zwar gottlob geteilt und besetzt, aber eben noch voll mit Nazis, Konservativen, Katholiken, Patriarchen, Adligen, Gesinnungsmüttern, Vertriebenen, Reaktionären und anderen Orks. Das musste erst alles verschwinden, ehe die wirkliche helldeutsche Geschichte anheben konnte. Und die unwesentliche Zeit vor 1933 fällt unter Wegbereitung der essentiellen, der allerschlimmsten Jahre.

PS: »Sehr geehrter Herr Klonovsky, zu Ihrem Artikel fiel mir ein Witz ein, der vor einigen Jahren in der Berliner jüdischen Gesellschaft kursierte und die Dame wunderbar auf den Punkt brachte. Vermutlich kennen Sie ihn schon, falls aber nicht, wäre es zu schade, wenn er Ihnen entginge: ›Wer hat einen Dachschaden, wäre aber lieber meschugge?‹«

26. Februar

Die Führergläubigkeit unter Linken ist zuweilen erstaunlich. So vertraut ein Autor des FDJ-Nachfolge- und auch irgendwie Fortsetzungsblattes *Jungle World* auf die Aussagekraft des politischen Testaments Hitlers, in welchem kein Massensterbenswörtchen über die gewünschte finale Vernichtung des aus Führerbunkersicht letztlich enttäuschend schwach verteidigenden deutschen Volkes geschrieben steht. Den bekannten mündlichen Aussagen Hitlers aus den späten Kriegsjahren, gipfelnd im Resümee, wenn sich das »stärkere Ostvolk« durchsetze, sei das unterlegene germanische es nicht wert zu überleben, misstraut der Autor, weil sie bloß »kolportiert« seien, von Albert Speer, der ein unzuverlässiger Zeuge sei, von ausländischen Diplomaten, »denen Hitler kaum sein Herz geöffnet haben dürfte« (anders als seiner einzigen Liebe Speer übrigens). Aber: »Der Grund für die Popularität dieser Zitate ist ja, dass sie trefflich den Mythos bedienen, die Deutschen seien die eigentlichen Opfer Hitlers gewesen.« Und nicht etwa dass sie so perfekt in Führers Denken passten wie das Oberlippenbärtchen in sein Gesicht.

Wenn verschiedene Bekenntnisse eines Politikers einander widersprechen, schaut man am besten auf seine Handlungen, und durch diese zieht sich – von den Haltebefehlen für die Ostfront und der Opferung der Sechsten Armee über die Verbote, die Zivilbevölkerung vor den vorrückenden Russen in Sicherheit zu bringen, bis hin zum sogenannten Nerobefehl – neben der Vernichtungswut gegen den Feind ein monströses Desinteresse am Schicksal seiner »eigenen« Leute. Bekanntlich hat der Krieg, je deutlicher wurde, dass er nicht zu gewinnen war, desto mehr Opfer gekostet. Für den sozialdarwinistischen Egomanen waren die Deutschen nur eine Waffe im Rassenkampf, und wenn eine Waffe sich als untauglich erweist, schmeißt man sie eben wütend in die Ecke. Zuletzt nahm unser Braunauer Alien seine vermeintlichen Volksgenossen als schiere Biomasse, die er um sich schichtete, auf dass sein Leben noch ein paar Wochen länger währe, derweil der Gegner sich erst noch durch diesen Leiberwall fräsen musste. Als er sich am Ende seines Amoklaufs zum Bilanzselbstmord die Pistole an die Schläfe hielt, dürfte diesen XXL-Sardanapal die Aussicht erfreut haben, wie viele Feinde, Getreue und Geiseln ihn in den Tod begleiten mussten.

Der »Mythos«, die Deutschen seien »die eigentlichen Opfer« Hitlers gewesen, ist mir freilich nicht geläufig; vielleicht
verkehre ich in allzu gesitteten Kreisen. Womöglich aber
verbirgt sich hinter seiner Herbeibeschwörung nur das propagandistische Interesse, Hitler und die Deutschen enger zu
amalgamieren, als dies, zumindest aus Führersicht, geboten
scheint. Natürlich ist es doof für einen strammen Antideutschen, sich ausgerechnet mit dem Oberteufel eine kurze
Strecke synchronschwimmen zu sehen. Mich indes amüsiert
der Anblick.

Später 26. Februar

»Wir haben jeden Tag so viel rechtsradikale Kriminalität und
untergetauchte bewaffnete Nazis, wir haben es mit Feuerwehrmännern zu tun, die Brände legen, mit Diskussionsrunden, in
denen wie selbstverständlich immer Rechtsextreme zu Wort
kommen, wenn es um Flüchtlingspolitik geht – ehrlich, es
hat die Grenze des Lächerlichen schon längst überschritten«,
schnappatmet eine kolumnierende Wichtigtuerin auf *Zeit online.* »Man kann gegen Rechte, die seit Jahren Terror ausüben,
nicht labern, schreiben und argumentieren, man muss Politik
und Gesellschaft gestalten! Wenn es sein muss, mit Notstandsgesetzen gegenüber einem enthemmten und entfesselten Mob.
Man muss Kundgebungen vor Asyleinrichtungen und Asylbewerbern verbieten. Telefone von Pegida-Demonstranten und
anderen rechtsradikalen Vereinigungen müssen abgehört werden. (...) Warum können wir in Deutschland nicht ein einziges
Mal Ausländer beherbergen und uns wie Menschen benehmen?«

Zahlreiche Leserkommentare dazu sind von der Redaktion gelöscht, der erste davon mit dem Hinweis: »Verzichten Sie auf überzogene Polemik.« Sehr komisch.

Komisch ist auch die Vorstellung der täglich untertauchenden bewaffneten Nazis (hoffentlich wird ihr Pulver nicht nass), gerade vor dem Hintergrund, was hier in Wirklichkeit täglich auf- und nach der Einreise in beachtlicher Zahl sogleich wieder abtaucht, ohne bei den Behörden vorstellig zu werden.

Aber immerhin, derzeit herrscht so etwas wie Oberwasser bei den Hetzern von der anderen Seite. Was für ein kurioses Land, in dem die Moralscheißer immer eine ideale Sprechsituation für ihre Denunziatiönchen vorfinden; man muss sich manchmal echt zusammenreißen, ihm nicht den Sturz ins Bodenlose zu wünschen.

27. Februar

tagesschau.de twittert: »Kiel: Männergruppe bedrängt Frauen in Einkaufszentrum« und »Sachsen: Grölender Mob blockiert Bus mit Flüchtlingen«.

Erkennt jemand den Unterschied?

28. Februar

Durch einen Zufall las ich, dass der US-amerikanische Völkerrechtler und Historiker Alfred-Maurice de Zayas, hierzulande vor allem bekannt wegen seiner Studien zur Vertreibung der Deutschen aus den Ostgebieten, die erste Übertragung von Rilkes Gedichtband *Larenopfer* ins Englische veröffentlicht hat, außerdem Gedichte von Rilke, Hesse und Eichendorff ins Englische, Französische und Spanische übersetzt habe und selber Gedichte schreibe. Wie schön! Der Ägyptologe Jan Assmann erzählte mir einmal, dass er sich am Cembalo versuche, der Politikwissenschaftler Herfried Münkler hat (zusammen mit seiner Frau) ein Lexikon der Renaissance veröffentlicht; die Beispiele ließen sich fortsetzen. Das erinnert an die kulturfromme Ära des Bildungsbürgertums, als noch nahezu jeder Arzt oder Professor für Naturwissenschaften Noten lesen konnte, daheim ein Instrument spielte, private Forschungen trieb, womöglich Kurzgeschichten verfasste und die Klassiker täglich in Griffweite hatte (vom Physiker Helmholtz wird berichtet, er sei verspätet zu seiner eigenen Hochzeit erschienen, weil er »im Goethe gelesen« habe). Man nahm damals Schillers Wort vom »Bruchstückmenschen« – neudeutsch Fachidiot – kollektiv ernst und versuchte, sich durch das Streben in andere Sphären zu vervollkommnen und sein Dasein so zu veredeln. *Tempi passati?* Nun, das muss jeder jeden Tag und für sich ganz allein entscheiden.

Sich in die Späte schleppender 29. Februar

Die CDU-Politikerin Erika Steinbach hat mit einem Tweet – schreibt man das so? Ich kenne sonst nur Tweed – zur demographischen Entwicklung die kalkulierbaren Reflexe ausgelöst. Vielleicht weil ihre Prognose allzu wohlmeinend war? Wir schaffen das zwar mit dem sukzessiven Aussterben, aber bis 2030 nun doch nicht. Laut den bereits erwähnten UN-Schätzungen wird die afrikanische Bevölkerung bis 2100 auf 4,4 Milliarden wachsen, und Studien zufolge will ein reichliches Drittel der Afrikaner gern den schwarzen Kontinent verlassen. Indien wird China zwar überholen, aber insgesamt soll sich Asien bei fünf Milliarden einpendeln. Europa indes wird von heute 740 Millionen um 14 Prozent auf 639 Millionen Einwohner abnehmen, sofern der Wanderungswunsch der Afrikaner nicht einen gegenläufigen Trend einleitet – aber wer wird denn jetzt schon schwarzmalen? Deutschland soll nach UN-Berechnungen zum Ende des Jahrhunderts rund 26 Millionen Einwohner weniger haben, was etwa einem Drittel der heutigen Bevölkerung entspricht. Kurzum: Mit der Prognose für 2030 war Steinbach allzu optimistisch, wenngleich man nicht recht versteht, warum sie nun ausgerechnet auch von links verleumdet wird; schließlich hat sie doch nichts anderes als den innigsten Wunschtraum vieler Roter und Grüner, das sukzessive Verschwinden der Bio-Deutschen, zum Ausdruck gebracht. Ist es, allem Merkelschen Engagement zum Trotz, Christdemokraten jetzt schon verboten, linksgrüne völkische Wichsphantasien zu posten, nur weil's ein bisserl zu früh dafür ist?

MÄRZ

5. März

Die Wochenenden immer den Künsten!

Heute Abend »steigt«, wie man merkwürdigerweise sagt, weil vermutlich tatsächlich damit etwas Anagogisches gemeint ist, das Spitzenspiel Borussia Dortmund gegen Bayern München, und ich will nicht verhehlen, dass mich dergleichen Veranstaltungen erheblich elektrisieren und noch darüber hinaus ästhetisch enthusiasmieren. Die Balltreterei, die man, an besagter Spitze zumindest, längst Ballstreichelei nennen darf, auch Ballliebkosung, hat sich sowohl spieltaktisch als auch individualtechnisch in Regionen entwickelt, die ich durchaus unter Kunst rubrizieren würde, zumal verglichen mit dem Schamott, der uns heute gemeinhin unter diesem Begriff angedreht wird.

Am bislang eindrucksvollsten manifestiert sich der Kunstcharakter dieser Leibesübung in Gestalt des Argentiniers Lionel Messi, der beim FC Barcelona legitimerweise noch mehr Geld scheffelt als all die Vernissagengroßgauner und Baselitze. Als ein Verehrer seiner Darbietungen darf ich für mich beanspruchen, ihm bereits, als er, damals siebzehnjährig, für Barcelona als Außenstürmer agierte, die glänzendste Karriere überhaupt prophezeit zu haben. Beim 6:1-Sieg über Celta Vigo hat Lionel Messi unlängst einen Elfmeter nicht direkt aufs Tor geschossen, sondern einem Mitspieler vorgelegt. Das ist nach den Regeln erlaubt (der Ball muss lediglich nach vorn gespielt werden) und war womöglich eine Reverenz an den an Krebs erkrankten Johan Cruyff, der als Spieler einmal denselben launigen Trick zelebriert hatte. Dieser Elfmeter ist, nehmen Sie die Aussage *cum grano salis,*

die erste reine Show-Einlage in der Fußballerkarriere des Argentiniers gewesen – und indem der Ball ins Tor ging, nicht einmal
das. Eine treffliche Gelegenheit, hier den eigentlichen Kern der
Einzigartigkeit dieses Fußballers zu preisen. Was Messis Spiel von
dem seiner sämtlichen Kollegen unterscheidet, ist die Symbiose
aus höchster Schönheit und höchster Effizienz. Der »Floh«, wie
man ihn nennt, macht nie eine überflüssige Bewegung, gönnt
sich nie Übersteiger oder schlägt andere Pfauenräder. Alle seine
Bewegungen tendieren nur in eine Richtung: Vollendung. Ein
Messi-Solo über den halben Platz – ob nun mit einem Schuss in
den Winkel, einem Lupfer über den Torwart oder einem seiner
legendären Chipbälle über die Abwehr auf einen Mitspieler gekrönt – ist, um ganz nach oben zu greifen, so vollendet wie eine
Partiturseite Mozarts. Deswegen reagiere ich auch immer äußerst
ungehalten, wenn er mit dem begabten Fatzke Cristiano Ronaldo
auf eine Stufe gestellt wird; das ist Majestätsbeleidigung.

Mit seinem tiefen Körperschwerpunkt bei ohnehin nur 1,69
Meter Größe, seinen kurzen Beinen, seiner hohen Schrittfre-
quenz und seiner einzigartig engen Ballführung bei jedem beliebigen Tempo ist Messi quasi unstoppbar. Ein minimaler Zuck
mit der Hüfte hat genügt, dass Jérôme Boateng vor dem 0:2 in
Barcelona wie ein nasser Sack umfiel, denn ein Weltklassever-
teidiger ist nur so lange einer, bis dieser Irrwisch auf ihn zuläuft.
Und der Wunderkicker schießt nicht nur Tore ohne Ende, sondern bereitet sie auch mit unglaublich präzisen Pässen vor, das
heißt, er besitzt in hohem Maße Spielintelligenz.

Ronaldo indes hält sich kurioserweise für den Größten, aber
dergleichen Hybris durchwaltet bekanntlich sämtliche Branchen.
Seit John Wayne stand keiner mehr vor dem Schuss so dräuend da.
Er läuft die 100 Meter so schnell wie ein Sprinter und beherrscht
den fünffachen Übersteiger. Er hat sowohl eine beeindruckende

Schusstechnik bei ruhendem Ball als auch bei rollendem Ball stets das Haar schön. Er schuf sich den trainiertesten Oberkörper aller europäischen Ligen. Kein aktiver Fußballer hat mehr Online-Aufrufe. Alle Kameras zeigen auf ihn, sogar wenn er jubelt, weil ein anderer ein Tor geschossen hat. In entscheidenden Spielen agiert er so oft unauffällig, dass man von Verlässlichkeit sprechen kann.

Wenn Ronaldo mit dem Ball am Fuß auf dich zuläuft, hast du als Verteidiger ein Problem, das du zu lösen versuchen musst. Wenn Messi auf dich zuläuft, ist es eine Katastrophe, aus der du Gott weiß wie herauskommen wirst. Das ist der ganze Unterschied. Nein, nicht der ganze: Wenn du gegen Ronaldo noch einen Mitspieler neben dir hast, ist das Problem gelöst, denn der Portugiese wird abdrehen und abspielen. Bei Messi ist es völlig egal, ob du zwei oder drei Mitspieler an deiner Seite hast, aus dem einfachen Grund: Es ist Messi egal. Ronaldo ist viel zu realistisch, um in eine komplette Abwehr hineinzustürmen, Messi veranstaltet diesen Versuch in jedem Spiel mehrmals, und nie hat man Abwehrreihen hilfloser gesehen, nie waren Zeitlupenkameras gebotener (der Mann heißt übrigens Messi, weil er gegnerische Verteidigungen in einem Zustand hinterlässt wie ein selbiger seine Wohnung). Alle reden heute von den raren Spielern, »die auch mal eins gegen eins gehen können«. Bei Messi ist die andere Ziffer völlig variabel.

In Zeiten durchgeplanten System-Fußballs bildet der Argentinier die größte denkbare Unwägbarkeit. Jede Partie kann er im Alleingang entscheiden. Man ist als Anhänger der gegnerischen Mannschaft nicht einmal wirklich gramvoll, wenn Messi seine unvermeidlichen Tore schießt; dafür sind seine Aktionen einfach viel zu schön. Sie tun nicht weh, es sind Gottesurteile. Der »beste Spieler der Geschichte« (Pep Guardiola) sollte den Weltfußballertitel einfach im Abonnement bekommen.

7. März

»Es gibt heute eine humanitäre Religion, die den Gedankenaus-
druck der Menschen reguliert, und wenn sich zufällig einer dem
entzieht, dann erscheint er als ein Ungeheuer, wie jemand im
Mittelalter als Ungeheuer erschienen wäre, der die Göttlichkeit
Jesu geleugnet hätte.«
Vilfredo Pareto

8. März

Moskowitische Maiden feiern heute Frauentag. Eine spezielle
Fraktion deutscher Frauen empfindet (auch) das als Unterdrük-
kung.

9. März

Die instinktive Solidarität, wenn eine niedere Kreatur eine
höhere frisst, etwa ein Reptil ein Säugetier. Auch auf die Men-
schenwelt übertragbar.

13. März

Wenn man bei den politischen TV-Runden einführte, unter
jedem Diskutanten dessen Jahreseinkommen und die Zahl
seiner Kinder einzublenden, könnte man sich den Ton fast
sparen.

Jungfräulicher 14. März

Es gehört zum Wesen der durchtriebenen Gesinnungstelekra-
tie, dass sie einen bis ins Private behelligt. Mein Maildienst-
leister lässt mich nicht an meine Post, ohne dass ich zuvor
erfahre, für wie blöd mich dessen Redaktionskulis halten, indem sie mich zu lesen nötigen, Merkels Flüchtlingspolitik sei
»wohl« nicht verantwortlich für das in jederlei Wortsinn gestrige Wahlergebnis. Ist der Morgen erst einmal verdorben – bin
ja selber schuld, warum lese ich nicht in Goethes Briefen oder
im Proust? –, bietet sich eine Schlagzeile auf *Zeit online* als Steigerung an: »CDU-Politiker sehen Merkels Kurs bestätigt.« Ein
interessanter Ansatz nach zum Teil erheblichen Stimmenverlu-
sten bei allen drei Landtagswahlen. Die Begründung scheint als
eine Art einheitsparteiliche Befehlsausgabe längst vor der Wahl
verbreitet worden zu sein, denn ich lauschte ihr bereits ergriffen
in den Talgschauen am Vorabend: Immerhin habe die Einheits-
front aus sich selbst nunmehr in symptomatischer Innigkeit für
ganz besonders demokratisch erklärenden nichtrechtspopuli-
stischen Parteien die große Mehrheit der Wählerstimmen ab-
gegriffen, und insofern sämtliche Bundestagsparteien ohnehin
dem Merkel-Kurs beipflichten – weshalb die Kanzlerin auch
seit längerem darauf verzichtet, das Parlament zu befragen –,
sei die Flüchtlingspolitik eben doch die Siegerin des Abends.
Oder, in den weisen Worten von *Spiegel online*: »Der liberalen
Flüchtlingspolitik der Kanzlerin haben sich alle anderen etablierten Parteien angeschlossen – und so die Zweifler in die
Arme der AfD getrieben.« Es ist also »liberal«, wenn man neben ungefähr einer halben Million Bürgerkriegsflüchtlingen
noch einmal ebenso viele Migranten, und zwar vorwiegend virile Primär- und Sekundäranalphabeten, in sein Land lässt (und

dafür eigens auf Grenzkontrollen verzichtet), auf dass sie hier
Spontanpartys wie zu Köln und andernorts feiern; wenn dem
so ist, dann dürfte der holde Job der Nutte die liberalste Betäti-
gung auf Erden sein. Deutschland, bleiche Mutter, wie sitzt du
schenkelspreizend unter den Völkern! – Presseschau beendet.

15. März

Eine meiner favorisierten Donquichotterien besteht darin, die
Verwendung der Termini »Tragödie« und »Ikone« für alles
Mögliche, nur eben nicht für Tragödien und Ikonen, zu bespöt-
teln, eine vergebliche Liebesmüh, doch einer muss es ja tun. Anfang der Woche ward wieder einmal die τραγῳδία auf verfehlte
Weise traktiert. Am Sonntagabend war beim Fußballspiel Borussia Dortmund gegen Mainz 05 auf der Dortmunder Südtri-
büne ein 79-jähriger BVB-Anhänger einem Herzinfarkt erlegen,
was allgemein als eine solche bezeichnet wurde, während es in
Wahrheit doch höchstens ein dramatischer Vorfall und womöglich sogar, zumal für einen Fan, ein schöner Tod gewesen ist.
Schöner jedenfalls, als mit einem in der Pflegestufe III wund-
gelegenen Rücken und vollgeschissenen Windeln irgendwann
endlich sabbernd über den Jordan, die Wupper oder den Ache-
ron gehen zu dürfen.

Abendlicher 15. März

Allen Ernstes ziehen die politischen Führer dieses Landes neuerlich einen EU-Beitritt der Türkei in Betracht, nachdem dieser Spuk exorziert schien. Die Bundesregierung boykottiert

Putin und verhandelt mit Erdogan, das ist doppelmoralischer als Beck und Edathy mal siebenundsiebzig, außerdem nicht im deutschen Interesse, wenngleich man selbstredend nur dem Druck der Vereinigten Staaten willfahrt, die Türkei als Nato-Vorposten gegen Russland und Drehkreuz in den Orient bei Laune zu halten (während die Europäer brav boykottieren, haben die Amerikaner pikanterweise ihren Handel mit Russland ausgebaut). Momentan stehen zwar nur Visa-Erleichterungen in Rede, doch dahinter reckt die alte Forderung nach Eintritt in den Klub ihr Haupt. Was sich die Türken wirtschaftlich davon versprechen, stehe dahin; politisch strotzt das Land vor jenem soliden Selbstbewusstsein, welches ihm eine prosperierende Bevölkerung gegenüber den demographisch erschlafften Abendlandresten verleiht. Erdogan will auf diesem Wege seine politischen Brückenköpfe im Westen weiter ausbauen und dort eine immer mehr wachsende türkische Pressure-Group etablieren. Für Deutschland bedeutete dies außerdem, dass sich der laut Beschluss des Bundesverfassungsgerichts längst balkanweit geltende Anspruch auf deutsche Sozialhilfe auf Anatolien ausweitete, womöglich mit der Folge, dass viele gebildete und gut ausgebildete deutsche Türken (oder türkische Deutsche) in ihre alte Heimat zurückkehren – ein Trend, der ja bereits zu beobachten ist –, und zwar vielleicht künftig deswegen, weil ihnen Deutschland zu muslimisch, zu unsicher, zu verslumt (= »weltoffen«) wird.

Das alles wird in die Wege geleitet, damit Erdogan als kleinasiatischer Kerberos die Flüchtlinge und andere nach Europa Drängende verbellt, wobei keineswegs sicher ist, dass er es tatsächlich tun wird. Man möchte beinahe hoffen, dass Donald Trump die US-Wahlen gewinnt und der Druck der USA in dieser Frage nachlässt (was ebenfalls nicht sicher wäre), denn

Hillary Clinton hält sich bekanntlich für eine Außenpolitikerin und wird die bewährte Linie der parallelen Schwächung von Vasall, äh, Freund und Feind fortführen.

In Wirklichkeit brauchen wir die Türkei in der Flüchtlings- bzw. Einwanderungskrise überhaupt nicht; wir haben ja das Mittelmeer als Grenze, es gibt Satelliten und Drohnen, die jede schwimmende Apfeltonne erkennen können; was fehlt, ist eine vereinigte europäische Flotte, die das Meer abriegelt und jedes Boot dorthin zurückexpediert, wo es herkam. Zugleich müsste die UNO an der libyschen Küste eine Art Mandatsgebiet errich- ten, welches von der EU kontrolliert und finanziert wird und wo Afrikaner sowohl einen Antrag auf Asyl stellen als auch in halbwegs komfortablen Flüchtlingslagern unter dem Schutz europäischer Truppen längere Zeit leben könnten. Die Versor- gung solcher Lager wäre immer noch um vieles billiger als die momentane Praxis, vom freundlicheren Klima ganz abgesehen. Ins Große gedacht könnten die Europäer dort sogar Städte gründen – Peter Gauweiler hat diesen Vorschlag vor kurzem in einer vielmissachteten Rede unterbreitet, gewissermaßen die Idee des Imperium Romanum als humanitäre wiederbelebend. Jedenfalls ist es Irrsinn, die Probleme Afrikas in Gestalt seiner unerschöpflichen Menschenmassen zu importieren.

PS: Leser *** weist darauf hin, dass die hier grob umrissene Behandlung des Flüchtlingsproblems erstmals von dem Verhal- tensforscher Irenäus Eibl-Eibesfeldt vorgeschlagen worden sei. »Lange wurde sie verschwiegen, irgendwann von Otto Schily (ohne Nennung des Ideengebers) benutzt, wieder lange be- schwiegen und nun hervorgekramt, abermals ohne den Denker zu nennen, der diesen Einfall hatte. Sie finden diese Ausführun- gen in dem Buch ›Wider die Mißtrauensgesellschaft‹ von 1995. Ich halte es für unehrlich und, um das mindeste zu sagen, wenig rühmlich, Ideen anderer Leute als die eigenen auszugeben, wie diese Politiker es tun. Das ärgert mich schon lange. Sie nun haben die Öffentlichkeit und das entsprechende Publikum, deshalb möchte ich Sie um eine Ergänzung oder Richtigstellung bitten. Ich kann diese Breitenwirkung nicht herstellen.«

Dies sei hiermit im Rahmen meiner Möglichkeiten getan. Dass die Idee von Eibl-Eibesfeldt stammt, war mir nicht bewusst. Ich habe den bedeutenden Mann und intimen Kenner unseres tierischen Erbteils vor fast 20 Jahren, im Mai 1996, für *Focus* interviewt, und in diesem Gespräch deutete er eine solche Lösung immerhin an. In dem seinerseits recht seherischen Interview führt der Ethologe aus:

»Es gibt diese schöne Idee, daß Immigranten ihre Kultur behalten und sich als deutsche Türken oder deutsche Nigerianer fühlen sollen, weil das unsere Kultur bereichert. Das ist sehr naiv. In Krisenzeiten hat man dann Solidargemeinschaften, die ihre Eigeninteressen vertreten und um begrenzte Ressourcen wie Sozialleistungen, Wohnungen oder Arbeitsplätze konkurrieren. Das stört natürlich den inneren Frieden. Die Algerier in Frankreich etwa bekennen sich nicht, Franzosen zu sein, die sagen: Wir sind Moslems. Vielfalt kann in einem Staate nebeneinander existieren, wenn die Kulturen verwandt sind, jede ihr eigenes Territorium besitzt und keine die Dominanz der anderen zu fürchten braucht – wie etwa in der Schweiz.«

Wie alle Organismen sei auch *Homo sapiens* »in einer langen Stammesgeschichte daraufhin selektiert worden, in eigenen Nachkommen zu überleben. Europäer überleben nun mal nicht in einem Bantu, was gar keine Bewertung ist, denn für den Biologen gibt es zunächst einmal kein höheres Interesse, das sich im Deutschen oder im Europäer verwirklicht – nicht mal in der Menschheit.« Hören wir kurz in das Gespräch:

Focus: Solche Ansichten haben ihnen den Vorwurf des Biologismus eingetragen, wobei Sie sich im Lasterkatalog der Wohlmeinenden noch zum Rassisten oder Faschisten hocharbeiten können.

Eibl-Eibesfeldt: Die Leute, die so demonstrativ ihren Heiligenschein polieren, tun das ja nicht aus Nächstenliebe, sondern weil sie dadurch hohes Ansehen, hohe Rangpositionen, also auch Macht, gewinnen können – früher als Held, heute als Tugendheld. Der Mensch kann alles pervertieren, auch Freundlichkeit oder Gastlichkeit, und wenn die Folgen sich als katastrophal erweisen, schleichen sich die Wohlmeinenden meist davon und sagen: Das haben wir nicht gewollt.

Focus: Aber dieses Verhalten ist doch evolutionär schwachsinnig.

Eibl-Eibesfeldt: Sicher. Es sterben ja immer wieder Arten aus. Fehlverhalten im Politischen kann eine Gruppe immer wieder gefährden, wie man zuletzt am Marxismus gesehen hat.

Focus: Was sollten wir also tun?

Eibl-Eibesfeldt: Wir müssen von dem fatalen Kurzzeitdenken wegkommen. Wie alle Organismen sind wir auf den Wettlauf im Jetzt programmiert. Wir sind aber zugleich das erste Geschöpf, das sich Ziele setzen kann, das seinen Verstand und seine Fähigkeit, sozial zu empfinden, fürsorglich zu sein, auch mit einbringen kann.

Focus: Was bedeutet das praktisch?

Eibl-Eibesfeldt: Ein generationsübergreifendes Überlebensethos. Ich würde vorschlagen, daß sich Europa unter Einbeziehung Osteuropas großräumig abschottet und die Armutsländer der Dritten Welt durch Hilfen allmählich im Niveau hebt. Wenn wir im Jahr 1,5 Millionen Menschen aus der Dritten Welt aufnähmen, würde das dort überhaupt nichts ändern – das gleicht der

Bevölkerungsüberschuß, wie Hubert Markl unlängst betonte, in einer Woche wieder aus, solange es keine Geburtenkontrolle gibt. Man kann gegen eine Bevölkerungsexplosion in diesem Ausmaß sonst nichts tun, bestenfalls das Problem importieren, wenn man dumm ist.

Focus: Das ist dann, wie Sie schreiben, »Überredung zum Ethnosuizid«?

Eibl-Eibesfeldt: Die heute für die Multikultur eintreten, sind eben Kurzzeitdenker. Sie sind sich gar nicht bewußt, was sie ihren eigenen Enkeln antun und welche möglichen Folgen ihr leichtfertiges Handeln haben kann.

Aber sie haben doch meistens keine Enkel, diese Fernstenliebenden.

16. März

Gestern Abend befragte im Münchner Gasteig der einstige Oberbürgermeister Christian Ude den AfD-Mitgründer Konrad Adam zu den Wahlen im Allgemeinen und zu dessen Partei im Speziellen. Der Saal war voll, das Publikum zu ungefähr 70 Prozent neutral, 25 Prozent contra und 5 Prozent pro Adam. Der schlug sich achtbar, wenngleich er bei Fragen zu den Programmentwürfen seiner Partei ungefähr in die Situation eines Winzers geriet, der noch im Stadium der Hauptgärung detaillierte Auskünfte über Beschaffenheit, Geschmack und Lagerfähigkeit des aktuellen Jahrgangs erteilen soll. Ude als Frager stach schlau in Adams ungeschützte Stellen, erteilte aber zugleich eine Lektion in *Liberalitas Bavarica*, indem er auf jede Denunziation verzichtete. Dass er Adam bescheinigte, weit über dem Niveau seiner eigenen Partei zu argumentieren, war insofern geschenkt, als der Münchner verglichen mit Genossen wie Stegner oder Maas wie ein Muster an Freisinn und Gesprächskultur wirkte. Ein Hoch auf den Ruhestand!

Nachdem Adam die »Leitkultur« ins Gespräch eingeführt hatte – mit positiver Konnotation (der Begriff stammt übrigens vom Schreiber dieser Zeilen) –, stellte der Interviewer die in diesem Kontext unvermeidliche Frage, was es denn an Leitkultur mehr brauche als das Grundgesetz mit der unantastbaren Würde des Menschen als Prämisse und den darauf beruhenden Freiheitsrechten. Wir wissen heute, dass dieser unendlich edle Artikel 1 samt Artikel 16a 1 der Republik gewisse existentielle Probleme zu bereiten vermag, wenn man nicht in Rechnung stellt, dass eine Verfassung oder ein Grundgesetz nur innerhalb fester Grenzen gelten kann, doch das will ich diesmal nicht thematisieren. Vielmehr soll hier die Menschenwürde in einen Zusammenhang gebracht werden mit dem vielfach kritisierten und als sozusagen typisch Orbán abgestempelten Programmentwurfspunkt der AfD, man wolle die deutsche Kultur besonders fördern. Konkret formuliert etwa die sachsen-anhaltische AfD, die Bühnen »sollen stets auch klassische deutsche Stücke spielen und sie so inszenieren, dass sie zur Identifikation mit unserem Land anregen«. Als Forderung ist dergleichen ein grotesker Eingriff in die Kunstfreiheit, was Adam auch prompt anmerkte, doch im Sinne der Udeschen Leitkultur Menschenwürde sei festgestellt, dass gerade auf deutschen Bühnen, vom Dschungelcamp und ähnlichen Prekariatsbelustigungen zu schweigen, unter den Kasspereien des sogenannten Regietheaters der würdige Mensch einen schweren Stand hat. Der Philosoph und Medientheoretiker Boris Groys, gewiss kein Rechtskonservativer, hat vor inzwischen zehn Jahren die eher noch aktueller gewordene Diagnose gestellt, man könne »die gesamte künstlerische Avantgarde ohne Weiteres als eine ständige Verunstaltung und Beschmutzung des würdigen Menschenbildes interpretieren«. Und in der kommerziellen Massenkultur sei der »programmatische, kalkulierte Verlust der menschlichen Würde« längst zum »Hauptverfahren« geworden. Die Wahl lautet also: Pest oder Cholera? Präziser: die Pest der Kunstfreiheitseinschränkung oder die Cholera subventionierter Würdelosigkeit? Ich würde sagen, das vorletzte Wort weist einen Ausweg.

Die finale Frage aus dem Publikum verschaffte Adam übrigens den perfekten Abgang. Eine junge Frau warf ihm vor, seine Partei argumentiere nicht, sondern verbreite und bewirtschafte nur Stimmungen. In der Tat, replizierte der AfDler, neben solchen differenzierten politischen Aussagen wie »Wir schaffen das« und »Unsere Politik ist alternativlos« werde sein Verein immer intellektuell blass bleiben.

Mitternächtlicher 16. März

Die offenkundige Selbst-Idiotisierung vieler Analysten bei der Bewertung der jüngsten Landtagswahlergebnisse ist in den vergangenen Tagen hinreichend belächelt und ironisiert worden. Nie in der bundesrepublikanischen Nachkriegsgeschichte sind die Bürger nach einer Wahl versuchshalber für dümmer verkauft worden als diesmal. So soll die CDU, die in den drei Ländern beinahe jede fünfte Stimme einbüßte, der eigentliche Sieger gewesen sein, und ihre sozialdemokratische Schwester, die Partei Bebels, Lassalles, Eberts und Schumachers, ist in zwei Landtagen zum Zehn-Prozent-Fraktiönchen geschrumpft, ohne dass irgendein Führungssozi den Notstand auszurufen sich genötigt fühlte. Stattdessen erklärten sich die Stimmenverlierer unisono zu Wahlgewinnern, weil sie ja allesamt dem Merkel-Fanclub angehören. Es ist ein bemerkenswerter Schmonzes, dass Vertreter der etablierten Parteien diese neuerdings als einen Block begreifen, der sich gemeinsam der Wahl stellt – also genau jene durchaus nach DDR-Zentralismus müffelnde Systemparteienkoalition bilden, die in den Verlautbarungen der AfD immer wieder angeprangert und von der Gegenseite geleugnet wurde. Ähnlich bemerkenswert scheint mir, dass Landtagswahlen zu Volksabstimmungen über Frau Merkel und ihre Einwanderungspolitik umetikettiert wurden, obwohl weder die eine noch das andere überhaupt primär zur Wahl standen; wäre dem so gewesen, die Ergebnisse läsen sich erheblich anders. – Wenn diese Art der summarischen Bewertung sich durchsetzt, wird man bei jeder Stimmabgabe beachtliche Mehrheiten feststellen, die dem konkreten Ergebnis eine völlig andere Tendenz geben. So könnte es fürderhin heißen: Beinahe 90 Prozent der Baden-Württemberger und Sachsen-Anhalter stimmten gegen die Sozialdemokratie. Oder: Über zwei Drittel der Wähler im Ländle wollen keine grüne Regierung. Oder (stimmt fast immer): Mehrheit lehnt die Regierung ab. Oder aber, fairerweise: Mehr als die Hälfte der Deutschen votierte gegen Hitler.

Zart sich ankündigender 17. März

»Der Name der Gefahr lautet: Völkerwanderung. (...) Das zweite und dritte Jahrzehnt des 21. Jahrhunderts werden die Jahrzehnte der Völkerwanderung sein. Ein Zeitalter ist angebrochen, auf das wir nicht vorbereitet waren. Wir hatten geglaubt, derartiges könne nur in der fernen Vergangenheit oder in den Geschichtsbüchern vorkommen. (...)

Bei dem, was wir jetzt lernen, geht es darum, dass es gegenüber der Wirklichkeit keine Freiheit geben kann, sondern höchstens ein politisches Delirium und einen politischen Kokainrausch. Wir bauen unsere Welt vergeblich aus dem Wunsch nach den edelsten Idealen auf. (...)

Die Völkerwanderung kann man sehr wohl aufhalten.«
(Viktor Orbán in seiner *Rede an die Nation*)

21. März

Bereits im Mai letzten Jahres schämte sich Claudia Roth auf Sizilien »für Europa«, selbstredend wegen der Flüchtlinge, die dort ankamen, um sich stracks in jene Weltgegend einzuschiffen, für welche Frau Roth sich zu schämen vorgab. Heute nun teilt die grüne Europapolitikerin Ska Keller via *Spiegel online* mit, wegen der Flüchtlingslager in Griechenland und überhaupt der Flüchtlingspolitik – die, ich werde nicht müde, es zu repetieren, nur allenfalls zur knappen Hälfte mit Flüchtlingen zu tun hat – schäme sie sich »komplett für Europa«. Früher schämten sie sich für Deutschland, nun für Europa, und irgendwann wird einer dieser Zerknirschungssimulanten bestimmt fidel ins Land tröten: »Ich schäme mich umfassend, total, komplett und lückenlos für die Menschheit.«

»Seine Meinung sagt er von seinem Jahrhundert, er sagt sie,/ Nochmals sagt er sie laut, hat sie gesagt und geht ab.«
(Goethe/Schiller, *Xenien*)

25. März

»Warum interessiert sich eine politische Partei für den männlichen (sic!) Penis?«, fragte ein schweinchenschlauer englischer Journalist in einem Interview die AfD-Vorsitzende Frauke Petry. Leider hat Frau Petry bloß geantwortet, die Forderung nach einem Beschneidungsverbot werde nicht im endgültigen Entwurf des Parteiprogrammes stehen, und damit das Thema umgangen. Sie hätte einfach zurückfragen sollen, wer sich denn eigentlich exzessiver für das maskuline Genital interessiere: ein religiös-politisches Großkollektiv, dessen männliche Angehörige samt und sonders erdulden müssen, dass an ihrem *Membrum virile* rituell herumgeschnippelt wird, oder eine Partei, die dergleichen Eingriffe in die körperliche Unversehrtheit von Minderjährigen ohne medizinische Indikation für rechtlich zumindest fragwürdig hält.

Petry hätte sich stellvertretend auf den Psychologen Matthias Franz berufen können, der als Professor für Psychosomatische Medizin und Psychotherapie an der Uni Düsseldorf lehrt und die Ansicht vertritt, das muslimische Beschneidungsritual sei als ein aggressiver Eingriff in die sexuelle Integrität von Kindern mitursächlich für den muslimischen Machismo. »Die männliche Tendenz zur Gewalt in der islamisch geprägten Machokultur«, schrieb er Anfang Februar in einem Kommentar, habe »einen tabuisierten sexuellen Hintergrund«.

In der kindlichen Biographie fast aller männlichen Muslime, so Franz, werde »der Eintritt in ihre kulturelle Identität durch die Unterwerfung unter einen Gewaltakt markiert, bei dem auch Blut fließt«. Im Gegensatz zur jüdischen Beschneidung am achten Tag nach der Geburt werden die Jungen »auf dem Höhepunkt der kindlichen Sexualentwicklung und der damit

verbundenen Kastrationsängste der traumatischen Erfahrung
der Genitalbeschneidung unterworfen. Sie machen die durch
religiös und festlich verbrämte patriarchalische Machtansprüche erzwungene kollektive Erfahrung, dass der Stärkere, weil er
stärker ist, dem Schwächeren, weil er schwächer ist, Körperteile
abschneiden darf und damit sogar ein gottgefälliges Werk voll-
bringt. Kritik daran ist unmöglich.«

Dieser Eingriff bewirke aus psychoanalytischer Sicht bei vielen der Jungen »bleibende Ängste um ihre Männlichkeit und als
Reaktion darauf einen hochkränkbaren Ehrbegriff. Nicht selten
resultieren daraus auch ein Vertrauensbruch in der Elternbe-
ziehung und als Abwehr dieser Erfahrung eine patriarchalische
Identifikation mit dem Aggressor, dadurch eine Verinnerli-
chung schneidender Gewalt als Handlungsoption und Ängste vor einer unkontrollierten weiblichen Sexualität. Sie muss
beherrscht und verhüllt werden. Der gewalttätige Zugriff auf
kindliche Genitalien durch die Beschneidung – und die damit
inszenierte Kastrationsandrohung – ist der transgenerational
vermittelte normative Kern des Patriarchats. Für die destruktive
kulturelle Tiefenwirkung und die zuweilen sexualneurotischen
Ausformungen dieser kollektiven sexuellen Gewalterfahrung
besteht in weiten Teilen des islamisch geprägten Kulturkreises
aber kein intellektuelles Bewusstsein.«

Im spätzeitlichen Europa werden bekanntlich Frauen privi-
legiert, was im konkreten Fall bedeutet, dass die Beschneidung
von Mädchen – mit allem Recht der Welt – als ein Skandal
angeprangert wird, die von Jungen indes als harmloser folklo-
ristischer Akt gilt. Franz notiert: »Die Beschneidung ist und
bleibt aber eine traumatische Verletzung der genitalen kindlichen Integrität. Der unfassbare Skandal der diskriminierenden
Ungleichbehandlung von Jungen, die Erlaubnis ihrer Beschnei-

dung ohne medizinische Indikation und Fachkunde durch den Gesetzgeber haben in Deutschland nach Auffassung führender Verfassungsrechtler zu einem schweren Bruch der Rechtssystematik und zu einer Relativierung menschenrechtlicher Grundwerte geführt. Für die transgenerationale Weitergabe kindheitlich erfahrener Gewalt gibt es trotz klarer wissenschaftlicher Belege offensichtlich auch in Deutschland immer noch kein ausreichendes politisches Bewusstsein.«

Es gibt keinen Grund, warum eine politische Partei diese Problematik nicht zur Debatte stellen sollte. Die Beschneidung ist eine uralte religiöse Tradition, hier müssen also zwei verschiedenen Rechtsansprüche gegeneinander abgewogen werden: das Recht auf körperliche Unversehrtheit und jenes auf Religionsfreiheit. In Deutschland ist das Thema Beschneidungsverbot wegen der nationalsozialistischen Judenvernichtung bislang verständlicherweise tabu gewesen, und man muss immerhin konzedieren, dass jüdische Männer nicht gerade durch tumultuarisches Machotum und Alltagsaggressivität glänzen, während sich junge muslimische Männer signifikant häufig damit hervortun. Es ist eben ein Unterschied, in welchem Alter und unter welchen Umständen der Eingriff vorgenommen wird, wenngleich er hierzulande inzwischen unter Narkose und mit der entsprechenden medizinischen Sorgfalt durchgeführt wird. (Am Rande gefragt: Zahlt das eigentlich die Krankenkasse?)

27. März

Wenige Tage nach den Mordanschlägen von Islamisten, diesmal in Brüssel, in derselben Woche, da sich im pakistanischen Lahore ein muslimischer Attentäter auf einem Spielplatz (wie ich diese edlen Seelen liebe!) in die Luft sprengte und mehr als 70 Menschen tötete, weil, so ein Sprecher der Taliban-Gruppierung Jamaat-ul-Ahrar, die sich zu dem Blutbad bekannte, »Christen unser Ziel sind«, in der Woche, in der Dschihadisten im Jemen einen katholischen Pfarrer kreuzigten und in welcher Unionsfraktionschef Volker Kauder endlich einmal anprangert, dass die christliche Minderheit in Flüchtlingsunterkünften immer wieder unter Attacken muslimischer Einwanderer zu leiden hat, in jener Woche also erscheint der *Spiegel* angemessenerweise mit der Titelgeschichte »Der missbrauchte Glaube. Die gefährliche Rückkehr der Religionen«. Nur dass auf dem Deckblatt des Magazins dem Leser als zentrales Element ein Kruzifix entgegendräut und Christus dort gleich zweimal zu sehen ist – Mohammed indes, der *Spiegel* schenke ihm Heil, natürlich nicht.

Was für eine gemütsverrottete, was für eine opportunistische, was für eine unterwürfige, was für ein quietschfeige Bagage!

APRIL

4. April

An der Spitze der Fachbereiche mit Nachwuchssorgen liegen derzeit Ingenieurwesen und Informationstechnologie, in beiden Sparten kann beinahe jede zweite Stelle nicht besetzt werden. In der deutschen Forschung bleibt immerhin jede dritte Stelle frei. Bemerkenswert angesichts einer ständigen Steigerung des Abiturientenanteils unter hiesigen Schulabgängern; in Hamburg (55,8 Prozent), Berlin (48,2), Bremen (48,1), Hessen (47,2) und Nordrhein-Westfalen (46) machte 2014 ungefähr jeder Zweite Abitur (ganz am Schluss steht übrigens Bayern mit immerhin aber auch schon 31,4 Prozent). Diese Überproduktion von Abiturienten lässt die Naturwissenschaften sozusagen naturgemäß eher unberührt, denn die Schüler sind ja nicht binnen einer Generation fundamental klüger geworden, und Ostasiaten importieren wir auch kaum; stattdessen schlägt sich das Übermaß in den »weichen« Fächern nieder, und deshalb werden die Planstellenbesetzer bei den rot-grünen Gesinnungsstiftungen und Minderheitenbefreiungsvereinen, bei den Genderisten, den sozialen und umweltethischen NGOs oder bei den Kampfgruppen »gegen rechts« weiterhin an Kandidaten keinen Mangel leiden. Was letztlich sogar besser ist, als wenn diese Limitierten zum Beispiel Ärzte würden; lieber sollen sie an Internet-Einträgen herumdoktern als an leibhaftigen Menschen.

5. *April*

Deutschland verdankte seinen geistigen Höchststand vor der Machtergreifung der Nazis vor allem den Juden, was man an der Zahl der jüdischen Nobelpreisträger sieht. – Ja, durchaus. Aber wie viele *polnische* Juden erhielten eigentlich bis zur Machtergreifung der Nazis den Nobelpreis?

6. *April*

»Wer das Freund-Feind-Denken praktiziert, tut gut daran, es zu verurteilen.«
Johannes Gross

10. *April*

Ich bin irritiert, wenn Menschen die Dinge anders sehen als ich. Und traurig, wenn sie sie sehen wie ich.

13. *April*

»Russische Jets provozieren US-Militär«, meldet *ntv*. Ein Vorfall in der Ostsee verschärfe die ohnehin angespannte Beziehung zwischen den USA und Russland: Laut dem Pentagon »donnern russische Flugzeuge über ein amerikanisches Kriegsschiff hinweg und simulieren Angriffe«. Die »Donald Cook«, ein amerikanischer Zerstörer, »hatte am Montag einen Besuch in Polen beendet und befuhr den Informationen zufolge während der Zwischenfäl-

le internationale Gewässer in fast 130 Kilometern Entfernung zur
russischen Küste vor der Exklave Kaliningrad«. Übrigens 7000
Kilometer entfernt von der amerikanischen Küste.

Blicken wir zurück. Am 12. Juni 2014 meldete u. a. *Focus online*: »Es ist eine Provokation, wie sie im Buche steht: Vier russische Langstrecken-Bomber des Typs Bear H, die in der Lage
sind, Atombomben zu tragen oder mit Spionage-Technik aus-
gestattet sind, nähern sich der US-Küste (…). Kampfjets der Air
Force zwangen die Flugzeuge 50 Kilometer vor der Küste zum
Abdrehen.«

Nein, diese Russen. Immer müssen sie provozieren. Inzwischen sogar schon vor der eigenen Küste.

14. April

Als ich zum ersten Mal die inzwischen dank unserer Medien-
vertreter nahezu geflügelten Worte »Regretting Motherhood«
las, dachte ich, es handele sich um eine Selbsthilfegruppe der
Mütter von Mitgliedern der Grünen Jugend. Mittlerweile weiß
ich, dass hinter diesem »Claim« eine Studie der israelischen
Soziologin Orna Donath steckt, die immerhin 23 Frauen auf-
getrieben hat, die von sich sagen, sie hätten besser abgetrieben
beziehungsweise jedenfalls ihr Kind, so sie noch einmal vor
die Wahl gestellt würden, nicht noch einmal bekommen haben
wollen. »Ein Gespräch über gesellschaftliche Ächtung und Rebellion gegen Tabus«, überschreibt heute die *taz* ein Interview
mit Frau Donath. Wie die Bücher *Die Mutterglück-Lüge* von
Sarah Fischer und *Die falsche Wahl* von Esther Göbel zeigen,
bläht sich das Thema derzeit zum veritablen Trendlein auf. Was
sagt uns das?

Sich, seinen Sprösslingen und letztlich irgendwie auch »aller Welt« einzugestehen, dass man lieber kinderlos geblieben wäre, rührt, anders als Päderastie, Holocaustleugnung oder ein *Junge-Freiheit*-Abo, an den Grundfesten des Lebens und ist in der Tat ein Tabu ... – Ist es natürlich nicht. In einem Kulturkreis, in dem Abtreiben so normal ist wie Sporttreiben, darf der *Letzte Mensch* als letzte Konsequenz seiner alltäglichen Ich! Ich! Ich!-Brüllerei und existentiellen Vordrängelei selbstverständlich seinen Blagen mitteilen, dass sie einem schon mit ihrer Anwesenheit den ganzen Lebensgenuss kaputtmachen. Es war also zu erwarten, dass irgendwann auch dieses Scheintabu »gebrochen« und die Monstrosität des westlichen Hedonismus noch auf eine weitere Spitze getrieben wird, jenes Hedonismus, an dessen Wiege ja nicht zufällig der Spitzenlump Rousseau stand, der seine eigenen Kinder ins Waisenhaus gab, damit sie ihm nicht bei der Selbstverwirklichung als Menschheitserzieher zur Last fielen. Unsere wackeren Tabubrecher werden vermutlich als nächste Eskalation ihrer Selbstbefreiung von jeder Art Anstand als Therapie für »Regretting Motherhood«-Kandidatinnen vorschlagen, sie sollen ihren Kindern möglichst früh mitteilen, welche Last und Plage deren Existenz eigentlich für die arme Mutti bedeute.

Das Gegenmodell der Sitte statuiert bekanntlich, dass man über gewisse unangenehme Dinge nicht spricht, sie zumindest nicht öffentlich ausspricht. Keiner möge mich falsch verstehen, Kinder können einem durchaus das Leben zur Hölle machen. Aber wie kam die närrische Idee in die Welt, sie möge ein Paradies sein? Wie konnte ein dermaßen verächtlicher Menschenschlag entstehen, der sich nicht für ein Zwischenglied der Generationenkette, sondern für das Endziel der Evolution hält? Wie können Frauen es ihren ja offenbar nicht durch eine Vergewaltigung entstandenen Kindern antun, sie nachträglich für unerwünschte Störenfriede zu erklären? Wer hat sie denn bekommen? Wer hat sie erzeugt? Kann man einen solchen Gedanken nicht mit ins Grab nehmen? Müssen diese sittenverwahrlosten Figuren wirklich jedes ihrer Laster, jedes ihrer Wehwehchen, jedes ihrer schamlosen Bedürfnisse in die Welt hinausplärren?

An dieser Stelle ist ein Einschub nötig. Wir hören und lesen mit ermüdender Regelmäßigkeit, dass Frauen es schwer hätten, »Kinder und Karriere unter einen Hut zu bringen«. Davon abgesehen, dass kaum eine der Holden noch einen Hut trägt, was durchaus bedauerlich ist – wenngleich ein Kopftuch auch recht schön sein kann, speziell wenn es auf arabische Art gebunden ist –; davon abgesehen, sage ich, steckt in dieser Formulierung eine der größten Flunkereien unseres ausklingenden Epöchleins. Wie viele von 1000 berufstätigen Frauen oder auch gern Menschen »machen« denn »Karriere«? Und wäre unter diesen businessfrommen Schwestern, wenn sie auf all den Tinnef schauen, dem sie sich in ihrer biologisch fruchtbaren Zeit gewidmet haben, wenn sie die Monate addieren, die sie auf »Meetings« und vor Flipcharts verbracht haben, nicht längst eine Kampagne namens »Regretting Childlessness« fällig?

Im *taz*-Interview sagt Orna Donath: »Wir haben oft nur ein Szenario vor Augen: Die Familie sitzt am Tisch, und die Mutter schreit: Du hast mein Leben ruiniert! Aber so ein Gespräch kann auch eine sehr feministische Unterhaltung zwischen Mutter und Tochter sein, die darauf abzielt, nicht die selben traditionellen Vorstellungen von Mutterschaft zu reproduzieren.« Also von mir aus, meine Damen, können Sie gar nicht schnell genug diesen schönen Planeten räumen.

Mittelspäter 14. April

Jede Fahrt durch dieses Land, im Grunde jeder Schritt in die Öffentlichkeit führt einem vor Augen, wie alt die Deutschen geworden sind. Diese entsetzliche Ansammlung von In-die-Jahre-Gekommenen allerorten, dieser Kindermangel, diese selbstbezogene, mäklige Gesamtstimmung, dieser kollektive Greisenleib, in den hineinzustoßen so leicht ist ... Daneben die fruchtbaren, vor Kindern wimmelnden Länder Asiens und Afrikas. Ein Vietnam-Besuch genügt, um zu sehen, was, glücklichenfalls, Zukunft ist. Gott ist Biologist.

Noch späterer 14. April

Exakt ein Jahr nach dem Tod einer Radfahrerin in Köln ist vor dem Düsseldorfer Landgericht nicht Recht, doch immerhin ein aussagekräftiges Urteil gesprochen worden. Miriam S. musste sterben, weil sich Firat M. und Erkan F., 22 und 23 Jahre alt, in der Stadt ein Autorennen lieferten. Beide Angeklagten sind jetzt zu Bewährungsstrafen verurteilt worden. Es hätten für sie schlimmer kommen können, sie hätten beispielsweise nur die GEZ-Zwangszahlungen verweigern müssen.

Die 19-jährige Studentin war auf Kölns Straßen binnen eines Jahres das dritte Todesopfer, dessen Leben durch einen motorisierten Schwanzvergleich ausgelöscht wurde. Ich wette, dass es meist juvenile Neudeutsche sind, die sich dergleichen PS-Stechen liefern (und damit nebenbei den Eingeborenen souverän vor Augen führen, dass sich ihre aggressive Landnahme auch auf die Verkehrswege erstreckt). Zu befürchten haben sie wenig. Am 26. März 2015 lieferten sich zwei Neunzehnjährige in Köln ein Ren-

nen, sie rasten mit mehr als hundert Stundenkilometern über
eine rote Ampel, einer der Wagen krachte in ein Taxi, ein Fahrgast
kam ums Leben. Auch diese beiden heißblütigen jungen Männer erhielten Bewährungsstrafen. Im Düsseldorfer Prozess hatte
die Staatsanwaltschaft drei Jahre gefordert, die normale Strafe für
fahrlässige Tötung. Aber das würde die Täter ja nicht bessern, sondern nur aggressiv machen. Beziehungsweise: noch aggressiver.

Beide Gerichte haben nicht Recht gesprochen, sondern Tä-
terrecht. Die Opfer existieren für diese Tendenz-Juristen überhaupt nicht. Die Idee der Genugtuung hat in großen Bezirken
der deutschen Rechtsprechung keinen Platz mehr. Einzig die
Seelenlage der Täter, deren Resozialisierung und Besserung,
kommt für solche ziemlich furchtbaren Juristen in Betracht.

Als Bewunderer Herib. Prantls beziehungsweise des *Cuculus
canorus* will ich es wagen, mich hier gelegentlich zu wiederholen,
diesmal mit der Bemerkung, dass die Täterzentriertheit in der
Strafrechtsprechung ein typisches Merkmal postheroischer, also
feiger Gesellschaften ist. Man wählt immer den Weg des geringsten Widerstands. Von den Opfern droht keine Gefahr – solange
die Verwandten nicht auf Rache sinnen, was bei den pazifizierten
Biodeutschen und ihrem Altersdurchschnitt kaum zu befürchten
ist, muss sich die Justiz um diese Seite nicht scheren –, von den Tä-
tern dagegen schon. Deswegen sollen sie mit Nachsicht umgarnt
und für die Zukunft milder gestimmt werden. Die Täter sollen
einsehen, dass man besser niemanden totfährt, zumindest nicht
in der Bewährungszeit, jedenfalls beim nächsten Mal nicht. Und
wenn sie wieder lieb sind, ist doch fast allen damit gedient, oder?

PS: »Sehr geehrter Herr Klonovsky, es drängt mich sehr, Sie
mit einem Einwand zu behelligen. Vorab halte natürlich auch ich,
wie jeder billig und gerecht Denkende, eine Freiheitsstrafe ohne
Bewährung für derartige Taten für dringend wünschenswert.

Allerdings greift es zu kurz, sich hier nur auf die ›furchtbaren Juristen‹ zu beziehen. Jeder tatgerichtliche Spruchkörper ist nämlich nicht nur mit hauptamtlichen Richtern, sondern gemäß §§ 29 Abs. 1, 76 Abs. 1, Abs. 2 Gerichtsverfassungsgesetz auch mit zwei Schöffen, also Laienrichtern besetzt. Vor dem Schöffengericht und der Kleinen Strafkammer können diese Schöffen den hauptamtlichen Richter überstimmen; vor der Großen Strafkammer des Landgerichts kommt es darauf an, ob diese mit drei oder nur mit zwei hauptamtlichen Richtern besetzt ist: Im letztgenannten Fall muß mindestens ein Schöffe das Urteil mittragen (§ 263 Strafprozeßordnung).

Daraus folgt, daß – cum grano salis – die gesamte langweilige, altersmüde Milde, die unser Rechtssystem prägt, von Volkes Stimme getragen wird (sofern sie nicht erst durch die Revision zustandekommt). Es handelt sich meiner privaten, unmaßgeblichen Meinung nach um eine Degeneration des an sich segensreichen sozialtherapeutischen Denkens: Die Gerichte (nicht nur: Juristen) sind nicht mehr bereit, Strafe als schicksalhaftes Übel über den Täter zu bringen. Sie halten sich nicht für Statthalter der Gerechtigkeit, sondern für Zuarbeiter der Sozialpädagogen. An den Universitäten wird gelehrt, daß es ja gar nicht menschenmöglich sei, Gerechtigkeit zu ›verwirklichen‹. Folglich braucht man es gar nicht erst zu versuchen.

Ebenso wie es das Opfer getroffen hat, möge nun auch der Täter die zu verbüßende Strafe als Zeichen des unerbittlichen Schicksals aus dem Munde des Richters erfahren: Zu dieser – sich allzumal bei Tötungsdelikten ja nahezu aufdrängenden – Art des Denkens und Fühlens sind heute nur noch ganz wenige befähigt. Sie werden für Narren gehalten und finden keine Beachtung.

Mit freundlichen Grüßen

*** Staatsanwalt«

16. April

Ein Beispiel über die Zustände in öffentlichen französischen Schwimmbädern: »Wo ein vereinzelter Bikini im Frei-Bassin paddelt, ist er bald von bräunlichen Schwimmern eingekreist und angetaucht. Zehn, zwanzig Algerier-Hände zerren an den Verschlüssen des Badekostüms und rauben der Trägerin das Textil.« (»Braune Flut« – sic! –, im *Spiegel* vom 15. Juni 1964)

20. April

Zu den bedenklichsten Erschöpfungssymptomen dieser Tage, wenn nicht Zeiten, gehört das Nachlassen der antifaschistischen Wachsamkeit. Jeder anständig gebliebene Deutsche weiß genau, wer heute außer Marietta Slomka noch Geburtstag hat, und ausgerechnet an diesem Abend wollen die Münchner Symphoniker im Prinzregententheater Liszts *Les Préludes* spielen, also jenes Stück, dessen Hauptthema nach dem Beginn des Russlandfeldzuges im Reichsrundfunk und in der Wochenschau als Erkennungsmelodie für die Wehrmachtsberichte von der Ostfront gespielt wurde. Und das nur einen Steinwurf entfernt von Satans einstiger Wohnung.

21. April

Buntheit bedeutet, keiner soll glauben, er könne einfach so sein, wie er ist, grau zum Beispiel oder dunkeldeutsch, sondern dass jeder so bunt werden muss wie alle anderen. – Freund *** bemerkt, auf die Gesichter von Diversity-Propagandisten male

sich sofort Missvergnügen, wenn man vorschlage, den Begriff
»Vielfalt« durch »Differenz« zu ersetzen. An Differenz sei diesen Planierern ja gerade nicht gelegen.

25. April

»Uns wird Hetze vorgeworfen, und daß die Fälle angeblich
nicht stimmten. Aber es sind eben Polizeimeldungen. Wir sau-
gen uns das ja nicht aus den Fingern. Ich frage mich, was sind
das für Leute? Sitzen da, klicken auf den Link und gucken auf
Hunderte Übergriffe auf Kinder und Frauen. Und die einzige
Reaktion ist: Das ist Hetze!« Ein Blick in holden Gefilde der
willkommenskulturellen Gegenwart und zugleich Ausblick auf
Deutschlands partielle Zukunft als Aggressionsauffangbecken
und humanoide Knautschzone bietet der Facebook- und Twit-
ter-Account unter dem sarkastischen Titel »Einzelfall«, dessen
couragierte Initiatorin die permanenten Übergriffe Schutzsuchender dokumentiert, also nicht in die gebotene Duldungs-
starre verfällt, und deshalb der antifaschistischen Wachsamkeit
und Rüge nicht entging.

Dazu passt auch dieses juristische Haileid: Nachdem Abdul
B., 18, aus Burkina Faso in Berlin mit einer Eisenstange 30 Autos demoliert hatte – angeblich aus Frust, weil sein Asylantrag
in der Hauptstadt der DDR abgelehnt worden war, denn er ist
bereits in Niedersachsen als asylsuchend registriert –, beantrag-
te ein rüder Staatsanwalt Haftbefehl, doch die sensible Richterin hielt die Taten für »nicht schwerwiegend genug«, um dem
offenkundig schwersttraumatisierten Buben kulturunsensibel
auch noch die U-Haft zuzumuten. Die Eisenstange hat er hoffentlich behalten dürfen.

Im Grunde leistet diese mitleidvolle Juristen-Maid aber nur an ihrem peripheren Arbeitsplatz, was unser aller Führerin und Herbergsleiterin an der Tete vorlebt und woraus ein ärgerer Schelm als ich ein Verhaltensmuster ablesen könnte, welches sich zu der lauschigen Maxime zusammenfassen ließe: *Landesverrat als Staatsräson*. Im Namen natürlich mindestens der Menschheit und ihrer sukzessiven Besserung.

Fortschreitender 25. April

Leser *** schreibt von der anderen Seite des Atlantiks: »Meine kurze Frage an Sie: Was ist der langfristige Zweck des Landesverrats als Staatsräson, wohin soll das Land geführt werden?«

Ich will ebenfalls kurz antworten, weil das vorliegende Diarium ja seit Jahren recht beharrlich um die Frage kreist, was einflussreiche Teile einer Gesellschaft veranlassen mag, an jenem Ast zu sägen, auf welchem sie selber sitzen. Man sollte bedenken, dass die in der Frage vorausgesetzte bewusste Zweckgerichtetheit des politischen Handelns nicht zwingend vorliegen muss. Mit Ausnahme jener Klientel, die aus purem Hass auf alles, was sie nicht besitzt, nicht zu nutzen versteht, nicht vögeln darf etc., dessen Zerstörung oder zumindest Enteignung wünscht, die in der Regel jedoch zu schwach ist, um es selbst zu bewerkstelligen und deshalb auf Auxiliarkräfte sinnt, dürften auch hierzulande die wenigsten Gesellschaftsnivellierer und Institutionenschleifer wirklich ein Interesse an der Demolierung all dessen haben, was sie trägt und nährt; wenn sie gleichwohl daran arbeiten, folgen sie offenkundig einem rätselhaften Gesetz. Für meine – und nicht nur meine – Begriffe hört es auf den Namen kulturelle Selbstverachtung oder *kultureller Selbsthass*.

Wie wir zuletzt am Zusammenbruch der Sowjetunion (oder am Amoklauf des Dritten Reiches) gesehen haben, können Staaten oder ganze Imperien, die eben noch als stark und mächtig galten, so lange einem Irrweg folgen, bis sie schließlich kollabieren. Allerdings muss in solchen Staaten, sofern sie nicht einem überlegenen Eroberer zum Opfer fallen, etwas »aus dem Ruder gelaufen« sein, ein Bruch stattgefunden haben, der das Land aus der altgewohnten Bahn warf, es muss der Irrationalismus ins Mark des Volkes und der Institutionen gekrochen sein, mit einem Wort: Es muss eine Ideologie walten, deren Trägerkollektive bereit sind, die Wirklichkeit im Namen derselben zu ignorieren bzw. korrigieren (»Desto schlimmer für die Wirklichkeit«). Oft sind diese Staaten nicht aus einer primär positiven Intention entstanden, sondern *gegen* etwas, wie etwa die Sowjetunion gegen den Zarismus ausgerufen wurde oder die Bundesrepublik sich als (möglichst hundertprozentiger) Gegenentwurf zum NS-Regime konstituierte. Dieses Dagegen-Existieren verleiht der ideologischen Legitimierung des neuen Gemeinwesens einen besonderen *drive*. Jede, auch die sachlichste Kritik am neuen Kurs stigmatisiert den Kritiker als Agenten des Überwundenen. Kurskorrekturen werden zum gewaltigen Kraftakt oder völlig unmöglich.

Solange die Ideologie herrscht, belohnen deren Hohepriester sich selbst und alle folgsamen Adepten mit Ansehen, Posten und Pfründen, bis schließlich die paradoxe Situation entsteht, dass die Gesellschaft Menschen honoriert, die sukzessive ihre Grundlagen zerstören. Für solche Deformationen sind Länder besonders anfällig, in deren Geschichte ein traumatisches Ereignis stattfand, aus welchem die Ideologen ihre Legitimation herleiten. Dass Deutschland ein traumatisiertes, hysterisches, für jede Art moralischer Erpressung offenes Land ist, bedarf keiner besonderen Erläuterung. Aber die spezifisch deutsche Art, sich mit einem Großverbrechen erbsündlich zu identifizieren, die eigene Nation(alität) zu verachten, das eigene Verschwinden zu wünschen und sich ganz romantisch auszumalen, dies Verdrängt- und Ersetztwerden sei ein ethisch und sogar ästhetisch ansprechender Vorgang, ist nur eine besonders grelle Stimme im Chor dieses abendländischen kulturellen Selbsthasses.

Nur der Westen kennt eine solche hypertrophierende, in Selbstverachtung und auf Permanenz gestellte Selbstanklage mündende Selbstkritik. (Das Abendland ist sehr früh und keineswegs erst durch den Protestantismus oder die Französische Revolution damit infiziert worden; bereits bei Sallust findet sich der Gedanke, Rom werde für die Zerstörung Karthagos noch zu büßen haben, eine Idee, die orientalischen Gesellschafen völlig fremd ist*.) Sie wäre ohne die beispiellose Erfolgsgeschichte des Abendlandes nicht möglich gewesen – kollektive Selbstkritik ist ein größerer Luxus als alle Schätze der Königshäuser zusammen – und tritt gewissermaßen als Hegelsche List der Vernunft auf den Plan. Der Efeu umschlingt den Baum und raubt ihm allmählich die Kraft. Ich habe an anderer Stelle ausgeführt, dass die Menschenrechtsideologie als allzu elastische, die Kräfte der westlichen Gesellschaften überdehnende Moral möglicherweise wie ein Computervirus wirkt und sukzessive die westliche Festplatte lahmlegt. Dies auch nur festzustellen, verfällt bekanntlich dem Verdikt der Political Correctness. Selbsterhaltung gilt nicht als normal, sondern als Rassismus, weil dieses Selbst einen Unwert verkörpert, welcher durch ein gewaltiges Planierwerk in eine höhere Art von Gesellschaft transformiert werden muss, die den Regeln der sogenannten Diversity folgt. Wer das alles bezahlen darf, ist klar, wer davon zu profitieren hofft, desgleichen. Es soll so etwas wie ein globaler Lastenausgleich stattfinden, der für den Westen nur hässlich enden kann, aber interessanterweise unter den großen Konzernen kaum auf Gegnerschaft stößt, weil sie zum einen auf diese Weise mit billigen, untereinander unsolidarischen Arbeitskräften versorgt werden, zum anderen flexibel genug sind, um instabile Regionen rasch wieder zu verlassen. Am Ende scheint irgendeine diffuse Weltgesellschaft aus lauter Gleichen auf, und jeden Abend beten ein paar Hart- oder auch Klarköpfige, dass es keine Weltbürgerkriegsgesellschaft werde.

Wohin dieses Land geführt werden soll? Zunächst einmal: *in die Illusion*. Weiter mag einstweilen niemand denken.

* Eine Ursachenlinie verläuft hier: »Die Juden fragten, wie die Deutschen fragen: ›Warum liebt man uns nicht?‹ – Und beide verfallen auf die gleiche Antwort: ›Weil wir schuldig sind.‹ ›Weil wir gesündigt haben.‹ Das Bewußtsein, ›von Natur aus schuldig‹ zu sein, lebt im deutschen Denken spätestens seit Luther, im jüdischen seit jeher.

(...)

Woraus speist sich diese ominöse Kraft, die ermöglicht, unter Hinweis auf eine ferne, fremde Schuld Menschen beinahe beliebig steuern zu können? Im antiken, nicht-jüdischen Denken kommt ein solches Schuldbekenntnis noch nicht direkt vor. (...) Es läßt sich heute kaum mehr sagen, wann genau das *Confiteor*, also das ›Ich bekenne ...‹ im Sinne eines Schuldbekenntnisses wie das *Mea culpa* in die katholische Messe Einzug hielt. (...) kam eine Gemütsschwere und Selbstbezichtigungsbereitschaft unter die Menschen, die dem antiken Denken, ja sogar dem griechischen Pessimismus fremd war.

(...)

Das Christentum ist der jüngere Bruder des Judentums, der sich an dem älteren versündigt hat. Und von dieser Schuld kann das Abendland nur erlöst werden, indem es sein eigenes Leben opfert. Der Mord an den europäischen Juden wäre, gemäß der Freudschen Theorie, nur durch Selbstmord zu sühnen.«

(Aus: Frank Lisson, *Die Verachtung des Eigenen. Ursachen und Verlauf des kulturellen Selbsthasses in Europa*, Schnellroda 2012)

PS: Dass die Schuld derzeit ausgerechnet durch den massenhaften Import von Antisemiten »gesühnt wird«, gehört zu den großen Pikanterien der Geschichte.

26. April

Im von Friedrich Gundolf und Friedrich Wolters herausgegebenen *Jahrbuch für die geistige Bewegung*, dritter (und letzter) Jahrgang (1912) heißt es in der Einleitung: »Die heutige humanität besteht (...) nicht mehr im ringen um menschlichkeit, sondern in einem allgemeinen gehen- und geltenlassen jeder beliebigen art mensch. (...)

Die massen sind das produkt hemmungslosen fortschritts, gesetzloser humanität, passiver freiheit. (...) jedem anständigen menschen muss der ekel kommen beim blossen lesen der zahlen die zu erwarten sind (...) die mit der masse sich stetig steigernde artverschlechterung. Keiner hat den mut zu sagen dass es auch frevel gibt für die gebüsst werden muss (...)

Unsre ablehnung des protestantismus hat darin seinen grund dass er die voraussetzung bildet zur liberalen, zur bürgerlichen, zur utilitären entwicklung. (...) Dass wir uns dem heutigen katholizismus nicht zuwenden können hat darin seinen grund dass er selbst auf dem weg ist protestantisch zu werden. (...) Nach weiteren fünfzig jahren fortgesezten fortschritts werden auch diese reste alter substanzen verschwunden sein, wenn es keine anderen mehr als mit dem fortschrittlichen makel zur welt gekommene gibt, wenn durch verkehr, zeitung, schule, fabrik und kaserne die städtisch fortschrittliche verseuchung bis in die fernste weltecke gedrungen und die satanisch verkehrte, die Amerika-welt, die ameisenwelt sich endgültig eingerichtet hat.«

Man muss jetzt nur die Perspektive umkehren und diese Entwicklung einfach hinreißend finden.

27. April

Ein *da capo* aus gegebenem Anlass: Wenn Gott Humor hat – und es sieht derzeit fast danach aus –, wird Donald Trump der 45. Präsident der Vereinigten Staaten.

28. April

Konservativ sein heißt, sich die permanenten Kulissenwechsel nicht als das eigentliche Stück aufschwatzen zu lassen. Der Konservative hält die Gesellschaft nicht *per se* für schlecht und dringend veränderungsbedürftig, sondern für ihn ist es zunächst einmal erstaunlich, dass überhaupt etwas funktioniert. Nach seiner Ansicht muss sich also keineswegs das Bestehende legitimieren, sondern das sollen diejenigen tun, die es verändern wollen. Konservativ ist die Skepsis gegenüber gesellschaftlichen Zukunftsentwürfen – das besorgte Kopfschütteln über Menschen inklusive, die zu wissen behaupten, was für Millionen andere gut und richtig ist, aber oft mit ihrem eigenen Leben nicht klarkommen. Der Konservative beruft sich lieber auf die Tatsache, dass der Kaiser nackt ist, als auf den Diskurs darüber, dass Bekleidetsein ein soziales Konstrukt sei.

Zu den geistigen Beständen des Konservativen gehört ganz elementar die Anthropologie. Im Gegensatz zum Linken, der den Menschen als soziales und unendlich formbares Wesen betrachtet, hält der Konservative *Homo sapiens* zuallererst für ein existentielles Geschöpf mit einer nicht beliebig veränderbaren *Conditio*. Er glaubt nicht an die Gleichheit der Menschen (außer vor Gott und vor dem Gesetz), deshalb ist er Antisozialist. Eine Regierung, die ihm sein Verhalten über das geltende Strafrecht hinaus vorschreiben will, ist sein natürlicher Feind. Der Konservative geht davon aus, dass viele Probleme der Gesellschaft aus der Förderung des Zusammenspiels von Beschränktheit und Wohlmeinen rühren, sprich: aus einem zu optimistischen Menschenbild. Er präferiert zwar die Selbstverantwortung und Selbsthilfe, aber auch die Entlastung des Menschen durch Institutionen.

Der Konservative hängt keineswegs bedingungslos am Althergebrachten, denn auch ihm ist es lieber, dass der Ultraschallbohrer beim Zahnarzt den mechanischen ersetzt, aber er weiß um das organische Gewachsensein allen Menschenwerks und hütet sich, die Vergangenheit im Namen irgendeiner Zukunft zu denunzieren. Vom Begriff »gesellschaftlicher Fortschritt« macht er nur sparsamen Gebrauch, weil dieser Fortschritt entweder eine Ermessensfrage darstellt oder aber jede Art Verwesung einschließt, jedenfalls immer mit Verlusten verbunden ist. Mit den Worten Giuseppe Prezzolinis: »Der Progressist denkt immer an morgen, der Konservative immer an übermorgen.«

PS: Der Konservative weiß übrigens, dass das Genus »der Konservative« auch den Sexus »die Konservative« liebevoll mit einschließt.

Sich allmählich absentierender 28. April

»Daß man sich mit der Übernahme von Verantwortung auch übernehmen kann, zeigt das deutsche Asylrecht. Die Zahl der Menschen auf der Welt, die aufgrund echter Gefahr für Leib und Leben dieses Recht in Anspruch nehmen könnten, ist so groß, daß dies den Zusammenbruch unseres Staatswesens zur Folge haben könnte, wenn auch nur ein erheblicher Prozentsatz von ihnen dies täte. Hier gilt zweifellos der Satz des Evangeliums, daß der, der einen Turm bauen will, gut daran tut, zuvor die Kosten zu berechnen. Menschenrechte auf bestimmte Leistungen anderer Menschen können immer nur bedingte Rechte sein, denn die Erfüllung setzt erstens immer voraus, daß es Subjekte entsprechender Pflichten gibt, die diese Leistungen zu erbringen auch imstande sind, und es setzt voraus, daß diese Subjekte nicht vielleicht durch vordringlichere Pflichten an der Erfüllung dieser Ansprüche gehindert sind. Abwehrrechte hingegen, die andere nur dazu verpflichten, bestimmte Handlungen zu unterlassen, sind jederzeit erfüllbar. Sie sind daher strikter als jene. Es ist sehr folgenreich, wenn man – wie es die Marxisten tun – diese Rangordnung umkehrt und die elementaren Freiheitsrechte des Menschen seinen Ansprüchen auf soziale Leistungsgarantien unterordnet.«

(Robert Spaemann, *Grenzen. Zur ethischen Dimension des Handelns*, Stuttgart 2001, S. 230. – Der Text selbst stammt, worauf mich Leser *** freundlicherweise aufmerksam macht, schon aus dem Jahr 1982.)

Späterer 29. April

»Nazis haben Namen und Adressen« – und wer Nazi ist, bestimmen wir, wie wir bereits bestimmt haben, wer Jude ist. »Das
Haus, in dem Afd Nazi Gauland lebt, wurde in der Nacht von
Montag auf Dienstag, den 26. 04. 2016, von Antifaschist*innen
angegriffen.« Interessanterweise hat unser Internet-Zensor
H. Maas dafür keinen Blick; sonst könnte ja wer meinen, er
wolle am Ende ein anderes Deutschland.

MAI

Recht morgenfrischer 1. Mai

Was tut ein Journalist, der die großen zwölf publizistischen Jahre verpasst hat, aber ihren erpresserischen Impetus mitsamt einer innigen Liebe zu Pluralismus und Freiheit tief in seinem Busen trägt? Er schreibt zum Beispiel Sätze wie diese: »Der 1. Mai ist traditionell der Tag, der den Gewerkschaften gehört. Ein Tag, den autonome Gruppen oft nutzen, um Gewalt auszuleben. Nur zwei Mal haben in der Geschichte Deutschlands an diesem Tag Parteitage stattgefunden. 1987 und 1992 haben an diesem Tag die Grünen getagt. Wenn eine rechtspopulistische Partei an diesem Tag einen Parteitag veranstaltet, dann tut sie damit alles, um die Bilder zu bekommen, die sie sich wünscht: Steine werfende Chaoten, Polizisten, die Pfefferspray versprühen. Damit spielt die AfD leichtfertig provozierend mit der Gesundheit derer, die sie angeblich schützen will: der deutscher Staatsbürger und Polizisten.«

Indem sie das grundgesetzlich verbriefte Recht in Anspruch nimmt, sich »frei und ohne Waffen« zu versammeln, spielt die AfD also mit der Gesundheit der Beamten, die sie dabei vor denjenigen schützt, die ihr das Recht streitig machen wollen. Dazu ein paar Fragen:

Erstens: Hätte es, wenn die AfD sich an einem anderen Tag versammelt haben würde, keine »Proteste« gegeben?

Zweitens: Gibt es noch andere Termine im schönen Rundlauf des Jahres, die gewisse zum Gekränktsein und Sich-provoziert-Fühlen neigende Kollektive als symbolisches Eigentum verstehen? Müssen die Grünen am 20. April allesamt besser daheim bleiben?

Drittens: Warum gab es die größten Ausschreitungen übrigens am 30. April?

Viertens und apropos »traditionell«: Wer war es gleich, der den 1. Mai als gesetzlichen Feiertag eingeführt hat?

2. Mai

Dass die Macht der Medien zu einem erheblichen Teil darin besteht, Dinge zu verschweigen, ist eine Binse, namentlich für jemanden, der mit der realsozialistischen Lücken- oder besser wohl Breschenpresse aufgewachsen ist. Ein weiteres Beispiel für diese Propagandagesetzmäßigkeit liefert die Medienberichterstattung zum Beschluss des AfD-Parteitages, den Satz »Der Islam gehört nicht zu Deutschland« in das Parteiprogramm aufzunehmen, denn den zweiten Teil dieser programmatischen Feststellung, dass nämlich und logischerweise stattdessen die hier lebenden Muslime zu Deutschland gehörten, ließen nicht nur die politischen Konkurrenten und Islamverbandssprecher unter den Tisch fallen, sondern vor allem auch die Genossen Medienschaffenden. Nachdem der damalige Bundespräsident Wulff die wohlmeinende gegenteilige Parole ausgegeben hatte, erlaubte ich mir, in einem *Focus*-Kommentar darauf hinzuweisen, dass der Satz allein semantisch Schwachsinn sei, denn der Islam kann so wenig zu Deutschland gehören wie Asien zu China oder zu Polen, von der historischen Unstimmigkeit ganz abgesehen (ohne die vielen prägenden Einflüsse aus dem Morgenland zu ignorieren, wie sie am erbaulichsten Sigrid Hunke in ihrem Buch *Allahs Sonne über dem Abendland* zusammengefasst haben dürfte).

Was die AfD in ihr Programm geschrieben hat, war also zunächst kaum mehr als simpelste Realitätsfeststellung, wurde durch das Walten der Lückenpresse aber routiniert zu einer Art Bürgerkriegsandrohung verfälscht, was in Unterstellungen der Art gipfelte, die rüden Rechtspopulisten wollten die Muslime (»den« Islam) aus Deutschland vertreiben. In Wirklichkeit richtete sich der Antrag gegen den universalen politischen Geltungsanspruch einer Religion, über deren in diversen Staaten der Erde zu besichtigende Mitregentschaft sich zumindest sagen lässt, dass sie nirgendwo Rechtsstaatlichkeit, Pluralismus, demokratischen Spielregeln, freier Religionsausübung zur Geltung verholfen oder gar Atheismus zugelassen hat (ja, ich weiß, Hakam II. von Cordoba, aber das ist tausend Jahre her).

Der Sündenfall auf dem Parteitag war freilich, dass ein einzelner Sprecher ausgebuht wurde, als er die Runde aufforderte, man möge in seiner jeweiligen Kommune auf die Muslime zugehen und den Dialog mit ihnen suchen. Man muss fairerweise sagen, dass es keineswegs eine Saalmehrheit gewesen ist, die den Mann mit Buhrufen bedachte, und ich weiß nicht, ob noch andere Gründe vorlagen, aber der Eindruck wird verheerend bleiben. Zumal es nicht nur eine menschlich fragwürdige, sondern auch politisch dumme Aktion war, denn nach meiner Einschätzung dürfte die AfD unter denjenigen Muslimen, die Deutschland als ihre Heimat betrachten, potentiell mehr Stimmen erringen als jede andere Partei. Diese Leute sind nämlich oft bestürzend »normal«, sprich ideologisch unverhetzt und von einem gesunden Eigeninteresse geleitet. Oder meint jemand, der durchschnittliche deutsche Muslim kann etwas mit *Gender* anfangen, mit der zeitgeistgesegneten Entwertung der Familie, mit Abenteuerurlauben für kriminelle Jugendliche, mit eingewanderten Strauchdieben in dem Stadtteil, wo er sich sein Geschäft aufgebaut hat?

Später 2. Mai

Im Speisewagen des ICE saß mir ein Mann schräg gegenüber, von dem ich den Eindruck hatte, er beobachte mich aus den Augenwinkeln. Als ich mir einen Kaffee bestellte, nahm er auch einen Kaffee, nachdem ich ein Croissant zum Kaffee nachbestellt hatte, ließ er sich auch eines bringen, und als ich etwa eine Stunde später einen Cappuccino orderte, gab er ebenfalls einen in Auftrag. Als ich zahlte, bestellte er ebenfalls die Rechnung, und er gab exakt das gleiche Trinkgeld wie ich. Er stieg auch zusammen mit mir aus ... –

Aber draußen verlor ich ihn dann rasch aus den Augen.

6. Mai

Frauke Petry darf nicht im Münchner Hofbräukeller sprechen. Der Kreisverband München-Ost der AfD hatte dort reserviert; nun zog der Wirt des Gasthauses seine Zusage zurück. »Das kann ich meinen Gästen nicht zumuten«, wird der Mann, Ricky Steinberg geheißen, in den Medien zitiert. »Ich fürchte um den Ruf des Hofbräukellers und um die Sicherheit.« Um was wohl mehr? Sorgen bereiteten dem Wirt die zu erwartenden Proteste im Falle eines Auftritts von Petry, schreibt die *Süddeutsche Zeitung*. Die Geschäftsbedingungen des Gasthauses ließen eine Absage aufgrund von Sicherheitsbedenken zu.

Interessant, nicht wahr? Eine demokratisch gewählte Politikerin, Vorsitzende einer in diversen Landtagen vertretenen Volkspartei, nach momentanen Umfragen die drittstärkste im Lande, kann nicht auftreten, weil ein Gastwirt Angst vor dem Mob und um sein Mobiliar hat. Keine Claudia Roth wird in

routinierter Empörung ihre Pfirsichbäckchen blähen, kein
Justizminister sein Befremden bekunden, was H. Maas recht
unfehlbar täte, wäre ein grüner Kumpan oder roter Gesinnungs-
genosse betroffen.

Vor einiger Zeit traf sich Frauke Petry mit einem Journalisten
in Göttingen in einem Café zum Gespräch, in welches, nachdem
wachsame Antifaschisten sie entdeckt hatten, sofort ein vier-
oder fünfschädeliges Rollkommando stürmte, Parolen grölte,
Tische und Stühle umschmiss und die beiden mit Getränken
bespritzte. Der Pressemann war weit erschrockener als die Politikerin, denn als bekanntes AfD-Gesicht ist man dergleichen
gewohnt, und er tat des Vorfalls in seinem Text sogar Erwähnung. Doch die politisch-mediale Aufregung über das Treiben
solcher Vandalen des Wohlmeinens hält sich allzeit in Grenzen.
Nicht dass jemand jetzt glaubt, ich plädierte fürs empörte Auf-
jaulen, dieses politische Grundgeräusch möge den Grünen als
Erbprivileg überlassen sein hinfort und immerdar, ich will nur
zur Pointe kommen. Welche Freund *** lieferte, dem ich den
Vorfall erzählte, mich zugleich darüber mokierend, warum sich
niemand auf Seiten der Pressstrolche mit den regelmäßig Attak-
kierten und Ausgesperrten solidarisch zeige. »Sie wollen«, sagte
er, »einfach nicht dasselbe erleben wie ihr Kollege.«

Spätjungfräulicher 9. Mai

Gestern diskutierten sie bei Anne Will über das neue »Integrationsgesetz«. Warum haben eigentlich die klassischen Einwan-
derungsländer keines? Weil sie den Integrationswillen bei ihren
Einwanderern einfach voraussetzen. Weil sie sich die Menschen, mit denen sie zusammenleben wollen, weitestmöglich

aussuchen. Und weil sie der Einwanderung in die Sozialsysteme Grenzen setzen. Menschen, die sich in einem fremden Land ein neues Leben aufbauen wollen, integrieren sich automatisch, ohne Hilfe staatlicher Nannys. Und diejenigen, die sich nicht integrieren wollen, müssen sich Deutschland ja nicht antun, und auch Deutschland muss sich solche Menschen nicht antun.

Dieses Gesetz ist ein Eingeständnis, dass die Regierung in der sogenannten Flüchtlingspolitik versagt hat und nun versucht, den Schaden in Grenzen zu halten. Was wir stattdessen endlich brauchen, ist ein Gesetz über eine geregelte, strukturierte und nachvollziehbare Zuwanderung, in dessen Zentrum die wirtschaftliche Anwerbung steht. Ein wirkliches Einwanderermilieu ist agil, kreativ, strebsam, bunt, dort wird gearbeitet, dort versuchen Menschen aufzusteigen, ihre geistigen, kulturellen, mentalen, kulinarischen Eigenarten in die neue Gesellschaft einzuspeisen und in ihr anzukommen. Wo aber nur Einwanderung in den Sozialstaat stattfindet, das erkennen Sie daran, dass junge Männer, die nichts zu tun haben, auf der Straße herumlungern, und dass die Frauen sukzessive aus dem Stadtbild verschwinden. Jeder kennt solche gruseligen Bezirke.

Würde ein solches Einwanderungsgesetz bereits existieren, wäre die Hälfte der sogenannten Flüchtlinge gar nicht hier.

Mit einem Satz: Die Regierung soll kein Integrationsgesetz verabschieden, sondern dafür sorgen, dass hier Menschen einwandern, die kein Integrationsgesetz brauchen.

Es fällt übrigens auf, dass die CDU nach den Erfolgen der AfD immer mehr von deren Themen übernimmt. Innenminister Thomas de Maizière sprach gestern Abend sogar von einem »neuen Patriotismus«, welcher plötzlich gefragt sei. Unionsfraktionschef Volker Kauder fordert im Kampf gegen den Islamismus eine staatliche Überwachung von Moscheen. Auf

einmal gibt es massive Polizeieinsätze gegen hochkriminelle
Araberclans in mehreren Städten, die dort zuvor nur minder-
schwer behelligt walten durften. Es würde mich nicht wundern,
wenn die CDU im kommenden Frühjahr eine spezielle Task-
force gründete, die sich mit der Sicherheitslage in deutschen
Freibädern beschäftigt.

Übrigens werden bereits etwa 90 Moscheen überwacht, und
tatsächlich alle zu kontrollieren, widerspräche der liberalen
Gesinnung. Die Behörden befinden sich jedenfalls recht gut
im Bilde darüber, in welchen islamischen Gotteshäusern Extremisten das Sagen und Vorbeten haben. Sie wissen auch, welche
wahhabitischen Propagandazentren von den Saudis finanziert
werden und welche Etablissements und Verbandshäuser hierzulande Herrn Erdogan hörig sind. Es fehlt einzig der politische
Wille, daraus Konsequenzen zu ziehen und diese Moscheen
oder was auch immer einfach zu schließen.

Mittelspäter 9. Mai

Justizpossen verraten meist mehr über den Zustand einer Gesellschaft als Politikerreden. Der bayerische Innenminister Joachim
Herrmann hatte den Schlagersänger Roberto Blanco im TV als
»wunderbaren Neger« bezeichnet. Jener fühlte sich keineswegs
beleidigt und replizierte das Kompliment, indem er den CSU-
Politiker einen »wunderbaren Weißmann« titulierte. Gekränkt
fühlte sich indes David Schneider-Addae-Mensah, ein Rechtsanwalt aus Karlsruhe und väterlicherseits ghanaischer Abstammung, der Herrmann in einem Brief mit dem Betreff »Ihre rassistische Gesinnung« bescheinigte: »Sie sind ein ganz wunder-
bares Inzuchtsprodukt!« Der Bayer, der offenbar noch nicht be-

griffen hat, dass rassisch grundierte Beleidigungen hierzulande, sofern sie gegen Autochthone gerichtet sind, nahezu niemals bestraft werden, weil längst jeder zweite Richter willkommenskulturell so eingenordet ist, dass er kultursensible *one-way*-Urteile notfalls in ähnlicher Frequenz apportiert wie J. Augstein deren metaphysische Letztbegründungen in Gestalt intellektuell gewagter und vollendet formulierter Kolumnen, Herrmann also, anstatt wiederum seinerseits zu replizieren, der launige Karlsruher Advokat sei z. B. ein wunderbar eifriger Masturbant, stellte humorlos beim Amtsgericht Karlsruhe Antrag auf Strafbefehl. Der zuständige Richter beschied, wieder ins Launige zurückwechselnd, Herrmanns »Neger«-Spruch sei nichts anderes gewesen als »eine abwertende rassistische Bezeichnung«. Deshalb seien als Reaktion auch die Worte »Ihre rassistische Gesinnung« und »Inzuchtsprodukt« keine strafbare Beleidigung. Der Jurist, dem natürlich glasklar ist, dass Herrmann allenfalls Blanco hätte beleidigt haben können und keinen Karlsruher, sagen wir mal, maximalinzuchtsfernen Genmischungsbesitzer, verwies auf die Rechtsprechung des Bundesverfassungsgerichts, wonach jedem bei ehrverletzenden Angriffen ein »Recht zum Gegenschlag« eingeräumt werden müsse.

Auch dieser Fall besitzt eine Pointe, und zwar eine unfreiwillige. Wenn der Advokat Schneider-Addae-Mensah offenkundig auf des CSU-Mannes relativ porentief reines Biodeutschtum anspielt und sich selber als halber Mohr und halber Germane dazu legitimiert fühlt, hat er wohl nicht bedacht, dass auch neunundneunzig Prozent der Afrikaner, pardon: Einwohner Afrikas, nach seiner Logik »Inzuchtsprodukte« sein müssten. Das meint er sicherlich nicht. Woraus wir zu folgern neigen – da Inzest ja zumindest im Land der weißen allzeit Beschimpfbaren juristisch klar definiert ist –, dass der Advokat Herrmann faktisch verleumdet hat, denn der ist evidenterweise kein Inzuchtsprodukt, während es sich im Falle Blancos doch augenscheinlich um einen Mohren, am Ende womöglich gar und *sub specie aeternitatis* betrachtet um einen na-Sie-wissen-schon handelt. Der Minister sollte vielleicht den gemäßigten, u. a. durch *Rosenkavalier, Struwwelpeter* und Sarotti ohne Arg im kollektiven Gedächtnis verankerten Terminus in sein Vokabular aufnehmen, solange dieser noch nicht vollends geächtet ist. Und die achtbaren Schwarzafrikaner mögen hier weiter munter einwandern und sich mit weißen Frauen paaren, bis es dereinst keinen faktischen Grund mehr gibt, doofdeutsche Monotonrassige zurückzubeleidigen.

10. Mai

Deutsche Wirte! Kein Zutritt für Rechte! In der Hauptstadt der Bewegung haben's die inzwischen auf *Diversity* gebürsteten Opportunisten immer noch drauf, ihren autoritären Charakter schamfrei zur Schau zu stellen und sich dabei vorbildlich zu fühlen. Ein Münchner Lokalblatt verkündet halbwegs stürmermäßig einen »Wirte-Aufstand gegen die AfD« – wäre Diederich Heßling ein Gastwirt, er wäre aber so was von dabei! –, während der zivilcouragierte Feigling und Rückziehermacher vom »Hofbräukeller«, der Angst vor Gegendemonstranten hat, nun erklärt, er stünde zu seinem Wort und mache sicherlich keinen Rückzieher – er meint die Absage an die Münchner AfD, der er bereits einen Raum vermietet hatte. Wetten, dass diese Mollusken ihre Hallen bereitwillig öffnen, wenn die AfD einmal Regierungspartei sein sollte?

Am Rande: Dass ausgerechnet Bier- oder auch bloß Löwenbräu-Verkäufer einen auf *Refugees welcome!* machen, wo doch viele dieser Neukonsumenten das von ihnen feilgebotene Getränk für *haram* und ihre Gaststuben für unrein, sprich unbetretbar halten, ist drollig, ungefähr so, als würbe die Reeperbahn mit »Nonnen und Muslimas willkommen!«

PS: Direkt über dem Bericht zu den ungastlichen Gastwirten meldet die *tz* auf ihrer Webseite gerade: »Mutmaßlicher Islamist sticht auf Menschen ein – ein Toter.« Geschehen am S-Bahnhof Grafing vor den Toren Münchens. Demnächst vielleicht auch in Ihrem AfD-freien Biergarten.

Mittäglicher 10. Mai

»Bis zu 40 000 Nicht-Muslime drangsaliert«, meldet ziemlich kulturunsensibel die FAZ. »Laut einer Studie sind tausende aus Syrien und dem Irak geflohene Christen in deutschen Flüchtlingsheimen Gewalt und Drohungen ausgesetzt. Sicherheitspersonal und muslimische Flüchtlinge (sic!) sollen für die Übergriffe verantwortlich sein.« Allmählich gehen sogar mir die Pointen aus. Vielleicht die: Hier bekommt der Begriff »Flüchtlingsdrama« einen ganz neuen Sinn; man entgeht, wie der Hase in seinem Fabelrennen mit dem Igel, als christlicher Flüchtling diesem Drama auch im neuen Gastland nicht, denn als Flüchtlinge verkleidet sind hinreichend viele Schikanierer und religiöse Neuherrenmenschen längst schon da.

Spätmittäglicher 10. Mai

»Wenn Muslime angeben, dass im Konfliktfall das göttliche Gesetz über dem staatlichen Gesetz stehen soll, sagen sie meines

Erachtens nichts anderes als Christen, die im Zweifelsfall das Gebot Jesu Christi über eine staatliche Rechtsordnung stellen. Die Bekennende Kirche hat danach geurteilt und gelebt«, sagt die Islamwissenschaftlerin Gudrun Krämer in einem Interview und zwingt so, wie Freund *** mit der Befriedigung eines Arztes feststellt, der mit diesem Symptom schon immer gerechnet hat, endlich einmal Pierre Vogel und Dietrich Bonhoeffer unter ein gemeinsames Gesetz.

Verzischender 10. Mai

Und nochmals, und wahrscheinlich keineswegs letztmals, breche ich, hoffentlich trotzdem geneigter Leser, meine Ankündigung, mich an diesem traulichen Ort nicht mehr mit Verlautbarungen der hiesigen Presse zu beschäftigen. Aber für eine journalistische Weltglückssekunde vereinten sich eine *Spiegel*-Redakteurin und Aiman Mazyek, Vorsitzender des »Zentralrats der Juden von heute« (Alexander Wendt) in Deutschland und seit Jahren als ein Märtyrer des Beleidigtseins auf Paradiesespfaden wandelnd, zu einem so denkwürdigen wie an die Grenze des Verstandes führenden Paarlauf, welchen zu ignorieren für einen Liebhaber der Narrensaumbetrachtung, wie ich es nun mal *nolens volens* geworden bin, kaum auszu... – Vorrede beendet.

Spiegel: »Nach den Übergriffen von Köln schilderten Sie eine neue Beklommenheit unter Muslimen in Deutschland – wirkt das Ereignis noch nach?«

Mazyek: »Die Hysterie ist abgeklungen, aber die Silvesternacht hat bleibende Spuren hinterlassen, etwa die Vorurteile gegenüber dem arabischen Mann verstärkt.«

Und Vorurteile soll man bekanntlich besonders gegen alles irgendwie Rechte, Konservative, Bio- oder Dunkeldeutsche in Stellung bringen, auch wenn die anderen Vorurteile niemals ganz falsch sind. Unsereins dachte in seiner wahrscheinlich rassistischen Beschränktheit zwar bislang, die Silvesternacht habe vor allem bleibende Spuren sowie eine neue Beklommenheit bei den zur quasigynäkologischen Gruppenbefingerung und zum multiplen Beklautwerden freigegebenen Frauen sowie bei deutschen Städterinnen überhaupt hinterlassen, doch man lernt ja nie aus, gerade dank der Völkerbegegnung. Für die behelligten Frauen hat Mazyek übrigens kein Wort des Bedauerns übrig – sein ganzes Mitleid gilt zu ca. zwei Dritteln sich selbst, der Rest verteilt sich auf die anderen Muslime –, wie ja auch die deutsche Linksschickeria, sich in ihren besseren Stadtteilen einstweilen noch sicher glaubend (aber wartet nur ab, Brüder und Schwestern!) und von dort das dunkle Getümmel ihrer neuen Schützlinge halb wohlwollend, halb irritiert beobachtend, auf *Sisterhood*-Beteuerungen und den gegen autochthone Belästiger obligatorischen Aufschrei verzichtete.

Halten wir die neue Wahrheit fest: *Die Übergriffe in der Silvesternacht zu Köln und in anderen deutschen Städten haben bleibende Spuren bei den Muslimen hinterlassen.*

Wird, beiseite gefragt, künftig auch diskutiert, ob zum Beispiel die kühnen Taten der im »Kampf gegen rechts« schon mal ein bisschen Blut fließen lassenden antifaschistischen Prügelfraktion bleibende Spuren bei Frau Jelpke, Frau Kipping und Frau Kahane hinterlassen? Oder die Brandanschläge auf geplante Asylantenheime – in Rede steht jener Teil, der tatsächlich von Extremisten verübt wurde – bleibende Spuren bei NPD-Mitgliedern? Oder – um auf die unvermeidlichen Unholde zu kommen, die von der Interviewautomatin nun prompt ins verbale Treffen geführt werden – bei AfDlern?

Mazyek hat listig damit gerechnet. Auf die Mutter aller Rechtspopulisten angesprochen, weiß er sofort Bescheid: »Diese Partei schickt sich an, eine ganze Religionsgemeinschaft in ihrem Glauben einzuschränken und bezeichnet sie als Fremdkörper. Wir wollen keine Minarette, keine Imame, sagen sie, das erinnert an 1933. Es ist eine Machart, die schlimmste Zeiten wachruft.«

Tatsächlich hat sich die AfD gegen Minarette ausgesprochen (was ich persönlich für unangemessen halte) und gegen den Muezzinruf erklärt (was ich wiederum völlig richtig finde), gegen Imame als solche gibt es bei ihr kein Wort. Man hat nur kritisiert, dass viele Imame aus Ländern hierher eingeflogen werden, wo sie womöglich die falschen Predigten und auch sonst nicht viel gelernt haben. Aber das ist nur eine Petitesse. Weit interessanter ist der zugleich dümmliche und perfide Vergleich mit der Situation anno 1933.

Ich meine dabei gar nicht mal die krasse Verschiedenheit der beiden Gruppen hinsichtlich ihrer Kopfzahl (Juden im Reich damals: etwa 500 000), Bildung, Erwerbsgeneigtheit, Kriminalitätsbilanz, kulturellen Angepasstheit, Wissenschaftler-, Künstler-, Literaten-, Erfinder- und Nobelpreisträgerdichte, ich meine auch nicht den radikalen Mentalitätswandel bei den Deutschen nach 1945, die nur noch Sozialpartner und Betreuungskollektive kennen wollten; worauf ich hinauswill, ist vielmehr die simple Tatsache, dass ein zügig vergreisendes, bereits jetzt bei einem Durchschnittsalter nahe der Fünfzig angelangtes Restvolk, in dessen vitaler Alterskohorte der fünfzehn- bis dreißigjährigen Männer gerade mal um die acht Millionen übriggeblieben sind, von denen wiederum ungefähr ein Drittel bereits einen soge-

nannten Migrationshintergrund hat oder aufweist oder besitzt
– wobei die Biodeutschen im Konfliktfall jeweils auf weit weniger Brüder und Verwandte zurückgreifen können als die Neu-
deutschen –, sich unmöglich je wird zu irgendwelchen kollektiven Schandtaten, Pogromen oder gar staatlichen Verfolgungs-
maßnahmen spornen lassen (selbst wenn man dergleichen
plötzlich kollektiv befürwortete) gegen eine Noch-Minderheit,
die aber in den letzten anderthalb Jahren um etwa eine Million
meist junge Männer gewachsen ist und heute bereits, schlös-
se sie sich zusammen, ein zahlenmäßig nahezu ebenbürtiges
Kämpferkontingent in der besagten Alterskohorte aufstellen
könnte. Tendenziell nimmt die eine Gruppe ab, die andere zu.
Tendenziell wird sich auch das Bedrohungsverhältnis umkehren, wie das heute bereits in diversen Stadtteilen, Schulen und
öffentlichen Verkehrsmitteln der Fall ist.

Diejenigen aber, die 1933 anfingen, den Stacheldraht auszu-
rollen und bei Juden die Scheiben einzuschmeißen, waren junge Männer, der Nationalsozialismus war eine Jugendbewegung,
wie auch der Bolschewismus (oder der Maoismus) Jugendbe-
wegungen waren – und der Islamismus eine ist. 1939 bis 1945
dienten 18,2 Millionen Soldaten in Wehrmacht und Waffen-SS;
heute leben in Deutschland im theoretisch waffenfähigen Alter (18–45) etwa zwölf Millionen oft nur so genannte Männer.
Zwei Weltkriege, die Pille, Millionen Abtreibungen, ein kol-
lektiver Hedonismus ohnegleichen, der an einem wirtschaftli-
chen Aufschwung ohnegleichen schmarotzte, jahrzehntelange
Saturnalien der Selbstverteufelung und der gegenaufklärerische
Triumph des spätabendländischen Selbsthasses waren nötig,
den maßgeblichen Kontinent der letzten 500 Jahre erschlaffen
und vergreisen zu lassen. Wenn ein paar alte Herren nun noch
ein bisschen im Internet randalieren, weil es nach dem zweiten

Bandscheibenvorfall auf der Straße nicht mehr richtig funktioniert, möge man zumindest nicht simulieren, sich von diesem Volkssturm bedroht zu fühlen. Wie der Bayer sagt: *Der Kas is bissen.*

Deswegen heißt die Maxime nicht: »Deutsche zuerst«, sondern: »Zivilisierte zuerst« (es handelt sich am Ende wohl auch um die überschaubarere Gruppe). Deswegen ist jeder ein Verbündeter, der bereit ist, den Rechtsstaat, die Meinungs- und Vertragsfreiheit, den Pluralismus, die Manieren, das Recht auf Selbstschutz und die staatliche Souveränität Deutschlands zu verteidigen, egal, wo er herkommt und zu welchem Gott er betet.

Was das alles noch mit Herrn Mazyek zu tun hat? Ja herrgottsakra, was geht mich dieser Mensch an!

Späterer 13. Mai

Leser *** macht auf ein tiefsinniges Zitat von Eleanor Roosevelt aufmerksam, auf welches er – »ausgerechnet« – am Flughafen von Minneapolis gestoßen sei, nämlich: »What the world really needs, is manners. If we were preaching good manners instead of brotherly love, it would sound less preposterous and would really lead us somewhere.«

Tief eingedunkelter 14. Mai

»In ihren Augen lagen Jahrhunderte und Kontinente zwischen ihr und ihm.«
Marcel Proust

Nächtlicher 14. Mai

Blasphemolalie, die: Abart der *Koprolalie.* Verbreitet vor allem bei harthirnigen Atheisten sowie bei Anhängern der sogenannten Aufklärung, die die Schriften der Aufklärer nicht gelesen haben. Oft verbunden mit militanter Ablehnung jeglichen Zweifels am Endsieg von Vernunft, Menschenrechten, sexueller Freiheit, Gleichheit und Mitschwesterlichkeit.

15. Mai

Er war der durchaus traurige Fall einer publizistischen Existenz. Nie wurde ein origineller Gedanke in seinem Kopf vorstellig, nicht einmal ein eigener. Nie fiel ihm eine Formulierung ein, die er nicht schon anderswo gelesen hatte. Die Schönheiten des Denkens, der Sprache, der Künste und auch die Frauen blieben ihm verschlossen. Die Lektüre längerer und komplexer Texte fiel ihm schwer, deutlich schwerer zumindest als das *Posten* eigener Kommentare im Internet, in denen zuverlässig stand, was er anderswo aufgeschnappt hatte. Jeden Morgen stand er vor dem gleichen Problem: Wie verschafft man sich Aufmerksamkeit ohne jegliches Talent? Er fand keinen eigenen Weg, aber immerhin einen breitest ausgelatschten Pfad. Er kämpft jetzt »gegen rechts«, artikuliert sich allerdings viel schriller als die meisten seiner Mitkämpfer, denn im Chor fällt bekanntlich nur auf, wer lauter oder falscher singt als die anderen. Er heftete sich außerdem als stigmatisierende Klette an ein paar Talentiertere mit falschen politischen Ansichten, um wenigstens als Aftermeiner in die elysischen Gefilde des Wahrgenommenwerdens zu gelangen. Mit seinem tobsuchtsnahen Konformismus fand er Aufnahme in einige zeitgeistfromme, nur leider nichtkommerzielle Webportale. Sogar ein trendhöriger Buchverlag erbarmte sich seiner. Hätte der Arme einen Funken Begabung, es würde sich vielleicht sogar jemand seinen Namen merken.

16. Mai

Mein nunmehr bald Ex-Kollege Alexander Wendt fragt auf seiner Facebook-Seite, ob in der »Ausgewogenheits- und Wahrheitspresse« inzwischen die verdeckten Satiriker und heimlichen Saboteure Oberwasser gewännen, denn wie anders solle der Leser beispielsweise die Meldung von *Bild München* interpretieren, der Wirt des dortigen Hofbräukellers und Frauke-Petry-Zwangsbeherberger habe geäußert, der Auftritt der AfD-Chefin auf dem Parteitag in Stuttgart sei so »schlimm« gewesen, dass »die Polizei mit Wasserwerfern ausrücken musste«, weshalb er dergleichen Exzesse auch für ihren Auftritt in seinem Haus befürchte? Bei *Spiegel online* konnte tags darauf ein offenbar subversiver Mitarbeiter eine spontane Umfrage unter einstweilen sogenannten Flüchtlingen veröffentlichen, worin diese sich über ihr neues Gastgeberland und die Unterschiede zu ihrer Heimat äußerten, also ein Staunen und Wundern über Deutschland unter der Hauptzeile »Flüchtlingsfragen: Warum seid ihr Deutschen nicht fröhlicher?« Was ja gewissermaßen die Kardinal- oder besser Kanzlerinnenfrage ist, die sich im Frühjahr 2016 an die Adresse der Eingeborenen des Landes in der Mitte Europas aufwirft. Bzw. emporstemmt.

Eine afrikanische Flüchtlingsfrau, 35, wird zum Beispiel zitiert mit den Worten: »In Ghana gibt es jeden Tag Musik und Tanz, viel Spaß. Auf der Straße und im Haus. Hier ist es eher leise. Am Anfang war das nicht leicht für mich. Ich dachte zuerst, die Menschen sind nicht nett.« Vor dem Radau ist sie demzufolge nicht geflohen. Ob sie ihr Land verlassen musste, weil der innere Drang, die restriktiven deutschen Lärmschutzregeln aufzubrechen, zu stark wurde? Als Asylgrund mag das allenfalls durchgehen.

Eine vierzigjährige Syrerin hat beobachtet: »Um fünf oder sechs Uhr machen die kleinen Geschäfte in der Stadt zu. Die großen Supermärkte haben bis acht Uhr abends auf. In Syrien kann man bis spät in die Nacht einkaufen gehen. Viele Geschäfte haben sogar 24 Stunden geöffnet. So etwas habe ich in Deutschland bisher gar nicht gesehen.« Ein Iraner, 24, pflichtet ihr bei: »Nachts sind die Straßen in Deutschland wie ausgestorben. Es ist sehr dunkel. Das mag ich nicht so gern. Im Iran haben die Geschäfte lange auf, bis zehn, elf, zwölf Uhr. Dadurch ist es heller. Viele Leute sind auf der Straße. Gehen spazieren, spielen Volleyball oder Fußball im Park. Auch spät am Abend noch.« Im Ungefähren bleibt leider, ob die beiden nun trotz oder wegen des Ladenschlusses in Deutschland Schutz gesucht haben.

»Hier gibt es für alles eine Versicherung«, wundert sich wiederum ein Iraki, 43. Zwischen Euphrat und Tigris bezahle man zum Beispiel den Arzt direkt. »»Eine Krankenversicherung wie hier ist besser. Ich habe aber gehört, dass man 19 Prozent von seinem Lohn abgeben muss. Das ist sehr viel.« Wenn der Arme wüsste, was einem der deutsche Staat tatsächlich abknöpft, sofern man sich einmal aufs Arbeiten eingelassen hat, er retirierte gewiss mit ganz unorientalischer Hast gen Mesopotamien. Wie es wahrscheinlich dereinst auch der 26-jährige Syrer tun wird, den der *Spiegel online*-Diversant mutmaßen lässt: »Es scheint mir, dass es keine Verbindung zwischen Nachbarn in Deutschland gibt. In Syrien kennen wir die ganze Nachbarschaft.

Man besucht sich gegenseitig, es gibt eine gute Beziehung. In Deutschland ist es eher förmlich. ›Hallo wie geht's?‹ sagen die Leute, aber mehr nicht. Das wirkt auf mich irgendwie ›kalt‹.« Vermutlich hat er im Original gesagt: »die überlebende Nachbarschaft« und die hierzulande herrschende Kühle in einem Nachsatz gepriesen, weil gerade diese die Deutschen seit längerem hindert, bei Tagesanbruch das Feuer zu eröffnen.

Beenden wir die Paradiesgartenschau mit der eingangs bereits zitierte Ghanaerin, deren Beobachtungen in die schließlich wirklich alles erklärende Bemerkung münden: »Hier haben die Leute keine Zeit für Party. Alle arbeiten.«

In der Tat. Deswegen strömen die Fremden ja in hellen Haufen hierher. Deswegen leeren sich die Straßen nach null Uhr und enden die Partys für afrikanische Verhältnisse viel zu früh, deswegen herrscht nachts Ruhe und tags schlechte Laune. Überdies arbeiten viele Deutsche in zunehmendem Maße nicht mehr für sich selbst, und die wenigsten von ihnen tun dies freiwillig, was die Stimmung weiter trübt. Andererseits: Wären die Sozialleistungen niedriger, wäre die Stimmung vieler berufstätiger Einheimischer womöglich besser, aber das kann ja nun wirklich niemand wollen, oder?

Es ist übrigens in diesem Kontext einerlei, ob die soeben zitierten Neumitbürger selber einer bezahlten Tätigkeit nachgehen oder dies zumindest demnächst tun werden, denn da sie offenkundig nicht zur dominierenden Einwanderergruppe der Primär- und Sekundäranalphabeten zählen, sind sie eher untypische Fälle. Auch wenn einige der Minderqualifizierten eine Stelle vermittelt bekommen, die hier keiner mehr annehmen will, wird die Mehrzahl der Ankömmlinge jedenfalls keinen Job finden und ein beachtlicher Teil davon auch kein übermäßiges Bedürfnis danach entwickeln, sobald man erst mal entdeckt hat, dass es auch anders geht und alternative Möglichkeiten des Gelderwerbs auf entschlossene oder auch nur hinreichend unverschämte junge Männer warten.

Weiten wir jetzt die Perspektive ins Überzeitliche und zugleich vom Grotesken ins Analytische. In seinem 1916 veröffentlichten Buch *Die Ursachen des Deutschenhasses* schrieb der (übrigens jüdische) Philosoph Max Scheler: »Als ein paar Jahre vor dem Krieg einer unserer römischen Botschafter einen klugen Franzosen frug, warum die Deutschen so allseitig in der Welt gehaßt würden, antwortete er, das könne man in drei Worten sagen. Diese Worte hießen: ›Ils travaillent trop.‹ (Sie arbeiten zu viel – M. K.) Das ist des Pudels Kern und nur das, sofern es sich um jene gemeinsame Ursache handelt, welche der eigentlichen Dynamik des Hasses entspricht.«

Lauschen wir Max Scheler noch ein wenig: »Um das, was wir ›Tüchtigkeit‹ nennen, ›beneidet‹ die Welt uns gar nicht. Zum Tatbestande des Neides gehört die positive Schätzung dessen, worum beneidet wird (...) Die Welt erlaubt sich den sonderbaren Widerspruch, Produkte, Ergebnisse, Folgen uns zu neiden, deren menschliche Ursachen sie gleichzeitig (...) verachtet.«

»Die Ethnologie der primitiven Völker zeigt uns, wie schwer sich der Mensch an die regelmäßige Arbeit überhaupt gewöhnt, wie arbeitsscheu alle Naturvölker sind.«

»Wir Deutsche, reif geworden durch die Askesis unerhörter Leiden, wie kein europäisches Volk sie erduldet, wir wurden auch reif zu einer neuen Stufe der emotionalen Auffassung der Arbeit (...) dazu disponiert, in der Arbeitsbetätigung selbst unsere wesentlichste Freudenquelle zu suchen, wie wir dies bei keinem anderen Volke der Welt finden.«

»Innerhalb des Tages fehlt durchschnittlich fast überall die Aufrechterhaltung einer Lebensordnung, die dem für alles höhere Leben so wichtigen inneren Akte der Sammlung, die weiter der Erhebung der Seele zu Gott in Anbetung, Meditation, die der Erholung und dem höheren Lebensgenuß genügend Spielraum ließe. (...) Man wußte nicht, wie man sonst die Zeit füllen sollte, darum arbeitete man weiter (...) darum *will* man arbeiten und rechnet sich einen traditionell gewordenen Mangel noch zur Tugend an.«

Wie gesagt, diese Ausführungen wurden exakt vor 100 Jahren zu Papier gebracht. Gleichwohl – bzw. gerade deshalb – werfen sie ein erhellendes Lichtlein auf die Gegenwart, in dessen schönem Schein wir immerhin konstatieren dürfen, dass das verstrichene Säkulum nach einigem Hängen und Würgen das beschriebene Problem einer Lösung zugeführt hat. Die Deutschen sollen ruhig weiterarbeiten wie bisher, gern auch, da sie schon etwas lendenlahm geworden sind, bis sie 67, 70, 75 Jahre zählen – nur eben nicht mehr primär für sich selbst! Mag auch der Scheich im Emirat sein weises Haupt schütteln, wenn man ihm erzählt (wie es ein mit mir befreundeter Geschäftsmann tat), dass in Deutschland die Einheimischen für die Fremden arbeiteten und nicht, wie in der arabischen Welt, die Fremden für die Einheimischen – für Deutschland möge dies die Zukunft der Sühne und überhaupt sein!

Wechseln wir beim Stichwort »Sühne« nochmals die Perspektive und kehren wir in die Gegenwart zurück. »Die fast völlige Wehrlosigkeit Deutschlands angesichts des Migrantensturms hat ohne Zweifel mit der Besessenheit des Landes von den berüchtigten ›zwölf Jahren‹ seiner Vergangenheit zu tun. Je weiter diese zurückliegen, desto mehr verwandeln sich die nationalen Debatten in Gespensterkämpfe, in denen die Kontrahenten sich gegenseitig auf Zeichen und Omen – das imaginäre Schnauzbärtchen – hin belauern, die den alten

Nazidämon verraten könnten«, notiert der Philosoph Marc Jongen, seit der Bekanntgabe seiner AfD-Mitgliedschaft gleichermaßen freigegeben zum Selberdenken wie zum Angepöbeltwerden, in einem Essay in der Zürcher *Weltwoche*. »Es ist diese Kontaminierung mit dem strahlenden psychopolitischen Material der Vergangenheit, die die deutsche ›Willkommenskultur‹ im Kern vergiftet, die für die quasireligiöse Inbrunst ihrer Anhänger wie für den tiefen Argwohn ihrer Gegner sorgt. Das Merkmal der ›reinen Gabe‹, die ›selbstlose‹ oder doch mindestens freiwillige Generosität, die jeder echten Willkommensgeste eigen ist, geht dem zivilreligiösen Willkommenskult weitestgehend ab. Zu offenkundig dient er der nationalen Selbsttherapie einschließlich der bevormundenden Umerziehung der Verstockten im eigenen Volk. Ironischerweise werden die Deutschen ausgerechnet in dem Versuch, sich von den Sünden der Vergangenheit durch die ›gute Tat‹ schrankenloser Aufnahme von Fremden reinzuwaschen, von Verhaltensmustern der eigenen schlechten Vergangenheit eingeholt. Der ›moralische Imperialismus‹, der Deutschland von den osteuropäischen Nachbarn ob seiner versuchten Willkommensdiktatur zum Vorwurf gemacht wird, ist nichts anderes als die alte deutsche Großmannssucht und Überheblichkeit, nur diesmal unter dem Banner des ›Guten‹.«

Jongen verweist auf Hegels Dialektik von Herr und Knecht, in deren paradoxer Umkehr die Einheimischen, »obgleich in objektiv privilegierter, ›herrischer‹ Lage«, zu Knechten der Fremden werden konnten »und ihr gesamtes Sinnen und Trachten groteskerweise um diese herum zu organisieren beginnen«. Es wäre realitätsfern zu glauben, die Gabe würde nicht angenommen; es wäre naiv zu wähnen, über diese hinaus werde auch der Geber geschätzt.

17. Mai

»Mit einem Anteil der Ausländer an der Bevölkerung von
9 % nimmt Deutschland unter den großen westlichen Indu-
strienationen den Spitzenplatz ein. Die Zahl der in Deutschland lebenden Ausländer hat seit 1972 von 3,5 Millionen auf
7,3 Millionen zugenommen, die der sozialversicherungspflich-
tig beschäftigten Ausländer ist dagegen von 2,3 Millionen auf
2,0 Millionen zurückgegangen. Die Ausländerarbeitslosigkeit
hat sich in dieser Zeit massiv erhöht und liegt heute mit rund
20% doppelt so hoch wie in der Gesamtbevölkerung. Die
Zuwanderung erfolgte also überwiegend nicht in Arbeitsplätze, sondern in die sozialen Sicherungssysteme. Drei Viertel der Menschen aus anderen Ländern, die in Deutschland
leben, kommen aus Staaten außerhalb der Europäischen
Union. Deutschland kann aufgrund seiner historischen, geo-
graphischen und gesellschaftlichen Situation aber kein klassisches Einwanderungsland wie etwa Australien oder Kanada
werden.

Deutschland muss Zuwanderung stärker steuern und begrenzen als bisher. Zuwanderung kann kein Ausweg aus den
demographischen Veränderungen in Deutschland sein. Wir
erteilen einer Ausweitung der Zuwanderung aus Drittstaaten
eine klare Absage, denn sie würde die Integrationsfähigkeit
unserer Gesellschaft überfordern. Verstärkte Zuwanderung
würde den inneren Frieden gefährden und radikalen Kräften
Vorschub leisten.«

*(Aus dem gemeinsamen Wahlprogramm von CDU/CSU für die
Bundestagswahl 2002)*

18. Mai

Wer sich nicht wehren kann, tut gut daran, seine Nachgiebigkeit und seine Verzeihensbereitschaft als Tugenden zu deklarieren.

Verschleppter, jedenfalls sich schleppender 18. Mai

Die Hugendubel-Filiale am Münchner Marienplatz, der bislang größte Buchladen der Stadt, wird renoviert, verkleinert, ersetzt, quasi abgeschafft. Bislang auf sechs Etagen angesiedelt, nicht sonderlich gut sortiert im Sinne allzu auserlesener Ansprüche, aber allein aufgrund der Größe mit einer gewissen Vollständigkeit im je aktuellen Sortiment aufwartend, zudem in zentralster Lage gegenüber dem Rathaus seine Pforten aufsperrend, war dieses Haus ein kulturelles Statement. Allein der Anblick der vielen Lesenden auf den roten Sitzen in den Zwischengeschossen besaß etwas Beruhigendes, ästhetisch Befriedigendes. *Tempi* auch hier *passati*. Geschäftsführerin Nina Hugendubel wird künftig nicht mehr Haupt-, sondern nur noch Untermieterin sein. Nach anderthalb Jahren Umbau wird die Telekom im Erdgeschoss eine »Renommierfiliale« eröffnen. Hugendubel behält die erste und die zweite Etage, in die Stockwerken darüber werden Büros sowie ein Hotel für »anspruchsvolle Städtereisende« einziehen, welch letztere in puncto Literatur bekanntlich Ansprüche hegen, die jenen des Schlafkomforts gemeinhin eher nachgeordnet sind.

Für Hugendubel heißt das, man wird nach der Renovierung weniger und stärker vorsortierte Bücher feilbieten, sprich neben den unvermeidlichen Bestsellern Ratgeber, Krimis, Unterhaltungsliteratur und dergleichen Schamott. Der Laden wird also

einer XXL-Bahnhofsbuchhandlung ähneln und ist damit gestorben. Dass mich das melancholisch bis gallig stimmt, bedarf keiner besonderen Erklärung, denn ein weiterer temporärer Rück-
zugsort schwindet dahin, nachdem man bereits vor Jahren die
urige Klassik-CD-Etage im gegenüberliegenden Kaufhaus Ludwig Beck über den Um- und Golgathaweg einer Renovierung
in einen ungemütlichen Allerweltsladen verwandelt hat. Es ist
sinnbildhaft genug, dass ein elektronischer Kommunikations-
anbieter und eine Begüterten-Absteige das zentrale Literatur-
haus verdrängen. Die arme deutsche Restbuchkultur, ohnehin
abgelehnt und bespuckt vom Gelichter, von Bildungsveräch-
tern und Mario-Barth-Guckern, gerät hier symbolisch in die
Schrottpresse zwischen die bildungsfernen Praktischen und die
illiterate Schickeria (die vier bis neun kultivierten Reisenden,
denen ich unrecht tue, mögen mir prophylaktisch vergeben).

Mei, man möcht' spei'n.

20. Mai

»Kriminologen stehen vor einem Rätsel. Eine Gruppe junger
Männer ist immer zur Stelle, wenn ein Einzelfall geschieht.«
Bernd Zeller

Sich noch räkelnder 21. Mai

»Guten Morgen Herr Klonovsky,
darf ich Ihnen folgende Begebenheit schildern: 1995 habe ich
noch in Hannover gelebt; eines morgens lese ich in der HAZ die
Kurzmeldung, daß einem Buchhändler auf dem ›Engelbosteler

Damm‹ in der Nordstadt das Auto abgefackelt wurde; eine telef.
Anfrage meinerseits bei der Polizei, wer das wäre, wird mit dem
müden Hinweis ›Datenschutz, keine Auskunft‹ abgeschmettert.
Habe mich ins Auto gesetzt und bin die Straße abgefahren und
wurde bald fündig: ein kleiner Buchladen, von oben bis unten
mit den üblichen, gehässigen Parolen beschmiert, nicht wirklich
eine Aufgabe für Sherlock Holmes. Ich habe mich dem Manne
vorgestellt (er hatte es gewagt, trotz anonymer ›Abmahnung‹
ungehörige Autoren anzubieten), mein Bedauern und Mitge-
fühl zum Ausdruck gebracht und fürderhin alle meine Bücher
bei ihm bestellt. Er erzählte mir, daß er zwischen zwei linken
Nestern eingekeilt sei, dem sogenannten ›Sprengelgelände‹ in
der Schaufelder Straße (westlich) und dem sogenannten UJZ
(›unabhängiges Jugendzentrum‹) in der Kornstraße (östlich).
Wenn ich meine Bücher bei ihm abholte, überreichte er mir jedes Mal ein Exemplar einer Untergrundzeitung, leider habe ich
den Namen vergessen, aber irgendsoetwas in der Art wie ›antifaschistische Nachrichten‹ wird es gewesen sein. Darin tobte sich
eine ›Kati‹ über die Großtat gegenüber dem Buchhändler aus
und bejubelte, daß man dem Mann nun endlich gezeigt hätte,
wo seine Grenzen wären, usw. Zu meinem weiteren Erstaunen
konnte ich dieser Postille Bastelanleitungen für Wurfanker auf
Bundesbahnoberleitungen entnehmen oder mich an Berichten erfreuen, in denen das Abfackeln von Personenwagen auf
dem Gelände von Daimler-Benz in Hannover berichtet wurde,
ich dachte, ich lese nicht recht. Diese Zeitung holte sich mein
Buchhändler im UJZ in der benachbarten Kornstraße.

In einer der darauffolgenden Ausgaben war eine Postkarte
von ihm abgedruckt, in welcher er, aus Angst um Leib und Leben, der ominösen Kati in der Schaufelder Straße versprach, nie
wieder die unerwünschten Bücher in seinem Laden zu verkau-

fen und darum bat, doch nun fürderhin in Frieden gelassen zu werden. Der Abdruck der Karte wurde mit höhnischen Kommentaren begleitet, deren Gehässigkeit einen schaudern ließ.

Ich schickte diese Zeitung an die zuständige Staatsanwaltschaft in Hannover, mit der Bemerkung, daß es doch ein Leichtes sein müsse, die Täter zu finden – wo man eine Postkarte hinschickt, die dann auch mit einschlägigen Kommentaren versehen abgedruckt wird, dorthin müßten doch auch Polizei und Staatsanwaltschaft ihren Weg finden.

Nach geschlagenen acht Wochen bekam ich ein eiskaltes, herablassendes Antwortschreiben der Staatsanwaltschaft mit dem Inhalt, daß man dort überhaupt keine wie die von mir geschilderten Zusammenhänge entdecken könne und mich höflich bäte, doch von weiteren Anfragen Abstand zu nehmen!

Ich kann mich an keinen einzigen Fall erinnern, daß jemals einer dieser Schläger, Fackler, Denunzianten, wie auch immer, vor einem deutschen Gericht angeklagt oder gar verurteilt worden wäre. Diese Bande hat die Deckung der obersten Heeresleitung und eigentlich müßte man sie als Schattenarmee bezeichnen, wie die Armee der Toten bei Tolkien, die sich jederzeit aktivieren und von der Leine jagen läßt.«

Mittäglich besonnter 21. Mai

Die Gattin funkt aus dem fernen, durch WhatsApp freilich denn doch wieder irritierend nahen China, wie zahlreich das Publikum zum Klavierabend erscheine, obwohl die Karten dort ungefähr das Doppelte kosten wie in der Heimat, wie begeistert die Menschen auf die europäische Musik reagierten, ihr die CDs, wie man sagt, aus den Händen rissen, oft gleich mehrere kauften usw. Dies »zahlreiche« Erscheinen von Zuhörern mag dem Umstand geschuldet sein, dass jenes Provinzstädtchen, in dem sie gestern konzertierte, dem durchschnittlichen Europäer zwar unbekannt, aber doch deutlich größer als New York ist und eben nicht jeden Abend eine Abendländerin dortselbst zu Bach, Chopin oder Rachmaninow bittet. Die Akustik des Konzertsaals, berichtet sie, sei jener sämtlicher Münchner Konzertsäle mindestens ebenbürtig gewesen, und auf der Bühne habe ein nagelneuer D-Steinway gestanden, was auch nicht selbstverständlich ist. Anders als hierzulande, wo klassische Konzerte eher die Senioren anziehen, sei das Durchschnittsalter des Auditoriums nahezu in studentischen Dimensionen angesiedelt gewesen.

Augenscheinlich genießt die europäische klassische Musik in China und in anderen asiatischen Ländern, speziell auch in Japan, hohe Verehrung; zahlreiche Menschen dort sind jedenfalls der Ansicht, dass sie an einem feierlichen, bildenden, sittlich hebenden, spirituellen Ereignis teilnehmen, wenn sie ein Konzert oder eine Oper besuchen, und genauso verhält es sich ja auch, obwohl viele Westler inzwischen darauf verzichten, jene überwältigenden Schöpfungen des menschlichen Schönheitswillens überhaupt zur Kenntnis zur nehmen. Folgerichtig explodiert in Asien die Zahl derjenigen, die ein klassisches Instrument spielen, während sie im Westen eher schrumpft.

Die europäische Kultur ist den asiatischen Kulturen gewiss ebenso fern und fremd wie den orientalischen. Und doch vollziehen täglich Abertausende Asiaten den Schritt über den Graben. Jeder beliebige Blick in ein deutsches Orchester, eine Musikhochschule, einen Opernchor zeigt, dass unser Musikbetrieb ohne Instrumentalisten und Sänger aus Fernost kaum mehr funktionieren würde. Konzerttourneen europäischer Orchester in Asien sind regelmäßig ausverkauft. Da die klassische Musik zu 80 Prozent deutsch ist, darf womöglich bald von einem Überleben der deutschen Kultur in Asien gesprochen werden. Umgekehrt sieht man auch hierzulande in den Museen, Galerien und Konzertsälen Asiaten in bemerkenswerter Zahl. Ist das nicht reizend und vor allem: verblüffend?

Nun folgt der unvermeidliche Schwenk auf die dominierende Einwanderergruppe in Europa, von welcher man bedauerlicherweise wird konstatieren müssen, dass aus ihrer Schar selten interessierte oder auch bloß neugierige Einzelne die Kunstmuseen durchstreifen oder den Konzerten beiwohnen oder selber auf dem Pianoforte oder der Violine exzellieren. Hier manifestiert sich eine Fremdheit, die sich nicht allein auf die Sozialstruktur der muslimischen Einwanderer und das Fehlen eines breiten gebildeten Milieus zurückführen lässt. In der islamischen Tradition hat sich ein Bilder- und Musikverbot etabliert, das zwar koranisch nicht wirklich herleitbar ist – »Wen gibt es, die Schönheit zu verbieten, die Gott für seine Geschöpfe hervorgebracht hat?« (7,32) –, aber in Teilen der muslimischen Bevölkerung eine Ablehnung der westlichen Tonkunst und bildenden Künste begründet. Eine befreundete muslimische Theologin hat mir erklärt, die Aversion Muhammads gegenüber der Musik habe damit zu tun, dass in den Tagen des Propheten Musik vor allem in Freudenhäusern gespielt wurde. Dass die Künste weltlicher Tand sind und die Gedanken des Gläubigen von Gott ablenken, ist denn auch das Hauptargument frommer Eiferer, denen diese herrlichen Hervorbringungen, speziell wenn sie auch noch aus dem christlichen Weltteil stammen, samt und sonders als *haram* gelten. Allah hat dergleichen nie geboten, und Allah hat im Koran darauf hingewiesen, dass er nichts vergessen habe (u. a. 19,64). Was er nicht verboten hat,

hat demzufolge auch kein Mensch zu verbieten. Was könnte es Gottgefälligeres geben als das Schöpfungslob Bachs oder die Paradiesverheißungen Mozarts? Das am Rande.

Jedenfalls offenbart sich für mich die Kluft zwischen Nichtmuslimen und Muslimen hierzulande am deutlichsten in der verbreiteten Ablehnung der westlichen Hochkultur, wobei ich selbstredend nicht das deutsche Regietheater oder Narrenschauen wie die *documenta* im Blick habe; umgekehrt wärmt es mir das Herz, wenn ich eine Muslima in einer der Pinakotheken sehe oder Meldungen höre wie die von der Wiederauferstehung des Teheran Symphony Orchestra. Andersherum gesagt, falls das jemanden interessiert: Meine Nation trifft sich unter dem Zeichen des Violinschlüssels und des Kontrapunkts, von Hexameter und Blankvers, des Malerpinsels und der Radiernadel. Wer Sophokles, Shakespeare, Goethe liest, wer Beethoven hört oder spielt, wer in der Scrovegni-Kapelle zu Padua beglückt erschauert, wessen Blick in den Himmeln Claude Lorrains träumt, wer sich in die Schriften Platons, Kants, Nietzsches, Heideggers vertieft – die Auswahl sei höchst unvollständig, aber durchaus repräsentativ –, ist mein Landsmann. Der Rest nicht. Basta.

PS: Leser *** verweist sogleich auf eine Aussage des Ajatollah Chomeini im Gespräch mit Oriana Fallaci: »Auch die Musik trübt den Geist, weil sie mit sich Genüsse und Ekstasen bringt, die den Drogen gleichen. Eure Musik meine ich (die westliche). Gewöhnlich erhebt sie den Geist nicht, sie schläfert ihn ein. Und sie lenkt unsere jungen Leute ab, die von ihr vergiftet werden und sich nicht mehr um ihr Land kümmern.

Fallaci: Auch die Musik von Bach, Beethoven und Verdi?

Wer sind diese Leute? Ich kenne sie nicht. Wenn sie den Geist nicht trüben, sind sie nicht verboten. Einige eurer Musiken sind nicht verboten, zum Beispiel die Märsche und die Hymnen zum Marschieren. Wir wollen Musik, die uns erhebt, wie die Marschmusik, die unsere Jugend bewegt, anstatt sie zu paralysieren, die sie veranlaßt, sich um ihr Land zu kümmern. Ja, eure Märsche sind erlaubt.«

(Oriana Fallaci, *Le radici dell'odio. La mia verità sull'Islam*, Milano 2015, S. 295 f.)

Darauf den alten Dessauer!

22. Mai, Geburtstag von Richard Wagner

Die Wahlkampfhilfe der Blockparteien für die AfD nimmt täglich drolligere Formen an. Cemile Giousouf, die sogenannte Integrationsbeauftragte der Unions-Bundestagsfraktion und erste christliche bzw. christdemokratische Bundestagsabgeordnete muslimischen Glaubens, unterstellt der AfD-Vorsitzenden Frauke Petry eine persönliche Mitverantwortung für rechtsextreme Gewalttaten. »Wenn Menschen zu Schaden kommen, sind Sie dafür mitverantwortlich!«, sagt Giousouf in einem Streitgespräch mit Petry in *Bild am Sonntag*. »Wenn heute Molotowcocktails fliegen, dann ist das ein Produkt Ihrer zündelnden Sprache und Ihrer Politik.« Die AfD hetze Menschen gegeneinander auf, was dazu führe, »dass Angriffe auf jüdische Einrichtungen, Moscheen und Flüchtlingsunterkünfte deutlich zunehmen«.

Man wüsste schon gern, warum ausgerechnet eine Sprechpuppe der größten europäischen Antisemiten-Importspedition namens Merkel-CDU sich über Angriffe auf jüdische Einrichtungen zu beklagen vorgibt, überschätzte damit aber wohl bloß die Flexibilität einer Platitüden-Automatin beim Ableiern ihres Programms. Tatsache ist natürlich, dass niemand anderes als

Frau Giousouf Menschen aufhetzt, und zwar gegen den politischen Gegner. Das tun sie und ihresgleichen ja recht erfolgreich,
wie an den permanenten Anschlägen auf AfD-Mitarbeiter und
Parteibüros abzulesen, aber vielleicht meinen diese Toleranten und tätigen Humanisten ja, wenn es den ersten Toten oder
wenigstens Schwerverletzten gibt, tritt die neue konservative
Konkurrenz nicht mehr zur Wahl an. Frau Petry war offenbar
zu stolz, der allzeit unbehelligten CDU-Biederfrau die Leidens-
bilanz ihrer Partei vor- und alsogleich anzurechnen, und sie be-
schränkte sich darauf, dass im logischen Umkehrschluss ja die
Regierungsparteien für die Silvesterkirmes von Köln verantwortlich sein müssten, wobei sie noch auf die zahlreichen mit
dem Segen des Kanzlerinnenclubs hereingewinkten Messerstecher, Kopftreter und gelegentlichen Totmacher hätte insistieren
können. Die CDU importiert den molekularen Bürgerkrieg und
wirft denen, die politisch dagegen aufbegehren, Hetze vor; das
ist Hetze in Reinkultur und, wie gesagt, mehr Wahlwerbung, als
die AfD recht eigentlich braucht, die sie aber wahrscheinlich
gern einstreicht.

Apropos Geburtstag und um wieder auf die schönen Dinge zu
kommen: »Es ist eben mit der deutschen Musik etwas Eigenes,
ja Göttliches«, schrieb unser heutiger Jubilar. »Sie macht ihre
Geweihten zu Märtyrern und lehrt durch sie alle Heiden. Was
ist allen sonstigen Kulturvölkern, seit dem Verkommen der Kirche, die Musik anderes als ein Akkompagnement zu Gesangs-
oder Tanz-Virtuosität? Nur wir kennen die ›Musik‹ als Musik,
und durch sie vermögen wir alle Wiedergeburten und Neuge-
burten; dies aber nur, wenn wir sie heilig halten. Könnten wir
dagegen den Sinn für das Echte in dieser einzigen Kunst verlieren, so hätten wir unser letztes Eigen verloren.«

Am Schluss seiner Schrift *Die Kunst und die Revolution* gilt Wagners Anrufung »Jesus, der für die Menschheit litt, und Apollon, der sie zu ihrer freudenvollen Würde erhob«: die Kürzestdefinition dessen, was wir Abendland nennen, ein »christlicher Abdruck auf griechischem Lehm« (*Gómez Dávila*).

Immer azurner werdender 22. Mai

»Du ängstest mich mit jedem guten Worte.«
(Goethes Iphigenie über Angela Merkel)

Anhebender 23. Mai

Leser *** versüßt mir meinen traditionell ungesüßten Morgenkaffee mit dem Hinweis, dass der bedeutende *Spiegel online*-Faschismusdetektor und Willkommensspießer G. Diez auf Facebook inseriert: »Wir vermieten unsere wunderschöne, helle (Helldeutschland! – M. K.) 180qm-Wohnung in Mitte, Nähe Alexanderplatz, vom 15. August 2016 bis 15. Juni 2017. Bei Interesse, PM an mich« – und fügt hinzu: »Offenbar hat sich noch keine syrische Großfamilie gemeldet, welcher der Herr Diez seine wunderschönen 180 Quadratmeter in bester Mitte-Lage überlassen könnte – zu einem Bruchteil der marktüblichen Miete versteht sich, wir müssen schließlich lernen zu teilen.«
   Verba docent, exempla trahunt!

25. Mai

Mit elefantöser Eleganz trampelt bekanntlich die große deutsche Stilistin A. Merkel jeden Widerstand ihrer Stiefmutter-
sprache nieder. »Wir alle«, sprach nun die Kanzlerin, »leben auf
einem Planeten, jeder Mensch hat ein Leben, und jeder hat das
Recht, dieses Leben nachhaltig und sinnvoll zu verleben.«
   Wir wollen, dass Deutschland nachhaltig verlebenswert
bleibt! – CDU.

27. Mai 2016

Wer kann die Pyramiden überstrahlen?
Den Kreml, Sanssouci, Versailles, den Tower?
Von allen Schlössern, Burgen, Kathedralen
Der Erdenwunder schönstes war die Mauer.
Mit ihren schmucken Türmen, festen Toren.
Ich glaub, ich hab mein Herz an sie verloren.

Also reimte Peter Hacks, Stalinist und bedeutender Autor, was
immer noch sympathischer ist als grün und illiterat. Es ist bemerkenswert, wie sich unter veränderten historischen Kon-
stellationen auch ein solches Gedicht verändert! Das Lob der
Grenze *an sich* gegenüber der Grenzenlosigkeit schließt am
Ende sogar eine der übelsten mit ein, wobei jene insofern untypisch war, als sie tatsächlich dem Einhegen und nicht dem
Schutz diente, während unsereins bei Mauer inzwischen eher
an die ums Westjordanland denkt. Man sollte sich außerdem
daran erinnern, dass dieselbe politische Fraktion im Westen, die
sich mit dem »antifaschistischen Schutzwall« der DDR mehr als

arrangiert hatte, heute gegen sämtliche Grenzen kämpft, um zu vollenden, was die blöden Ossis vor knapp drei Jahrzehnten mit ihrer anachronistischen Forderung nach Wiedervereinigung zwischenzeitlich versaut haben, die Auflösung und sukzessive Abschaffung der deutschen Nation. Und dass in Zeiten der Völkerwanderung *jede* Grenze besser ist als keine. Zugespitzt, geradezu unverantwortlich krass formuliert müsste die Frage lauten, was im Ernstfall schlimmer wäre: autoritärer Nationalstaat oder islamischer Staat? DDR oder Kalifat?

Mittelspäter 28. Mai

»Die Kirche ist die Scheiße Gottes«, psalmodierten die Freiheitsheldinnen von »Pussy Riot« in ihrem berühmten »Punk-Gebet« zu Moskau. Ein paar Belege, dass die Gebenedeiten unter den Muschis ausnahmsweise gar nicht so falsch lagen bzw. liegen:

Wie die *Welt* berichtete, lehnt das Zentralkomitee der deutschen Katholiken eine getrennte Unterbringung von Christen und Muslimen in Flüchtlingsheimen ab. Der Präsident der Laienfunktionäre, Thomas Sternberg, warnte im Interview vor einem »verheerenden Signal«. Wenn man Flüchtlinge »nach Religion getrennt unterbrächte, würde man dem Eindruck Vorschub leisten, wir seien nicht fähig zur friedlichen Koexistenz«.

Dieses »Wir« sollte man sich auf der Zunge zergehen lassen wie meinethalben den Geschmack des Strings von Nadeschda Tolokonnikowa nach ihrem nächsten Punkgebet. Wenn »wir« verhindern, dass muslimische Radikale samt muslimischen Lagerwachmannschaften in deutschen Flüchtlingsheimen Christen schikanieren, indem »wir« die Glaubensbrüder und

-schwestern (ein in deutschen Kirchenkreisen ebenso verpön-
tes Wort wie der *Landsmann* bei den Grünen) in sichere sepa-
rate Heime bringen, »leisten wir dem Eindruck Vorschub« –
dieses Deutsch, dieses gefinkelte, punkgebetsartige Deutsch! –,
»wir« seien nicht koexistenzfähig. Wie wäre es, wenn der christliche Nichtvorschubleister sich für ein Wöchlein in ein solches
Lager einweisen ließe, auf dass er seine einschlägigen koexisten-
tiellen Erfahrungen sammle, die Bibel unterm Arm, das Kreuz
gut sichtbar um den Hals? Nein? Das wäre zu provokativ oder
kulturunsensibel gar? So aber wird der humanitäre Spitzbube
aus der sicheren Ferne weiter ein »Wir« reklamieren, welches
andere abzuleiden haben, aber was wäre typisch deutschkir-
chenchristlicher und gottbescheißenswürdiger als diese Pose?

Am Rande: Wie viele christliche Einwanderer waren eigentlich an den Silvesterorgien zu Köln und anderswo beteiligt?
Wie steht es um die Totschlags-, Körperverletzungs-, Raub-,
Vergewaltigungs- und Einbruchsbilanz christlicher Araber in
Deutschland? Würde man sie getrennt unterbringen, träte sogleich eine unangenehme Wahrheit ins Unverborgene, nämlich
ein gewisser Unterschied zwischen den durchschnittlichen ara-
bisch-christlichen und arabisch-muslimischen Vorstellungen
von einem Leben in Europa. Und das zu verhindern, ist unter
anderem auch der organisierte deutsche politische Kirchen-
katholizismus da.

Nächstes Beispiel: Politiker aller im Bundestag vertretenen
Parteien ließen sich von ihren Sänftenträgern zum 100. Deutschen Katholikentag nach Leipzig expedieren. Bundestags-
präsident Norbert Lammert ist dabei, Kanzleramtschef Peter
Altmaier, Justizminister Heiko Maas, Petra Pau von der Linkspartei und andere zivilreligiöse Frömmler. Allerdings: Vertreter
der AfD sucht man auf den Podien vergeblich. Das hier bereits

gepriesene Zentralkomitee der Deutschen Katholiken, Organisator des Katholikentags, wollte die Partei in Leipzig nicht dabei haben. »Wir sprechen selbstverständlich über die Themen der AfD, aber wir wollen in unseren Diskussionsrunden nicht einfach nur schrille Stimmen aufeinanderprallen lassen«, erklärte, na wer schon, Katholikenpräsident Thomas Sternberg. Die AfD nannte er, offenbar im Gegensatz zur geladenen Linken, eine »unchristliche Partei«. Der Katholikentag wird vom Staat, also aus Steuermitteln, mit 4,5 Millionen Euronen bezuschusst. Zahlen AfD-Mitglieder und -Wähler eigentlich keine Steuern? Christliche Araber ein-, AfDler aussperren: Wäre es, o ihr Brüder und Schwestern in Christo ohne Funktion und kirchliches Festeinkommen, nicht allmählich Zeit für einen Kirchenaustritt und vor allem ein Ende der Beitragszahlerei? Oder wenigstens für einen Aufstand?

Wechseln wir für das heute letzte Beispiel aus dem Lager der verlogenen Soutanenträger zu den Heuchlern im Talar. Der Ratsvorsitzende der Evangelischen Kirche in Deutschland, Heinrich Bedford-Strohm, fordert einen »flächendeckenden Islamunterricht« an deutschen Schulen. Dergleichen fordern nicht einmal die Muslimverbände. Feist sitzen diese Klerikalfunktionäre in ihren Dienstwagen und Dienstwohnungen und zählen die Steuermilliarden, die munter in ihre Kollekten, Klingelbeutel und auch Taschen fließen, saufen Wein, predigen Wasser, scheren sich den Scheitan um die Nöte der Christen in Nordafrika und verdienen prächtig an der sogenannten Flüchtlingskrise, indem sie sich das Engagement rangniederer Kirchenmitarbeiter sowie liebenswürdig verblendeter Laien bei der Versorgung geflohener Schäfchen und eingedrungener Wölfe staatlich stattlich honorieren lassen. Und statt der christlichen Heidenmission widmet sich

der Protestantenfunktionär inzwischen der »flächendeckenden« Verbreitung des Islams im *Dār al-Kufr*. Unterwerfung?
Ach was. *In hoc signo vinces!*

29. Mai

Heute haben Gilbert K. Chesterton und Oswald Spengler Geburtstag, doch dieses Datum wird nun in die Geschichte eingehen als der Tag, an welchem ein deutscher Politiker einen deutschen Innenverteidiger beleidigt hat oder haben soll, wenn man
es richtig oder eben doch falsch hinbiegt. In Rede und Anklage
steht Alexander Gauland von der AfD, welcher erklärt hat oder
haben soll, er beziehungsweise doch nicht er selber, aber womöglich andere wollten nicht Nachbarn des deutschen Fußball-
Nationalspielers Jérôme Boateng werden. Also nicht auf dem
Fußballplatz, da will es aus der gegnerischen Mannschaft nun
wirklich niemand, sondern im echten Leben, Haus an Haus
quasi. Das sei »rassistisch«, schäumen Politik und Netz, wobei
unsereinem etwas blümerant wird bei diesem mitunter eine
Nuance zu schrill und allzu meutenbehaglich zur Schau gestell-
ten guten Gewissen, denn ganz klar ist ja nicht, was Gauland
nun tatsächlich gesagt hat und ob er nicht bloß einer journalistischen Spitzbüberei auf den Leim gegangen ist. Während umgekehrt doch ziemlich klar ist, dass gerade Angehörige des *Juste
Milieu* dieser immer kunterbunter werdenden Republik ihre
Kinder, so sie überhaupt welche haben, bevorzugt auf Schulen
schicken, in denen die weiße Ethnie dominiert, derweil sie im
Netz »Diversity« und »Rassismus« skandieren. Wer wollte sie
darob schelten? Opportunismus ist das elementarste aller Menschenrechte.

Nehmen wir aber einmal an, jemand bekundet tatsächlich, er wolle einen Menschen anderer Rasse und Artung nicht zum Nachbarn haben, ob derjenige nun schwarz ist oder weiß oder orientalisch oder ein Fellache mit ungeklärter Abkunft: Ist dieser Exklusionswunsch rassistisch? Hat ein Mensch nicht das Recht, sich auszusuchen, neben wem er siedeln will und neben wem nicht? Mein Beleidigtsein hielte sich jedenfalls in Grenzen, wenn jemand sagte, er wolle nicht neben einem hellhäutigen Kultivierten wohnen. Allenfalls würde mich ärgern, dass derjenige es unverhohlen ausspricht. Das Problem ist nämlich nicht der Exklusionswunsch aus welchen Gründen auch immer, und seien sie noch so rassistisch, das Problem besteht in der Unhöflichkeit, dergleichen beim Namen zu nennen. Rassismus ist erst dann empörend, wenn ein Mensch aufgrund einer in ihm manifesten kollektiven Eigenschaft als minderwertig behandelt wird, aber nicht, wenn man diese Eigenschaft bloß feststellt und seiner Wege geht. Der defensive »Rassismus«, die Kontaktscheu, die Bevorzugung des ethnisch und kulturell Ähnlichen, auch der Ekel, der Wunsch, Andersgeartete, Fremde zu meiden, all das ist so alt wie die Menschheit und wird so lange bestehen, wie es Menschen gibt. Daran können nur Heuchler etwas aussetzen. Der Zivilisierte hegt dergleichen Vorbehalte wie andere auch, spricht sie aber nicht aus. Wenn Gauland tatsächlich gesagt hat, was man ihm vorwirft, hat er sich keineswegs rassistisch geäußert – für dieses populäre, ja populistische Vernichtungsurteil reichten seine Worte längst nicht aus –, sondern unmanierlich.

Ich möchte übrigens, so illusorisch dieser Wunsch auch sein mag, in einer Welt leben, in welcher der Vorwurf der Unmanierlichkeit jenen des Rassismus weit übersteigt

30. Mai

Eigentlich wollte ich ja, nachdem ich gehört hatte, ein Antifa-
Fatzke habe der Linken Sahra Wagenknecht eine Torte ins Gesicht geworfen, unseren Welttag beklagen, der keine kühnen
Jünglinge mehr hervorbringt, die dergleichen Obszönitäten
gegenüber einer Dame am Morgen des Folgetags im Beisein
von Sekundanten bereinigen. Doch heute erklärte die Holde,
»schlimmer als die ganze Torte« finde sie »die Beleidigung«,
mit der vor kurzem ebenfalls mit Naschwerk verunzierten Beatrix von Storch »auf eine Ebene gestellt worden zu sein«. Das
sei eine Unverschämtheit und zeige, dass da »völlige politische
Analphabeten am Werk« gewesen seien.

Wenn ich's recht verstehe, kommt es also einzig und immer
darauf an, wen es trifft. Pfui.

Sacht anhebender 31. Mai

99 Prozent derjenigen, die öffentlich anprangern, diese oder
jene politische Anstößigkeit werde jetzt »salonfähig«, haben
noch nie einen Salon gesehen. Und wie die Dinge liegen, werden sie auch nimmermehr einen betreten.

Sich entfaltender 31. Mai

Ein Kabolz mit dem Rennrad bescherte mir vor drei Wochen
eine gebrochene sowie diverse geprellte Rippen und damit viele
im Lesesessel sitzend halb durchwachte, halb durchschlummer-
te Nächte – Liegen ist in diesem Zustand eher eine Angelegen-

heit für Fakire oder Indianer –, was mir die Gelegenheit verschaffte, mich dem Klavierspiel des Daniil Trifonov zu widmen,
der mir quasi zum Johann Gottlieb Goldberg wurde. Ich erwäh-
ne dies einerseits, weil der Bursche ein pianistisches Phänomen
ersten Ranges ist, aber vor allem, weil mir dies unter anderen
Umständen womöglich entgangen wäre. Und zwar aus dem
Grund, dass ich die – oft auch noch von talentlosen Journalisten
geschriebenen – Medienpanegyriken nicht mehr ertrage. Das
ist dumm, ich weiß, denn die wenigen authentischen Künstler
existieren bekanntlich unabhängig von Hype und Bohei, und
bei den bedauernswerten Medienvertretern ist das Brüllen und
Pfeifen längst zum Allerweltsmodus geworden, den gelassen zu
ignorieren eigentlich zu den Sozialtechniken des abgeklärten
Spätabendländers gehören sollte.

So jazzte beispielsweise die *Süddeutsche* ihren Bericht über einen Konzertabend zu München im Dezember 2014 mit den Behauptungen an: »Derzeit gibt es keinen Pianisten, der dem Russen Daniil Trifonov spieltechnisch das Wasser reichen könnte«,
und mit Liszts »abenteuerlich schwierigen Études d'exécution
transcendante« habe der Künstler ein Werk ins Programm genommen, welches »außer dem staunenswerten 23-jährigen Pianisten Daniil Trifonov niemand spielen kann, will, sich getraut –
je auf die Idee käme.«

Beide Aussagen sind Unsinn. Was die Wasserreicher betrifft,
ragt da zunächst recht einsam und hoch der Koloss Sokolov,
rein spieltechnisch ist mit Marc-André Hamelin, bei all seinen
Schwächen in der B-Note, ein weiterer kaum bezwingbarer Konkurrent im Rennen, und aus alter Verbundenheit möchte ich
noch den ja nach wie vor munter konzertierenden, wenngleich
als Interpret leider etwas närrisch gewordenen Ivo Pogorelich
erwähnen, dessen Anspruch auf den Titel »Jahrhundertpianist«

durch seine den Genietaten folgenden Exaltiertheiten keineswegs zu brechen ist. Was wiederum die unspielbaren Liszt-Etüden angeht, offeriert der Blick in die Diskographie 112 CD-Aufnahmen – darunter einige mit der 1826er oder 1837er Version, die Liszt mit seiner dritten Fassung von 1851 für ungültig erklärt hatte, sowie ein paar Mehrfachaufnahmen ein und desselben Pianisten – und ein gutes Dutzend Youtube-Mitschnitte. Über 50 Aufnahmen wurden in den 2000er Jahren eingespielt, viele davon live. Die meisten stammen von pianistischen No-Names oder Künstlern wie Alice Sara Ott, bei welcher sich die Kenner streiten, ob sie, frei nach Heine, eher zu den abgeschlagenen erstklassigen oder zu den führenden zweitklassigen Pianisten zählt.

So wie einem heute von jedem zweiten Buchrücken entgegenschreit, dieses Werk sei das bedeutendste seiner Art, zumindest bis nächste Woche, servieren einem PR-Oberkellner und journalistische Besteckpolierer jeden Virtuosen als das in superlativistischen Saucen schwimmende Endziel der ästhetischen Menüfolge. Dergleichen Getröte, vielfach verstärkt durch die Berichte der Amusischen unter den Konzertgängern, die verlässlich nachplappern, was sie gelesen haben, egal ob sie einer künstlerischen Epiphanie beiwohnten oder einem trivialen Konzertabend, führt gewissermaßen zu einer Übersättigung, bevor man überhaupt zu Tische ging, und vergällt einem das ganze Vergnügen, wie es einem der Straßenlärm verleiden kann, in einem ansonsten reizenden Café zu sitzen. Doch siehe, im Falle Trifonov kam mir ein unglücklicher Zufall zu Hilfe, und so ward am Ende alles miteinander verrechnet und gut.

Sich rundender, auch kugelnder 31. Mai

Immer häufiger erscheinen in den Medien Artikel, die mich an die staatliche Propaganda aus den letzten Monaten der DDR erinnern, und ich will ein gewisses Behagen, das mein Fell erglänzen und mich bei der Lektüre schnurren lässt, keineswegs leugnen.

So schreibt eine Redakteurin von *Welt online*, das IMD World Competitiveness Center in Lausanne habe ermittelt, dass Deutschland »seine Top-Ten-Position im Ranking der wettbewerbsfähigsten Länder der Welt« nicht mehr halten könne. Auffällig sei zugleich »die Aufholjagd« der osteuropäischen Länder. »Während die wirtschaftliche Leistungsfähigkeit stagniert, rutscht die Bundesreplik bei der Effizienz des staatlichen Handelns weiter ab. Auch die Infrastruktur wird schlechter bewertet«, heißt es in dem Artikel. »Und auch das Risiko politischer Instabilität wird größer eingeschätzt. Der Grund dürfte in der stark nachlassenden Zustimmung in der Bevölkerung für die Volksparteien SPD und Union und dem Erstarken der rechtspopulistischen AfD liegen.«

Ja da schau her – und die Osteuropäer, in deren Ländern die Rechtspopulisten oft sogar regieren, holen trotzdem auf! Vielleicht *weil* sie regieren? Und unser Gorilla auf der Hollywoodschaukel wird wieder einmal betreten ignoriert, schließlich soll die Party weitergehen, wenigstens so lange, bis er aufsteht und – –

»Doch es gibt auch positive Entwicklungen. Bei den genutzten Patenten rückten die Deutschen weiter nach vorne. (...) Einen positiven Effekt hat nach dem Urteil der Forscher auch die starke Zuwanderung: Weil es vor allem junge Leute nach Deutschland zieht, wird die Alterung der hiesigen Gesellschaft abgemildert. Als wichtigste Standortvorteile hebt die

Analyse zudem Deutschlands gut ausgebildete Arbeitnehmerschaft hervor. (...)

Das Ranking spiegelt jedoch neben der momentan noch guten ökonomischen Situation auch die Einschätzung der künftigen Konkurrenzfähigkeit wider. Und hier sieht das IMD-Team
durchaus erhebliche Minuspunkte. So wird der Zustand der
hiesigen Straßen, Brücken und anderer Infrastruktur mit Platz
25 aktuell noch negativer beurteilt als schon 2015. (...) Auch das
Bildungssystem schneidet nur sehr mäßig ab (Platz 23).«

Nein, diese Rechtspopulisten, alles machen sie kaputt! Sogar
für die Ineffizienz staatlichen Handelns sind sie verantwortlich.

Bei den genutzten Patenten handelt es sich unter anderem um
sich selbst auflösende Grenzzäune, Anti-AfD-Sprays, Keusch-
heitsgürtel für Kölnerinnen und dergleichen. Die meisten Patentanmelder haben einen Migrationshintergrund, manche
sind sogar aus Sachsen nach Deutschland eingewandert. Während die gut ausgebildete deutsche Arbeitnehmerschaft noch
besser ausgebildet und vor allem weit zahlreicher wäre, millio-
nenfach zahlreicher, wenn Rechtspopulisten nicht mutwillig
Instabilität verbreiteten und das Vertrauen in die Parteien- und
Staatsführung untergrüben. Merke: Nicht durch die Einwanderung von Analphabeten breitet sich Analphabetismus aus,
sondern durch die Versuche der Rechtspopulisten, die Einwanderung zu begrenzen beziehungsweise an den Interessen des
Gastgeberlandes zu orientieren. Nicht durch die Einwanderung
von religiösen Fanatikern breitet sich religiöser Fanatismus aus,
sondern durch dessen Ablehnung seitens der Rechtspopulisten.
Nicht durch die Einwanderung von Rassisten breitet sich Rassismus aus, sondern Rassismus verbreiten einzig und allein die
Rechtspopulisten. Nicht durch die Einwanderung von Sexisten
breitet sich Sexismus aus, sondern durch die Rechtspopulisten,

die gegen diese Sexisten hetzen. Nicht die Zweckentfremdung von Steuergeldern zur sogenannten Rettung von Banken, zur Alimentierung exotischer Volkswirtschaften sowie Hunderttausender unerbetener Einwanderer ruiniert die gleichzeitig vernachlässigten Infrastrukturen, sondern der Rechtspopulismus. Ist das endlich verstanden worden?

Sich neigender 31. Mai

André F. Lichtschlag äußert den Verdacht, die angebliche rassistische Beleidigung des Fußballers Boateng durch Gauland sei deshalb in den Medien mit masturbatorischer Innigkeit bejauchzt und beplärrt worden, weil man auf diese Weise über die zwar ungleich besser dokumentierten und tatsächlich exzessiv rassistischen massenhaften sexuellen Übergriffe, die nahezu zeitgleich in Darmstadt geschahen, generös hinwegsehen konnte, ein zweites Köln billigend in den Kauf nehmend. Dazu passt, dass Frau Merkel sich zwar zu Gauland, also zu einem Gerücht, geäußert hat – »niederträchtig« nannte sie eine Aussage, die offenkundig so nicht getan wurde, und was könnte niederträchtiger sein? –, aber zu all den Willkommensbarbarismen hört man von der Hauptverantwortlichen dafür, dass sich Teile der deutschen Bevölkerung täglich der Aggression gewisser Eindringlinge überantwortet finden, vergleichsweise selten ein rügendes Wörtchen. Sie wüsste wahrscheinlich auch nicht, an wen sie es richten sollte; die eigentlichen Adressaten sprechen ja noch schlechter Deutsch als sie.

Andererseits erzählte mir unlängst ein Grünen-Wähler und offenbarer *Zeit*-Abonnent (denn dort las ich diese Argumentation bereits, wobei es durchaus sein kann, dass so etwas auch auf geheimnisvoll osmotische Weise in gewisse Hirne dringt), dass beispielsweise die paar Dutzend Abgeschlachteten im Pariser Bataclan rein risikostatistisch neben den normalen Haushaltsunfalltoten im Grunde nicht in Betracht kämen. Jedenfalls nicht weiter auffielen und auch, bei allem persönlichen Betroffensein, keine speziell erwähnenswerte Risikogruppe verkörperten. Bisher sind es nur 28 teil- oder zur Gänze vergewaltigte Frauen in Darmstadt, vermutlich gibt es jede Woche landesweit mehr Unfälle mit Vibratoren oder Würgeschlingen, rein statistisch gesehen können wir jetzt also entweder zum Wetter umschalten oder den Ball zurückspielen auf Boateng ...

JUNI

Der Nacht kaum entstiegener 1. Juni

Leser *** meldet sich zur Causa Gauland wie folgt zu Wort:

»Sie schreiben: ›Ist dieser Exklusionswunsch rassistisch?‹ Was soll denn ein an äußeren Merkmalen festgemachter Exklusionswunsch, der scheinbar absichtlich dergestalt begründungslos bleibt, sonst sein?

Ich empfinde es als eine billige Volte, wenn Sie just diese tumbe Begründungslosigkeit (à la dunkle Farbe = das Fremde = muss man nicht kennenlernen wollen müssen) als bloße Unhöflichkeit kritisieren. Das Bösartige (nicht bloß: Unzivilisierte) in Gaulands eigenen oder bloß wiedergegebenen Gedanken ist doch gerade die begründungslose Geringschätzung von Boatengs ›manifester kollektiven Eigenschaft‹ der dunklen Hautfarbe als anderer = nicht näher zu begründen gedachter abgewerteter (warum eigtl.?), irgendwie nicht genehmer Eigenschaft. Damit gilt trotz des Zwischenschrittes ›fremd‹ die begründungslose Gleichung: dunkel = weniger (kennenlerns)-wert, auch wenn dies im Kontext von Nachbarschaft scheinbar in einer letzten gedanklichen Angst vor der eigenen rassistischen Courage noch auf ein enges Miteinander reduziert wird, also weniger absolut (Warum hat Gauland nicht offen gesagt, dass er das Dunkelfremde im ganzen weiten Land nicht wolle? – es wäre mir ehrlicher vorgekommen) daherkommen soll. Das begründungslose Feststellen einer weniger gewollten Eigenschaft ist dann nicht nur ein ›Schwenk ins Unhöfliche‹ (...) Sie können m. M. n. nicht wegdiskutieren, dass ein Exklusionswunsch, der auf einer Abwertung beruht, nicht mehr bloß ein

Exklusionswunsch ist, sondern eine menschliche Abwertung voraussetzt. (...) Ist defensiver Rassismus nicht nur ein Vorbote des offensiven, gegen den man dann aber wiederum (Warum noch einmal?) nun wirklich sein müsse?«

Zugleich räumt *** ein: »Auch mir widerstrebt es in Zeiten der verordneten Identitätsverwässerung und des Lobs des kulturell Heterogenen das Andere per se gut finden zu müssen, und ich glaube auch, dass die verlustig gegangene Fähigkeit, das Eigene vor dem Fremden zu schätzen, eines der großen Laster dieses Landes ist. Aber ich weiß nicht recht, ich empfinde Boateng jetzt nicht (mehr – ist das auch schon eine Folge des Zeitgeistes) als primär fremd ... es ist ambivalent ... Ich kann Gaulands Versuch der Sensibilisierung für das fast vergessene Autochthone gut heraushören«. Aber, schließt ***, »was darf/soll denn nun deutsch sein? Darauf hat Gauland keine Antwort gegeben, obwohl es genau hierum doch nun geht, oder?«

Geehrter Herr ***, zu den Manieren habe ich am 29. Mai meinen Teil gesagt. Was den defensiven Rassismus betrifft, so kann er sowohl Vorbote des offensiven wie auch dessen Nachhut oder keines von beiden und nur eine Idiosynkrasie oder eine gewaltige Tumbheit oder sonstwas sein; die offensive Variante ausgenommen, ist jede dieser Reaktionen ein Menschenrecht. Von mir aus nennen Sie den Exklusionswunsch bösartig, aber indem sie auch dem defensiven Rassismus sein Daseinsrecht absprechen, nehmen Sie dem Begriff Rassismus die Trennschärfe und verwenden ihn im Sinne jener linksgrünen und migrantenlobbyistischen moralischen Erpresser, denen er einzig als Universalwaffe in ihrem rassistischen Kampf gegen die »Herrschaft der weißen Männer« dient, deren schieren Selbstbehauptungswunsch sie für diskriminierend erklären. Im Tiefsten seines Inneren ist womöglich jeder Mensch rassistisch, so wie in seinem Herzen niemand wirklich Demokrat ist; die am lautesten das Gegenteil behaupten, scheinen mir diese These am nachdrücklichsten zu bestätigen. Wer sich exkludieren will, muss das in einer freien Gesellschaft gottlob (noch) nicht begründen oder sich gar dafür entschuldigen. Bemerkenswerterweise wirft niemand den sich vielerorts exkludierenden Muslimen Rassismus vor.

Auch wenn die ethnisch-kulturelle Segregation in den Ländern des Westens, alle Diversity-Propaganda höhnend, einerseits zunimmt, gibt es hinreichend viele Beispiele des gelingenden Gegenteils, und man muss in Rechnung stellen, dass sich Nationen allein ethnisch nicht mehr definieren lassen und dies tendenziell immer weniger tun werden. Wer deutsch ist, bestimmt zum einen das Staatsbürgerrecht – wobei inzwischen hinreichend viele deutsche Staatsbürger herumlaufen, die ethnisch so deutsch sind wie Pippi Langstrumpfs Neger- oder wie es inzwischen heißt: Südseekönig –, zum anderen der Wille des einzelnen. Wohlmeinende dürfen davon träumen, dass beide Seiten sich einmal zur Deckungsgleichheit vereinen, wahrscheinlich ist es nicht. Zwar haben die kulturell heruntergekommenen, politisch verzwergten, schuldzerknirschten, verweichlichten, mäkligen und überalterten Deutschen im Sinne eines kollektiven Stils wenig zur Identifikation Einladendes anzubieten, aber dreierlei denn doch: eine immer noch solide funktionierende, technisch hochstehende, friedfertige, in ungewöhnlichem Maße Rechtssicherheit bietende und insgesamt tolerante Zivilisation, eine Hochsprache und ein kulturelles Erbe wie kaum ein zweites Volk. Wer sich hier einfügt oder hier geboren ist, gleich welcher ethnischen Herkunft, darf sich bekanntlich Deutscher nennen, wie beispielsweise

Herr Boateng auch. Sogar im Sinne eines idealen oder meinetwegen »geheimen« Deutschland spielt das Ethnische heute
keine alleinige Hauptrolle mehr; ein Schwarzer oder, wahr-
scheinlicher, ein Asiate, der sich emporgearbeitet hat, blen-
dend deutsch spricht, seine Kinder aufs Gymnasium schickt,
Klavier lernen und Hölderlin lesen lässt und jederzeit bereit
wäre, sein Land zu verteidigen, ist natürlich ein weit besserer
Deutscher als ein in siebter biodeutscher Generation plötzlich
degeneriertes Mitglied der Grünen Jugend mit Genderstern-
chen anstelle von Synapsen, der kultursensiblen Körperspannung eines Regenwurms und geschlechtsneutralem Paarungs-
verhalten. Wer sich an einer Antwort auf die Frage versucht,
»was soll/darf denn nun deutsch sein?«, steht also vor einer
recht verwirrenden Situation. Alle Definitionen greifen nicht
richtig. Die Entscheidung fiele im Ernstfall, möge Gott ihn ver-
hüten, doch auch das ist nicht sicher, denn im Bürgerkriegs-
fall verliefen die Konfliktlinien wahrscheinlich wieder entlang
der guten alten, von Staatsbürgerschaften schwer zu beeindruckenden ethnischen Loyalitäten.

Das alles ändert freilich nichts an der erschütternden Tatsache,
dass nach wie vor Abermillionen Biodeutsche dieses Land haupt-
bevölkern, in deren Ermessen es zumindest liegt, ihre Lebensart für gut und richtig, ihre Traditionen für bewahrenswert, ihre
Landschaft für schutzbedürftig und ihre Kultur, was auch immer
sie dafür halten, als heilig zu erachten. Ja, es liegt sogar in ihrem Ermessen, sich ausschließlich mit anderen Biodeutschen zu paaren
oder nur neben ebensolchen siedeln zu wollen, was sie erfahrungs-
gemäß sehr selten tun. Wer will, darf ein deutscher Amish oder ein
noch größerer Hinterwäldler als H. Maas sein. Wer will, darf sich
auf seine Gruppe zurückziehen und defensiv geringschätzen, was
ihm passt. Bekanntlich sind Vorurteile zwar überaus vergröberte,

aber selten ganz falsche Beschreibungen der Realität; ethnische Kollektive besitzen Eigenschaften, die in einzelnen Vertretern signifikant oft manifest werden, und seien es bloß Temperamente, Schlaf-Wach-Rhythmen, olfaktorische (Un)empfindlichkeiten oder Gewohnheiten der Triebabfuhr. Man könnte das mit Zwang und Gewalt möglicherweise alles auf ein Level schleifen, aber wäre das wünschenswert? Wer die Verschiedenheit liebt, soll sie leben, und der Vielfaltsabholde möge das Seine tun.

Die Verurteilung des diskriminierenden Rassismus gehört zur Geschichte der Zivilisation, die Verurteilung des distinktiven Rassismus zur Geschichte der Heuchelei. Davon rückt kein Iota ab Ihr dem Fremden guinnessbuchverdächtig offener und dennoch distinktiv grüßender

M. K.

Immer noch 1. Juni

»Was spricht eigentlich gegen mehr Schlaf?«
(Sahra Wagenknecht, *Reichtum ohne Gier. Wie wir uns vor dem Kapitalismus retten*, S. 165)

In getreulicher Sturheit verharrender 1. Juni

Köln, Hamburg, Darmstadt – das sind Orte, zwischen denen in der öffentlichen Wahrnehmung neuerdings dubiose Verbindungslinien gezogen werden. Ein paar Handreichungen, wie Sie als roter, grüner oder originalvermerkelter Lokalpolitiker reagieren sollten, wenn überraschenderweise ein Einzelfall auf einem Volksfest bei Ihnen in der Nähe geschieht:

Erstens: Sagen Sie gar nichts. Suchen Sie stattdessen im Internet, was ein AfD-Politiker zuletzt über Fußball, Hochwasser oder Nullzinsen geäußert hat und posten Sie das als den nächsten Skandal dieser Polit-Sekte oder beteiligen Sie sich an irgendeinem anderen Shitstorm gegen Ansichten aus Dunkeldeutschland.

Zweitens: Sagen Sie noch immer nichts. Verweisen Sie auf die polizeilichen Ermittlungen und sich widersprechende Zeugenaussagen. Warnen sie vor Hysterie und Vorverurteilungen.

Drittens: Stellen Sie fest, dass es sich um einen untypischen Einzelfall handelt. Warnen Sie vor irrationalen Ängsten. Stellen Sie klar, dass auch mehrere Einzelfälle noch immer nichts Verallgemeinerbares bedeuten. Warnen Sie vor Verallgemeinerungen.

Viertens: Verurteilen Sie jegliche sexuelle Gewalt gegen Frauen, unabhängig von der Herkunft der Täter.

Fünftens: Erinnern Sie an die zahlreichen verharmlosten Sexualdelikte auf überwiegend von Einheimischen besuchten Volksfesten sowie an die häusliche Gewalt in Deutschland. Betonen Sie, dass Vergewaltigungen schon deutlich länger zu Deutschland gehören als der Islam, inzwischen sogar länger als Schlesien.

Sechstens: Erklären Sie mit Nachdruck, dass solche Taten nicht zu einem Generalverdacht gegen Wandernde und Fliehende führen dürfen. Verwahren Sie sich erneut gegen eine Pauschalverurteilung von Migranten. Suchen Sie im Internet nach solchen Verallgemeinerungen und verurteilen sie diese vehement.

Siebentens: Kündigen Sie Strafverfolgung für alle Belästiger und Vergewaltiger an, auch für Migranten oder Asylsuchende, für die das deutsche Recht gelte wie für alle anderen auch. Erinnern Sie nochmals daran, dass Gewalt gegen Frauen und Mädchen in unserer Gesellschaft leider ständig vorkommt und manche Neubürger daraus folgerten, dies sei hier Brauch und Sitte.

Achtens: Fordern Sie mehr Integrationskurse und geschlechtersensible Schulungen für Zuwanderer.

Neuntens: Verhindern Sie, dass Rechte, Nazis oder AfDler die Vorfälle instrumentalisieren und daraus politisches Kapital schlagen. Organisieren Sie eine Demonstration gegen rechts. Erklären Sie, dass ihre Kommune bunt bleibt. Prangern Sie rechte Hetze gegen Zuwanderer an.

Zehntens: Suchen Sie sich eine Lokaljournalistin, die einen Kommentar über den Sexualneid alter weißer Klemmis gegenüber virilen heißblütigen jungen Männern aus Nordafrika schreibt und außerdem behauptet, viele einheimische Frauen gäben sich bloß aus Rassismus und sexueller Langeweile als Opfer aus.

Elftens: Wiederholen Sie die Demonstration gegen rechts.

Zwölftens: Geben Sie beim sozialwissenschaftlichen Akademikerprekariat an der lokalen Uni eine Studie in Auftrag, aus welcher hervorgeht, dass die Kriminalität seit Beginn der Willkommenskultur nicht gestiegen ist.

Beginnen Sie nach dem unvermeidlichen nächsten Einzelfall wieder bei 1. Sehen Sie zu, dass Sie für 10. und 12. bis dahin Preise gestiftet haben.

Morgengrauenhafter 2. Juni

»Was die Europäer von allen anderen Kulturen der Welt unterscheidet, ist die Rolle, die sie der Frau zugewiesen haben«, schreibt Prinz Asfa-Wossen Asserate in seinem Buch *Manieren*.

»Hoch über der Pyramide der kleinen und großen Vasallen und der Krone, über zähnefletschenden Löwen, bedrohlichen Adlern und tollwütigen Keilern stand die Frau, waffenlos, mit Rose und Taschentuch. Sie war das Wunder der europäischen Kultur, und man muß vielleicht außerhalb Europas geboren sein, um dieses Wunder wirklich würdigen zu können.«

Im Grunde beruht die westliche Sittlichkeit, das gesamte gesellschaftliche Ritual, auf der Verehrung der Dame, und es ist wohl nicht übertrieben, wenn man dem Siegeszug des westlichen Wirtschaftens, der Wissenschaften, der Künste und – *beati possidentes!* – des demonstrativen Konsums den werbenden Konkurrenzkampf um die schönen Frauen als Primärmotiv zugrunde legt, während für den Mohren, die meisten Asiaten und vor allem den Musulmanen die Frau regelmäßig eher als eine handliche Kombination aus Lustspenderin, Gebärmaschine und Lastesel denn als Objekt der Verehrung und kostbarste aller Trophäen existiert. Dass im Westen der Feminismus entstehen konnte – »Länder, die in der Geschichte die Dame nicht gekannt haben, kennen auch keinen Feminismus« –, führt Asserate ebenfalls auf die besondere Stellung der Frau zurück: »Es besteht für mich kein Zweifel, daß der Feminismus der Versuch ist, als weibliche Gegenreaktion auf die Demokratie, in neuer Form das für die europäische, westliche Zivilisation wesentliche Ideal der Dame aufrechtzuerhalten und unter den Bedingungen der industriellen Massengesellschaft mit einem festeren Fundament zu versehen.« Typischerweise sei »Gewalt gegen Frauen« in der westlichen Zivilisation »die fürchterlichste Verletzung eines Heiligtums geworden, wie ihn die Ritter vom Goldenen Vlies aus solchem Anlaß nicht eindrucksvoller hätten äußern können«.

Dieses Heiligtum wird soeben vor unser aller Augen geschleift. Als Herostraten agieren, unter dem zunehmenden

Druck der neuen Herren der Straße, die politisch Korrekten des Westens, der feigste Menschenschlag unter Gottes Sonne. Wie bei mehreren zugleich erlittenen Verletzungen der stärkste Schmerz die anderen übertäubt, triumphiert im Kosmos der politkorrekten Minderheiten- und Benachteiligtenprivilegierung diejenige Gruppe, die am plausibelsten zu drohen versteht. Das müssen nach den Homosexuellen nun die Frauen lernen. Nicht einmal Berlins viele triste Jahre regierender *Das-ist-auch-gut-so* fand je ein mahnendes Wort gegenüber jenen jungen Migranten, die in der Hauptstadt der *DDR light* zur fidelen Hatz auf Schwule antraten und es noch immer tun, und ein vergleichbar kriecherisches Schweigen der Wortführer erleben derzeit jene Maiden, die sich an diversen öffentlichen Plätzen unserer Noch-Republik den gynäkologischen Neigungen juveniler Neumitbürger mehr *nolens* denn *volens* ausgeliefert sehen, wobei zumeist auch gleich das Honorar ohne weitere Nachfragen mit eingestrichen wird. Solange enteiterte westliche Schrumpfmänner vom Schlage R. Brüderles sich den Holden überdreist zu nahen wagten, funktionierte das opportunistische Ritual von #aufschrei und Ächtung vorzüglich; nun aber, da es sich bei den Übergriffigen um feurige exotische Jünglinge handelt, die nichts zu verlieren haben als ihre Halskettchen, jedenfalls nicht einmal ihren Aufenthaltsstatus, dafür aber, um im Zitat zu bleiben, eine Frauenwelt zu gewinnen – und die sich überdies noch besser als der FC Bayern München unter Pep Guardiola auf das plötzliche Herstellen taktischer Überzahlsituationen verstehen –, nun aber, sage ich, schweigt das Correctness-Kartell betreten und beflissen, die endlich einmal vor die richtige Schmiede getretene Alice Schwarzer ausgenommen, die von den Einwanderungs-Eumeniden prompt zur Nazisse downgegradet und dem zumindest medialen Angepöbeltwerden überantwortet wurde.

So schnell kann es gehen, dass sich Darlingskollektive in Geil-heitsblitzableiter und Aggressionsabsorbierer verwandeln, dass ehedem besonders Schutzwürdige schutzlos den neuen Schüt-zenswerten anheimfallen (Hölderlin: »So fiel ich unter die Schutzsuchenden«).

Die Pointe und einen Blick ins Futurum möge mir heute der achtbare Hadmut Danisch liefern, der auf seinem Blog die bi-zarre Tatsache referiert, dass in arabischen Ländern der Viel-weiberei nur derjenige sich erfreuen darf, der über die nötigen pekuniären Mittel verfügt, wie das Allah in seiner Weisheit im Quran ja geboten hat, in besonders willkommenskultursensib-len deutschen Kommunen indes der Steuerzahler dafür aufzu-kommen hat, indem der deutsche Staat polygamen muslimi-schen Patriarchen, die verarmt aus Arabien in das dem wirkli-chen Paradies vorgelagerte Sozialparadies nomadisierten, ihren Harem mitsamt der Kinderschar finanziert. Das ist so grandios blödsinnig, so perfide, so ethnomasochistisch, so verkommen und verlogen und willkommenspervers, dass Klio in ihrem ewi-gen Buch gewiss schon eine Seite eigens dafür freigeräumt hat, den Späteren gleichermaßen zum Staunen und zum Ekeln.

Danisch nimmt daraufhin die demographisch-geschlechter-politische Gesamtsituation in den Blick und notiert: »Die Türkei hat Bevölkerungswachstum, die Deutschen dagegen schrump-fen. Bei den Schweden schrumpft sogar der Frauenanteil, weil die so viele männliche Flüchtlinge importieren. Auch wenn's weh tut, objektiv muss man da konstatieren, dass die Gesellschaftsform, die Frau als doofen Gebärautomaten zu halten und in der Kü-che zu verstecken, erfolgreicher ist als der feministische Ansatz. Da aber gerade die Parteien, die so auf Feminismus und Frau-enrechte machen, auch die sind, die dieses Retro-Frauen-modell importieren und subventionieren (...), wird das zum

Erfolgsmodell werden. Und auch rein biologisch-evolutionär ist eindeutig der der Erfolgreichere, der sich stärker vermehrt. Heißt eben auch: Ende Feminismus. Nach vorne wird politisch auf Feminismus gemacht, faktisch geht's zurück zum vorindustriellen Frauenkonzept. Und wir zahlen das alle mit unseren Steuern.

Vielleicht sollte ich meinen Job kündigen, konvertieren und mir auch ein paar Melkmütter halten. Sack drüber und fertig.«

Nachdem sie den Mann verteufelt, geschwächt und entnervt hat, wird die westliche Frau wohl noch hinreichend Gelegenheit für die Feststellung bekommen, dass sie auch keinen Verteidiger mehr besitzt, habe ich vor zehn oder mehr Jahren geschrieben.

Wie ich es hasse, recht zu behalten.

Anhebender 9. Juni

Bundesfinanzminister Wolfgang Schäuble lehnt eine Abriegelung Europas gegen Einwanderer, was immer damit gemeint sein mag, ab. »Die Abschottung ist doch das, was uns kaputt machen würde, was uns in Inzucht degenerieren ließe«, sagte er einer Hamburger Wochenzeitung. Seine These wird endlich auch gestützt durch die Fußball-Nationalmannschaft, die nach Jahrhunderten deutscher Inzucht, welche nicht nur im Zusammenspiel von Beckenbauer, Netzer und Müller, sondern bereits bei Goethe, Beethoven, Max Planck und A. Hitler irritierend monotone Formen annahm, sich endlich in edler Vielfalt auf Europas »No to racism!«-Stätten tummelt.

Nebenbei und für unsereinen nicht ganz unerheblich dürfte in diesem Kontext sein, dass der Gevatter Minister genuin europäische Schöpfungen wie Demokratie, Rechtsstaatlichkeit,

Gewaltenteilung, Individualität, Aufklärung und dergleichen Umstrittenheiten mehr offenkundig als Werke degenerierter Inzestuöser versteht. Wen sich Schäuble vor allem als anti-degenerativen Katalysator und ethnische Backzutat wünscht, sagte er auch: »Für uns sind Muslime in Deutschland eine Bereicherung unserer Offenheit und unserer Vielfalt.« Das zeige die dritte Generation der Türken in Deutschland, vor allem die Frauen. »Das ist doch ein enormes innovatorisches Potenzial!« Eine »Bereicherung unserer Offenheit« – der jahrelange Kontakt zur Kanzlerin schlägt endlich auch sprachbildnerisch voll durch.

Schäuble, der stiefmütterlicherseits oder zumindest wahlverwandtschaftlich in dritter Generation von Kalahari-Buschmitbürgerinnen abstammt (weshalb er den ethnisch abgeschotteten und in Inzucht degenerierten DDR-Unterhändler Günther Krause anno 1990 bei den Beitrittsverhandlungen intellektuell mühelos über den Tisch ziehen konnte), kritisierte damit unter anderem auch die mangelhafte Bereitschaft indigener Frauen, sich beim multiethnischen Geschlechterverkehr auf Domplatten oder an den Rändern von Stadtparks bis zum schönen Ende verräumen zu lassen, denn, wie der Vierfachvater gelegentlich gegenüber seinen Parteifreunden Jens Spahn und Peter Altmeier zu bemerken pflegt: »Keine Fertilisation ohne Ejakulation dort hinein, wo's hingehört!« Welches Potential gerade diesbezüglich in Türkinnen und vor allem Muslimas stecke, so Schäuble später verschmitzt *off the records*, sei eben eine Bereicherung, auch wenn sie deutsche Männer meist ihrer Brüder wegen nicht ranließen. Deswegen habe er zu Beschreibung der Damen den nach allen Seiten hin offenen Diversity-Terminus »Potential« gewählt. Denn wie Leser ***, die Schäubleschen Intentionen m. E. vollständig erhaschend, schreibt: »Potential ist in der Sprache der Bundesrepublik nicht mit Talent gleichzusetzen. Wenn Sie ein Buch verfasst haben und meine Wenigkeit noch wenig zu Papier gebracht hat, bin ich voll von Potential und nicht Sie. Die Unfähigkeit ist Potential. In der Bundesrepublik ist der Begriff in Regel positiv besetzt. Mir fällt auf Anhieb nur eine Ausnahme ein. Wenn sich die Bundesrepublik dem Potential eines kongolesischen Kindersoldaten öffnen würde, wäre es ein Geschenk der Götter. Er würde lediglich kein Gewaltpotential mitbringen. Der durchschnittliche Deutsche ist dagegen voll davon. Was selbstverständlich gefährlich ist. Wer kein Dorf niedergebrannt hat, könnte es noch theoretisch tun.« Womit übrigens auch beschrieben wäre, weshalb der Finanzminister zwar kaum mehr Potential besitzt, es aber für ihn als Ersatzkanzlerin immer noch reichen würde.

Ob Wolfgang Sch. überdies und zur weiteren Implementierung von Potential in gewagter, wiedergutmachender Analogie an so etwas wie Nürnberger Rassenmischungsgesetze denkt? Auf dass die desaströse germanoide Binnenvögelei dauerhaft unterbunden werde und sich speziell der Mohr und der Orientale vielfaltsverschärfend in den inzestuösen deutschen Volkskörper, ihm fürderhin Unkaputtheit und Heil verschaffend, hineinmauseln? Und auf dass unsere Vielfaltsfatzkes, deren intellektuelle Degeneriertheit auf Inzucht zurückzuführen wir schlau vermeiden, endlich am Ziel wären?

Verstreichender 9. Juni

»Zuwanderer sind nicht krimineller als Deutsche«, meldet unter anderen die *FAZ*. »Kriminelle Zuwanderer gibt es nicht häufiger als Deutsche«, präzisiert das Weltblatt in der Unterzeile.

Wie: 70, 80 Millionen? Doch so wenige? Oder handelt es sich
vielleicht um eines jener Exempel, wo sinistre Absichten eine
sinistre Sprache hervorbringen? Oder doch nur um ein weiteres
Beispiel für die journalistische Unfähigkeit, sich auszudrücken,
als Folge der von Schäuble sieben Generationen zu spät ange-
prangerten Inzucht?

Jedenfalls »geht aus den ersten flächendeckenden Zahlen einer BKA-Analyse hervor«, dass Zuwanderer »nicht mehr Straftaten begehen als Deutsche«. Da das BKA quasi eine NGO ist,
fasste eine offizielle Sprecherin des Bundesinnenministeriums
gestern in Berlin noch einmal alles zusammen in den Worten:
»Zuwanderer sind nicht krimineller als Deutsche.« Nun steht
er baff da, der degenerierte Deutsche. Sein Wahrnehmungsras-
sismus hat ihm wieder mal einen Streich gespielt. Eben meinte
er noch, all diese Bandenkriminellen, Einbrecher, Diebe, An-
und Schwerttänzer, Drogendealer, Vergewaltiger, Kopftreter,
den Begriff Spaßbad Beim-Wort-Nehmer und Asylheimver-
wüster habe der längst zum Humankapital-Importweltmeister
aufgestiegene Exportweltmeister kühlen Kopfes eingeführt,
um ein bisschen Stimmung in die monotone deutsche Dege-
neriertenbude zu bringen, und nun stellt sich heraus, dass der
Effekt gleich null ist. Nicht mal krimineller sind sie! Mafiotische
muslimische Großclans wie in Berlin und Bremen etwa haben
ihr biodeutsches Pendant in Pegida und Klaus Zumwinkel. Un-
freiwilligen Gruppensex wie zu Köln und Darmstadt gibt es auf
jedem bayerischen Bevölkerungsfest zuhauf und weit weniger
vielfältig. Und so weiter.

»Die Ministeriumssprecherin sagte, es gebe in der aktuellen
Statistik kaum sexuelle Übergriffe oder Mord- und Totschlags-
delikte, die von Zuwanderern begangen worden seien.« Na –
gottseidank und gepriesen sei Allah – lauter Einzelfälle nur!

Man bzw. frau fühlt sich doch gleich ganz anders, wenn sie erfährt, dass ihr etwas absolut Untypisches widerfahren sei. Am Rande: Ich besuchte gerade einen Verwandten im Sächsischen; dessen Sohn wurde in der Dresdner Innenstadt von »Südländern« angegriffen (ihre Nationalität stellten sie nicht vor), der Freund seiner Tochter in Tübingen von zwei Türken (hier brachte das Gericht später die Nationalität zu Protokoll) ins Krankenhaus geprügelt; wo man hinhört, gibt es gefühlte Kriminalität, doch »wenn ihr's nicht fühlt, ihr werdet's nicht erjagen« (so Faust zu Wagner, diesem Journalisten *in spe*). Nun heißt es freilich noch geduldig auszuharren, bis das Unheil spürbar auch in die Wohngegenden gewisser Medienschaffender und Beamter dringt.

»Eine Vergleichszahl mit Straftaten von Deutschen gibt es nach Angaben einer BKA-Sprecherin für das erste Quartal 2016 derzeit nicht. Diese finde sich in der Polizeilichen Kriminalstatistik für das Gesamtjahr, die im Mai 2017 veröffentlicht werde. Im Falle der Zuwanderer habe es sich um eine Sonderauswertung gehandelt. Für das Gesamtjahr 2015 waren in der Polizeilichen Kriminalstatistik deutschlandweit laut BKA etwa 6,3 Millionen Straftaten gezählt worden. Zudem wurden dort rund 1,46 Millionen deutsche Tatverdächtige aufgelistet sowie knapp 912 000 nichtdeutsche – ihnen wurde aber jeweils keine Zahl der Taten zugeordnet.« Uups. Sollten unsere Bundeskriminalisten interessengeleitet etwas übersehen haben? Nach der Polizeilichen Kriminalstatistik (PKS) verhält sich der Tatverdächtigenanteil Einheimische–Einwanderer also ungefähr 1,5 zu 1, was der von autochthonen Rassisten gefühlten Kriminalität wohl eher entspräche. Bei ca. 74 Millionen Indigenen müssten folglich, um die BKA-Aussage, Zuwanderer seien nicht krimineller, zu verifizieren, etwa 50 Millionen

Wandernde im Lande sein. Kein Wunder, dass die PKS so in der Kritik steht. Ihre Zahlen schüren Vorurteile und verbreiten Ressentiments!

»Eine Grundgesamtheit (sic!) der Zuwanderer in Deutschland lässt sich nur schwer benennen, weil sich deren Zahl wegen Neuankömmlingen und Ausreisenden (inzwischen sogar: Ausreißenden – M. K.) ständig ändert«, heißt es weiter. Nanu? Wir reden also über die Kriminalitätsbelastung einer Großgruppe, deren genaue Zahl nicht bekannt ist? Wie misst man sie dann aber? Wie ermittelt man den prozentualen Vergleichsrahmen zum Beispiel für die Behauptung, Afghanen seien in der Statistik unterrepräsentiert? Und vor allem: Wem schreibt man die zahllosen unaufgeklärten Delikte zu?

Das Bundesministerium für Migration und Flüchtlinge verzeichnet aktuell 460 000 unerledigte Asylanträge. Etwa 80 Prozent der in diesem Jahr nach Deutschland eingereisten Migranten besaßen nach Auskunft des Ministeriums keine Papiere – im Zeitraum Januar bis April waren dies 91 000 Migranten von 114 255. Wie viele Ausländer sich illegal – kein Mensch ist illegal! also unregistriert – in Deutschland aufhalten, weiß kein Mensch und nicht mal eine Merkel, und desgleichen weiß niemand, welche der Delikte ohne ermittelte Tatverdächtige welcher Gruppe statistisch weniger anzulasten denn zuzurechnen bzw. zu verschweigen sind. Nimmt man ferner die Aufklärungsquote bei den explodierenden Einbruchszahlen hinzu – 2015 lag sie um die 15 Prozent, Tendenz sinkend (also bei der Aufklärung, nicht bei den Einbrüchen) –, wird wohl klar, dass die BKA-Zahlen nichts als eine ins Honeckerhafte spielende Propaganda-Gaunerei im abwiegelnden Auftrag der Bundesregierung sind.

Tief eingedunkelter, nahezu schwarzer 9. Juni

Muhammad Ali, angelegentlich seines Hinscheidens vor sechs Tagen von sentimentalen journalistischen Nekromanten nicht nur als Jahrhundert-Athlet, sondern zugleich als weltgrößter & letzter Humanist oder besser: Humanitarist betrauert (wobei nahezu sämtlichen Nachrufern nicht klar ist, dass er gegen Foreman anno 1974 in Kinshasa spätestens ab der fünften Runde nach Punkten führte und sich mitnichten bis zum überraschenden K. o. verprügeln ließ), sagte 1971 in einem BBC-Interview: »Every intelligent person wants his child to look like him. I'm sad because I don't want to blot out my race and lose my beautiful identity? Chinese love Chinese – they love their little slanted-eyed, pretty brown-skinned babies. Pakistanis love their culture. Jewish people love their culture. Lotta Catholics don't wanna marry nothing but Catholics, they want their religion to stay the same. Who wanna spot up yourself and kill your race? *You a hater of your people if you don't want to stay who you are.*« (Hervorhebung von mir – M. K.) Haben Sie das verstanden, Schäuble?!

1975, zweihundertsiebzehn Kopftreffer später, statuierte er im *Playboy*: »A black man should be killed if he's messing with a white woman. And white men have always done that (…) And not just white men – black men, too. We will kill you, and the brothers who don't kill you will get their behinds whipped and probably get killed themselves if they let it happen and don't do nothin' about it. Tell it to the president – he ain't gonna to do nothin' about it. Tell it to the FBI: we'll kill anybody who tries to mess around with our women.«

Playboy: »And what if a Muslim woman wants to go out with non-Muslim blacks – or white man, for that matter?«

Ali: »Then *she* dies. Kill her, too.«

Diese Passagen wurden übrigens in keinem zumindest der hiesigen rührungsbesoffenen Nekrologe auf den »ersten Gutmenschen« (*Spiegel online*) zitiert. Ich nehme aber an, Präsident Erdogan, der heute zur islamischen Trauerfeier in Louisville, Kentucky, anreiste, wird sie kennen.

Spätester 10. Juni

In seiner »Gegenaufklärungs«-Kolumne macht Karlheinz Weißmann darauf aufmerksam, dass der *FAZ*-Mitherausgeber Jürgen Kaube im Rahmen seines bislang schon von hoher Elastizität zeugenden zeitgeistkonformen Stretchingprogramms nunmehr nach der »Identität« auch das »Volk« unter der Kategorie »Konstrukt« und damit in jenen von semantischen Taliban errichteten Zellentrakt einsortiere, wo ja viel elementarere Entitäten wie Männlichkeit und Weiblichkeit bereits bedröppelt einsitzen. Weißmann stellt die Frage, warum Kaube nicht auffalle, dass lange vor einer recht handfesten Sache wie dem Volk doch eher wachsweiche Postulate wie der »Universalismus« und die »Menschenrechte« als »Konstrukte« überführt und dem Abgeräumtwerden preisgegeben werden müssten. Aber natürlich ist Weißmann klar, dass in diesen Kreisen gilt: Was Konstrukt ist, bestimmen wir! (Ob Kaube, am Rande und apropos, auch die Juden für ein Konstrukt hält? 3000 Jahre Konstrukt, nun langt's aber allmählich? Und erklärt er den Islam ebenfalls zum sozialen Konstrukt, ich meine: *coram publico?* Was immerhin insofern anschlussfähig wäre, als sich dann der Grad von Drohfähigkeit als letzte und ultimative Differenz zwischen all den sozial konstruierten Beliebigkeiten festmachen ließe.)

Merke denn also: Die Würde des Menschen ist nicht unantastbar, sondern ein soziales Konstrukt. Gerade in Zeiten, da importierte soziale Konstrukte eingesessenen sozialen Konstrukten seriell an die höchst reale Wäsche gehen, scheint dieser konstruktivistische, jedenfalls konstruktive Hinweis geboten.

12. Juni

Die Sonntage immer den Künsten!

»Ich demoliere gerade den Kleist. Und wen machst du kaputt?« »Hofmannsthal.« (Aus einem Gespräch zweier progressiver deutscher Theaterregisseure.)

13. Juni

Ist es nicht niedlich, wie unsere Genossen Medienschaffenden versuchen, aus dem radikalislamischen Massenmord in Orlando, Florida, eine Zufallstat ohne andere als allenfalls psychologisch bzw. psychiatrisch relevante Gründe zu machen? Wie sie das IS-Bekenntnis des Killers kleinreden und hinter diesem die böse Fratze der homophoben Weltbewegung und des Waffenlobbyismus beschwören? Ob sie allen Ernstes glauben, mit solch journalistischem Voodoo und all ihren vorauseilenden Unterwerfungsgesten könnten sie für sich selbst im künftigen Zweifelsfalle Verschonung ergaunern? Das – die Verschonung – wollen wir doch nicht hoffen!

Im *Süddeutschen Beobachter* schreibt ein geradezu exzeptionell gemütsverrotteter Spitzbube, der Täter hätte »genauso gut auch ein evangelikaler Christ gewesen sein können«, wie das bekanntlich bei sämtlichen vorangegangenen Massenmorden an Schwulen, Lesben, Intersexuellen und Klingonentransen der Fall war. Und hängen nicht regelmäßig Schwule an evangelikalen Baukränen? Hat nicht die sachsen-anhaltische AfD-Landtagsfraktion stellvertretend für Dunkeldeutschland in Orlando mitgeschossen? Sind nicht all die konservativen Glorifizierer der Mutter-Vater-Kind-Normalität mitverantwortlich für das Gemetzel? Blutbeschmiert sind die Hände der Heteronormativen. »Homophobie ist Alltag«, seimt die Kartoffel, »auch in Deutschland.«

Also, wenn Sie morgen aus dem Haus gehen, sagen Sie zu mindestens zehn Personen, die sie treffen: *der islamistische Massenmord in Orlando*. Geht ganz einfach. Trauen Sie sich nur. Der islamistische Massenmord in Orlando.

Mitternachtsnaher 16. Juni

»Ganz vergessener Völker Müdigkeiten/Kann ich nicht abtun von meinen Lidern« (Hofmannsthal). – Schöner, tiefer, zärtlicher ist nicht in Worte zu kleiden, was unsereinen von dieser Jetztzeit scheidet.

17. Juni

Ein Mordanschlag auf eine Gegnerin des britischen EU-Ausstiegs kippt angeblich die gesamte Stimmung beim Briten oder soll es zumindest nach dem Willen hiesiger Politiker und Öffentlichkeitsarbeiter tun, allenthalben führen EU-konforme Schamanen immer wildere Regentänze gegen den Brexit auf, während umgekehrt die Gewalttaten von Muslimen auf die Einwanderungspolitik der Europäer möglichst keinerlei Einfluss nehmen mögen – warum? Die Antwort steckt in einem im Schwange befindlichen Begriff, dem *Einzelfall* nämlich. Die Ermordung der Labour-Politikerin Jo Cox war nämlich tatsächlich ein solcher, das heißt, man muss diese Gunst des Schicksals dringend ausnutzen, um einen Stimmungsumschwung zu erzeugen, denn so schnell wird eine derartige Chance nicht wiederkommen. Während die anderen, ursprünglichen, systematischen, geradezu systemischen Einzelfälle ja noch zunehmen, jedenfalls verlässlich wiederkehren werden und insofern keiner speziellen Indienstnahme bedürfen.

»Politiker sehen sich immer häufiger Anfeindungen ausgesetzt – einfach nur, weil jemandem ihre Haltung nicht passt«, beobachtet *Bento*, der juvenile Appendix und gewissermaßen die *Komsomolskaja Prawda* von *Spiegel online*. Dort nimmt man den Fall Cox zum Anlass, um die Gefährdungssituation in Dunkeldeutschland, wie man sagt, zu beleuchten. »Was macht das mit unseren Abgeordneten? Wie erleben sie Hass im Netz? Und haben sie Angst davor, dass sie ihm auf der Straße begegnen?« Also machte sich eine Komsomolzin auf den Weg und sprach mit Abgeordneten »über Drohungen und Hetze«. Es war derselbe Tag, an dem trotz mutwilligsten Stillschweigens nahezu sämtlicher Medien – und natürlich auch von *Spiegel online* virtuos beschwiegen – bekannt wurde, dass Linksfaschisten in Hamburg-Wilhelmsburg Flugblätter mit der Anschrift und dem Namen der minderjährigen Tochter einer AfD-Politikerin aufgehängt haben, wobei es in der Hansestadt immerhin seit 1938 nicht mehr vorgekommen ist, dass man Adressen von Volksschädlingen öffentlich plakatiert, die Sache also etwas mehr Aufmerksamkeit verdient hätte. Es ist derselbe Tag, da im bayerischen Metten das Haus und das Auto der AfD-Kreisvorsitzenden mit Teer und Gülle beschmiert wurden (die zur Tatzeit mit ihren Kindern übrigens im Haus war). Es ist die Zeit, wo nahezu täglich AfD-Mitglieder und -Einrichtungen attackiert werden. Und mit wem spricht unsere *Bento*-Fachkraft? Mit je einem Abgeordneten der CDU, der Grünen und der SPD. Einer der drei ist sogar schon mal tätlich angegriffen worden. Die AfD kommt jedenfalls in dem Artikel nicht vor. Denn die haben es schließlich nicht anders verdient.

18. Juni, zweite Halbzeit

»Die Frauen, die die neue Liturgie dazu verleitet, das paulinische Gebot zu verletzen, sprechen in der Kirche mit schriller oder näselnder Stimme.« (*Nicolás Gómez Dávila*)
   Gilt auch für TV-Fußball-Kommentatorinnen.

Mittlerer, ausbalancierter 19. Juni

In Hebbels *Tagebüchern* auf die bezaubernde Wortschöpfung »Verschönerungsglas« gestoßen. Ich besaß selber mal eines (ich nannte es anders), habe es aber verlegt. Offen gestanden suche ich schon seit Jahren nicht mehr danach. Womöglich sollte ich es tun.
   In besagten *Tagebüchern* liest man stets mit großem Gewinn. Etwa diese Sentenzen:
»Große Menschen sind Inhaltsverzeichnisse der Menschheit.«
»Für meinen Nächsten würde oft dabei wenig herauskommen, wenn ich ihn liebte, wie mich selbst.«

»Eben weil er fliegen kann, kann der Adler nicht gehen.«

»Ein Wurm wird noch während des Weltuntergangs schmarotzen.«

»Je winziger ein Individuum ist, je stolzer ist es darauf, ein Mensch zu sein, und umgekehrt. Beides mit Recht und mit Grund.«

»Die deutsche Nation verteilt ihre Lorbeeren wie Ophelia ihre Blumen.«

Oder dies:

»›Eines Abends wurden alle meine Nachbarn gegen mich aufgebracht, klopften an Wände und Türen, drangen zuletzt in mein Zimmer und fragten mich, was das für ein Lärm sei, den ich mache. Beschämt freilich zogen sie ab, denn sie überzeugten sich, dass mein Herz so laut schlug, weil ich für die Freiheit erglüht war!‹ Münchhausen.«

Könnte auch Claudia Roth gewesen sein. Oder Michel Friedman. Oder Bono.

»Ich will aufhören, an Gott zu glauben, wenn ich sehe, dass ein Baum ein Gedicht macht, und ein Hund eine Madonna malt; eher nicht.«

Statt Baum und Hund einsetzen: Roboter.

»In einem neuen Theaterstück (…) sind die Vieh- und Milchmägde, die auf der Senn-Alp wohnen, sogar über die Sonnenuntergänge entzückt. Für den Bauer ist die Sonne aber bloß eine Uhr, die dem Knecht immer zu langsam geht und dem Wirt immer zu schnell.«

Vorweggenommener Luhmann.

»Ein Schriftsteller, wie Jean Paul, ist wie ein Tempel, in dem jeder Stein eine Zunge hätte; weil alles spricht, spricht nichts.«

Ein kluger, aber enger Befund (der Dramatiker urteilt).

»Ich habe in letzter Zeit viel von Jean Paul gelesen und einiges von Lichtenberg. Welch ein herrlicher Kopf ist der Letztere! Ich will lieber mit Lichtenberg vergessen werden, als unsterblich sein mit Jean Paul!«

Und als Ausblick auf die finale Aufgabe der Literatur: »Ich kann mir eine humoristische Weltgeschichte denken, aber nur das größte Genie kann und wird sie schreiben. Es ist die letzte Aufgabe der Poesie.«

Verduftender 19. Juni

»Sehr geehrter Herr Klonovsky, uns ist vor kurzem über Pressemitteilungen bekannt geworden, dass Sie ab Juni d. J. als publizistischer Berater von Frauke Petry, der Vorsitzenden der AfD, tätig sind. Da wir – wie in den Vorjahren – unser Aphoristikertreffen als reine Fachtagung durchführen möchten, also unbelastet/ unabhängig von parteipolitisch-programmatischen Richtungen bzw. Tendenzen, bitten wir Sie um Verständnis dafür, dass wir angesichts dieser aktuellen Veränderung von der ursprünglich vorgesehenen Einladung an Sie als Referenten Abstand nehmen.«

Sehr geehrter Herr ***, dieses Schreiben habe ich so sicher erwartet, dass ich über den Vortrag gar nicht mehr nachgedacht habe. Ich bin mir allerdings fast genauso sicher, dass ich Ihnen, wäre ich zwischenzeitlich als Berater z. B. in die Dienste von Volker Beck oder gar der Kanzlerin getreten, durchaus willkommen wäre; allein schon, weil Sie sich gar nicht trauen würden, mich in einem solchen Falle auszuladen. Unter welchem Titel war doch gleich mein Vortrag angekündigt? »Der Aphorismus als Überdruss-Ventil und literarisches Mittel, dem Würgereiz rasch noch zuvorzukommen.« Das muss ich gar nicht weiter ausformulieren. Mit vorzüglicher Hochachtung bin ich Ihr

M.K.

Sich neigender 19. Juni

Ist es nicht zum Kugeln, dass einer der drei Herausgeber der Studie *Die enthemmte Mitte. Autoritäre und rechtsextreme Einstellungen in Deutschland*, der Sozialpsychologe Elmar Brähler, auch der Herausgeber eines Buches über die »verschiedenen Spielarten der Intimmodifikation wie Intimpiercing, Intimtattoo, Schamhaartrimming und kosmetische Genitalchirurgie« ist, worin er selber einen Beitrag über »empirische Aspekte des Trends zur Teil- und Vollintimrasur« beisteuerte? Von der enthemmten Körpermitte trieb es den Mann also zur enthemmten gesellschaftlichen Mitte.

20. Juni

Die Behauptung, dass es kollektive Mentalitäten gebe, erscheint weniger falsch, sobald jemand unterstellt, es existiere nichts dergleichen.

25. Juni

Je suis Anglais! Das kollektive Aufheulen unserer ohnehin bestürzend wortarmen Wortführer nach der britischen politischen Selbstbefreiung klang in meinen Ohren wie Engelsgesang und Äolsharfenistik. Herrlich, all diese wahlvolksverachtenden Unbotmäßigkeitsrügen, diese klugscheißerischen Weltplanprognosen und blasierten Instant-Jeremiaden. Im Chaos werde Britannien versinken, verarmen, verelenden, verblöden! Noch hinter Nordrhein-Westfalen und Bremen zurückfallen! Inflationen, Unruhen, Kriege, Frösche, Heuschrecken und Tötung der Erstgeburten seien dem perfiden Albion als verdiente Heimsuchungen unfehlbar beschieden! Was erlauben sich diese Briten gegenüber Schulz, Juncker und Merkel! Gegen Soros und Obama. Und Kleber! Eröffnen wir den unbeschränkten Medienkrieg! Drei Tage Nebel, und Jakob Augstein steht in London!

»Es wäre ein Zeichen europäischer Solidarität gewesen, wenn man die Brexit-Stimmen in Österreich ausgezählt hätte«, juxt Freund *** beschwingt. Von den drei großen Voten dieses Jahres – Bundespräsidentenwahl in Österreich, Brexit, US-Präsidentenwahl – sollte nach allgemeiner Übereinkunft derer, mit denen Übereinkunft noch sinnvoll und möglich ist, wenigstens eine zugunsten von Freiheit, Ungleichheit und Liberalität ausfallen; das wäre nun erreicht und errungen. Hoch die Gläser, fröhliche Rechtspopulisten! Andere Länder werden sich den Briten anschließen, früher und später, denn reformierbar ist diese EU nicht. Bringen wir, jeder für sich, unsere prachtvollen, aber ziemlich verkommenen europäischen Wohnungen wieder auf Vordermann! Erobern wir uns die erhabene Schönheit der Grenze und der Selbstbestimmung zurück! Dieses Brüsseler Politbüro soll im Orkus versinken, mitsamt seiner multikulturalistischen Propagandakompanie, diesen Wollüstlingen des kulturellen Selbsthasses und der ethnischen Selbstauflösung. Soll der trockene Alkoholiker wieder und der andere weiter saufen, aber bitte ohne persönliche Butler, Frisöre und groteske Kompetenzen, in einem Eckkneipenambiente, das solchen Figuren angemessen ist.

Die kinderlose, von lauter Kinderlosen umgebene*, zukunftsbefreite Kanzlerin, deren Gene aussterben werden und der aus diesem Grunde alle Menschen gleichzweitviel wert sind, Frau Merkel, die da meint, sie schulde den Deutschen, die sie gewählt haben und sie finanzieren, kein Iota mehr Loyalität als etwa Syrern oder Afghanen, Frau Merkel also sprach heute das entlarvende Wort aus, die britische »Bevölkerung« habe für den Brexit gestimmt; sie kennt nämlich keine Wähler mehr, sondern nur noch Bevölkerungen. Allerdings ist der Satz eben auch staatsrechtlich falsch, denn es waren die britischen *Bürger*, die zur Abstimmung schritten, die Bürger, diese Atome der Völker, diese störrischen Unterschiedmacher, die von unseren Internationalsozialisten und Gesellschaftsnivellierern so sehr gehasst werden, wie es bereits die Originalsozialisten taten. Unions-Fraktionschef Kauder machte gar die britische Regierung für den Ausgang des Votums verantwortlich und sprach seinerseits den entlarvenden Satz: »In Deutschland wäre eine solche Entscheidung nicht möglich.« Nun, das werden wir noch sehen.

*Beate Baumann, ihre Büroleiterin und Intima: kinderlos. Peter Altmaier, ihr wichtigster Vertrauter: kinderlos. Peter Tauber, CDU-Generalsekretär: kinderlos.

PS: Es ist unmanierlich und vulgär, einer Frau ihre Kinderlosigkeit vorzuhalten, ohne zu wissen, inwieweit dieser traurigen Tatsache eine bewusste Entscheidung vorausging; außerdem kennt die Geschichte und speziell die Kulturgeschichte hinreichend viele bedeutende Kinderlose, sogar Genies, sogar Frauen, doch angesichts der Schadensbilanz der Kanzlerin, ihrer bevölkerungspolitischen Verantwortungslosigkeit, ihrer in eine eigene Liga der Vulgarität ragenden Kulturferne, entschloss ich mich schweren Herzens, doch frohen Mutes, dieses wahrscheinlich nicht eben unerhebliche Motiv für Merkels Handlungen und Unterlassungen zu erwähnen. Wer einem Land einen solchen demographischen Schock zumutet und dabei selber aus der künftigen Demographie aussteigt, soll auf taktvolle Behandlung nicht zählen.

Später 25. Juni

Auf seiner Facebook-Seite hält Alexander Wendt einen Vorfall fest, den uns die Kameraden von der Lückenpresse so lückenlos vorenthielten, als verheimlichten sie noch bzw. schon wieder unter der Fuchtel des Presseamtes der SED: »Erinnert sich noch jemand an Heidenau? Damals demonstrierten ein paar Dorfbewohner im hintersten Sachsen gegen die Verlegung von Migranten in ihren Ort. Der politisch-mediale Komplex bebte tagelang, *Spon* sendete rund um die Uhr, die ›Morgenpost‹ erklärte ganz Sachsen zum ›Schandfleck‹. Gestern zettelten Linksextreme in Berlin gewalttätige Randale an, um zu verhindern, dass ein Haus in der Rigaer Straße für Migranten hergerichtet wird. Die Schlachtparole der edlen Linken: ›Wir sind scheisse wütend‹. Reaktion von Medien außer den Berliner Lokalblättern: gleich null. Maas twittert nicht. Anja Reschke kommentiert nicht. Die Medienschaffenden sagen: Aber das in Berlin ist doch etwas ganz anderes. Ist es auch. Auf Sachsen in Heidenau schauen sie kulturell und sozial herab. In der Rigaer Straße sind es Kinder ihres eigenen Milieus.«

Merke: Wo bereits der Linksfaschist siedelt, bedarf's des nordafrikanischen Migranten nicht, dort wird für Buntheit und Menschenrechte hinreichend gesorgt.

Sich etablierender 26. Juni

Nach Dunkel-Polen und Dunkelst-Ungarn haben wir es durch den Brexit nun also mit Düster-England zu tun ... Demnächst folgen vielleicht Finster-Frankreich, Lichtscheu-Dänemark und Verdämmer-Holland? Die Rhetorik der Wortführer und ihrer

Märchentanten beweist, welch sinistre Angelegenheit diese EU längst geworden ist. Überhaupt soll man einfach seinem ästhetischen Urteil folgen, wenn man sich das Spitzenpersonal egal welches Vereins anschaut: Ein Jean-Claude Juncker dürfte allenfalls einen Kegelclub leiten, ein Martin Schulz taugte höchstens zum Chef eines Kleinstadtbahnhofs oder einer Justizvollzugsanstalt, doch als Repräsentanten von Hunderten Millionen Europäern wirken diese beiden alten weißen Männer noch grotesker als Caligulas Gaul in der Senatorentoga. Institutionen, die zu einer derartigen Negativauslese überhaupt imstande sind, müssen einfach geschleift werden, wobei zur Entschuldigung der armen Europäer an alle Wände geschrieben sei, dass niemand diese trostlosen Gestalten je gewählt hat. Am Ende mag die EU dann aus Deutschland, Griechenland und Brüssel bestehen, wohin praktischerweise auch das Parlament umgesiedelt ist.

Späterer, zwielichtiger 28. Juni

Zu den absonderlichen Ritualen dieses Landes gehört, dass sich die wenigen konservativen Publizisten, die inmitten ihrer meist sozialistischen, rotgrünen, staatsfrommen Kollegen ein so kärgliches wie verdienstvolles, wenngleich womöglich alibihaftes Dasein, wie man sagt, fristen, unfehlbar und mit einer gewissen Regelmäßigkeit irgendein Abgrenzungsritual gegen »rechts« zu verrichten gezwungen sehen. Sie tun dies, um es sich nicht ganz mit den Guten zu verscherzen und von deren Parteieinladungslisten zu verschwinden. Seht her, rufen sie, so schlimm bin ich doch gar nicht, immerhin distanziere ich mich vom Bösen (Putinrussland, Brexitengland, Orbánungarn, Dunkeldeutschland, Trump, katholische Kirche, SVP etc. pp.), ich bin ein letztlich milieukonformer Dissident, ich veranstalte mein subversives Tänzchen auf dem rutschigen diskursiven Parkett, ohne auch nur eine der roten Linien zu berühren, von denen es heißt, dass verflucht und verstoßen sei, wer sie übertrete.

Dieser Tage meldete sich der moderate Quertreiber Harald Martenstein mit seiner bislang eindrucksvollsten Version temporären Wiederliebseinwollens zu Wort. In einem *Tagesspiegel*-Kommentar unter der Überschrift »Die AfD ist tot – sie weiß es nur noch nicht« schrieb er, die AfD sei Geschichte. »Denn was im heutigen Deutschland nicht geht, und darauf darf man ruhig stolz sein, ist eine Antisemitenpartei. Und die AfD ist antisemitisch.«

Das ist starker Rauschtrank. *Die* AfD ist antisemitisch. Nicht ein paar Platt- und Wirrköpfe in ihr. Man kennt die Diktion: *Die* Juden sind unser Unglück. Wer sich schon mal in die deutsche und österreichische Parteiengeschichte des spätesten 19. Jahrhunderts verirrt hat, weiß etwa, was unter einer Antisemitenpartei zu verstehen wäre. Vereine wie die Deutsche Reformpartei (DRP), gegründet als Antisemitische Volkspartei (AVP), organisierten sich weit obsessiver um ihr zentrales Aversionsthema als die frühe AfD gegen den Euro. Keine dieser Parteien erlangte eine erwähnenswerte politische Bedeutung. Bleibt zum Vergleich also wohl nur die NSDAP. Was für ein Zirkelschluss des Zeitgeistes: In der AfD findet sich ein Mensch namens Wolfgang Gedeon, der vor ein paar Sündenjährchen ein unverdauliches und komplett unbeachtetes Buch über den Weltlauf geschrieben hat, dessen offenbar struktureller oder jedenfalls inhärenter Antisemitismus nun zu einer Diskussion über seinen Parteiausschluss führte – begleitet von zugegeben etwas ungeschickten Versuchen, jenen in die Tat umzusetzen –, und schon bringt ein absolutionssehnsüchtiger Teilzeit-Mutiger die gesamte Partei mit dem übelsten politischen Gelichter in Verbindung. Aufgemerkt nun also und Trommelwirbel: Es betritt die erste Antisemitenpartei die Manege, die raffinierterweise Antisemiten ausschließen will.

»Er (Gedeon) hat ein Buch geschrieben, in dem sich Sätze wie diese finden: ›Die Versklavung des Restes der Menschheit im messianischen Reich der Juden ist also das eschatologische Ziel der talmudischen Religion.‹« Wenn das kein Antisemitismus sei, so Martenstein, dann sei A. Hüttler auch kein Antisemit gewesen. Damit wir uns nicht falsch verstehen: Herr Gedeon, der Ex-Maoist, der sich selbst Antizionist nennt, hat in der AfD nichts zu suchen, er hat in keiner konservativ-freiheitlichen Partei etwas zu suchen. Wer sich freilich bei der allzu plakativen und allzu allgemeinen Aburteilung des Gegners in zeitgeistgeschützter Innerlichkeit allzu sicher fühlt und meint, eine genauere Kenntnis des Streitgegenstandes sei entbehrlich, es genüge, irgendeinen Passus zu zitieren, wo einem selber ein *Hui!* durchs Gekröse fährt, gibt den Antisemiten nur Futter. Wie verhält es sich mit der Aussage, die Martenstein so eminent hitleresk dünkt?

»Die jüdische Tradition setzt voraus, daß unter der Messias-Herrschaft bzw. Gottesherrschaft die Völker ihre angestammten Kulte preisgeben (müssen) und zur Anerkennung der Autorität der Torah gezwungen sein werden, ohne die Torah selber zu studieren oder gar halten zu dürfen. Sie haben vielmehr unter Anerkennung des Gottes Israels als des alleinigen Gottes und der Torah als höchster Offenbarungsautorität unter Androhung der Todesstrafe sich auf die Praktizierung der sieben ›noachidischen Gebote‹ zu beschränken und erwerben sich so den ihnen geziemenden Anteil am endgültigen Heilszustand.« Schreibt Gedeon? Nein, das steht so bei Johann Maier, *Geschichte der jüdischen Religion,* Herder Verlag 1992, S. 31. Maier war Gründer und Direktor des Martin-Buber-Instituts der Universität Köln, an der er von 1966 bis 1996 als Professor für Judaistik lehrte.

Die Texte liegen nun mal vor, die Tradition existiert, aber nur Narren auf der einen oder Fundamentalisten auf der anderen Seite nehmen das alles für bare Münze, und der Politischen Korrektheit schaudert's an der falschen Stelle. In Rede stehen Phantasien eines kleinen, von den damaligen Großmächten an die Peripherie gedrängten und teilweise versklavten Völkchens, die natürlich von Vergeltungsgelüsten und Kompensationsbedürfnissen durchsetzt sind (hier sind sowohl Nietzsches schöpferisches Ressentiment als auch Odo Marquards *Homo compensator* am Wirken), eines Volkes, dessen heilsgeschichtlichen Optimismus man übrigens nur bestaunen kann, das sich mit bewundernswerter Beharrlichkeit seit mehr als zweieinhalbtausend Jahren in der Geschichte hält, obwohl ihm die Umstände zwischen (evtl.) Nebukadnezar II., Titus und Hitler mehrfach den Garaus hätten bereitet haben müssen, und das, weil es dem Boden entrissen wurde, in dem es wurzelte, stattdessen im Himmel der Gottesfurcht und der Verheißung Luftwurzeln schlug, um ein Bild Heinrich Heines aufzugreifen. Und genauso wie Krone und Wurzel hat sich auch die Richtung des Ressentiments umgekehrt – die Juden verwandelten sich in dessen Zielscheibe. Dass dieses unbedeutende, in alle Welt zerstreute, permanenter Verfolgung ausgesetzte Völkchen heute einen Staat besitzt und Einfluss und Atomwaffen im Megatonnenbereich – Geist und Geld besitzt es ja seit Olims Zeiten –, dass es jenes Jerusalem zurückerobert hat, welches ihm in Zeiten der Demütigung als Verheißung immer vor Augen stand – »Und nächstes Jahr in Jerusalem!« lautete der uralte Abschiedsgruß –, das gilt den Antisemiten natürlich als Beweis für seine weltherrschafts-

planende Teufelsbündnerei, während es unsereinem bloß ein
Beleg dafür ist, was ein intelligentes, Intelligenz gezielt produ-
zierendes und förderndes, starkes, an sich glaubendes Kollektiv – eine »Rasse« im Sinne Spenglers, Rasse *hat* man, Rasse
ist man nicht – gegen alle Widerstände zuwege bringen kann,
mögen auch viele seiner Angehörigen an Diabetes und Unmanierlichkeit und manche an einer grässlichen Chuzpe leiden.

Apropos Wehrhaftigkeit: Zusammen mit meiner Frau besuchte ich einmal ihren alten Klavierlehrer, der am Rande Jeru-
salems – oder, wie ich lieber sage: *Urushalims* – ein Grundstück
besitzt, auf dem er einen kleinen Konzertsaal mit zwei Flügeln
und Porträts der großen Komponisten an den Wänden gebaut
hat. Der alte Mann kam, eskortiert von einem respektgebieten-
den Pitbull, an das Tor, und als er es öffnete, erblickte ich die
Auschwitz-Häftlingsnummer an seinem Unterarm. Die Täto-
wierung und der Kampfhund: Was für ein rundes, stimmiges,
schönes Bild!

Zurück zu dem Antizionisten Gedeon, der niemandem in Israel, aber einigen Leuten in Deutschland den Schlaf raubt. »In
einer neuen Partei suchen auch Wirrköpfe eine Heimat, das ist
normal. Bei den Grünen war es auch so. Die schließt man dann
aus, fertig«, schreibt Martenstein. »Dass ein Parteimitglied
menschenfeindliche Thesen verzapft, lässt sich bei tausenden
Mitgliedern nicht vermeiden, so etwas kommt bei jeder Partei hin und wieder vor. In der AfD aber halten nicht Einzelne,
sondern viele die jüdische Weltverschwörung für eine Idee, die
man ernsthaft diskutieren sollte.«

Wie viele mögen »viele« sein? Fünf? Achtundachtzig? Ab
wann ist die kritische Masse erreicht? Und wo genau befindet
sich diese Masse? Nein, der Punkt ist ein anderer. Man muss
die AfD eher loben dafür, dass sie sehr dünnhäutig ist, wenn

es um die Meinungsfreiheit geht, denn man sieht ja, wohin fehlende Dünnhäutigkeit führt, wenn man sich die anderen Parteien anschaut. Das umständliche, politisch naiv wirkende Prozedere um Herrn Gedeon und dessen unappetitliche Thesen hat offenbar mit der Suche nach einem Verfahrensmodus zu tun, welcher der Öffentlichkeit zeigen soll, dass diese Partei Judenfeinde zwar ausschließt, aber nicht auf Knopfdruck und Pawlowschen Reflex, dass die AfD sich als Partei der freien Rede versteht, die mit einer gewissen Notwendigkeit die dumme, bösartige Rede einschließt. Man sagt uns durch die Blume des Dilettantismus: Besser eine freie dumme Rede als die gemaßregelte, limitierte, in spanische Stiefel geschnürte dumme Rede der Etablierten; besser ein ungeschickter Parteiausschluss als ein allzu geölter.

Abendlicher 29. Juni

Der Verfassungsschutz hat die Bilanz extremistischer Straftaten für das Jahr 2015 veröffentlicht. Es gab 1408 rechtsextremistisch motivierte *Gewalttaten* (2014 waren es 990, was einem Anstieg von 42 Prozent entspricht) und 1608 linksextremistische (2014: 994, ein Anstieg um 62 Prozent).

Wie lauten die Schlagzeilen der deutschen Qualitätspresse? »Exorbitanter Anstieg rechter Gewalt« (*Die Zeit*). »Rechte Szene wächst und neigt zu Gewalt« (*heute.de*). »Rechtsextreme im Verfassungsschutzbericht: Immer mehr, immer brutaler« (*tagesschau.de*). »Rechte Gewalt nimmt dramatisch zu« (*stern*). »Drastischer Anstieg rechtsextremer Gewalttaten« (*FAZ*). Die *FAZ* beginnt ihren Artikel mit den Worten: »Politisch motivierte extremistische Gewalt hat in Deutschland im vergangenen

Jahr massiv zugenommen und neue Dimensionen im Internet erreicht.« Extremistische Gewalt im Internet – bürgerliches Intelligenzblatt, wie?

Morgenfrischer 30. Juni

»Wo, unter den Feinden Deutschlands, gibt es europäisches Gewissen? In England etwa – um von dem unverschämten Gebaren der kleinen nationalen Egoismen zu schweigen? Europäisches Gewissen, übernationale Verantwortlichkeit ist einzig und allein in dem unpolitischen und antidemokratischen Volke, in Deutschland, lebendig.«
(Thomas Mann, *Betrachtungen eines Unpolitischen*, Berlin 1918)

Und, wenn wir schon dabei sind: »Wert, Würde und Reiz aller Nationalkultur also liegt ausgemacht in dem, was sie von anderen unterscheidet, denn nur dies eben ist daran Kultur, zum Unterschiede von dem, was allen Nationen gemeinsam und nur Zivilisation ist.« (ebenda)

Nigel Farage erklärt den Brexit im Europäischen Parlament: »Was die kleinen Menschen, die einfachen Menschen eigentlich getan haben: Sie haben die multinationalen Konzerne zurückgewiesen/hinausgeworfen (reject), sie haben die Investmentbanken zurückgewiesen, sie haben die Große Politik zurückgewiesen. Die Menschen haben gesagt: Wir wollen unser Land zurück, wir wollen unsere Fischereigewässer zurück, wir wollen unsere Grenzen zurück, wir wollen eine unabhängige, selbstregierte, normale Nation sein.«

JULI

Früher 4. Juli

In Augsburg klagte eine Jura-Studentin und Muslima dagegen, dass ihr vom Oberlandesgericht München die Auflage erteilt wurde, sie dürfe bei »Auftritten mit Außenwirkung« – als Rechtsreferendarin vor Gericht – kein Kopftuch tragen. Gemeinhin bestreiten Frauen solcher Gesittung und Glaubensfestigkeit, dass das Tuch ein Unterdrückungssymbol sei, und beteuern, sie trügen es vollkommen freiwillig. Diese Freiwilligkeit erinnert mich ungefähr an jene, welche mich mit dem Weine verbindet; freilich kommt Bacchus, der Spender der Spender und Allbeglücker, gegenüber seinem gehorsamen Diener mit Ausnahme des einen oder anderen Käterchens ohne jede Drohung oder gar Strafe aus. Was ist das für eine Freiwilligkeit, die keine Ausnahme kennt, die so weit geht, dass man Gerichte bemüht, sie durchzusetzen? »Alles Unbedingte gehört in die Pathologie« (Nietzsche).

Übrigens: Was würden wohl Allah und sein gehorsamer Knecht Muhammad zu der Freiwilligkeitsanmaßung bemerken? Schlagen wir nach, Sure 24,31. Muhammad Asad überträgt den entscheidenden Passus in seiner kommentierten Übersetzung *Die Botschaft des Koran* wie folgt: »Und sag den gläubigen Frauen, ihren Blick zu senken und auf ihre Keuschheit zu achten, und nicht ihre Reize (in der Öffentlichkeit) über das hinaus zu zeigen, was davon (schicklicherweise) sichtbar sein mag; darum sollen sie ihre Kopfbedeckung über ihren Busen ziehen.« Bobzin übersetzt: »... dass sie ihren Schmuck nicht zeigen sollen bis auf das, was ohnehin zu sehen ist, und dass sie sich ihren Schal um den Ausschnitt schlagen«; Max Hennig: »... daß sie nicht ihre Reize zur Schau tragen, es sei denn, was außen ist, und daß sie ihren Schleier über ihren Busen schlagen«.

Im Kommentar zu dieser Passage schreibt Asad: »Obwohl die traditionellen Ausleger des islamischen Rechts jahrhundertelang dazu neigten, die Definition dessen, ›was (schicklicherweise) sichtbar sein mag‹, auf das Gesicht, die Hände und die Füße einer Frau zu beschränken – und manchmal noch weniger als das –, dürfen wir durchaus annehmen, daß die Bedeutung von von *illa ma zahara minha* viel weiter ist und daß die absichtliche Unbestimmtheit dieser Wendung all den zeitgebundenen Veränderungen Raum geben soll, die zum moralischen und gesellschaftlichen Wachstum des Menschen notwendig sind. (...) Das Wort *khimar* bezeichnet die der Sitte nach von den arabischen Frauen vor und nach der Ankunft des Islam gebrauchte Kopfbedeckung. Nach den meisten klassischen Kommentatoren wurde sie in der vorislamischen Zeit mehr oder weniger als Schmuck getragen und lose über dem Nacken der Trägerin heruntergelassen; und da in Übereinstimmung mit der zu dieser Zeit vorherrschenden Mode das Oberteil des Frauengewandes vorn eine weite Öffnung hatte, waren die Brüste unbedeckt. Daher bezieht sich die Anweisung, den Busen mit einem *khimar* (ein den Zeitgenossen des Propheten so vertrauter Begriff) zu bedecken, nicht notwendigerweise auf den Gebrauch eines *khimar* als solchen, sondern soll vielmehr klarmachen, daß die Brüste der Frau nicht in die Vorstellung dessen einbezogen sind, was von ihrem Körper ›schicklicherweise sichtbar sein mag‹«.

Der Streit um das Kopftuch, kommentierte die *Süddeutsche* das Urteil, »wird in einer Gesellschaft ausgetragen, in der sich die kirchlichen Bindungen der Mehrheit lockern und zugleich

ein Islam seinen Platz sucht, der fromm ist, an seinen islamistischen Rändern verstörend fromm«. Und für das Verstörende,
sofern es fremd und emanzipierscheinbar genug ist, haben die
Erben und Fortsetzer des 68er Virenprogramms bekanntlich
ein weites kaltes Herz. Am Ende wird es ihre Denkungsart wohl
ablösen. Immerhin das.

Andererseits: Was wäre dagegen zu sagen, wenn muslimische
Juristen dereinst jene ablösten, die in der 68er Sauce, nein Soße,
gegart worden sind und uns das täterfreundlichste Rechtssystem der Geschichte eingebrockt haben? Dass sie eventuell
zwischen Biodeutschen und Glaubensgenossen einen Unterschied machen würden? Aber den machen die derzeit waltenden Richter in der Regel doch ebenfalls ...

Mittäglicher 4. Juli

Während das Gros der in vormals eintönigen deutschen Landen und Gauen für Buntheit zuständigen Flüchtlinge die Ein-
steinschen Feldgleichungen auswendig lernt und schusseligen
Eingeborenen verlorene Brieftaschen hinterherträgt, geschehen
da und dort leider noch kleine kulturelle Missverständnisse,
die aber im Wesentlichen damit zu tun haben, dass die armen
Flüchtlingsjünglinge in ihren Herkunftsländern, erstens, andere
Vorstellungen von Volljährigkeit und Geschlechtsreife kennen-
lernten, als hierzulande gelten, und, zweitens, auf brachiale Si-
gnale sexueller Verfügbarkeit – Hautzeigen, Haarzeigen, Blick-
nichtsenken, ohne Brüder baden gehen, kurz: Schlampe sein –
auch entsprechend ihrer Prägung reagieren, weil sie, drittens,
eben noch richtige Jungs und sowieso temperamentvoller sind
als eingeborene Kartoffeln und AfD-Wähler. Mit kulturunsen-

siblen Überschriften à la »Sexuelle Übergriffe in Badeanstalten nehmen zu« hochgejazzt, geben verschiedene Zeitungen ein internes Polizeidokument reichlich ungeprüft weiter, in dem genau das zum Nachteil einiger unserer Neubürger unterstellt wird. Dabei war das Papier extra für den internen Gebrauch bestimmt, denn was kann bei einer plötzlichen Panik im Freibad infolge einer solchen Tatarenmeldung nicht alles passieren! Ob es aber wirklich so schlimm bzw. überhaupt schlimm ist? Wahrscheinlich nicht, wie das verantwortungsvolle Schweigen der eigentlichen Qualitätspresse zeigt. Nicht einmal jedes zwanzigste bundesdeutsche Mädel ist bisher beim Baden zwangsgekuschelt worden. Viele Freundschaften entstehen aber in Schwimmbädern. Der dir gestern noch ohne anzuklopfen launig in den Schritt fasste, Schwester, kann morgen schon dein Besitzer und Beschützer sein!

Dunkeldeutscher 4. Juli

Zuerst den gewünschten Moralseim absondern, die Öffentlichkeit in die Irre leiten, falsche Hoffnungen verbreiten – und sich dann aus der Verantwortung stehlen: Manche Nachrichten lassen einen mit namenlosem Ekel zurück.

FAZ vom 15. September 2015: »Daimler-Chef Zetsche: Flüchtlinge könnten neues Wirtschaftswunder bringen«.

FAZ von heute: Dax-Konzerne haben bislang 54 Flüchtlinge eingestellt, 50 davon die Post; Daimler übrigens keinen einzigen.

Hatte im September vielleicht die böse Fee aus dem Kanzleramt einen Wunsch geäußert? Man stelle sich nur vor, wie die Stimmung damals gekippt wäre, hätte Zetsche vor der Einwanderung Hunderttausender Unqualifizierter gewarnt, statt von »hochmotivierten« neuen Arbeitskräften zu parlieren. Natürlich wusste der Daimler-Oberhäuptling bereits vor einem Dreivierteljahr, dass die deutsche Wirtschaft mit dem Gros der Flüchtlinge und Eindringlinge nichts werde anfangen können, allein schon deshalb, weil in jenem Weltteil nur wenige närrisch genug sind, um »hochmotiviert« zur Arbeit zu erscheinen, aber hinreichend närrisch, um sich mit Gebets- und Fastenzeiten, Geschlechtertrennung und Speisevorschriften ausgelastet zu fühlen. Wie ich damals an dieser Stelle schrieb, werden sich die Konzerne jene Handvoll herauspicken, die sie gebrauchen können – dass es dermaßen wenige sind, konnte niemand ahnen –, und um den riesigen, zum Teil auch reisigen Rest müsse sich halt *die Gesellschaft,* die gottlob keine Gemeinschaft mehr ist, kümmern, und wenn die Sache schiefläuft, dann gehen die Zetsches eben woandershin golfen, wo es ruhiger, ungefährlicher und nicht so schmutzig ist.

Von Eos mit Rosenfingern liebkoster 5. Juli

Deutschsein werde heute nicht mehr über Abstammung definiert, sondern sehr viel stärker durch Merkmale wie die deutsche Sprache, die deutsche Staatsangehörigkeit oder auch über »Teilhabe«, etwa durch einen Arbeitsplatz, dekretiert die Integrationsbeauftragte der Bundesregierung, Staatsministerin Aydan Özoguz, das eigene Pedigree halbwegs dreist zum *Decorum* erhebend. Das wirft einige Fragen auf, die im Netz auch brav gestellt werden, etwa ob folglich automatisch Türke oder Chinese oder Somali ist, wer als Biodeutscher dahin auswandert und mit Job und Pass dortselbst »Teilhabe« anmeldet. Es gibt ersichtlich einen Unterschied zwischen juristischem Deutsch- oder Europäersein und faktischem, sprich gewachsenem, der sich durch fernstenfromme Ministerialverlautbarungen nicht von der Platte putzen lässt. Die europäischen Länder haben nun mal eine andere Geschichte als beispielsweise die USA, ihre Völkerschaften wurzeln tiefer in der Vergangenheit, Deutschsein – und vor allem: Europäersein (die europäischen Völkerverschiebungen waren fast immer kontinentale Binnenwanderungen) – wird nach wie vor primär und mehrheitlich über die ethnische Abstammung definiert. Was aber Teilhabe und Pass-Europäertum keineswegs ausschließt, so wie umgekehrt vereinzelte tiefverwurzelte Europäer durch ihren Übertritt zum IS oder zu anderen radikalen Islamclubs Abschied vom Europäersein genommen haben.

Im Übrigen: Wer rund um die Uhr mit Allah und wenig außerdem im Kopf herumrennt, Frauen verschleiert, Wein und Musik für sündhaft hält, die europäische Literatur, den europäischen Geist und die europäische Lebensart geringschätzt, wer etwa als Franzose nie den Louvre betreten, nie ein Konzert, nie eine Oper besucht hat und stattdessen glaubt, die Welt mit beduinischen Verhaltensvorschriften aus dem 7. Jahrhundert missionieren zu müssen, ist kein Europäer, auch wenn seine Eltern in Europa geboren sein sollten. Es sind Fremde, denen man auch in zweiter oder dritter Generation die gepflegte Fremdheit durchaus ansieht, weil die Angehörigen dieser Gruppe sich weder mit autochthonen Europäern kreuzen noch deren Kultur, obzwar sie in ihr leben, überhaupt zur Kenntnis nehmen. Es ist eine tiefe, monströse ethnisch-psychisch-soziale Fremdheit. Es gibt längst überall in Westeuropa Gebiete, in denen man als Araber geboren wird.

Soweit das. Die Extremposition von der anderen Seite formulierte ein Leser, der mich mit folgenden Worten beehrte:

»Ich suche Ihr Diarium immer wieder gerne auf, jedoch stört mich Ihre von Zeit zu Zeit immer mal wieder eingestreute antirassistische Diktion sehr. Als jemand, der Eibl-Eibesfeldt, Frank Salter, Richard Lynn, Arthur Jensen, Murray & Herrnstein, Rushton usw. usf. gelesen hat, ganz zu schweigen von Andreas Vonderachs genialer ›Anthropologie Europas‹ (...) bin ich immer wieder von Ihrer Ignoranz in dieser Hinsicht enttäuscht.

Ich glaube kaum, daß man sich als weißer Europäer als ›Ghanaer‹ oder ›Nigerianer‹ bezeichnen könnte, ohne daß man in Lachen ausbräche. Jedoch Europäer kann jeder werden, selbst rassisch sehr fremde Menschen wie Moslems oder gar Schwarzafrikaner. Würden das die auf ihre Abstammung stolzen Nordostasiaten auch so handhaben? Eher nicht, dort ist man sich der rassischen Unterschiede sehr wohl bewußt, und man ist stolz auf das, was man ist. Bei bester Umwelt läge der mittlere IQ der Nordostasiaten sogar 10 IQ-Punkte über dem der Europäer, zur Zeit liegt er mit 105 ca. 5–6 Punkte über unserem. (...)

Man muß eben viel wissenschaftliche Literatur lesen, um nicht nur über die Intelligenz-, sondern auch über die Charakter- und Temperamentsunterschiede bescheid zu wissen, die dazu geführt haben, daß Europa eben zu diesem einzigartigen Kontinent wurde. Dieser Aufstieg Europas, den sonst kein anderer Kontinent – auch nicht die Nordostasiaten! – gesehen haben, ist eben auch mit unserer rassischen Konstitution zu erklären. Daß z. B. nur die Engländer und Deutschen aus eigener Anstrengung die Industrialisierung aus dem Boden stampften, daß nur hier ein wissenschaftliches Weltbild eingeläutet wurde, das alles sind Resultate unserer einzigartigen genetischen Zusammensetzung. (...)

Europäer ist eben vor allem eine ethnische Bezeichnung, so wird das auch in der wissenschaftlichen Literatur gehandhabt.

Daher ist es Unsinn, dies zum Nulltarif zu verteilen. Im Sinne von: heute Deutscher, morgen Inder, übermorgen Kenianer. Das ist Quatsch, und man sollte gegen diesen Unsinn schon anschreiben, weil hier den großen Völkern ihre ethnische Identität streitig gemacht wird. Wie gesagt, die Nordostasiaten ließen so etwas nicht zu, zumal nicht die Chinesen. Lee Kuan Yew war sich z. B. der Begabungsunterschiede der Rassen bestens bewusst und hatte ein Plakat einer Glockenkurve in seinem Büro hängen; die Chinesen haben bereitwillig Rushtons ›Race, Evolution and Behavior‹ aufgenommen. Dort herrscht keine solche Geringschätzung des Eigenen, daß man jedem die ethnische Bezeichnung ›Chinese‹ hinterher würfe.«

Auch hier geht einiges durcheinander, vor allem scheint mir das Weltbild des Herrn zu statisch. Die Völker und Nationen *sind* ja nicht, sondern sie *sind geworden* und *werden* weiter. Ethnie ist ein Prozess, »Rasse« gar eine Stilfrage, eine Entscheidung. Dass identische Gene unter verschiedenen Bedingungen Verschiedenes leisten, bringt wiederum die formende Kraft der Geographie ins Spiel. Auf lange Sicht gesehen, sind die Europäer von der europäischen Geographie und dem europäischen Klima speziell geformte Afrikaner; kein Grund, allzu übermäßig begeistert von seiner *sub specie aeternitatis* womöglich nur kurzfristigen Eigenart zu sein (ich habe übrigens noch nie jemanden kennengelernt, dessen Stolz auf den höheren IQ seiner Ethnie sich mit irgendeinem bemerkenswerten persönlichen geistigen oder künstlerischen Beitrag zum Ruhm derselben verbunden hat; der Stolz scheint solche Leute intellektuell vollends auszulasten). Dass die linke Idee, alle Völker, Ethnien, Rassen seien irgendwie identisch begabt – und wenn faktisch nicht, so doch eigentlich und irgendwann tatsächlich – wohlmeinender, aber gefährlicher Nonsens ist, habe ich nie in Abrede gestellt. Dass

die massenhafte Einwanderung von Unbegabten, Ungebilde-
ten, Anpassungsunwilligen ein hochentwickeltes Land ruinieren kann, ist der Generalbass dieser Notate. Aber wie verhält es
sich mit der Option des Europäerwerdens für einen Einwanderer, der genau dies anstrebt? Sind in Europa geborene Kinder
von ethnischen Nichteuropäern, die kulturell und lebensartlich
Europäer werden wollen, keine Europäer?

Ich habe dem Herrn also im Antwortschreiben zwei Fragen
gestellt:

1. Wie ist es mit den Juden, die bekanntlich aus Vorderasien
nach Europa eingewandert sind – sind sie Europäer geworden
oder nicht? Waren Mendelssohn, Heine, Kafka, Proust, Disraeli,
Rathenau, Einstein Europäer oder nicht? Wo in ihren Stamm-
bäumen darf die Markierung eingekerbt werden, an welcher das
Europäertum begann?

2. Einer meiner Söhne ist halber Japaner, sichtbar asiatisch
geprägt, in Deutschland geboren, spricht Deutsch als Muttersprache, hochbegabt, Klassenüberspringer, er lernt Latein,
spielt Mozart, Bach und Schubert am Flügel, liest Stevenson
und Arthur Conan Doyle – Europäer oder nicht?

Es kam keine Antwort.

PS: »Sehr geehrter Herr Klonovsky«, notiert – hier stellvertretend für viele an meinen Ausführungen sacht Anstoß neh-
mende Eckladenbesucher zitiert – Leser ***, »erlauben Sie mir
zunächst die Erinnerung, daß die ›Out of Africa‹-Theorie eben
nur eine solche ist und im Wesentlichen auf einem sehr alten
Knochenfund beruht, der in Afrika gefunden wurde. Sie dürfen also beim nächsten, noch ein wenig älteren Fund in China
sogleich mit einer ›Out of China‹-Theorie rechnen, die freilich
sehr viel weniger romantisch verbrämte Verbreitung finden
wird. Zudem haben russische Genetiker längst den Beweis er-

bracht, daß die Ahnenreihe von Schwarzafrikanern und Europäern keineswegs deckungsgleich ist, wie sie ja sein müßte entsprechend dieses Ansatzes.

Als den hohen Künsten Zugeneigter dürfen Sie ferner der Ansicht sein, daß Deutscher oder Europäer ein Jeder sei, der das einst hier herrschende kulturelle Niveau einhalten kann. Doch können die von Ihnen genannten, zweifellos beeindruckenden Lebensleistungen junger Menschen nicht darüber hinwegtäuschen, daß Ihre Argumentation unzulässig auf eine andere Ebene flüchtet, um sich einer Beantwortung der eigentlichen Frage zu entziehen: Ob jemand Deutscher oder Europäer ist, hängt selbstredend nicht nur von seiner Haltung, seinen Fähigkeiten oder Entscheidungen ab, sondern sehr wohl auch von seinen Genen. Das heißt natürlich nicht, daß auf der von Ihnen erklommenen Einzelfallebene Integration und Assimilation nicht möglich ist und ich ohne zu Zögern das Deutschsein der von Ihnen genannten Personen bejahen würde. Auf der Volksebene aber, die den Überblick wahrt über gesellschaftliche Zusammenhänge, kann so nicht argumentiert werden. Das wäre so, als ob Sie die Flüchtlingspolitik der letzten Jahre mit einer RTL-Sendung rechtfertigten, in der eine nette Familie aus dem Irak, die selbstredend bleiben können muß, rührend portraitiert wird. Mir scheint, Sie verwechseln die Volkszugehörigkeit mit dem Rassebegriff Spenglers: für den ist die Hautfarbe ja tatsächlich gleich, solange der innere Adel vorhanden ist.

Wer zum Volk gehört oder nicht, ist grundsätzlich unabhängig von Leistungen des Einzelnen oder Anforderungen der Aufnahmegesellschaft zu beantworten. Denn selbst wenn hier eine Wolfszeit anbricht, alles geschliffen und zertrümmert wird und die Deutschen zurück in die tiefsten Niederungen des Geistes fallen: Deutsche sind es immer noch. Sie waren es auch bereits, bevor die von Ihnen so geschätzten Höhen erklommen wurden. Das Volk ist Träger der Hochkultur, doch nicht deckungsgleich mit ihr. Verschwindet sie, verschwindet das Volk noch lange nicht. Es hört erst dann auf zu existieren, wenn es seine eigene Erzählung nicht mehr weitergibt und, um ein Beispiel zu nennen, seine eigenen Ahnen nicht mehr wertschätzt, jene ersten Glieder einer Kette, die mit jeder Generation um ein weiteres ergänzt wird bis zum Ende aller Tage. Das hat nichts mit Statik zu tun und läßt selbstredend Ausnahmen zu. Aber welchen Ahnen fühlt sich der kulturell beflissene Einwanderer verpflichtet, wenn die Konzerthäuser schließen und kein Ohr mehr offen steht für vorzügliche Klänge?«

Sonnenbeschienener 5. Juli

In drei, vier Jahren, wenn hinreichend viele Wüstensöhne hierzulande willkommenskulturell fellationiert worden sind, werden uns Figuren wie Wolfgang Gedeon ziemlich exotisch vorkommen, weil sie ihren Antisemitismus noch theoretisch begründen zu müssen meinten.

Entschieden durchsonnter 7. Juli

Freund *** ergänzt meine Unterstellung, Daimler-Chef Zetsche könne mit seiner Ankündigung eines Flüchtlingswirtschaftswunders vom September auf Wunsch Angela Merkels vorsätzlich fehlorakelt haben (s. Eintrag vom 4. Juli), mit dem Hinweis, dass die eine Hand die andere ja inzwischen gewaschen habe, indem die Bundesregierung nach langem Sträuben nun doch der Kaufprämie für Elektroautos zugestimmt hat. »Den Kakao, durch den man die Leute zieht, müssen sie auch noch selber austrinken«, bemerkt *** mit dem gebotenen Sarkasmus: Sie haben die Einwanderermassen in ihren Kommunen auf eigene Kosten zu bewillkommnen – von integrieren wird man ja nicht reden können –, und nun fließen ihre Steuern auf dem Umweg staatlicher Subventionen für Elektroautos in die Taschen der Automobilindustrie. Und diejenigen, die den Normalbürger solch doppelter Ausplünderung überantworten, egal ob nach vorheriger Absprache im Gegengeschäft oder nicht, lassen sich als Flüchtlings- und Weltklimaretter feiern. So funktioniert die ganz große Gaunerei.

Im Übrigen ist es nicht weiter verwunderlich, dass Dax-Konzerne sich hüten, sogenannte Flüchtlinge zu beschäftigen, und zwar nicht nur, weil die meisten keine Qualifikationen für westeuropäische Jobs besitzen, sondern weil es sich überdies mehrheitlich um gläubige Muslime handelt. Rainer M. Wolski, Gründer des Deutschen Wirtschaftsvereins in Bosnien und Herzegowina und mit muslimischen Arbeitnehmern vertraut, hat mir seine Broschüre *Gebetspausen am Arbeitsplatz – Erwartungen geflüchteter Muslime* zugesandt, in der er deprimierende Prognosen stellt. Vor allem erwartet er eine Flut von Klagen, die sich auf das Allgemeine Gleichbehandlungsgesetz (AGG) berufen. Erste diesbezügliche Urteile sind hierzulande bereits gesprochen worden, etwa das Recht eines Mitarbeiters auf unbezahlte Freistellung für das Freitagsgebet. »Die streng religiösen Muslime werden weitere göttliche Werte des Korans und der Scharia in die deutschen Unternehmen einbringen und durch Arbeitsgerichte für verbindlich erklären lassen«, prophezeit Wolski. Dazu gehörten neben den drei in die übliche Tagesarbeitszeit

fallenden Gebeten und dem obligatorischen Freitagsgebet die
muslimische Kleiderordnung, die Geschlechtertrennung, die
Berücksichtigung der Speiseverbote und die Fastengebote im
Monat Ramadan. Das klingt heute noch exotisch und unwahrscheinlich, doch wenn man in Rechnung stellt, dass bereits 2011
ein deutsches Gericht einem muslimischem Arbeitnehmer
recht gegeben hat, der sich weigerte, Alkoholika zu transportie-
ren, wenn man zugleich die Bekundungen von Politikern und
Wirtschaftsbossen ernstnimmt, der Islam gehöre zu Deutschland, Muslime seien willkommen und verkörperten einen
wichtigen Teil von Deutschlands Zukunft, wenn man zuletzt als
Vorbild und Übungsparadefall die erfolgreiche Schadensbilanz
der Gleichstellungsbeauftragtenindustrie rekapituliert, durch
deren Wirken Frauen ohne Rücksicht auf Qualifikation, Ange-
messenheit oder gar Nutzen für die Gesellschaft staatlich ge-
fördert sowie Unternehmen bevormundet werden, dann wird
man das staatlich geförderte Eindringen islamischer Bräuche
aus dem Frühmittelalter in die Arbeitswelt einer bislang noch
bedeutenden Wirtschaftsnation aus der Spätmoderne für nicht
besonders unwahrscheinlich halten.

Unternehmerisch wäre es zwar idiotisch, aus Gründen
einer politisch erwünschten Beschäftigungspolitik Wettbe-
werbsnachteile hinzunehmen, aber seit wann wäre Idiotie ein
Hinderungsgrund in einem Land, das die Grünen hat, das Er-
neuerbare-Energien-Gesetz und eine Kanzlerin, deren Amok-
läufe beim Atomausstieg oder bei der Grenzaufsperrung die
Idiotie-Voyeure weltweit in Entzücken versetzten? Früher oder
später, so Wolski, werden sich deutsche Unternehmen mit Fragen beschäftigen müssen wie: Muss ein Mann von einer Frau
Anweisungen entgegennehmen? Müssen überhaupt Männer
und Frauen in einem Raum zusammenarbeiten? Wer ist schuld,

wenn im Ramadan ein vom Fasten dehydrierter Mitarbeiter einen Unfall verursacht? Müssen Gebetszeiten bezahlt werden? Müssen muslimische Mitarbeiter Essen aus derselben Küche entgegennehmen, wo für ihre ungläubigen Kollegen als verboten geltende Speisen gekocht wurden? Müssen sie von demselben Geschirr essen? Müssen sie überhaupt ertragen, dass während des Ramadan tagsüber gegessen wird?

Nach dem AGG habe ein Muslim heute schon »ein Leistungsverweigerungsrecht, wenn er sich in seinen religiösen Belangen während der Arbeitszeit durch den Arbeitgeber gestört fühlt«. Was »religiöse Belange« seien, das, so Wolski, »bestimmen islamische Rechtsgelehrte aus dem Orient«. Für strenggläubige Muslime stehen die Gebote des Korans und der Sunna über den Anweisungen eines Arbeitgebers und den Landesgesetzen, und genau aus dieser Gruppe stammen viele, wenn nicht die meisten der derzeitigen Einwanderer. Wolski: »Der Druck auf die Unternehmen, die anerkannten Asylbewerber schnell zu beschäftigen, wird zunehmen.« In Einstellungsgesprächen darf übrigens nicht nach der Religion des Kandidaten gefragt werden.

Vormittäglicher 8. Juli

Brexit bedeutet: Wir nehmen unser Schicksal *wieder* in die eigenen Hände. Die das gar nicht mehr kannten, die schon als Kinder smart Vergesellschafteten und unter dem manipulativen Code- bzw. Kosewort »Europa« Gleichgeschalteten (tatsächlich bedeutet Europa ja partikulare Vielfalt = Eigensinn = Brexit) gingen mehrheitlich nicht abstimmen oder stellten in ihrer Alterskohorte eine leichte Majorität derer, die dagegen votierten. Und die selbstverantwortungsscheuen deutschen

Untertanen stimmten nach dem unerhörten Austritt das lauteste Geplärr über so viel Freisinn an. In ein paar Monaten wird im perfiden Albion kein Mensch mehr darüber sprechen oder gar klagen, während die Deutschen, auf die ein gehöriger Teil der britischen Zahlungen an die EU übergehen dürfte, sich weiter in der Rolle des prachtvollen Europafreiers Zeus wähnen, tatsächlich aber bloß Ochsen sind, die ihren Nasenring für eine Trophäe halten.

Der Subtext des Brexit und dessen eigentliches Thema war übrigens die Invasion Europas durch Einwanderer aus Afrika und Vorderasien. Gerade dieses existentielle Problem hat ja die Handlungsunfähigkeit der EU und die gesunden Partikularegoismen der Länder (außer Deutschland) überdeutlich offenbart. Es handelt sich um die Schicksalsfrage des Kontinents. Wer den sogenannten Rechtspopulisten vorwirft, sie bildeten im Grunde Ein-Themen-Parteien, hat bloß noch nicht begriffen, dass Europa in der nächsten Dekade ein *Ein-Themen-Kontinent* sein wird.

Sich rundender 9. Juli

Nun mal etwas Positives. Flüchtlinge kosten nicht nur Milliarden, sie haben Medienberichten zufolge schon über 91 000 Euronen gefunden und brav zurückerstattet. Der Eindruck, dass *Refugees* vor allem größere Geldbeträge entdecken, täuscht gewiss, denn die Lokalpresse kann unmöglich auch noch jede rückerstattete Summe unter 50 Euro vermelden. Die besondere Begabung zum Geldfinden ist manchen Ethnien wahrscheinlich in die Wiege gelegt, und an dieser Stelle sei auch all jenen zahlreichen Willkommenen gedankt, die sogar einzelne Münzen und Fünf-Euro-Scheine deren Besitzern hinterhertrugen, während die Sachsen alles unter 50 Euro selber einstecken und darüber hinaus in diesem verklemmten Bundesland nichts verloren wird.

Spätabendlicher 9. Juli

Am Rande: *Islamophobie* im Sinne einer handfesten Angst vor den Reinheitsvollstreckern des koranisch Gebotenen gibt es tatsächlich; sie beherrscht vor allem jene Intellektuellen und Pressbengel, die mit dem Begriff *Islamophobie* herumfuchteln, weil ihr religionskritischer Impetus mit dem Auftauchen des ersten tatsächlichen religiös befeuerten Drohkollektivs in ihrem bundesrepublikanischen Schrebergarten prompt erloschen ist und sie sich lieber aus der Schar der möglichen Aggressionsobjekte davonstehlen, sich jedenfalls nicht durch naseweise Lästerei über gewisse atavistische Glaubensregeln, die sie im gefahrlosen Falle mit Hohn überkübeln würden, eigens solcher Aggression anempfehlen wollen.

Nächtlich lauer 10. Juli

Der russische Pianist Anton Grigorjewitsch Rubinstein (1829–1894), dem Urteil seiner Zeitgenossen nach der größte Virtuose seit Liszt, galt wegen seiner physiognomischen und spieltechnisch-berserkerhaften Ähnlichkeit mit Beethoven als dessen heimlicher Nachkomme – Liszt nannte ihn »Van II«. Es bereitete Rubinstein Missvergnügen, wenn die Deutschen ihn einen Russen und die Russen ihn einen Juden nannten. Er empfand sich als deutsch. »Deutschland ist das musikalischste Land der Welt. Musik, ernste, hohe Musik, gibt es nur in Deutschland«, erklärte er. Und: »Alles, was uns in der Musik begeisterte, was wir an ihr liebten, das starb zweifellos mit Chopin und Schumann.«

Unter Güssen erschauernder 12. Juli

Die Partei, in welcher Katrin Göring-Eckardt und Claudia Roth als die Blinden unter den Einäugigen erfrischend undiskriminiert walten können, stellt mit dem Tübinger Oberbürgermeister Boris Palmer einen veritablen Vollsichtigen, doch auch dieser ist nicht frei von temporären, womöglich aber nur mutwillig fingierten Sehschwächen, mit deren Vortäuschung er den Kontakt zu den kyklopenäugigen ParteifreundInnen hält. So antwortete Palmer in einem *Welt*-Interview über die willkommenskulturellen Jahresend-Saturnalien zu Köln und andernorts, nachdem er analog zum Bundeskriminalamt referiert hatte, dass »etwa die Hälfte der Übergriffe an Silvester quer durch Deutschland von Männern begangen wurde, die seit höchstens einem Jahr im Land waren«, auf die Frage des Interviewers: »Geht es Ihnen dabei speziell um junge Muslime?« mit folgendem Schwurbel: »Nein. Kulturelle oder religiöse Aspekte sind irrelevant. Es geht um etwas, das sich ganz einfach aus dem Alltag nachvollziehen lässt: Junge Männer ohne Bindungen, die nichts zu verlieren und auch nichts zu befürchten haben, sind gefährlicher als andere Bevölkerungsgruppen. Das gilt unabhängig vom Kulturkreis.«
  Wiederholen wir also unser Mantra: Wie viele christliche Syrer engagierten sich unter den Übergriffigen? Und wie viele zum Beispiel vietnamesische Zuwanderer werden jährlich bei

Uta, Carin und Heidi vorstellig, um ihnen so ungefragt wie elanvoll (und wohl meistens auch talentlos) an die Unterwäsche zu gehen?

Übrigens: Warum finden deutschlandweit nur hilfsbereite Muslime Brieftaschen und geben sie brav den schusseligen einheimischen Besitzern zurück? Das muss doch ethnisch-kulturell-religiöse Ursachen haben!

Sich in Feuchte neigender 12. Juli

»In Paris habe ich sehr viele Leute gekannt, die geistvoll genug waren, die Werke von Monsieur de La Motte zu kritisieren, aber kein einziger von ihnen hätte genug Geist besessen, auch nur das schwächste von La Mottes Werken selber zu schaffen.«
Montesquieu

Postmitternächtlich bereits herangerückter 13. Juli

Was sei eigentlich, bemerkt Freund *** tiefsinnig beim Weine, so schlimm am Gestern? Inzwischen habe doch auch der Letzte kapiert, wie geradezu paradiesisch jenes Gestern neben dem sich abzeichnenden Morgen stünde, wie idyllisch die Ära der Tariflöhne, der sozialen Sicherheit, des relativen Nachbarschaftsfriedens und der Lebensplanbarkeit war, verglichen mit der neuen perspektivbefreiten Jobsklaverei entwurzelter, mobiler und jederzeit austauschbarer Stundweisebeschäftigter und akademischer Tagelöhner inmitten der molekularen ethnischen Bürgerkriege der Zukunft ...

Schon wieder eingedunkelter 13. Juli

Die Gesinnungsdiktatur naht nicht mehr nur auf Taubenfüßen, sondern trampelt längst auf Harpyenkrallen durchs Land. Die Einschränkung der Meinungsfreiheit über das juristisch Fassbare hinaus (Beleidigung, Verleumdung etc.), natürlich im Namen von Menschlichkeit, Menschenrechten, Menschenwürde und Menschenkette, ist das erste Menetekel, die Ungleichbehandlung der politischen Extreme ein weiteres, dass der Staat Gesinnungsdelikte der einen Seite härter verfolgt als politisch motivierte Gewalt der anderen, bildet die Synthese aus beidem.

Wie verschiedene Zeitungen melden, hat das BKA zur Bekämpfung des »stark zunehmenden ›Verbalradikalismus‹ und der damit verbundenen Straftaten im Netz« bundesweit Razzien in 60 Wohnungen durchgeführt. »Hauptgegenstand der dort stattgefundenen Kommunikation war die Verherrlichung des Nationalsozialismus sowie der Austausch von fremdenfeindlichen, antisemitischen oder sonstigen als rechtsextremistisch zu beurteilenden Inhalten und Kommentierungen«, gab die Behörde bekannt.

»In Zukunft sollte sich jeder überlegen – bevor er sich an die Tastatur setzt –, was er da im Internet absondert«, sonderte stracks unser Justizminister Heiko Maas im Internet ab. Das heißt, sofern er ein Rechter ist (also nicht der Maas, sondern der andere Absonderer); Antisemitismus bei Linken und Muslimen resultiert aus Emanzipationsbedürfnissen und Benachteiligungserfahrungen und ist okay.

Schnitt.

Der Hauseigentümer-Anwalt im Streit um das sogenannte Wohnprojekt in der Berliner Rigaer Straße ist dem Prozess vor dem Berliner Landgericht am Mittwoch wegen eines Autobrandes ferngeblieben.«»Gebrannt hat das vor meinem Haus geparkte Auto eines Nachbarn, aber ich gehe davon aus, dass das mir galt«, sagte Rechtsanwalt André Tessmer heute einer Nachrichtenagentur. Er fühle sich persönlich bedroht. Der Anwalt vertritt im Streit mit den Hausbesetzern im Stadtteil Friedrichshain die Hauseigentümergesellschaft. Weil Tessmer nicht erschien, fällte die Richterin ein Versäumnisurteil zugunsten des klagenden Vereins »Freunde der Kadterschmiede«.

Schnitt

Die juvenilen Steinewerfer, die sich selbst Antifaschisten nennen, haben bei der Gewaltorgie um das besetzte Haus in der Rigaer Straße über 100 Polizeibeamte zum Teil schwer verletzt. Justizminister Maas postete bei Twitter, das sei »inakzeptabel« und ein »Missbrauch des Demonstrationsrechts«. Gab es harsche Empörungsbekundungen, Drohungen mit unnachgiebiger Strafverfolgung, Razzien bei Betreibern linker Hetzseiten? Ach was. Unter Halunken wird doch deeskaliert. Ende Juni hatte Maasens Parteifreundin, Familienministerin Manuela Schwesig, ihr Programm gegen Rechtsextremismus vorgestellt und bei dieser Gelegenheit kund und zu wissen getan: »Linksextremismus ist ein aufgebauschtes Problem.« Üppig und ausschließlich stattet sie deshalb Initiativen gegen »rechts« mit jenen Steuermitteln aus, welche unter anderem denjenigen abgenommen werden, die sich in Zukunft überlegen sollen, was sie so im Internet absondern (»Freunde der Kadterschmiede« zahlen gemeinhin eher keine Steuern).

Weder Maas noch Schwesig haben je gefordert, den Linksextremismus auszutrocknen. »Rechte Hetze« im Netz halten sie für weitaus schlimmer als von Linksfaschisten gebrochene Beamtenknochen oder von Linksextremisten blaugeschlagene Rechtenschädel. Keiner der beiden ministerialen Rotstrolche hat jemals Anstalten gemacht, der linksextremen Propaganda im Netz entgegenzutreten. Warum auch? Die Antifa ist Fleisch vom Fleische der Schwesig-Maas'schen Sozialdemokratie (und der Linken, und der Grünen), sie ist zu sehr Bestandteil des derzeitigen politischen Systems geworden, unentbehrlich als Drohkulisse und Bodentruppe im Kampf gegen »rechts«, es wäre geradezu ein Schnitt ins eigene Fleisch, diese jungen Enthusiasten daran zu hindern, den Düsterdeutschen nachzustellen. Es muss nur noch an einem Plan gearbeitet werden, wie man künftig verhindert, dass sich Polizeibeamte der Antifa in den Weg stellen, wenn sie fortschrittliche Politik exekutiert; es muss doch möglich sein, dass die Prügelkomsomolzen den Rechten ganz ungestört heimleuchten. Die Medien melden ja jetzt schon verlässlich, dass in jedem Fall sowieso die Dunkeldeutschen angefangen haben.

15. Juli

Heute Morgen, nachdem ich die Nachrichten vom Anschlag in Nizza gelesen hatte, fiel ich in einen tranceartigen Minutenschlaf, in welchem mir mit seltsamer Klarheit mögliche deutsche Reaktionen auf das Lkw-Massaker träumten. Wohl wissend, dass auch Tagträume Schäume sind, veröffentliche ich sie hier gleichwohl aus selbsterzieherischen Gründen.

»Wieder hat ein Mann anderen Menschen großes Leid zugefügt. Wieder sind Frauen Opfer von Männergewalt geworden. Terror strahlt vom Mann aus, Terror ist seine authentischste Daseinsform.« (Margarete Stokowski, *Spiegel online*)

»Alle demokratischen Parteien müssen jetzt zusammenstehen. Man darf der AfD nach solchen Vorfällen nicht das Feld

überlassen.« (Heiko Maas nach dem Verlassen der Wilmers-
dorfer Moschee)

»Der Kampf gegen die Verantwortlichen solcher Einzelfälle,
dass die, die bei uns bleiben werden, damit nichts zu tun bekommen, das ist es, was mich antreibt, und ich weiß, wir schaffen das,
denn wenn ich jetzt sage, dass wir das nicht schaffen, was wäre dann
mit den möglich vielen Menschen im Land? Das habe ich auch
meinem französischen Amtskollegen gesagt.« (Angela Merkel)

»Das Auto ist die Schusswaffe der Europäer. Deutschland
braucht einen Diskurs über Automobilmissbrauch.« (Georg
Diez, *Spiegel online*)

»Die einfache Frage, die seit elf Stunden niemand stellt, lautet:
Mitbürger*innen, die ihr euch als französische Muslim*innen
seht oder gesehen werdet – wie geht es euch nach diesem
schrecklichen Anschlag?« (*taz*)

»Es sind junge Männer aus unserer Mitte. Was haben wir
falsch gemacht?« (*Brigitte*)

»Experte klagt: Man kommt in Europa viel zu leicht an einen
Lkw.« (*Focus*)

»In einer Gesellschaft, in der der Anti-Islamismus und die
Abgrenzung von anderen wieder hoffähig wird, da gibt es natürlich auch an den Rändern der Gesellschaft Verrückte, die sich
legitimiert fühlen, dagegen mit härteren Maßnahmen vorzuge-
hen.« (Sigmar Gabriel)

»Wofür aber steht die Strandpromenade von Nizza? Für Konsum, Luxus, Protzerei. Der Anschlag richtete sich auch gegen
die ungleiche Verteilung des Reichtums in der Welt, gegen den
Kapitalismus.« (Jakob Augstein, *Spiegel online*)

»Gerade solche Fälle zeigen, dass Europa zusammenhalten
müsste und welchen Schaden uns der Brexit zufügt.« (Miriam
Meckel, *Wirtschaftswoche*)

»Sieben von fünf Bundesbürgern meinen, gerade nach solchen Vorfällen müsse die AfD vom Verfassungsschutz beobachtet werden.« (Manfred Güllner, Demoskop)

»Wie schützen wir den deutschen Islam vor geistig verwirrten Einzeltätern?« (Anne Will in der Ankündigung zur abendlichen Sondersendung)

»Das hat mal wieder nix mit nix zu tun.« (Beatrix von Storch, AfD, auf Twitter)

»Verlieren wir aber angesichts des schrecklichen Vorfalls trotzdem nicht die Relationen aus dem Blick. Es gab 2015 in Frankreich 3461 Verkehrstote. Sogar das Risiko, bei einem Haushaltsunfall zu sterben, ist höher als das, bei einem Terroranschlag umzukommen, von dem man noch nicht einmal weiß, ob es überhaupt einer war.« (Heribert Prantl, *Süddeutscher Beobachter*)

»Am Geburtstag des Bolschewismus hat ein einzelner arabischer Verbündeter dem Erbfeind einen empfindlichen Schlag versetzt. Ob Juden unter den Toten sind, ist noch nicht bekannt.« (*Völkischer Beobachter,* aus dem Untergrund)

»Zur Bekämpfung der islamfeindlichen Hasskommentare im Netz, die nach solchen Einzelfällen ausbrechen, haben wir immer noch zu wenige Inoffizielle Mitarbeiter.« (Anetta Kahane, Amadeu-Antonio-Stiftung)

»Man macht immer leicht eine Religion für solche Taten verantwortlich. Dabei kann beispielsweise auch Alkoholmissbrauch die Ursache sein, den der Koran bekanntlich verbietet.« (Ulrich Jörges, *stern*)

»Der IS ist tot – er weiß es nur noch nicht.« (Harald Martenstein, *Tagesspiegel*)

»Wo ist im Koran bitte von einem Lkw die Rede?« (Lamya Kaddor, Expertin)

»Und wieder werden wir die Schuldigen sein.« (*Hürriyet*)

»Die Ereignisse von Nizza werden bleibende Spuren bei den deutschen Muslimen hinterlassen.« (Aiman Mazyek, Zentralrat der Juden von heute)

»AfD halts Maul!« (Ralf Stegner auf Twitter)

»Ein harter Schlag für die Gastronomie Nizzas.« (*Der Feinschmecker*)

»Unter den Opfern solcher Anschläge befinden sich regelmäßig auch Homo-, Trans- und Intersexuelle, doch das herrschende homo- und transphobe Klima verhindert eine Diskussion darüber.« (*queer.de*)

»Immer mehr Französinnen an der Côte d'Azur überlegen, ob sie künftig mit Burkini ins Meer steigen sollen. Wir zeigen die angesagtesten Modelle und Trends.« (*Elle*)

16. Juli

Liebe Berliner Abiturienten, die Prüfungsfragen werden in diesem Jahr für alle Fächer zusammengefasst. Sie lesen im Folgenden vier Tatsachenbehauptungen, von denen nur eine stimmt. Kreuzen Sie diese Aussage an. (Kleiner Tipp: Es ist die, die Ihnen als erste eingefallen wäre, wenn sie nicht schon dastünde.) Sie können übrigens auch in Ihrer Muttersprache ankreuzen! Viel Erfolg!

1. Der islamische Terror hat nichts mit dem Islam zu tun.
2. Der Nationalsozialismus hatte nichts mit Deutschland zu tun.
3. Der Feminismus hat nichts mit Frauen zu tun.
4. Der Frauenfußball hat nichts mit Fußball zu tun.

Morgensonniger 19. Juli

Fragen eines (die *Bild*-Zeitung lesenden) Arbeiters:
1. War der Amoklauf des afghanischen Asylbewerbers im Regionalzug bei Würzburg ein Einzelfall?
    Antwort des Kommissariats für Volksaufklärung: Ja.
2. Hatte der Anschlag einen islamischen Hintergrund?
    Antwort: Das wird noch geprüft.
3. Wenn der Mann, wie Zeugen berichteten, »Allahu akbar« schrie, während er mit einer Axt auf Menschen einschlug, ist der islamische Hintergrund da nicht eindeutig?
    Antwort: Vielleicht hat sich der Mann nur eingebildet, ein Islamist zu sein.
4. Was unterscheidet einen eingebildeten Islamisten von einem tatsächlichen?
    Antwort: Sein Anschlag hat erst recht nichts mit dem Islam zu tun.
5. Hat er nicht im Auftrag seines Gottes gehandelt wie Tausende Glaubensbrüder auch? Hat er nicht den Mordaufruf des IS befolgt, Ungläubige zu töten, auf welche Weise auch immer? Wie kann er da ein Einzeltäter sein?
    Antwort: Wir wissen nicht, ob ein Zusammenhang zwischen seinem Ruf und seiner Attacke bestand. Auf jeden Fall war kein zweiter Täter im Zug. Also handelte es sich um einen Einzeltäter.
6. Der Fall erinnert an eine Messerattacke vor gut zwei Monaten in einer S-Bahn bei München. Damals tötete ein Mann einen Fahrgast und verletzte drei weitere. Der 27-jährige Täter hatte nach seiner Festnahme wirre Angaben gemacht und war deswegen vorläufig in eine psychiatrische Klinik eingewiesen worden. War auch der Täter von Würzburg verwirrt?

Antwort: Das ist wahrscheinlich. Viele Flüchtlinge sind traumatisiert.

7. Dann wäre er immerhin als verwirrter Täter kein Einzelfall mehr, oder?

   Antwort: Einzelfälle sind nicht addierbar. Sie bleiben, auch wenn sie sich häufen, Einzelfälle.

8. Warum laufen keine christlichen Flüchtlinge Amok? Sind sie nicht traumatisiert?

   Die Frage wurde vom Bundesjustizministerium auf Empfehlung der Amadeu-Antonio-Stiftung gelöscht.

9. Warum greifen eingereiste Täter Menschen in einem Land an, in das sie geflohen sind und das sie gastlich aufnimmt?

   Antwort: Diese Täter sind, wie gesagt, traumatisiert und Einzelfälle.

10. Hätte sich der Täter von Würzburg ohne die Willkommenspolitik der Kanzlerin überhaupt in Deutschland aufhalten dürfen?

    Die Frage wurde vom Bundesjustizministerium gelöscht. Der Frager wird verwarnt. Ihm wird eine Facebook-Sperrung angedroht.

11. Einige der Opfer stammen aus Hongkong. Wird die Tat das Image Deutschlands im Ausland beschädigen und negative Folgen auf den Tourismus haben, wie das angeblich bei Pegida der Fall ist?

    Antwort: Das Image Deutschlands in der Welt wird von deutschen Rechtsextremisten und Ausländerfeinden beschädigt. Da der Täter selber Ausländer war, ist dergleichen nicht zu befürchten.

12. Musste der Mann erschossen werden? Hätte der Beamte ihn nicht kampfunfähig schießen können?

    Antwort: Die Grünen werden eine Gesetzesvorlage einbringen, dass möglicherweise traumatisierte Amokläufer nur kampfunfähig geschossen werden dürfen.

13. Wie kann ich mich als Bürger vor solchen Attacken schützen?

Antwort: Das ist unnötig. Die Wahrscheinlichkeit, dass Sie bei einem Auto- oder Haushaltsunfall sterben, ist statistisch vielfach höher. Wir empfehlen eine mürrische Indifferenz.

14. Muss ich jetzt, um die Einreise weiterer Einzeltäter zu verhindern, AfD wählen?

Antwort: Die AfD ist mitverantwortlich für die Radikalisierung von Muslimen. Mit ihren rechten Parolen bietet sie ein Feindbild. Ohne die Hetze der AfD würden Jugendliche nicht in die Radikalität abdriften.

15. Wieso sprechen Sie jetzt in der Mehrzahl? Sie sagten doch gerade, es handle sich um Einzelfälle? Und dieser Afghane: Konnte der denn Deutsch? Oder hetzt die AfD schon auf Afghanisch? ... Hallo?

...

16. Ernst Thälmann hat 1932 gesagt: »Wer Hitler wählt, wählt den Krieg.« Wenn ich jetzt einen ähnlichen Satz mit Merkel und Einwanderergewalt bilde und im Internet poste, was passiert dann?

Antwort: Zwei Beamte sind schon zu Ihnen unterwegs.

Frühroter 21. Juli

Am meisten ärgert mich an diesen islamischen Radikalen, dass sie mich an die Seite von Leuten nötigen, die den Begriff »Aufklärung« ohne eine Spur von Ironie verwenden.

21. Juli

Heute ist übrigens der Jahrestag der »Schlacht bei den Pyramiden«, wo anno 1798 Napoleons Truppen die stolze und todes-
mutige, aber schließlich doch ziemlich verblüffte Reiterei der
Mamelucken (bzw. Mamluken) und ihrer arabischen Verbündeten zusammenschossen. Die Franzosen, die mit 20 000 gegen
35 000 Mann antraten, standen so felsenfest zu Karrees geformt,
dass die Mamelucken glaubten, die europäischen Bewaffneten
mit Migrationshintergrund hätten sich aneinander festgebun-
den. Napoleon verlor an diesem Tag keine 50 Soldaten, während der Feind völlig vernichtet wurde.

Berühmt geworden sind zwei Aperçus des korsischen damals
noch Generals. »Esel und Gelehrte in die Mitte!«, soll er befohlen haben, als man des Gegners ansichtig wurde – eine Besonder-
heit seines Ägypten-Feldzuges bestand ja darin, dass zahlreiche
Wissenschaftler und Zeichner im Tross des Heeres mitzogen,
die das geheimnisvolle Land der Pharaonen für die europäische
Wissenschaft wiederentdecken sollten (für dessen staunenswerte Kultur sich die Araber erst zu interessieren begannen, als sie
bemerkten, dass europäische Sammler und Touristen Geld auszugeben bereit waren, um die Relikte aus der Nähe zu bewun-
dern). Und Napoleon soll in seiner Ansprache vor der Schlacht
anspornend gerufen haben: »Soldaten! 40 Jahrhunderte blicken
von diesen Monumenten auf euch herab!«

Johannes Willms moniert in seiner Napoleon-Biographie, der
General habe die Pyramiden am Tage des Treffens überhaupt
nicht sehen können, keineswegs wegen seiner charaktervollen
Kleinheit, sondern weil sie noch einen Tagesmarsch entfernt lagen. Daraus leitet der Biograph zumindest die Möglichkeit ab,
dass dem Eroberer diese Worte erst beim Diktieren seiner Au-

tobiographie auf St. Helena eingefallen sein könnten. Das wirklich Frappierende übersieht indes auch Willms, nämlich dass
Napoleon das Alter der Pyramiden ziemlich genau schätzte, obwohl er weder 1798 bei Gizeh noch 1821 auf St. Helena auch nur
entfernt ahnen konnte, wie alt diese »Dreiecksdome« (Thomas
Mann) tatsächlich waren. Erst im Todesjahr des Kaisers entzif-
ferte sein Landsmann Champollion die Hieroglyphen, aber es
sollte noch viele Jahre dauern, bis die Ägyptologen halbwegs
verlässliche Chroniken vorlegen und den einzelnen Pyramiden
jene Pharaonen zuordnen konnten, zu deren Verherrlichung sie
errichtet worden waren.

Der Mitternacht zustrebender 21. Juli

Freund *** berichtet, er habe in Florenz einen neuen Trend beobachtet: Die Besucher der Uffizien fotografieren nicht mehr
vorrangig die Gemälde, sondern machen sogenannte Selfies mit
den Bildern im Hintergrund.

22. Juli

Dass es beim dilettantischsten Putsch der neueren Geschichte
nicht mit rechten Dingen zugegangen sein kann, wird derzeit vielfach diskutiert; mangels genauerer Informationen aus der Türkei
begnüge ich mich damit, diesen Verdacht zu wiederholen. Ob ein
professionell durchgeführter Staatsstreich auf mittlere Sicht erfolgreich gewesen wäre, steht dahin; der Welttag der Kemalisten
ist wohl doch verstrichen, jedenfalls sind ihnen die Zeitläufte nicht
günstig, die Islamisierung und Ent-Westlichung der muslimischen

Welt scheint derzeit unaufhaltsam zu sein und wird weiter auf Westeuropa übergreifen. Man bemerkt es überall am Stadtbild; vor siebzig, achtzig Jahren gab es nicht nur in der Türkei, sondern sogar in Afghanistan kaum Frauen mit Kopftüchern, geschweige vollverpackte; heute sieht Paris islamischer aus als ehedem Ankara.

Die Türkei befand sich bereits vor dem Putsch dank ihres göttlichen Führers aus deutscher Sicht auf dem Weg zum feindseligen Verbündeten mit fünfter Kolonne auf dem »Hoheitsgebiet« (Ironie!) der Bundesrepublik. Da die wirklichen Problemmacher allerdings die antiweißen, antieuropäischen Rassisten in der Regierungskoalition, bei der EU, bei den Roten, Grünen etc. sind, die am liebsten morgen die Türkei (und übermorgen den Irak? den Libanon? den Sudan?) in die EU aufnehmen und mit deutschen Hilfsgeldern für Mülltrennung, Koranschulen und Flüchtlingsselektion zum unbedingten Nachteil Deutschlands ausstatten würden, ließe man sie gewähren, kann ich Erdogans Selbstermächtigung zum Sultanat nur begrüßen; nun ist es auch den hiesigen politischen Glaubensirren nicht mehr möglich, ihn als Partner zu behandeln. Also der Putsch kam nicht nur für den Despoten am Bosporus, sondern auch für die Desperados an der Spree zur rechten Zeit. Die Türkei gehört nicht zu Europa, tat dies nie und wird es so schnell nicht tun. Angesichts der hyänenrudelhaften Gewaltexzesse gegen Militärs, sobald diese die Waffen abgegeben hatten, bin ich sogar geneigt, von einem europainkompatiblen Menschenschlag zu sprechen, der dort teilweise agiert und den ich ungern im eigenen Lande hätte bzw. habe.

Am Rande: Ein Autor bei *eigentümlich frei* stellt die Frage, wie viele Deutsche sich wohl für Merkel und Gabriel gegen die Panzer von Putschisten gestellt hätten. Mutloser Deutscher, grämen Sie sich bei solchen Erwägungen nicht; Merkel würde auch nichts für Sie tun!

Selbstverständlich müsste die Kanzlerin jetzt ihren sogenannten Flüchtlingsdeal mit Erdogan beenden (das Geld darf
sie stattdessen den Makedoniern und, wenn sie begriffen haben, dass sie niemanden mehr weiterschicken können, auch den
Griechen geben, damit sie ihrerseits die Rolle des europäischen
Torwächters übernehmen). Als nächstes sollte man die Türkei
aus der Nato ausschließen, wobei die Amerikaner wahrscheinlich nicht mitspielen werden, es sei denn, es wird doch Trump
Präsident. Es ist ohnehin verrückt, dass wir bei der augenblick-
lichen Weltlage das christliche Russland sanktionieren und der
islamischen Türkei Geld überweisen. Der AKP und ihren Ab-
legern sollte in Deutschland verboten werden, sich politisch zu
betätigen, von der Türkei bezahlte und von der Religionsbehör-
de Diyanet ausgewählte Import-Imame sollten hier nicht mehr
predigen und agitieren dürfen. Kurz: Eine umfassende Entfremdung sollte eintreten. Dank Erdogan kann es geschehen.
Zollen wir diesem Mannsbild von Herrscher, zollen wir Recep
dem Prächtigen also unseren untertänigen Respekt.

Nachmittäglicher 22. Juli

2013 wurde bekannt, dass der TV-Kommissar Horst »Derrick«
Tappert als Panzergrenadier bei der *Waffen*-SS gedient hatte.
Bis heute sei zwar nicht bekannt, ob der Schauspieler auch an
Kriegsverbrechen beteiligt war, schreibt ein Mediendienst –
merke: die Bombardierung Dresdens war keines, und kein
Kriegsteilnehmer auf der Gegenseite würde mit diesem Pau-
schalverdacht überhaupt je konfrontiert –, doch das ZDF rea-
gierte weiland prompt mit der Erklärung, man werde keine
Derrick-Wiederholungen mehr ausstrahlen. Nun hat die *Bild*-

Zeitung noch einmal nachgefragt, und ein ZDF-Sprecher erklärte wiederum prompt: »Das ZDF plant auch weiterhin keine
Wiederholungen.« Das endgültige Programm-Aus für *Derrick*
scheint besiegelt.

Warum werden die Filme eines Schauspielers, der als junger
Mann an der Front gekämpft hatte wie Millionen andere auch
und die mit diesem Krieg nicht das Geringste zu tun haben, gewissermaßen in den Giftschrank verbannt? Richtig: weil wenigstens im ZDF die Nazi-Mentalität nie ganz verschwunden ist,
weil wenigstens das ZDF – abgesehen von Ausnahmen mensch-
licher Schwächen – immer anständig geblieben ist.

PS: »Caliban hat einen neuen Herrn und darf seinen getöteten früheren Herrn und alle Feinde seines jetzigen Herrn in
voller Presse- und Redefreiheit beschimpfen. Welch ein Fortschritt.«

Also sprach in diesem Zusammenhang schon recht früh
und längergültig unser aller Freund-Feind-Frontschwein Carl
Schmitt.

PPS: Und der *Blechtrommel*-Film, ZDF, was ist mit dem?
Wenn ihr Bewegtbild-Heinis das Buch des Waffen-SS-Mannes
Grass schon nicht den Flammen übergeben könnt?

Noch etwas späterer 22. Juli

Als Napoleon am 1. März 1815 aus seiner Verbannung auf Elba
floh, schrieb eine französische Gazette: »Der Menschenfresser
hat seine Höhle verlassen.« Am 2. März lautete eine Schlagzeile: »Der korsische Werwolf ist bei Cap Juan gelandet.« Am
folgenden Tag: »Der Tiger ist zu Gap angelangt.« Am 4. März:
»Das Ungeheuer ist nach Grenoble entkommen.« Tags darauf:

»Der Tyrann verweilte in Lyon.« Am 6. März: »Der Usurpator
hat sich Paris auf 60 Meilen genähert.« Am 8. März: »Napoleon
wird morgen unter unseren Mauern sein.« 9. März: »Der Kaiser
ist zu Fontainebleau angelangt.« Und einen Tag später: »Seine
Kaiserliche Majestät hielten gestern Abend Ihren Einzug in Ihr
Tuilerien-Schloss.«

An dieses drollige (De-)Crescendo musste ich denken bei
der Überlegung, wie wohl die hiesige Presse auf die Nachricht
reagieren würde, dass Donald Trump der 45. Präsident der Vereinigten Staaten wird.

Nachtrag: Leser *** weist darauf hin, dass Napoleon am 10.
und 11. März 1815 in Lyon (ver)weilte, »am 9., seinem Hoch-
zeitstag und aus Grenoble kommend, schlief er zur Nacht im
hübschen Bourgoin-Jallieu, wovon heute noch eine kleine Tafel kündet«; ganz so rasend schnell, wie die (von mir blindlings
übernommenen) Datierungen es suggerierten, sei sein Marsch
auf Paris denn doch nicht vonstatten gegangen. Natürlich nicht
– ein genauer Blick auf die Karte und ein kurzer Überschlag der
möglichen Tagespensen hätten es mir zeigen müssen. Napoleon und seine überwiegend zu Fuß marschierende Truppe be-
nötigten für eine Strecke von knapp 800 Kilometern zwanzig
Tage, was sensationell genug ist, wenn man einrechnet, dass der
Rückkehrer in den zu ihm übergelaufenen Städten eine Zeitlang
verweilte und sofort wieder zu regieren anfing, die Notabeln
empfing, seine Motive erklärte, Befehle erließ etc. pp.

Machen wir es also korrekt: Napoleon bestieg am 26. Februar 1815 seine Brigg »L'Innocent« und landete am Nachmittag
des 1. März zwischen Antibes und Cannes im Golf von Jou-
an. Vor Grenoble erschien er am Abend des 7. März (ich habe
seinen Einzug in die Stadt übrigens im *Ramses-Code* geschil-
dert), Lyon erreichte er am 10. März. Ney lief am 14. März

nach Auxerre zu ihm über, der König floh in der Nacht auf den 19. März aus Paris, und am 20. März zog Napoleon in die Hauptstadt ein.

Nachschrift: Anfang November belehrte mich Leser ***, dass es sich bei der Schlagzeilenfolge nur um eine »köstliche Anekdote« handle, die seines Wissens Alexandre Dumas in die Welt gesetzt habe. »Sie werden weder im *Moniteur* noch in anderen Pariser Gazetten der Zeit die Zitate finden, die das geschmeidige Verhalten der Presse dokumentieren könnten. Napoleon, der im Regelfall Bonaparte oder Napoleon Bonaparte genannt wird, wird zwar als Abenteurer bezeichnet, aber nicht als Tyrann oder Ungeheuer beschimpft. Lediglich die ersten Zeilen des *Moniteur* vom 20. März zitieren Sie in etwa treffend. Die ›Schlagzeilen‹ lauten: ›Der König und die Prinzen sind in der Nacht abgereist. Seine Majestät der Kaiser ist heute am Abend um 8 Uhr in seinem Tuilerien-Palast angekommen.‹ Das ist eine durchaus neutrale Berichterstattung, die bei einer offiziellen Zeitung, wie dem *Moniteur*, auch nicht anders zu erwarten ist.

Zwar erwähnen Sie in Ihrem Diarium nicht den *Moniteur*, sondern schreiben über eine ›französische Gazette‹. Zahlreiche Ihrer Vorgänger jedoch, die diese Anekdote kolportieren, schreiben sie dem *Moniteur* zu. So zum Beispiel das *Bayerische Volksblatt: Eine constitutionelle Wochenschrift*, das in der Ausgabe Nr. 45 des Jahrgangs 1832 die angeblichen Berichte des *Moniteur* auflistet.

Se non è vero, è ben trovato.«

So ist es denn wohl. Wir stehen einmal mehr vor dem Phänomen der erfundenen und anekdotisch verdichteten Überwirklichkeit. Ich habe die Passagen u. a. in der Napoleon-Biographie des russischen Historikers Eugen (Jewgeni) Tarlé gefunden. Schweren Herzens werde ich sie nicht mehr verbreiten.

23. Juli

»Ich bin Deutscher!«, hat der Neunfach-Mörder von München gerufen. Auch wenn Sie das jetzt irre finden – immerhin hat dieses Scheusal halbe Kinder erschossen –, rührt mich dieser Ausruf. Es steht womöglich eine Gemütslage in Rede, die unsere knuddelige Sozialheilerin Claudia Roth »einen Hilferuf« oder einen »Schrei nach Liebe« nennen würde. Anscheinend haben wir es diesmal eher mit einem Amoklauf als mit einem Terrorakt zu tun, zumal der Totmacher nach Polizeiangaben ein Deutsch-Iraner gewesen ist, also höchstwahrscheinlich ein Schiit, und als solcher dürfte er zumindest keinen IS-Mordbefehl ausgeführt haben. Er war auch kein sogenannter Flüchtling. Aber eben Muslim. Und dass die Bluttat in einem gesellschaftlichen Klima stattfand, das von Merkels Politik der offenen Grenzen destabilisiert ist, wird sich nicht von der Hand weisen lassen.

Nun rätseln alle wieder über die Motive des Attentäters (der übrigens als guter Deutscher starb, nämlich durch Selbstmord, und wer sich selbst richtet und nicht im Kampf fällt, kommt nimmermehr zu den Huris ins Paradies). Erlöst darf geächzt werden: kein islamischer Hintergrund! Mit einem großen Aufseufzen dürfen die Genossen Medienschaffenden verkünden, dass es vermutlich ein Einzeltäter war. Das schreiben sie bekanntlich bei jedem Anschlag von Muslimen – für den Massenmord von Nizza hat sich die Anzahl der Einzeltäter inzwischen auf sechs erhöht –, doch diesmal könnte es, wie gesagt, sogar stimmen. (Wenn die Täter Deutsche sind, handelt es sich niemals um einzelne Verwirrte; der Mann, der die Kölner Bürgermeisterin niederstach, tat dies bekanntlich im Namen von Pegida, und der

NSU wusste die extremistische deutsche Mitte mehr oder weniger geschlossen hinter sich.) Ein Klima der Unsicherheit, des Misstrauens, des latenten Verdachts wird nach Würzburg und München bleiben. Niemand steigt derzeit unbeschwert in einen Regionalzug, besucht in gelöster Stimmung ein Volksfest oder durchstreift beschwingten Gemüts ein Einkaufszentrum.

Späterer 23. Juli

Freund *** merkt an, dass die gesamte Einwanderungsdebatte hierzulande, freilich nur die Migration von Muslimen betreffend, unter der Generalklausel ablaufe, was wir den Ankömmlingen schuldig seien, was wir ihnen zu erstatten hätten, um sie ruhig und bei Laune zu halten: Bleibe, Bildung, Integrationskurse, Alimente, Verständnis für ihre religiösen Gebräuche bei Zurücknahme der eigenen, Verständnis für ihre Speisegebote und sexuellen Verklemmtheiten, Verständnis für ihre Aggressivität (die Armen sind ja »traumatisiert«) und ihre Kriminalität. Bei Strafe des Rassismusvorwurfs und der Facebook-Entfreundung! Überall, wo Muslime in großer Zahl einwandern, macht ein Teil von ihnen Ärger. Dieser auffällige und aggressive Teil beharrt kompromisslos auf seiner Eigenart, nimmt alles und gibt nichts (die Leute sind ja meist bestürzend ungebildet), lehnt die Kultur des Aufnahmelandes ab – und ist natürlich desto größer, je mehr Muslime insgesamt einwandern. Diese Menschen fliehen – angeblich – vor Zuständen, die sie selber reproduzieren. Aus ihrer Mitte werden die Attentäter der Zukunft kommen. Ob sie als religiös motivierte Terroristen oder als frustrierte Amokläufer agieren, ist völlig unerheblich, es sind importierte Problemfälle,

die der deutschen Gesellschaft schaden und das zivilisierte
Zusammenleben erst stören und in vielen Regionen schließlich zerstören.

Was ist also zu tun? Erstens: Man beende die unkontrollierte Masseneinwanderung und mache endlich die Grenzen
dicht. Wir schulden niemandem irgendetwas, vor allem nicht
unsere Sicherheit. Für diejenigen, die ihr schlechtes Gewissen
gegenüber der Dritten Welt therapieren wollen oder müssen,
stehen inzwischen hinreichend viele Betreuungsfälle im eigenen Land zur Verfügung; viel Glück mit ihnen, speziell mit
unbegleiteten minderjährigen Großwüchsigen. Zweitens:
Schluss mit Sozialleistungen für Einwanderer ohne Gegen-
leistung und vor allem ohne zeitliche Begrenzung. Drittens:
Man stelle die Muslime nicht unter Generalverdacht, sondern
suche sich die Verbündeten unter ihnen; nicht nur die deutsche Gesellschaft ist gespalten, sondern auch die muslimische
Community. Viertens: Was den Umgang mit Terroristen (und
Amokläufern) angeht, lerne man von Israel: Wachleute und
Durchleuchtungsgeräte vor jedem Einkaufszentrum, Kino,
Stadion etc. Rigide Anwendung des Profiling durch die Polizei; das ist zwar »rassistisch«, führt aber zu den gewünschten
Ergebnissen und wirkt eminent prophylaktisch. Mittelfristig
wird eine Lockerung der Waffengesetze unvermeidlich sein,
damit die Bürger sich selber schützen können. Es wird nicht
immer eine halbe Bürgerkriegsarmee zur Verfügung stehen,
um einen bewaffneten Teenager zu erledigen; das müssen im
Zweifelsfalle ein paar Sheriffs tun.

Aber das wird dauern. Der Weg auch zum irdischen Paradies
ist mit Einzeltätern gepflastert.

25. Juli

Nein, ich werde nicht jeden Anschlag kommentieren, auch
das gestrige Selbstmordattentat von Ansbach nicht (sonst
wird das hier am Ende allzu monotonothematisch), zumal
sich mir, anscheinend im Gegensatz zur Qualitäts- und Wahrheitspresse, die Frage nach dem Motiv harthirnig nicht stellt.
Ein Muslim, der sich in einer Menschenmenge selber in die
Luft sprengt oder sprengen will, verfügt, wie der Blick in alle
Teile der Welt zeigt, wo dergleichen passiert, über einen der-
artig pittoresken Reichtum an Motiven, dass Scheherazade
darüber nächtelang spekulieren könnte.

Zur Neige gehender 25. Juli

Augenscheinlich konnte nichts falscher sein, als den juvenilen
Todesschützen von München mit arabischen Dschihadisten in
Verbindung zu bringen; seine Tat zielte offenbar ziemlich exakt
in die entgegengesetzte Richtung, und insofern war es womöglich doch bedeutsam, dass er den Jahrestag des Breivik-Massa-
kers für sein persönliches Schützenfest wählte.

»Es hat sich mittlerweile wohl herausgestellt, dass der
Deutsch-Iraner hier unbedingt dazugehören wollte und in der
Schule deshalb, vielleicht auch wegen seiner ›unislamischen‹
psychischen Probleme, von Türken und Arabern gehänselt, ja
gemobbt wurde«, spekulierte Leser *** bereits gestern. Es sei ja
nicht einmal klar, ob Ali David S. praktizierender Moslem gewesen sei. »Wenn man ferner bedenkt, dass die Iraner sich für
Arier halten, was im Iran keinen negativen Beigeschmack hat,
bekommt seine Haltung tragische Züge. Möglicherweise wurde

er von diesem rassistischen Herrn, der ihn auf dem Parkdeck als ›Wichser‹ und ›Kanake‹ beschimpfte, auf den Boden der Tatsachen zurückgeholt und aus dem Konzept gebracht: Er hatte ja noch 300 Schuss. Aber er musste erkennen, dass seine ›rechtsradikal‹ motivierte Tat gegen ›Scheißausländer‹ gerade auch von den Biodeutschen nicht goutiert wird. Darum hat er aufgehört, Türken und andere Nichtdeutsche zu erschießen, auch auf die deutsche Polizei hat er nicht geschossen, sondern sich erschossen. Das passt. Auch der Breivik-Jahrestag. Fazit: Der erste rechtsradikale Anschlag eines Migranten, der richtiger Deutscher sein wollte und deshalb sowohl von Ausländern als auch von Biodeutschen abgelehnt wurde. Ein Migrant kann es hierzulande niemandem recht machen. Die Welt wird immer absurder.«

Ähnlich sah es, ebenfalls schon gestern, André F. Lichtschlag auf *eigentümlich frei*, als er konstatierte: »Offenbar waren die Asozialen, die dem Deutsch-Iraner und vermutlich Schiiten Ali David in Schule und Nachbarschaft immer wieder zugesetzt haben, zu großen Teilen Türken und Kosovo-Albaner – so wie diese jetzt unter den Opfern von Ali David überrepräsentiert sind. ›Ich habe Wort gehalten‹, rief Ali David. ›Ich bin Deutscher‹, fügte er fast verzweifelt gegenüber dem degenerierten Bayern auf dem Balkon hinzu.«

Armer fremder Landsmann, möge Allah dir in der Hölle Hafterleichterung erwirken.

Fast verstrichener 25. Juli

In welcher Statistik wird der Amokläufer Ali David S. wohl landen? »Ausländer, die eine Doppelstaatsbürgerschaft besitzen,

werden ausschließlich als deutsche Straftäter registriert« –
mit dieser Aussage wird die *Welt* vom 17. 02. 2005 mehrfach
im Netz zitiert (es handelt sich bei den Quellen immer um
Afterzitate); sollten wir schon einmal soweit gewesen sein,
werden wir gewiss nicht zurückmarschieren. Folgt man einem
interessanten Blogeintrag, dann gebietet zudem eine spezielle
Regelung den Kollektoren der Polizeilichen Kriminalstatistik,
»alle Nichtdeutschen, die eine Schule, Fachschule oder Hochschule besuchen«, unter »Student/Schüler« zu erfassen. Das
sind bekanntlich eine Menge, wenn wir von den Hochschulen
absehen, auf denen es nur wenige Zuwanderer aus dem Morgenland gibt, weil sie bei der Zulassung diskriminiert werden,
bisweilen sogar von der Natur. Wenn sich diese kultursensible Art der Einzelfallregistrierung endlich auch auf sämtliche
Polizeiberichte erstreckte und H. Maas im Netz noch eine
Alltagserfahrungssperre durchsetzen könnte, wäre endlich
Schluss mit der Pauschalverdächtigung jedes schutzsuchenden *Bon sauvage*, der nachts auf der Suche nach Anerkennung
die Stadt durchstreift.

   Als Motiv des Amoklaufes von Ali David S. käme Hass auf
Ausländer infrage, also dürfte seine Tat der Statistik zehn von
deutschen Rechtsextremisten getötete Menschen, meist Ausländer, hinzufügen. Der Kampf gegen »rechts« hat einen Grund
mehr.

26. Juli

   Eins.
Eine der ersten politischen Reaktionen auf das Münchner Mas-
saker war der Ruf nach weiterer Einschränkung des privaten

Schusswaffenbesitzes. – Es gibt ein Land, da versucht man, den Konsum von Chrystal Meth durch Alkoholverbote zu bekämpfen, dort hält man legalen Waffenbesitz für bedenklicher als illegalen.

Zwei.

Die Frage, ob eine Gewalttat mit dem Islam zu tun hat, ist sekundär; die primäre Frage muss heißen: Hat sie etwas mit Einwanderung zu tun?

Drei.

»In Nizza und Würzburg ist eine neue Form des Terrors sichtbar geworden: Jeder kann Opfer werden. Und jeder Täter.« Mit diesem Vorspann speichelt die *Zeit* einen Gastbeitrag ein. Und nun warten wir alle darauf, dass eines der Testosteron-Strickliesel aus der *Zeit*-Redaktion sein bzw. ihr Täterschicksal triumphierend erfüllt.

Vier.

Ob nun aus Solidarität oder aus Ehrgeiz, wenn die schönen Seelen im Helmut-Schmidt-Mausoleum wähnen, die trendigste Zeile formuliert zu haben, legt die Nachbarschafts-Guerilla sofort routiniert nach. »Gab es in Frankreich erneut einen terroristischen Anschlag?«, fragte *Spiegel online* gegen 13 Uhr. Zwei »Männer« haben im französischen Saint-Étienne-du-Rouvray einem 86-jährigen Pfarrer während der Messe die Kehle durchgeschnitten (nach einigen Meldungen haben sie ihn sogar geköpft) und einige Nonnen als Geiseln genommen. Stundenlang rätselte man speziell in Hamburger Redaktionsstuben und bei den Grünen über die Motive der Täter (waren sie vielleicht als Buben von hartherzigen Nonnen gequält worden?), inzwischen – wir schreiben 15.19 Uhr – hat die Geiselnahme »offenbar einen terroristischen Hintergrund« bekommen; warum jene und nicht der ermordete Geistliche die Hauptmeldung darstellt, gehört zu den (wahrscheinlich aber edlen) Mysterien der Lückenbranche.

Fünf.

Eigentlich kam als Schlagzeile der Woche ja nur Bernd Zellers »Zentralrat der Einzeltäter lobt Karikaturen« in Frage, doch heute steuert Leser *** die womöglich noch bessere Zeile bei: »Flüchtling findet Nibelungenschatz und gibt ihn zurück.«

Sechs.

»Wer könnte Ihnen einen Befehl abschlagen, Teuerste!« (Neulich bei der Bundeswehr.)

28. Juli, mittags

Ob ihr das Anwachsen von Rassismus und Fremdenfeindlichkeit in der Gesellschaft Sorgen bereite, fragte ein kritischer Journalist die Kanzlerin auf der soeben zu Ende gegangenen Pressekonferenz. Ich hätte an ihrer Stelle geantwortet: Was wollen Sie? Wenn Zehn- oder Hunderttausende Rassisten und Fremdenfeinde schutzsuchend einwandern, wachsen eben auch Rassismus und Fremdenfeindlichkeit in der Gesellschaft, und zwar sogar exponentiell. Oder wollen Sie die Leute draußen lassen?

Fremdenfeindlichkeit entsteht durch die Einwanderung von Fremdenfeinden, das ist übrigens ein guter Satz zur Gesprächseröffnung auf einer Party. Oder, um die ganze Sache noch dialektisch abzurunden: Fremdenfeindlichkeit kann Leben retten.

28. Juli, Mitternacht

Jemand sagte: »Jetzt melden die Zeitungen, der Amokschütze von München sei ein Hitler-Bewunderer gewesen. Ja glauben diese Leute, es gibt eine nennenswerte Zahl von Einwanderern aus dem arabischen Raum, auf die das nicht zutrifft?«

30. Juli

Vor einer Woche erinnerte ich an dieser Stelle an den Jahrestag des napoleonischen Sieges in der »Schlacht bei den Pyramiden« anno 1798. Da der französische Griff nach Ägypten gemäß Napoleons Intentionen nur ein Zwischenschritt auf dem Weg nach Indien sein würde, machten die Engländer den Franzosen die Beute zügig und erfolgreich streitig. Für die Araber war die deprimierende militärische und technische Überlegenheit der Europäer, die sich um ihr Territorium stritten, ein Schock. In Ägypten entstand damals eine islamische Bewegung, der 150 Jahre lang kein westlicher Stratege eine besondere Beachtung schenkte: der Salafismus.

1804 ließ sich Napoleon vom Papst zum Kaiser krönen. 1805 besiegte er bei Austerlitz die Russen und die Österreicher, 1806 bei Jena und Auerstedt die Preußen. Kein Europäer hielt damals für bedeutend, was zur gleichen Zeit auf der arabischen Halbinsel geschah: Zwischen 1804 und 1806 eroberten die Wahhabiten die beiden heiligen Städte des Islam, Mekka und Medina.

Wie wird man als Europäer, wie wird man in Europa in hundert Jahren diese parallelen Ereignisse gewichten?

Abendlich lauer 30. Juli

»Wir können einem Widerspruch in uns selbst nicht entgehen; wir müssen ihn auszugleichen suchen. Wenn uns andere widersprechen, das geht uns nichts an, das ist ihre Sache.«
Goethe

31. Juli

Die Sonntage immer den Künsten!

   Martin Mosebach, der heute fünfundsechzig wird, ist eine erratische Erscheinung im deutschen Kulturbetrieb. Zum Beispiel war er nie links. Nie hat er »die Gesellschaft« für irgendetwas verantwortlich gemacht, nicht einmal für die maue Tantiemensituation seiner literarischen Anfangsjahre – beziehungsweise, wenn man es ganz genau nimmt, sogar Anfangsjahrzehnte. Der damalige Jura-Student blickt nicht auf eine bewegte Vergangenheit beim Asta und in der K-Gruppe zurück. Obwohl der 68er Generation quasi angehörig – »Einer Generation anzugehören ist eine Entscheidung niedriger Seelen«, notierte Mosebachs Hausheiliger Nicolás Gómez Dávila –, hinderte ihn sein Distinktionsbedürfnis, bei dem geistlosen Destruktionstheater mitzutun. Schwer vorstellbar, einen Martin Mosebach untergehakt mit Ulrike links und Dany le Rouge rechts »Ho-ho-ho-Tschi-Minh!« skandierend auf der Straße zu sehen. Ich male mir aus, wie er stattdessen lieber seine Technik beim Binden des Krawattenknotens verfeinerte und Gibbon, de Maistre oder eben Gómez Dávila gelesen hat. Wobei diese Namen hier nur als *pars pro toto* angeführt seien; der Mann ist eine wandelnde Bibliothek. Übrigens nicht nur das, auch Pinakothek. Sogar Vinothek. Und einmal unter uns dunkeldeutschen Betschwestern gefragt: Was sind auf der Waage der Themis sämtliche Publikationen der 68er gegen eine gut gebundene Krawatte?

Mosebach ist ein kultivierter, manierlicher, weitgereister, extrem belesener Herr, den man an jeder Tafel neben jeden beliebigen Präsidenten, Potentaten, aber auch Proleten platzieren kann, ohne sich als Gastgeber um den Konversationsverlauf sorgen zu müssen; der Nachbar wird sich bestens unterhalten – und, sofern er über ein Organ dafür verfügt, womöglich ein bisschen ungebildet – fühlen. »Le style c'est l'homme«, sagte Georges-Louis Leclerc, Comte de Buffon, 1753 in seiner Antrittsrede vor der französischen Akademie, und wenn diese Sentenz in der deutschen Literaturszene der eher stilabholden Gegenwart auf jemanden zutrifft, dann auf den Frankfurter Romancier, Essayisten, Causeur und Katholiken, der allein dadurch, dass er Sofa oder Telefon bisweilen mit ph schreibt, Saint-Just für einen Vorläufer Himmlers hält, ständig mit Einstecktuch herumläuft und die alte katholische Messe wiederherstellen will, einige Proleten des Kulturbetriebs mit drolliger Verlässlichkeit auf die Palme bringt.

»Jeder gute Autor ist eine Insel«, hat Mosebach in einem Interview gesagt, und das meint eben: nicht Diskurs, nicht Gruppe, nicht Klüngel, nicht anschlussfähig. »I am a rock, I am an island. I have my books, and my poetry to protect me«, sangen Simon & Garfunkel ganz antizyklisch während der K-Gruppen-Zeit, und wenigstens der Frankfurter Arztsohn nahm die Barden beim Wort.

Natürlich ist da ein Haken an der ganzen in sich ruhenden Kultiviertheit; dieser Mann ist in Wirklichkeit ein Getriebener, ein Besessener, der schreiben muss, um überhaupt leben zu können. Das verrät ein Blick auf seine Manuskripte: handgeschrieben in der Erstfassung, die Blätter randlos bedeckt mit kleinen, sich kräuselnden, regelmäßigen Buchstabenkolonnen, denen eine gewisse Gehetztheit innewohnt (aber vielleicht täusche ich mich auch, und diese reliefartigen Zeilen entstehen in göttlichem Gleichmut). Mosebach schreibt seine Romane bevorzugt im Ausland und oft sozusagen kontradiktorisch zum Handlungsort; so entstand das in Deutschland und Indien spielende *Beben* in Kairo, und seinen Frankfurt-Roman *Westend* brachte er auf Capri zu Papier. Dieses Nachkriegs-Epos ist übrigens wahrscheinlich sein literarisches Hauptwerk, es ist erzähllogisch kühn, befriedigt ästhetisch vollständig und ersetzt ganze mentalitätsgeschichtliche Seminare. Zugleich ist es ein belletristischer Essay zum Thema, wie die deutschen Städte so hässlich werden konnten, warum der Wiederaufbau zerstörerischer war als der Bombenterror.

Apropos: Als Essayist ist Mosebach mindestens ebenso bedeutend wie als Romanschriftsteller. Mindestens? Mindestens. Hier enthüllt sich, und zwar immer nur wie nebenbei, seine staunenswerte Bildung, hier herrscht eine hohe, prachtvolle, spätblütenartige, aber niemals eitle, immer skeptische Individualität, die genau weiß, dass sie in die Gegenwart nur noch hineinragt, dass längst ein anderes Decorum gilt, dass ein neuer Menschentyp mehr wimmelt denn waltet, der sich von seiner Herkunft abgenabelt hat und dem es völlig gleichgültig, ja willkommen ist, wenn die Welt mit Beton, Fast Food, Pornographie, Plastik, Elektronik-Tinnef und gleichmacherischen Diversity-Parolen zugemüllt wird. Nichts verbindet diesen Menschenschlag mehr mit der Vergangenheit. Man könne meinen, schreibt Mosebach, das geschwundene Interesse an Geschichte habe »mit einem dunklen, bisher, wie mir scheint, selten artikulierten Gefühl zu tun, daß uns die Kenntnis unserer Vergangenheit für die Zukunft

nichts mehr zu lehren vermag«. Er spricht von einem »unheilba-
ren Bruch«, der »mit dem Anfang einer von dem uns Vertrauten
gänzlich unterschiedenen Zivilisation einhergeht«.

Wer diesem Prozess nicht applaudiert, gilt als Spielverderber
und Reaktionär, ein Titel, den sich Mosebach gleich neben dem
Einstecktuch ans Revers geheftet hat und deutlich sichtbar um-
herträgt. »Gegenwärtig ist nichts so verpönt wie Skepsis gegenüber unserer Lebensform. Jede Erinnerung an die Verluste, die
sie gekostet hat, wird als Sentimentalität und Nostalgie gebrand-
markt; die Erforschung dessen, was wir sind, woher wir kommen,
welche Gesetze unsere Städte geformt haben, steht unter dem
Verdacht übelster Reaktion«, schreibt er. »Die an Borniertheit
nicht mehr zu überbietende Selbstzufriedenheit wird inzwischen
von wohlbegründeter Zukunftsangst unterwandert, die aber
nicht die Revision des eigenen Standpunktes zur Folge hat, sondern ein verkrampftes Festhalten am Status quo.«

Da ein Literat daran wenig ändern kann, reist der polyglotte
Dichter weiter in die Winkel der Welt und schreibt. Sein neuer
Roman ist soeben fertig geworden.

Als PS noch eine meiner Lieblingsstellen aus einem Mose-
bachschen Essay: »Ob ein Volk ein Kulturvolk ist, entscheidet
sich daran, wie viele kulturelle Fähigkeiten die Armen dieses
Volkes besitzen: wie viele Kenntnisse, das Leben kultisch in
Form zu bringen. Solche Fähigkeiten sind zum Beispiel: einen
Gast empfangen, ein Essen auf den Tisch stellen, ein Huhn tran-
chieren, die Messe dienen, wissen, in welcher Kleidung man
eine Kirche betritt, mit Angehörigen anderer Klassen oder Nationen umzugehen, ein altes Lied singen zu können, eine Frau
so anzusprechen, daß es ihr angenehm ist, auch wenn sie nicht
darauf eingehen möchte, ein Fest zu feiern, einem Toten die
Augen zuzudrücken.«

AUGUST

Abendlicher 4. August

Sachsen – ich befinde mich gerade unter diesen Teufeln mit ihrer höllischen Sprache und ihren schwefligen Sitten, aber nehmen Sie die folgende Statistik ruhig *pars pro toto* – hat einen Ausländeranteil von etwa vier Prozent. Nach Auskunft des Justizministers ist der Anteil der nichtdeutschen Gefängnisinsassen im Freistaat allein vom März bis zum Juli 2016 von 22,4 auf 23,4 Prozent gestiegen. Merke gleichwohl und bei Strafandrohung: Weder Ausländer noch Einwanderer sind krimineller als Deutsche. Und erst recht Flüchtende und Schutzsuchende nicht! Nur das diskriminierende Anzeigeverhalten der Eingeborenen und die Pauschalverdächtigung von Fremden durch die Polizei sind für solche Statistiken verantwortlich. Schlagt die Rassisten, wo ihr sie trefft!

Mittäglicher 5. August

Im Viertel Franc-Moisin des Pariser Vorortes Saint-Denis haben zirka 15 Personen nachts einen Linienbus angehalten und Fahrer sowie Fahrgäste freundlicherweise hinausgeworfen, bevor sie den Bus mit einem Molotow-Cocktail in Brand setzten. Da staunt der deutsche Antifant neidisch, aber die lustigen Feuerteufel riefen ja auch nicht »Deutschland halt's Maul!«, sondern zwei Nummern größer »Allahu akbar!« Kurz zuvor wurde im benachbarten La Courneuve ebenfalls ein Bus mit brennenden Mülltonnen zum Stehen gebracht und demoliert. Nun rätseln französische Medien über die Hintergründe der sinnlosen Zerstörungswut in dem Viertel.

Handelt es sich um:

a) Wut wegen Samenstaus?

b) Wut wegen Diskriminierung durch Ungläubige, Schinkenfresser, Universitätsbesucher und lasziv bekleidete Frauen?

c) Wut wegen Repressalien im Zusammenhang mit Schwarzfahrerei?

d) Wut wegen irgendwas Rassistischem, etwa Bildungsstress?

Schnitt.

Bei einer Messerattacke im Zentrum Londons sind gestern eine Frau getötet und fünf weitere Passanten verletzt worden.

War der Täter:

a) geistig verwirrt?

b) geistig behindert?

c) geistig umnachtet?

d) geistlich verwahrlost?

a) Sunnit?

b) Katholik?

c) Nietzscheaner?

d) Farage-Anhänger?

a) Engländer norwegischer Abkunft?

b) Norweger englischer Abkunft?

c) Norweger somalischer Abkunft?

d) Somalier norwegischer Abkunft?

Die Korrelation von Empirie und Vorurteil ist ein niemals geschriebenes und niemals zu schreibendes Ruhmesblatt in der Geschichte des spätabendländischen Menschen.

15. August

Ulrich de Maizière, ein Nachkomme hugenottischer Einwanderer nach Preußen und vom preußischen Dienstethos durchdrungen, nahm als Wehrmachtsoffizier am Polenfeldzug teil und kämpfte später in Russland. Zweimal, 1942 und Anfang Februar 1945, wurde er von der Ostfront in den Generalstab des Heeres im Oberkommando des Heeres (OKH) kommandiert. Als junger Generalstabsoffizier arbeitete de Maizière 1942/43 in der Organisationsabteilung des Generalstabes mit den Verschwörern Oberst Hellmuth Stieff und den damaligen Majoren Mertz von Quirnheim und Graf von Stauffenberg zusammen; von Letzterem war er fasziniert. In seiner Gedenkrede an den deutschen Widerstand am 20. Juli 1966 beteuerte de Maizière, inzwischen Generalinspekteur der Bundeswehr, dass viele der Widerstandskämpfer »gute Freunde« von ihm gewesen seien. Sie starben vor dem Erschießungskommando oder am Galgen; de Maizière, der den Verschwörern näherstand als den Nationalsozialisten, jedenfalls kein Nationalsozialist war, entschied sich, wie er in seiner 1989 veröffentlichten Autobiographie *In der Pflicht* schrieb, für den Weg »der mir anerzogenen und überlieferten Pflichterfüllung«. Als ein Mann der Vaterlandsliebe und der Verpflichtung zum Dienst am Gemeinwohl habe er damals geglaubt, »nicht ›aussteigen‹ zu dürfen«. Er diente im Frühjahr 1945 als Erster Generalstabsoffizier in der Operationsabteilung. In dieser Funktion nahm er auch an den Lagevorträgen im Führerhauptquartier teil. Hitlers Adjutant Nicolaus von Below berichtete, dass Oberstleutnant de Maizière »die klarsten und nüchternsten Lagevorträge« gehalten habe, »ohne jede Beschönigung«. Die meisten Zuhörer, Hitler inklusive, seien beeindruckt von seinen präzisen Darstellungen gewe-

sen. Gute Nachrichten habe der Führer nach Lage der Dinge
von der Ostfront nicht mehr erwartet. »Um so mehr schätzte
er de Maizières sicheres und unpathetisches Auftreten.« Am
23. März 1945 etwa äußerte sich Hitler besorgt, weil Teile der
Reichskanzlei in Schutt und Asche lagen. Ulrich de Maizière
beruhigte ihn mit den Worten: »Für den Apparat, der jetzt da
ist, geht es also, auch wenn die Gebäude über der Erde zerstört sind.« Das Reich brach zusammen, und Oberstleutnant
de Maizière, der Freund der Verschwörer, rapportierte scho-
nungslos.

Sein Sohn Thomas de Maizière, Bundesinnenminister unter
der Kanzlerin A. Merkel, ...

18. August

Willkommenskultur bedeutet unter anderem, dass die Leich-
tigkeit und Unbeschwertheit, die den Alltag dieses Landes vor
Merkels Willkommensstaatsstreich kennzeichneten, für immer
verschwunden sein dürften. Überall droht der Einzelfall. Es ist
zum Beispiel nicht mehr möglich, sorglos auf ein Volksfest zu
gehen. Nach einem Jahr Merkelscher Selfie-Politik muss eine
junge, westlich gekleidete Frau, sei sie nun Einheimische, Studentin, Gastarbeiterin oder Touristin, bei jeder Art öffentlicher
Lustbarkeit damit rechnen, von sogenannten Flüchtlingen verfolgt, belästigt, begrapscht, beklaut oder gar ohne jedes Plazet penetriert zu werden, so wie ein nächtlicher autochthoner
maskuliner Passant bzw. Benutzer von öffentlichen Verkehrsmitteln zu gewärtigen hat, auf eine Gruppe juveniler Heißblü-
ter mit Importbiographie zu treffen, deren unbändiger Stolz
in Verbindung mit gewissen Rudelinstinkten bereits in seiner

schieren Existenz eine Provokation wittert. Gewissermaßen als krönende Draufgabe – auch wenn Politik und Medien jetzt so tun, als sei es das Hauptproblem, es ist nur das gewisse Extra, der spezielle Fall, nicht der strukturelle – schwebt über jedem Stadtteilfest, jedem großen Fußballspiel, jeder Messe, jeder Demonstration, jedem Weihnachtsmarkt, überhaupt jeder Menschenansammlung die Drohung eines terroristischen Angriffs durch Dschihadisten bzw. verwirrte Einzeltäter.

Gewiss existierte die Terrorgefahr auch ohne Merkels Politik der offenen Grenzen, doch trefflich wie Fischlein im Ozean, um ein Bild des großen Vorsitzenden und Terrorspitzenpaten Mao Tse-tung aufzugreifen, schwimmen die Radikalen in der Masse der muslimischen Einwanderer, aus deren frustriertestem oder auch bloß für Paradiesverheißungen empfänglichstem Segment den Gottesterroristen eine gewaltige Rekrutenschar entgegenwächst bzw. -fiebert.

Soeben wurde bekannt, dass die Münchner Wiesn in diesem Jahr komplett umzäunt wird. Das Dresdner Stadtfest an diesem Wochenende ist zur Hochsicherheitszone deklariert worden, das heißt: Zäune mit Betonfüßen, ein doppelter Sicherheitsring mit Taschenkontrollen, zwölf Meter hohe Wachtürme für das Sicherheitspersonal, Polizisten mit Maschinenpistolen. »Verschärfte Kontrollen« kündigen zur gleichen Zeit die Veranstalter des Schäferlaufs im schwäbischen Markgröningen an, wo 100 000 Gäste erwartet werden. Mit Einlass- und Taschenkontrollen, Barrieren an den Straßen und Fluchtschneisen will man der Versuchung wehren, dass sich ein Einzelfall ereignet. Auch für das Frankfurter »Museumssurferfest« Ende des Monats wurde eigens ein Schutzplan entwickelt. Und so weiter.

»Die Polizei hat ihre Sicherheitskonzepte für Großveranstaltungen verschärft, denn die Sorge vor organisierten sexuellen

Übergriffen ist groß«, meldet soeben die *FAZ*. »Denn die Zahl
der sexuellen Belästigungen und noch schwerwiegenderer
Straftaten ist nach inoffiziellen Angaben höher als bekannt. So
ist es nicht nur in der Silvesternacht in Frankfurt auf dem Eiser-
nen Steg und vor einigen Wochen auf dem Schlossgrabenfest in
Darmstadt zu Übergriffen gekommen. Wie zu hören ist, gab es
vereinzelte Fälle auch auf dem Hessentag in Herborn«, notiert
das Blatt. Auch in Wolfshagen bei Kassel habe es laut Polizei
mehrere Fälle von sexuellen Übergriffen auf Frauen während
eines Volksfestes gegeben.

Wir sind dazu nicht gefragt worden, und das ist wahrscheinlich gut so, denn wir hätten am Ende nein gesagt zu noch mehr
Buntheit und Offenheit. Die offenen Staatsgrenzen und fehlen-
den Kontrollen derer, die beschwingt unser Land invadieren,
führen unvermeidlich zu Grenzen, Zäunen und Sicherheitskon-
trollen im Landesinneren. Die ewige Partylaune ist dahin, der
unsolidarische Hedonismus beseitigt, die globalen Risiken sind
endlich etwas gerechter, wenn auch noch lange nicht wirklich
gerecht verteilt. Jeder kann jeden Tag Opfer eines Anschlags
oder auch bloß sexueller Notdurft werden, doch keine Sorge:
Die Wahrscheinlichkeit ist immer noch geringer als ein Unfall
im Straßenverkehr. Danken wir der kühnen Willkommensput-
schistin! Gott schenke Angela Merkel ein langes Leben!

Später 18. August

Heute Morgen ist Ernst Nolte gestorben, »il principe dei revisio-
nisti«, wie *La Repubblica* ihm nachruft, wobei eine solche Titu-
latur nur sinnvoll ist, wenn die Betonung auf *principe* liegt –
ein revisionistischer Historiker ist ja ein weißer Schimmel,

Revision ist die erste Pflicht des Geschichtsbetrachters, und wer anderes behauptet, hat Interessen. Nolte stach aus der Schar deutscher Nachkriegshistoriker vor allem deshalb hervor, weil er ein Geschichtsdenker und Gelehrter alten Schlags, vor allem aber ein freier Kopf war, der sich keiner Schule, keinem Klüngel, keiner Ideologie verpflichtet fühlte, sondern die historischen Phänomene nach bestem Wissen und Gewissen betrachtete und Verbindungen zwischen ihnen mehr herauszufinden denn herzustellen suchte. Außerdem war er angstfrei; der intellektuelle Terror, der seit dem sogenannten Historikerstreit 1986/87 über ihn hereinbrach, dieser peinlichen Lakaiendebatte mit *a priori* feststehendem Resultat, und mit seiner Ausstoßung aus der Zunft endete, hat ihn nicht beirren können, weiter seine Fragen zu stellen und nach Antworten zu suchen. Er war ein skurriler Spätling der abendländischen Metaphysik, der sich in den Gesinnungsbetrieb der westdeutschen Nachkriegshistoriographie verirrt hatte, deren Zeloten im Besiegtsein und Gerlernthaben wetteiferten und sich von der geistigen Unabhängigkeit des »einsamen Wolfes« (Walter Laqueur) in ihrem Selbstverständnis als Konsensvollstrecker der Vergangenheitsbewältigung herausgefordert fühlten. Nur wenige waren stolz genug, nicht ihr Stück Holz zum Scheiterhaufen beizusteuern, was den Erforscher der Nazipsyche immerhin amüsiert haben mag.

Die Hetze ging so weit, dass man einen Mann, der sein halbes Leben der Frage widmete, warum Auschwitz möglich war, in die Nähe der Holocaust-Leugner rückte, und in Erinnerung bewahrt zu werden verdient, dass sich der Berliner Geschichtsprofessor Paul Nolte in offenbar habitueller Tendenzbefolgungsbeflissenheit öffentlich für die Namensverwandtschaft mit dem verfemten Kollegen zu schämen vorgab. Wofür sich zu schämen ihm noch ein paar Sündenjährchen Zeit bleiben.

Der philosophische Schriftsteller Frank Lisson hat übrigens eine treffende Charakterisierung der beiden Noltes geliefert: »Der eine steht geistig über den Dingen, der andere mittendrin. Der eine denkt wesentlich, der andere praktisch. Der eine will abstrakt der ›Wahrheit‹ dienen, der andere konkret dem gesellschaftlichen Betrieb, der ihn trägt. Der eine ist tiefgründig, der andere schlau. Der eine ist alt und kantig, der andere jung und glatt. Der eine ist ›umstritten‹, der andere ›gefragt‹.«

Wie die *Nolens-volens*-Nachrufe in einigen über lange Jahre scheiterhaufenaffinen Medien zeigen, scheint bis heute in einschlägigen ideologischen Zirkeln niemand zu bemerken, was für eine geistige (und übrigens auch moralische) Bankrotterklärung die Formel von der Singularität des Holocaust – und daran anschließend der Narrenvorwurf seiner »Relativierung« – eigentlich war. Singulär ist jede Schneeflocke, und was wäre wohl das Gegenteil von »relativieren«? Hat sich je ein Auschwitz-Überlebender zu der Behauptung hinreißen lassen, Workuta sei weniger schlimm gewesen? Vielleicht gab es nichts Entsetzlicheres als Auschwitz, doch im Gegensatz zu interessegeleiteten Nachgeborenen zeigten die eigentlichen Opfer an dergleichen Bundesligatabellen des Grauens wenig Bedarf. Allein mit dem Begriff »relativieren« erklärt die Aufklärung ihren Bankrott und übergibt der Inquisition das Terrain.

Das beste Argument, das man *gegen* Nolte ins Feld führen kann, lässt sich in die Sentenz kleiden, dass bei einem Streit unter Historikern derjenige am meisten recht hat (wirklich recht hat ja nie einer), der für ein historisches Ereignis die meisten Ursachen anzubieten weiß. Nolte mag sich in eine allzu monokausale Deutung der NS-Bewegung als Anti-Marxismus verrannt haben. Geistig befruchtend wirken seine Bücher allemal. Noltes Interpretation des Nationalsozialismus als – unter anderem – Widerstandsbewegung gegen das, was er als »Transzendenz« bezeichnet, die Veränderung der *Conditio humana* durch den technischen und gesellschaftlichen Progress bis hin zum globalen Einheitsmenschen und zum womöglichen Verlassen des Planeten, ist geistreich und bedenkenswert. Seine zentrale These, dass die mörderische Energie der Nationalsozialisten ohne die bolschewistischen Vorgänger nicht zu verstehen sei, der berühmt-berüchtigte »kausale Nexus« zwischen Gulag und Auschwitz, ist wiederum so originell nicht; es galt zumindest in der marxistisch-leninistischen Klippschule als Gemeinplatz, dass der »Faschismus« als äußerste Reaktion der bürgerlich-kapitalistischen Gesellschaft auf den Siegeszug des Kommunismus entstanden sei; Nolte hat diese These nur zugespitzt. Noch aus Himmlers Posener Rede spricht der Respekt des NS-Obervernichters angesichts des bolschewistischen Vernichtungswillens, und in Jonathan Littells Jahrhundertroman *Die Wohlgesinnten* findet sich ein Dialog zwischen einem SS-Vernehmer und einem gefangenen sowjetischen Kommissar (S. 548 bis 562), der sich wie angewandter Nolte oder eben wie stattgehabte Realität liest und in dem Satz des Kommunisten gipfelt: »Für mich ist der Nationalsozialismus eine Häresie des Marxismus.«

Nolte führt dem Leser als Wissenschaftler wie Littell als Romanautor die unglaubliche Energie vor Augen, die *Der europäische Bürgerkrieg* (so der Titel von Noltes bestem und bleibendem Opus) freigesetzt und verschlungen hat; man ist wie erschlagen nach diesen Werken und beginnt zu begreifen, was dieser Kontinent an Kräften entfaltet und zugleich verloren hat und warum er heute sturmreif ist. Nolte wusste es. Noch im hohen Alter hat er sich der Erforschung der »dritten radikalen Widerstandsbewegung« gegen das westliche liberale (oder liberalistische) System zugewandt, des Islamismus.

Im irrlichternden Finale seines Buchs *Streitpunkte* (1993)
schrieb Nolte Sätze, die einem heute die untergründige Ver-
wandtschaft zwischen den Nazis und den Dschihadisten ver-
deutlichen: »Was Hitler letzten Endes aufzuhalten und zu be-
seitigen versuchte, war (...) der Prozeß der ›Intellektualisierung
der Welt‹, das immer stärkere Hervortreten der *ratio* von Individuen und der damit verbundenen Komplizierungen, Undurch-
sichtigkeiten, ›Unnatürlichkeiten‹, die nichts Geringeres als die
Herrschaft der ›grausamen Königin aller Weisheit‹, der Natur,
und damit die Entfaltung des wahren Lebens kriegerischer Tap-
ferkeit und weiblicher Fruchtbarkeit zerstören. (...) Was Hitler
im Interesse des ›Lebens‹ zum Stehen und Abbrechen bringen wollte, indem er die angeblichen Urheber vernichtete, war
nichts anderes als das Nicht-bloß-Lebensmäßige im Menschen,
die Transzendenz, die im ›Intellekt‹ ihre greifbarste Erschei-
nungsform hat und die den Menschen ins völlig Unbekannte
und Undurchschaubare zu treiben vermag, vielleicht bis zum
Verlassen der Erde und bis zur Alterslosigkeit. Hier erst darf
möglicherweise vom ›absoluten Bösen‹ gesprochen werden,
welches das Wesen des Menschen verneint, indem es dessen
herausragendsten Repräsentanten tötet. Kein ›Intellektueller‹
kann daran zweifeln, wie er urteilen soll, da er in den Juden sein
eigenstes Wesen verworfen sieht.«

Nolte wollte immer ergründen, warum Geschichte so und nicht
anders geschehen ist, und dass er dabei nüchtern und neutral blieb
und die üblichen Verurteilungsrituale für überflüssig hielt, lieferte
seinen moralisierenden Kritikern die wohlfeile Gelegenheit, ihm
»Verständnis« vorzuwerfen, wo er nur zu verstehen suchte. Er
blieb unbestechlich und irrtumsbereit, er lebte ausgestoßen, aber
geistig unabhängig. Nie hat er jemanden denunziert. Und, nicht
nur am Rande: Er konnte schreiben. Ruhe in Frieden, alter Wolf!

20. August

Eins.

Und immer wenn du denkst, dümmer geht's nicht mehr, kommt von irgendwo ein Gutmensch her (ein »Grüner« passt im Metrum und überhaupt auch allzeit):

Ein Klebetattoo mit der Aufschrift »No!« soll als »Warnung an potenzielle Grapscher« in Frei- und Hallenbädern wieder gesittete Verhältnisse herstellen. »Nein! Nicht mit mir!« ist das Motto einer »Präventionskampagne gegen sexuelle Belästigung«, meldet N24. Jene hat erfunden und inszeniert Veronika Wäscher-Göggerle, die allein schon kraft ihres Namens als Frauen- und Familienbeauftragte des Landkreises Bodensee quasi diffundieren muss. Frau Wäscher-Göggerle verstehe ihr kollektives Gorgoneion »in erster Linie« als eine »Hilfestellung vor allem für junge Badegäste«, verlautbart der Nachrichtenkanal, denn die seien »sehr verunsichert«.

Wozu aber eigentlich der Lärm? Wie es auf N24 weiter heißt, werden wir nur gelangweilte Zeugen eines unsinnigen Hypes: »Vor allem die Bäder selbst betonen: Es gibt Fälle von sexueller Belästigung, aber *im Prinzip sei nichts anders als früher* (Hervorhebung von mir – M. K.), abgesehen vielleicht von der gestiegenen Aufmerksamkeit. ›Es gibt keine Auffälligkeiten‹, sagt Joachim Heuser von der Deutschen Gesellschaft für das Badewesen, weder bei der Zahl der Taten noch bei der Beteiligung von Flüchtlingen. Deren fehlende Erfahrung mit Schwimmbädern sei ein viel größeres Problem, die richtige Badekleidung, die Einschätzung der Wassertiefe – und dass viele gar nicht schwimmen könnten.« Der Kommentarbereich wurde wegen der offenkundigen Haltlosigkeit des Themas gar nicht erst aktiviert.

Daraus lassen sich eigentlich nur zwei Schlussfolgerungen ziehen: Frau Wäscher-Göggerle gehört wegen der Verunsicherung von Jugendlichen und der Aufstachelung zur Xenophobie vor den Volksgerichtshof, mindestens aber ins Steckbrief-Portefeuille der Schnellen Kahane-Eingreiftruppe, und alle männlichen Schutzsuchenden erhalten neben erdteilkonformer Badewäsche prophylaktisch je ein paar Dutzend »Yes!«-Tattoos.

Zwei.

Apropos Kahane: Peter Tauber, der schnuckelige CDU-Generalsekretär, nennt es »eine bodenlose Frechheit«, dass das »nonazi.net« der vom Familienministerium bezuschussten Amadeu-Antonio-Stiftung »die CDU in eine Reihe mit Neonazis und Rechtspopulisten stellt« (dass zwischen Neonazis und Rechtspopulisten ca. dreimal mehr Platz ist als zwischen Tauber und Kahane, lassen wir hier mal unkommentiert). Freund *** bemerkt dazu tiefsinnig: »Warum eine linksextreme Stiftung jährlich mit Steuergeldern alimentiert wird, fragt er seltsamerweise nicht. Ihn stört auch nicht, dass diese Leute andere bespitzeln und denunzieren. Er will nur, dass seine eigene Partei verschont bleibt.«

Drei.

Knapp zwanzig angesehene Staats-, Verfassungs- und Verwaltungsjuristen haben ein Buch veröffentlicht (*Der Staat in der Flüchtlingskrise*), um die deutsche Willkommenspolitik einer rechtlichen Bewertung, wenn nicht gar Würdigung zu unterziehen. »Der Rechtsstaat ist im Begriff, sich im Kontext der Flüchtlingswelle zu verflüchtigen, indem das geltende Recht faktisch außer Kraft gesetzt wird. Regierung und Exekutive treffen ihre Entscheidungen am demokratisch legitimierten Gesetzgeber vorbei, staatsfinanzierte Medien üben sich in Hofberichterstattung, das Volk wird stummer Zeuge der Erosion seiner kollektiven Identität«, fassen die Herausgeber das Ergebnis zusammen.

Vier.

Wie Integration einzig gelingen kann, beschreibt die Berliner Presse: In *the sexiest capital alive* sollen nunmehr sogar Drogendealer integriert werden, ohne ihren Job zu verlieren – Arbeitslose gibt es in der Hauptstadt der *DDR light* schließlich schon genug. Die Bezirksverordnetenversammlung Kreuzberg hat mit der Mehrheit von Grünen, Piraten und Linken einen »Masterplan« gegen, quatsch, für den Drogenhandel am Görlitzer Park beschlossen. Die zu Unrecht schwerstverrufene Anlage soll sicherer und lebenswerter werden, ohne dabei auch nur einen Deut von jener Lebensqualität einzubüßen, welche der vorwiegend von Schwarzafrikanern teils haupt-, teils ehrenamtlich betriebene und allen sporadischen Polizeischikanen zum Trotz am Leben erhaltene Drogenhandel bereitstellt.

Fünf.

Der Mailanbieter *gmx* beruhigt seine Nutzer: Nichts sei dran an dem bösen Gerücht, die Flüchtlinge nähmen den Deutschen die Arbeitsplätze weg. Ärzte und Ingenieure können sich, wie ein Qualitätsjournalist formulieren würde, *beruhigt zurücklehnen.* Leider weiß niemand, wie das Parallelgerücht aus der Welt zu schaffen ist, dass die Flüchtlinge den Deutschen ihr Erarbeitetes wegnehmen.

Sechs.

Ein Freund macht mich auf ein *exemplum praeclarum* aufmerksam, das mir entgangen war – und so richtig skandalisiert worden, etwa wie Gerhard Schröders Gazprom-Engagement, ist der Fall ja nicht –: José Manuel Durão Barroso, unser aller geliebter Präsident der Europäischen Kommission von 2004 bis 2014, arbeitet nunmehr als Berater für Goldman Sachs. Es ist die typische politische Karriere eines zeitgenössischen Spitzbuben: Barroso startete sie als Häuptling einer maoistischen Partei – »In his university days, he was one of the leaders of the underground Maoist MRPP (Reorganising Movement of the Proletariat Party, later PCTP/MRPP, Communist Party of the Portuguese Workers/Revolutionary Movement of the Portuguese Proletariat)«, belehrt uns die englische *Wikipedia* deutlich präziser als die deutsche –, dann wurde er Sozialdemokrat. Als portugiesischer Premier unterstützte er den zweiten Irakkrieg, eines der größten Ganovenstücke der neueren Geschichte und wahrscheinlich der Auslöser für den schlussendlichen Abstieg Europas in eine instabile, politisch und wirtschaftlich unbedeutende Weltregion mit explosiver ethnischer Bevölkerungsstruktur (ich melde mich mit der Präzisierung dieser These um 2030 wieder), indem er sein Land in die »Koalition der Willigen« führte. Natürlich ist er Bilderberger, natürlich unterstützte er mit der gebotenen Vehemenz eines Aspiranten für den transatlantischen Katzentisch das TTIP-Abkommen, und nun streicht er den Lohn dafür bei Goldman Sachs ein.

Auf einem Podiumsgespräch im Juni hat Peter Gauweiler gesagt, früher sei »Freiheit oder Sozialismus« für ihn die politische Alternative gewesen, »jetzt geht es um Freiheit oder Goldman Sachs«. Der Schritt von der EU zur globalen Investmentbank ist der Schritt von der kontinentalen zur planetarischen Gaunerei. Indem der Portugiese seine smarte Larve abzieht, enthüllt sich die sogenannte europäische Idee in einem weiteren Einzelfall mehr als ein tendenziell totalitäres Schurkenstück zur Bereicherung einiger, denen nichts gleichgültiger ist als die europäischen Völker und Kulturen.

23. August

Die kanadische Kleinstadt Tisdale, ein Ort der Honigprodukti-
on und des Rapsanbaus, betrieb seit 1958 auf Schildern, Souve-
nirartikeln und später auch im Internet Eigenwerbung mit dem
Slogan »Land of Rape and Honey«. Freilich denkt bei Rape
heute kein Mensch mehr an Raps, und nach wiederholten Be-
schwerden hat Tisdale sich ein neues Motto zugelegt. »Land of
Rape and Honey« ist somit frei.

Nachmittäglicher 23. August

»Sie wissen, das Maß des Zumutbaren ist überschritten (...)
Bevor wir neue Zuwanderung haben, müssen wir erst mal die
Integration verbessern!« Also sprach die Oppositionsführerin
Angela Merkel im September 2002 vor dem Bundestag.

28. August, Goethes Geburtstag

»Sabine Leutheusser-Schnarrenberger wurde 1995 mit der
Hamm-Brücher-Medaille und im darauffolgenden Jahr mit
dem Paul-Klinger-Preis der Deutschen Angestellten-Gewerk-
schaft ausgezeichnet. Das ZDF-Journal ›Mona Lisa‹ wählte
sie 1997 zur ›Frau des Jahres‹. (...) 2010 wurde ihr die Kompass-
nadel des Schwulen Netzwerkes NRW überreicht«. Neid, Neid,
Neid!

SEPTEMBER

Sich dem Resümee zuneigender 1. September

Zwei Plenartage hospitierte ich im Sächsischen Landtag. Bin neuerdings immerhin dessen Angestellter. Also sitze ich bisweilen brav auf der Empore und höre mir halb amüsiert, halb indigniert die sogenannten Debatten an. Dass bei jener über innere Sicherheit der Gorilla auf der Hollywoodschaukel gar nicht erst oder nur als angeblicher vorkommt, ist zwar nicht überraschend, aber befremdlich dennoch. Auch dieses Forum knebelt sich beflissen selbst, wie sollte es anders sein, und wenn der AfD-Flügel zwischendurch immer mal wieder auf den Gorilla hinweist, führt das zu drolligen Empörungsreflexen derer, die sich auf dessen Nichterwähnung verständigt haben und jedes Zuwiderhandeln als Primatenfeindlichkeit rügen.

Als ein AfD-Abgeordneter sagte, die Regierung habe die Kontrolle über die Einwanderung verloren, also das, was alle Welt weiß und was sogar sämtliche Innenminister und viele Bürgermeister im Wochentakt bestätigen, spielte die linksrotgrüne Seite des parlamentarischen Amphitheaters Tumult und fingierte Entrüstung. Ob er heute etwa auf dem Weg zum Parlament von marodierenden Ausländerhorden überfallen worden sei, fragte ein grüner Abgeordneter (oder war's ein roter; wer will da Unterschiede machen?) den dunkeldeutschen Kollegen – als ob beispielsweise hierzulande die Atomkraftwerke vor dem deutschen Ausstieg aus der ganzen Technologie serienweise in die Luft geflogen wären. – Trefflicher lässt sich die Entsolidarisierung der politischen Klasse und überhaupt der Eliten gegenüber der einheimischen Unterschicht kaum illustrieren.

Ihr eigener Status ist ungefährdet, ihr eigener Arbeitsweg ge-
fahrlos, wen kümmert der Rest? – Es brennt irgendwo? Aber
was wollen Sie, es brennt doch nicht bei mir! Und so schlimm
wird es schon nicht sein! Verbreiten Sie keine Panik! Oder Hetze gar! Wer weiß, warum es brennt bzw. warum behauptet wird,
dass es brenne? – Was schert diese Leute denn der nächtliche
Heimweg einer Schichtarbeiterin in den Problemvierteln Duis-
burgs, Essens, Dortmunds, was der Schulweg eines der letzten biodeutschen Kinder in Berlin-Neukölln oder Bonn-Bad
Godesberg? Die Unterklasse wird aus ihren Häusern verdrängt,
in ihren Vierteln marginalisiert, die Mädchen und Frauen werden sexuell belästigt, die männlichen Einzelkinder sind den
Brüdern und Clans ausgeliefert, und die Herrschaften aus kon-
trolliertem Gesinnungsanbau wachen von ihren besseren Stadtteilen aus penibel darüber, dass keiner der Kujonierten einen
rassistischen Mucks von sich gibt.

Im Grunde ist es übrigens einerlei, was die AfD vorschlägt;
die anderen, die Blockparteien, lehnen *per se* ab. Will die AfD
Ehen mit Minderjährigen verbieten, findet sich prompt eine
Konsenspflegerin von links, die unterstellt, die Forderung sei
ja im Prinzip richtig, aber dahinter steckten eben doch wahrscheinlich Rassismus und andere Teufeleien. Am Mittwoch
lehnte die Größtmögliche Koalition der Anständigen einen
Antrag zur Konzertförderung in Sachsen ab, weil er von der
AfD stammte. Ein Musiker von einigem Renommee hatte sich
mit diesem Antrag an die fröhlichen Rechtspopulisten gewandt,
denn seine Vorschläge waren zwar zuvor von den anderen Parteien wohlig begrummelt und als sehr erwägenswert eingestuft
worden, aber ansonsten war über mehrere Jahre nichts passiert.
Der Antragstext hat sich seit 2013 nicht geändert, der Inhalt
nicht, die beteiligten Ensembles und Künstler nicht. Selbst die

Unterstützer sind im Wesentlichen die gleichen Personen wie zuvor. Aber da nun die Falschen die Sache protegieren, musste sie durchfallen und zuvor knalldeutsch der Deutschtümelei geziehen werden. Würde die AfD morgen die Windenergie unterstützen, die Grünen fingen wahrscheinlich an, sich wieder für die Atomenergie zu erwärmen und ganze Schulklassen statt zum Umarmen von Windrädern nunmehr zum Kuscheln mit Kühltürmen zu animieren.

Es ist »Politik« auf einem infantilen Niveau, das bereits bei meinem Siebenjährigen nicht mehr funktioniert. Wenn ich dem verbiete, dass er Klavier übt, übt er trotzdem nicht.

3. September

Neben den biologischen Eltern sollen bis zu zwei »soziale Eltern« die »elterliche Mitverantwortung« erhalten, unabhängig von Trauscheinen. Das »verlangen« laut Pressemeldungen die grünen Bundestagsabgeordneten Volker Beck und Katja Dörner, Experten für mancherlei und speziell in Familienfragen ein Kompetenzteam, wie es kaum eine Partei zu bieten hat. Über Becks Expertise im angemessenen Umgang mit Kindern muss hier kein Wort verloren werden. Was Frau Dörner angeht, so war sie zwar kinder- und familienpolitische Sprecherin der Grünen-Fraktion und sitzt heute für die Grünen im Familienausschuss, aber eigene Kinder hat die selbstlose inzwischen 40-Jährige keine. Stattdessen immerhin die Kater »Lucky und Sparky«, wie sie auf ihrer Webseite verrät. Obendrein »bevölkern ungezählte Frösche, Lurche und Fische unseren kleinen Garten(teich)«. Im Hause lebt zudem noch ein Ehemann, mit dem sie sich »auf dem Kicker im Wohnzimmer beinahe täglich

Duelle« liefert, in allen Ehren natürlich und ohne die Kater-
und Froschpflege zu vernachlässigen. Wenn sie sich jetzt noch
in den Gartenteich- und Haustierausschuss ihrer Fraktion
wählen ließe und sich dort für mehr Lurchbabys und Laich-
gelegenheiten engagierte, ihr bliebe kaum mehr zum Kickern
Zeit. Geschweige denn für die Einmischung in das Familienle-
ben der anderen.

4. September

Die Stigmatisierung Bachs zum Judenfeind und Quasi-Wegbe-
reiter Hitlers wegen angeblich antijüdischer Botschaften in seiner Kirchenmusik, endlich und gerade noch rechtzeitig enthüllt
von der Eisenacher Ausstellung »Luther, Bach – und die Juden«
sowie einigen jene Schau noch locker übertrumpfenden Qua-
litätsjournalisten, lässt einige Leser meines schöngeistigen und
bachfrommen Diariums in die Tasten greifen. Ich gestatte mir,
zwei der Zuschriften zu zitieren.

Leser *** schickt mir die Kopie seines Schreibens an die Neue
Bach-Gesellschaft (NBG), welches da lautet:

»Als jahrzehntelanges Mitglied der NBG protestiere ich energisch gegen die Zweckentfremdung des Bachschen Werkes für
die politisch-korrekte Klimapflege. Wie Ihnen möglicherweise
bekannt ist, hat Bach die sogenannte heilige Schrift nicht selbst
verfasst, sondern – einschließlich entlehnter Libretti – nur vertont. Eine antizipierende historische Auseinandersetzung mit
dem Stoff, ob er für die nächsten hunderte Jahre politisch korrekt interpretationsfähig und -beständig bleiben werde, war zu
keiner Zeit Aufgabe irgendeines Kirchenkantors und auch nicht
die Aufgabe Bachs.

Die Frage, ob Bach ›antisemitisch‹ gewesen sei, ist genau so unsinnig wie die Frage, ob ein ausführendes Organ konstitutiv für eine jahrhundertealte Vorlage sein kann. Ich verbitte mir als Mitglied der NBG die obszöne Vereinnahmung des Bachschen Werkes zu politischen Zwecken.«

Leser ***, Musikwissenschaftler (und Jude), nimmt auf einen Artikel in der *Welt* Bezug, der unter der Überschrift »Warum Bach ein Antisemit war« mit Julius-Streicher-Charme loslärmt: »Wenn das Reformationsjubiläum beginnt, sollen die braunen Ecken ausgefegt sein. Bach ist nun auch bearbeitet. Die Eisenacher Ausstellung ›Bach, Luther – und die Juden‹ überführt ihn als Antijudaisten.« Worauf *** repliziert: »Irgendwie erinnert mich dieser Säuberungszwang sowie die Erfolgsmeldung des Autors an einen anderen Text: ›Die Reinigung unseres Kultur- und damit auch unseres Musiklebens von allen jüdischen Elementen ist erfolgt.‹ (Theo Stengel und Herbert Gerigk, *Lexikon der Juden in der Musik*, Berlin 1940, S. 5).«

Der *Welt*-Text verdient aufgrund seiner Wesensverwandtschaft mit dem, was er zu bekämpfen vorgibt, etwas mehr Raum.

Bachs Musik, befindet eine Feuilleton-Redakteurin der Gazette keck, »trägt bis heute antijüdische Botschaften in die Welt. Aus Deutschland. Aus dem Land des Holocausts.« Und dann folgt die Frage aller nachkriegsdeutschen Fragen in der x-ten Variation: »Führt eine Blutspur vom Matthäus-Wort ›Sein Blut komme über uns und unsere Kinder!‹ nach Auschwitz? Muss man den von Bach vertonten Text nicht umschreiben?« Die Redakteurin verweist auf Informationsblätter, die der Superintendent der Leipziger Thomaskirche verteilt, der geschrieben hat: »Betrachten wir den Gesamtzusammenhang der im Neuen Testament überlieferten Passion Jesu, so erkennen wir, dass dort, wo ›die Juden‹ ausdrücklich genannt sind, auch andere Personen oder Personengruppen einsetzbar wären! Unter diesem Blickwinkel wird der Text zu einem Zeugnis der Betroffenheit, aus der heraus das Zeugnis der Versöhnung und der Liebe mit zwingender Logik erwächst.« Das sieht die journalistische Anklägerin anders: »Schön, wenn's so einfach wäre. Ist es nicht. So leicht sind braune Flecken nicht zu entfernen. Wegdiskutieren kann man sie jetzt auch nicht mehr. Bach ist jetzt auch bearbeitet. Gerade noch rechtzeitig vor dem großen Reformationsjubiläum.« Also stoßseufzt befriedigt die *Welt*-Autorin.

So lieblich klingt es, wenn anständig Gebliebene die braunen Dreckecken auskehren und NS-»Wegbereiter« dingfest machen. Doch es bleiben Fragen offen. Zum Beispiel, warum der Herr Superintendent an Bach herumschraubt, anstatt die fraglichen Seiten von frommen Betschwestern und freiwilligen jungsozialistischen Helfern aus sämtlichen in seiner Kirche zirkulierenden Exemplaren des Neuen Testaments herausreißen zu lassen. Immerhin hat Bach nur den biblischen Text in Töne gesetzt, mithin also zitiert, und es ist doch absurd, zwar den Zitierer seiner gewiss verdienten Strafe zuzuführen, aber das kontaminierte Original unbehelligt zu lassen. Die Gerechten sollten diesmal nicht die Arena verlassen, ohne eine Umschrift des Neuen Testaments und das Verbot, die fraglichen Passagen je wieder beim Gottesdienst zu lesen, erwirkt zu haben.

Was indes die Bemerkung angeht, anstelle von »den Juden« könnten an den schwefligen Stellen auch andere Gruppen eingesetzt werden (die Gottlosen? die Rassisten? die Schnacksler?), ziehen wir am besten und naheliegenderweise die jüdische Tradition zu Rate. Was schreibt etwa der Talmud zur Frage, ob es »die Juden« waren, die die Tötung des Christus veranlasst und gebilligt haben? Ans Kreuz geschlagen haben ihn ja offenbar »die Römer«.

Während der biblische Pontius Pilatus als messianischen Prophezeiungen unzugänglicher Römling den Angeklagten Jesus von Nazareth für einen politischen Aufrührer hielt, der von sich behauptete, der König der Juden zu sein, war Jesus für den Sanhedrin, das oberste jüdische Gericht, wegen der Anmaßung, er sei der Sohn Gottes und der Messias, nichts anderes als ein Gotteslästerer. In seinem Buch *Jesus im Talmud* (deutsche Ausgabe bei Mohr Siebeck, Tübingen 2010) erinnert Peter Schäfer, Judaistik-Professor an der Universität Princeton, zunächst an die »simple Tatsache«, dass der Hohe Rat die Todesstrafe nicht ausführen konnte, sondern dies der römischen Obrigkeit überlassen musste, die natürlich dem römischen und nicht dem talmudischem Recht folgte. (Gemäß Letzterem wäre Jesus nämlich »nur« gesteinigt worden.)

Schäfer konstatiert, dass der Babylonische Talmud gleichwohl »darauf besteht, daß Jesus nach rabbinischem Recht hingerichtet wurde (...), weil genau hierin der Kern einer polemischen Gegenerzählung zu den Evangelien liegt«. Der Talmudist argumentiere nämlich wie folgt: »Wir, die Juden, haben ihn vor Gericht gebracht und für das verurteilt, was er war: ein Gotteslästerer, der behauptete, Gott zu sein und nach unserem jüdischen Recht dafür die Todesstrafe verdiente.«

Damit hole der Talmud Jesus übrigens zurück ins jüdische Volk. Da das gesamte Personal der Passionsgeschichte ohnehin aus Juden besteht, die römischen Besatzer natürlich ausgenommen, ist es schwer möglich, die Akteure durch andere Gruppen zu ersetzen. Die einzig relevante Frage ist, wer da hingerichtet wurde: der Heiland der späteren Christen oder ein jüdischer Häretiker? Oder beides zugleich?

»Was wir im Bavli (Babylonischen Talmud – M.K.) vor uns haben, ist eine eindrückliche Bestätigung der neutestamentlichen

Passionsgeschichte, jedoch eine kreative Neuinterpretation, die
(...) selbstbewußt die Verantwortung für Jesu Hinrichtung auf
sich nimmt«, führt Schäfer aus. »Wir akzeptieren – so der Talmud – die Verantwortung für den Tod dieses Häretikers, aber
es gibt keinen Grund für Scham oder Schuldgefühle. Wir sind
nicht die Mörder des Messias oder Gottessohnes, auch nicht
des Königs der Juden, wie es Pilatus gerne gehabt hätte. Wir
sind vielmehr die rechtmäßigen Vollstrecker des Urteils über
einen Gotteslästerer und Götzendiener.« Und weiter: »Wenn
diese Interpretation zutrifft, sind wir hier mit einer Botschaft
konfrontiert, die stolz und geradezu aggressiv die Beschuldi-
gung, die Juden seien die Mörder Jesu, pariert. Zum ersten Mal
in der Geschichte treffen wir Juden an, die, anstatt in die Defensive zu gehen, ihre Stimme erheben und sich gegen das wehren,
was bald die ewig gültige Botschaft der triumphierenden Kirche
werden sollte.«

Ein spätes Echo dieses militanten jüdischen theologischen
Selbstbewusstseins stammt aus dem Jahr 1916. »Sie wissen so
gut wie ich«, schrieb der Philosoph Franz Rosenzweig (*Der
Stern der Erlösung*) an Eugen Rosenstock-Huessy, »daß wir die
weltüberwindende Fiktion des christlichen Dogmas nicht mit-
machen (...), gebildet formuliert: daß wir die Grundlage der gegenwärtigen Kultur verleugnen (...) und ungebildet formuliert:
daß wir Christus gekreuzigt haben und es, glauben Sie *mir*, jederzeit wieder tun würden, wir allein auf der weiten Welt (...)«.

In diesen Zusammenhang gehört auch die bizarre Story von
Jesu Höllensturz und Bestrafung, sozusagen als jüdische Ge-
gengeschichte zu Christi Auferstehung und Himmelfahrt. Drei
Erzfrevler sitzen im biblischen Scheol: Titus, der Zerstörer
des zweiten Tempels und spätere Caesar, der falsche Prophet
Bileam – und Jesus von Nazareth. Titus gilt als der Judenfeinde

Allerschlimmster, was er aus jüdischer Sicht jahrhundertelang wohl auch gewesen ist, bis sich 1947/48 die geheimen Pläne Gottes zu offenbaren begannen; seither besetzt er im Heilsgeschehen eine Art Judas-Rolle als dramaturgisch notwendiger Unhold. Zur Strafe für den Tempelfrevel schickte der erzürnte Jahwe jedenfalls eine Mücke zu ihm, die durch seine Nase ins Gehirn eindrang und sich sieben Jahre vom zuletzt kaiserlichen Cerebrum ernährte und dabei erheblich an Wuchs zulegte. Bevor der Kaiser an diesem Parasiten starb, bestimmte er, wie der Talmud berichtet, seine Strafe selbst: »Verbrennt mich und zerstreut meine Asche über die sieben Weltmeere, damit der Gott der Juden mich nicht findet und vor Gericht bringt.« Dieser Vorgang wiederholt sich seither täglich.

Die Strafe Jesu indes besteht darin, in kochendem Kot mählich vor sich hinzugaren (Bileam muss dasselbe übrigens in kochendem Sperma über sich ergehen lassen). So steht's im Babylonischen Talmud, neben Petitessen wie jener, dass Maria wohl eine Hure war, Jesus folglich ein Bastard.

Hui – dann ist der Talmud wohl ziemlich antichristlich? Und wenn ja, ist diese Feststellung nicht wiederum ziemlich antisemitisch? Für den modernen, in der Regel historisch, philologisch und theologisch völlig ahnungslosen Leser enthält die jüdische Tradition einiges an Zumutungen. Besonders engagierte Zeitgenossen meinen deswegen wohl, es sei bereits antisemitisch, sie zu zitieren. Auf der anderen Seite läuft einer Schar verschwiemelter antisemitischer Juchtenkäfer bei solchen Zitaten der weltverschwörerisch-welträtsellösungsverheißende Seim im Munde zusammen. Beide Fraktionen mögen bitte davon ausgehen, dass mir egal ist, was sie so meinen und wähnen.

Tatsächlich handelt es sich bei vielen Traditionstexten um Werke des schöpferischen Ressentiments. Das jüdische Volk war ein Volk in permanenter Bedrängnis, und wenn es anno 722 und 587 v. Chr. sowie 70 und 135 n. Chr. bereits Wettbüros gegeben hätte, die Quoten für denjenigen, der auf die dauerhafte Existenz oder gar neuerliche Staatwerdung dieses Völkchens gesetzt hätte, wären traumhaft gewesen. Trotzdem wollten sich diese Juden nicht den » Siegern der Geschichte« ringsum assimilieren, ob es sich nun um Ägypter, Assyrer, Babylonier, Römer oder spätere christliche Völker handelte. Da die anderen immer die Stärkeren waren, führten nur Schleichwege zur Selbsterhaltung, mussten die bitteren Niederlagen gegen die Großmächte des Altertums mit dem Abfall des Volkes von Gott erklärt, dem Sieger aus Rom wenigstens eine entsetzliche, dem erfolgreichen Religionsstifter eine herabwürdigende Höllenstrafe auferlegt werden. Im Ghetto blühte jahrhundertelang die Treue Israels, mitsamt der Geldwirtschaft und der geradezu planmäßigen Erzeugung von Intelligenz, wobei sich Letztere vor allem in der Kompensation der subalternen weltlichen Rolle der Israeliten entwickelte, in scharfsinniger theologischer Haarspalterei und erstaunlichen heilsgeschichtlichen Anmaßungen, übrigens auch in Gestalt des typisch jüdischen Witzes.

Die Interpretation des christlichen Heilands als jüdischen Häretikers, der keineswegs die Menschheit erlöst, sondern seine angemessene Strafe erhält, war zunächst ein innerjüdischer Zwist, auf längere Sicht aber ein Werk der geistig-theologischen Selbstwertbestätigung der Juden in einer überwiegend christlichen Welt. Die Boshaftigkeit der jüdischen Gegen-Erzählung mag sich daraus erklären, und sie mag auch mitursächlich gewesen sein für den christlichen Antijudaismus, wer will dies Geflecht heute entwirren? Wir reden von Zeiten, in denen Gott alles war, man in Gott lebte, webte und starb, in denen die Lästerung Gottes jede mögliche Vergeltung rechtfertigte.

Sowohl das Neue Testament als auch der Talmud berichten jedenfalls dasselbe über die Rolle »der Juden« bei der Hinrichtung Jesu, wenn auch mit sehr verschiedenem Zungenschlag. Was uns zurück zu Bach führt. In beiden Passionswerken hat der Thomaskantor den Text des neuen Testaments vertont. (In keinem anderen Werk Bachs findet sich irgendein Bezug zum Judentum.) Als er das tat, hatten die deutschen Juden die schlimmsten Verfolgungen wegen ihrer Religion lange hinter sich. Dass sie dereinst wegen ihrer Rasse verfolgt werden sollten und auch die Annahme der Taufe keine Rettung bedeuten würde, konnte damals wahrlich niemand ahnen. »Braune Flecken« bei Bach: Wer derartiges unterstellt, dem müssen ganze Mükkenschwärme des Zeitgeistes ins Hirn gekrochen sein und vor allem jene Stellen weggefressen haben, wo bei gesunden Menschen das Schamgefühl sitzt.

»Es ist für mich befremdlich zu beobachten, dass ausgerechnet Bach, dessen Musik von tiefstem Humanismus geprägt ist, in den letzten Jahren als Gegenstand einer Scheindebatte ausgesucht wurde. Solche Debatten sind Ausdruck eines in die Vergangenheit gerichteten Pseudo-Widerstands, einer ›retroaktiven Zivilcourage‹, die die Gleichgültigkeit gegenüber den gegenwärtigen Formen des Antisemitismus kaschieren soll. In der Tat ist es auf alle Fälle viel weniger gefährlich, den konstruierten Antisemitismus von Bach zu bekämpfen, als den ganz realen heutigen Antisemiten und Feinden Israels entgegenzutreten«, erklärte der Pianist Jascha Nemtsov, Professor für Geschichte der jüdischen Musik an der Hochschule für Musik in Weimar und selber Jude, in einem Interview.

Mehr ist dazu eigentlich nicht zu sagen.

5. September

In seinem neuen Buch *Leuchten. A- und So-phorismen* (Frankfurt am Main 2016) zitiert Thomas Kapielski Hans Imhoff, welcher wiederum einen »nach genügend langer Zeit journalistischer Tätigkeit in seine Heimat zurückkehrenden Afrikaner« zitiert, der in einem »Abschiedsinterview« gesagt hat, er könne die Deutschen nicht verstehen, »die um Bäume kämpften, aber für ihre Kinder nichts übrig hätten. Es gebe Kulturen, die Jahrtausende in baumlosen Wüsten überdauerten, aber eine Zivilisation mit einer Kinderfeindlichkeit wie die der Deutschen dürfe nicht glauben, eine Zukunft zu haben.«

7. September

Die Wähler der AfD, lese ich in tiefenmassenpsychologischen Wahlanalysen verdienter Medienschaffender, seien mehrheitlich bloß von den modernen Zeiten und von der hyperkomplexen globalisierten Welt überforderte Winkelriede und verhockte Kleinstbürger. Daraus folgere ich, dass *modern* für diese Analysten nur eine Gesellschaft ist, die Hunderttausende Primär- und Sekundäranalphabeten, überwiegend fromme und zumindest nicht sonderlich diskursbereite Befolger von wüstennomadischen Benimmregeln aus dem 7. Jahrhundert, mit Begrüßungsteddys und Sozialleistungen willkommen heißt sowie grenzenlose Toleranz gegenüber ihren rustikalen Sitten zeigt. Aber womöglich ist dieser Gedanke schon wieder reichlich unterkomplex.

10. September

Leser *** macht im Zusammenhang mit »dem Problem Unterschicht und AfD« auf ein »Faktum« aufmerksam, »das mir sträflichst unterbelichtet scheint in diesem ganzen – halten zu Gnaden: Diskurs. Nämlich: Dass Staatsbürgerschaft auch einen Besitzanspruch darstellt. Für viele Leute – Stichwort Unterschicht – ihr mit Abstand wertvollster materieller Besitz. Die chaotische Migration aber entwertet den. Auch in Form der Verslumung von Wohngegenden, der Niveauabsenkung von Schulen in den entsprechenden Gegenden usw. Merkel und alle Hilfsmerkels nehmen selbst von den Armen, weniger Bemittelten – und schenken das der Welt ... (Griechenland ...)«

Vormittäglicher 11. September

Gestern erklärte im ICE am Nachbartisch eine noch recht junge und zugleich etwas herbe Maid ihrer älteren Begleiterin, sie fände die Romane von Zola, Balzac und Tolstoi schon allein deswegen langweilig, weil die darin geschilderten Frauenleben so unerträglich öde seien. Weil diese Frauen allesamt nicht arbeiteten. Wäre ich kein manierlicher Mensch, ich hätte mich eingemischt und die Holde gefragt, ob sie Kinder hat. Sie sah so gar nicht danach aus, aber vielleicht täusche ich mich.

Selbstverständlich sollen sich Frauen, wie man sagt, beruflich engagieren (um Missverständnissen vorzugreifen: Meine erste Ehefrau hatte zwei nichtgeisteswissenschaftliche Hochschulabschlüsse, die zweite ist Konzertpianistin), doch eine Frau ohne Kinder ist eine traurige, zuweilen sogar tragische Figur. Sie hat den eigentlichen Zweck ihres Daseins verfehlt. Eine Gesellschaft, die das Leitbild der berufstätigen, kinderlosen oder Ein-kind-Frau über das der Mehrfach-Mutter stellt, stirbt sukzessive aus – und Schluss. Auch wenn ein paar Degenerierte meinen, das werde sich durch Einwanderung schon ausgleichen lassen, kurioserweise durch die Einwanderung von Völkerschaften, die von Frauenemanzipation im Schnitt ungefähr so viel halten wie die Grünen von Landesverteidigung. All diejenigen, die heute behaupten, die Bundesrepublik sei das beste Deutschland aller Zeiten, müssen die Frage beantworten, warum dieses Volk sich dann nicht mehr im für die Selbsterhaltung notwendigen Maße fortpflanzt, warum viele lieber als Endverbraucher ihr schönes Land allein genießen und sich dann nachkommenlos absen-tieren wollen. Die Attraktivität Deutschlands für Einwanderer ohne Bildung und Erwerbstätigkeitsgeneigtheit spricht übri-gens nicht dafür, dass wir es mit dem allerbesten, sondern dem allerdümmsten Deutschland zu tun haben.

Tatsächlich sind die meisten Frauenleben auch heute so unerträglich öde, dass man über sie nicht einmal dann einen Roman lesen wollte, wenn er von Tolstoi stammte. Besonders wenn die Protagonistinnen dem neuen Akademiker-Prekariat entstammen, das einem in Gender-Seminaren sowie staatlich geförderten Kampagnen gegen »Rassismus«, »Sexismus«, »Diskriminierung« und überhaupt gegen »rechts« auf den Keks geht, im Internet Spitzeldienste und Denunziationsauf-träge verrichtet, an den Unis Theoriemüllhalden aufhäuft, all-mählich aber eine Zahl erreicht hat, dass erste Detachements der wohlverdienten Arbeitslosigkeit zugeführt werden. Womit ich überleite zu dem allzeit zitierenswerten Hadmut Danisch, der einen »Jammerartikel einer promovierten Geisteswissen-schaftlerin, die keinen Job findet, die keiner haben will und der das Arbeitsamt nur Erdbeerenpflücken oder Umschulung zur

Sekretärin anbieten kann«, zum Anlass für eine entzückende
Philippika nimmt:

»Wir bekämpfen aber nicht Arbeitslosigkeit, wir machen sie.
Seit Jahren ist es Politik, Leute auch dann, wenn sie weder geeignet sind noch benötigt werden, auf Teufel komm raus in die
Universitäten zu quetschen und sie dort halt in völlig nutzlosen
Pseudostudiengängen einzupflanzen, statt sie einen passenden
Ausbildungsberuf ergreifen zu lassen oder ihnen einfach zu sagen ›Studier was Gescheites oder lass es bleiben!‹ Wir sitzen auf
einem riesigen Haufen – hauptsächlich weiblicher – Leute, die
man in die völlige Unfähigkeit promoviert hat, Frau Dr. kann.
nix. Inhalts- und anspruchslose Pseudoabschlüsse und -pro-
motionen, weil man in dem links-genderistisch-ideologischen
Wahn glaubte, dass das alles nur ein riesiges soziologisches Ex-
periment über Sozialisierung sei und aus Leuten hochbezahlte
Wissenschaftler werden, wenn sie nur einfach so tun als ob (...)

Wären vor allem die Frauen aus dieser Gruppe einfach wie
früher Hausfrau, Ehefrau, Mutter geworden, Klischee am
Herd, wären sie nicht dümmer, aber hätten ein erfülltes Leben, Kinder und den Bevölkerungsstand zugunsten der Ren-
tenkasse gesichert. Mag sein, dass das ein übles Klischee ist.
Aber eins, das erwiesen besser funktioniert hat als die derzeitige Politik. Was haben sie nun als emanzipierte, promovierte,
moderne Frauen? Gar nichts. Und auch keine Aussicht mehr
darauf. Neulich habe ich irgendwo einen Artikel gelesen, auf
dem eine jammerte, dass Frau über 30 nicht nur keinen Typen
als Freund mehr findet, sondern inzwischen nicht mal mehr
über Tinder einen findet, der sie noch – nicht mal kostenlos,
unverbindlich und ohne Verpflichtungen – vögeln wolle. Als
Frau hat man eben die besten Jahre zwischen 20 und 30, und
die haben viele – Gender und Feminismus sei Dank – für nutz-

lose Schwachsinnsstudien an der Uni-Klapsmühlen vergeudet. Dann läuft nichts mehr.«

Nein, einen Roman will man über diesen MenschInnenschlag nicht lesen. Eine Satire wiederum würde nicht funktionieren, denn es handelt sich bereits um eine reale. Eine Tragödie? Ach wo, sie haben oder hatten doch zumindest eine Wahl. Nein, mehr als eine Groteske lässt sich aus diesem Personal nicht herauspressen.

PS: »Sie hätten die Frau lieber fragen sollen, ob sie einen Mann gefunden hat, der Kinder wollte«, moniert Leserin ***. »Ich bin selber Ende 20 und habe keine, aber das liegt nicht daran, dass ich nicht wollte, sondern lediglich daran, dass ich mich mit Entwicklungspsychologie auseinandergesetzt habe und deswegen zu dem Schluss gekommen bin, nicht alleinerziehend sein zu wollen. Es waren allerdings lediglich Schwarzafrikaner, die mir die Mutterschaft anboten. Alle anderen Männer wollten nicht. Man sollte sich deshalb hüten, den Schwarzen Peter nur den Frauen zuzuschieben. Und man sollte sich auch davor hüten, dann sofort davon auszugehen, dass die Frau bösartig ist und es deswegen verdient hat. Frauen in Arbeit zu bringen, ist darüber hinaus kein Ärgernis, sondern notwendig, um Frauen vor der Altersarmut zu bewahren. Wenn Sie meinen, mangelnde Eheschließungen oder Scheidungen seien nur Produkte von Feminismus und ähnlichem, dann irren Sie. Für mich sind es Produkte der Moderne. Wir haben Globalisierung, man kann in ein paar Stunden zum Sexurlaub nach Thailand fahren, wir haben Massenpornografie und Sexspielzeuge, wir haben Verhütungsmittel, wir haben Antibiotika, die eine Syphilis leicht kurieren, wir haben Sozialstaat, der Kinder am Leben hält, die keinen Ernährer haben, wir haben inzwischen Virtuelle-Realitäts-Pornografie, die von der neurologischen Stimulierung alles, was normale Frauen bieten können, in den Schatten stellt. Und in so einer Welt denken Sie, dass Männer ein Interesse daran haben, für eine Frau zu sorgen, bis sie 98 ist? Warum sollten sie?

In dem Artikel steht doch, dass Frauen über 30 nicht mal einen Mann finden, der umsonst und ohne Verpflichtung mit ihnen schläft. Wieso denken Sie dann, dass Männer für einen aufkommen wollen, wenn man 35, 40 oder gar 55 ist?«

15. September

Die Polizeidirektion Görlitz meldet: »Am Mittwochabend ist es in der Bautzener Innenstadt zu Auseinandersetzungen zwischen jungen deutschen Frauen sowie Männern und jungen Asylbewerbern gekommen. (...) Als die Polizei wenige Minuten später mit mehreren Streifen am Kornmarkt eintraf, hatte sich dort eine Gruppe von etwa 80 jungen Männern und Frauen zusammengerottet. Die augenscheinlich gewaltbereiten Personen waren in großer Zahl dem politisch rechten Spektrum zuzuordnen. Sie skandierten Parolen, wonach Bautzen und der Kornmarkt den Deutschen gehören würde. Ihnen gegenüber stand eine Gruppe von etwa 20 jungen Asylbewerbern.

Zwischen beiden Lagern war es bereits zu verbalen und tätlichen Auseinandersetzungen gekommen. Zeugen berichteten von mehreren Flaschenwürfen sowie Körperverletzungen. Auslöser der Tätlichkeiten sollen den Angaben nach Asylsuchende gewesen sein. Die Beamten trennten mit einer Polizeikette die beiden Gruppierungen und forderten alle Anwesenden auf, den Platz zu verlassen. Aus der Gruppe der Asylbewerber wurden die Polizisten mit Flaschen, Holzlatten und anderen

Gegenständen beworfen, worauf die Beamten Pfefferspray und den Einsatzmehrzweckstock einsetzten.«

Haben da etwa ein paar Eingeborene Zivilcourage gegen rassistische Gewalt gezeigt? Ach was. »Rechte und Flüchtlinge gehen aufeinander los«, meldet *Spiegel online*. »Auch Beamte wurden attackiert.« Von wem? Egal. Und Bautzens Oberbürgermeister äußerte sich »entsetzt und sehr besorgt«. Zwar gebe es seit etwa zwei Wochen auf dem Kornmarkt ein Problem mit jugendlichen Flüchtlingen, »nun aber geht es um ein anderes Level«, sagte der Stadtverweser. »Es kann nicht sein, dass Bautzen zum Spielplatz von gewaltbereiten Rechten wird.« Dass seine Beamten von Ausländern mit Flaschen und Steinen beworfen werden, scheint anscheinend ein ihm vertrautes Level zu sein.

Dass wirklich Interessante und zugleich Typische, ja Typologische an dieser Meldung ist, dass unsere Schutzsuchenden ohne mit der Zimper zu wucken Streit mit Einheimischen anzetteln und sogar Polizisten angreifen. Würden Sie das tun, wenn Sie irgendwo Asyl suchten? Woher mag diese Respektlosigkeit rühren? Südländische Heißblütigkeit? Archaischer Männerstolz? Juvenile Kolonistenarroganz? Religiös gespeiste Herrenmenschengefühle? Oder sind diese Radaubrüder mit der Kernkompetenz Herumlungern bloß dumpf und blöd, aber eben aggressiv gegen Fremde, sprich Eingeborene? Jedenfalls haben die schnell gemerkt, dass dieses Land ein alter fetter Speckkäfer ist, von dem keine Gefahr droht, und sich heuer bloß in der Stadt geirrt. Deswegen kämpft ja auch der Herr Bürgermeister samt assistierenden Pressstrolchen lieber »gegen rechts«, weil von dort die geringere Gefahr droht und ihm das Lob der Medien sicher ist.

Das Auftreten jungmännlicher Einwanderergruppen bzw. zuweilen auch -horden ist ja oft raumfordernd und aggressiv, sie benehmen sich ganz so, als sei dies ihr Land. Nochmals: Würden Sie das tun, wenn Sie in einem fremden Erdteil Zuflucht suchten? Nein? Dann sind Sie wahrscheinlich bloß degeneriert und taugen nicht zum Eroberer. – In jedem normalen Land fliegst du raus, wenn du einen Beamten mit Gegenständen bewirfst, in Deutschland stellten sich Politik, Medien und Gutmenschen auf deine Seite. Untypisch dürfte dagegen sein, dass Einheimische meinten, ihre Kommune verteidigen zu müssen. In den Städten des Westens hat man ihnen das längst abgewöhnt.

17. September

Heute Nacht haben sogenannte Unbekannte einen Brandanschlag auf das Auto von Frauke Petry verübt. (Es handelt sich übrigens um eine Familienkutsche für sechs Personen, mit Kindersitzen darin, nur um der Symbolik hier Raum zu geben.) / Schnitt. / Die sogenannte Satire-Redaktion der NDR-Sendung »extra 3«, lese ich heute, »hat erneut ein kritisches Musikvideo veröffentlicht«. Es heißt kritisch »Hetzilein«, und Frauke Petry wird darin kritisch als »Brandstifter-Biederfrau« tituliert. Der stellvertretende SPD-Vorsitzende Ralf Stegner, ein kritischer geistiger Brandstifter *sui generis*, erklärte im Januar, »anständige Deutsche« – er meint wahrscheinlich »mit wenigen Ausnahmen anständig gebliebene Deutsche« – dürften niemals die »rechtsextreme AfD-Bande« wählen, denn diese sei »verantwortlich für rechte Gewalt«. Im Mai forderte er kritisch, man müsse »Positionen und Personal der Rechtspopulisten attackieren«.

In der Nacht vom 16. auf den 17. Juli 2016 warfen Unbekannte einen Ziegelstein in das Wohnhaus des Landessprechers der

AfD-Mecklenburg-Vorpommern Matthias Manthei. Die im
Haus schlafende Familie, darunter zwei kleine Kinder, blieb un-
verletzt, weil sie sich in einem gewissermaßen falschen Raum
aufhielt. In einem am Tatort hinterlegten Schreiben bekannte
sich eine Gruppe namens »Antifaschistische Aktion« zu dem
kritisch gemeinten Anschlag. Der rheinland-pfälzische AfD-
Fraktionschef Uwe Junge, 59, muss nach einem Angriff am Gesicht operiert werden. Junge war am 30. August in Mainz von
vier bisher unbekannten jungen kritischen Männern geschlagen
worden. Insgesamt wurden vier AfD-Landesvorsitzende im
vergangenen Monat kritisch tätlich angegriffen.

Die Attacken auf die AfD-Bande nehmen schwunghaft zu.
Die Saat der brandstiftenden Biedermänner geht auf.

18. September

»Die berufsmäßigen Analytiker der Politik hätten gut daran
getan, der Kanzlerin wenigstens versuchsweise zu unterstellen,
dass ihrer Flüchtlingspolitik Überlegung zugrunde lag. Dann
hätten sie auf den später von Herfried Münkler beigesteuerten
Gedanken kommen können, dass der in Deutschland viel kritisierte deutsche Alleingang sich als Akt der Rücksichtnahme
auf die europäischen Partner verstehen lässt: Deutschland trat
in Vorleistung, um der europäischen Lösungssuche Zeit zu ver-
schaffen.« So Patrick Bahners in der *FAZ*.

Das entscheidende Wort in diesem Passus lautet »später«.
Münkler hat überhaupt einiges an Erklärungen »später« bei-
gesteuert und damit fingiert, diese hätten bereits »früher« eine
Rolle gespielt. Die entscheidende Frage aber lautet: Warum hat
Frau Merkel nie eine Silbe dazu gesagt? Warum hat sie sich, un-

ter anderem in zwei landesöffentlichen Fragestunden bei Anne
Will, nicht dazu erklärt? Weil ihr Münkler (vielleicht genervt
von seiner Verfolgung an der Humboldt-Uni und auf gnaden-
reiche Huld von ganz oben hoffend bzw. reagierend?) erst »später« die Argumente geliefert hat? Dass Merkel kaum imstande
ist, einen geraden, semantisch sinnvollen Satz zu formulieren,
kann als Erklärung nicht hinreichen, sie hätte ihn ja ablesen
können. Eher mag man darauf rekurrieren, dass ihre Berater,
extern wie intern, nicht gerade die hellsten Kerzen auf der Torte sind und ihr mit Münkler erst »später« ein echtes Kaliber
zur Seite sprang. Vielleicht hatte die Kanzlerin es sogar selber
bemerkt, vielleicht hat sie auch Bahners neuerdings in den erlauchten Kreis derer berufen, die ihr taktische Wahrheiten zur
Verfügung stellen. Wie auch immer: Ich glaube weder Merkel
noch Münkler noch Bahners, dass es einen Plan gab. Und zwei
der drei Genannten wissen es sogar.

»Vieldeutigkeit gehört zum Wesen der Diplomatie. Staats-
männer und -frauen sind gehalten, sich knapp oder in Formeln
zu äußern. Die Redakteure, die wiederholt fragten, ob Frau Merkel wisse, was sie tue, projizierten ihre eigene Unkenntnis auf
die Kanzlerin. Es zeichnet außenpolitische Entscheidungssitua-
tionen aus, dass auch die Kenner nicht wissen, was die Akteure
tun, im Sinne von: bezwecken«, fährt Bahners fort. »Die Position der Kanzlerin hat sich das ganze Jahr über nicht verändert.
Der phantastische Aufwand der hilflosen Merkel-Kritik bestätigt nur, dass der vom Grundgesetz gewollte Normalzustand
andauert« – obschon seit Monaten Nächte der langen Messer
und Schwänze stattfinden und die Antifa auch regelmäßig gegen Staatsfeinde zuschlägt, obschon in dieser Restrepublik, wie
in der Spätzeit von Weimar, ein Präsidialregime herrscht, dessen Chefin das Parlament nach Gusto umgeht (offene Grenzen)

oder düpiert (ESM) und stärker in die Zusammensetzung der Bevölkerung und damit in die Zukunft des Landes eingreift als je ein Bundeskanzler zuvor.

»Auf die Kanzlerin kommt es an«, gurrt Bahners am Ende gerührt. Mit den Worten eines Klassikers: Die Kanzlerin schützt das Recht!

Fortschreitender 18. September

Auf meine Frage, warum sich die spezielle Verkommenheit des Bundeslandes NRW nicht in Wahlergebnissen niederschlage, ob denn die Alimentierten tatsächlich schon dermaßen in der Mehrheit seien, antwortete mir ein Kommunalpolitiker einer großen Ruhrgebietsstadt:

»Ich kann es auch nur mit der hohen Alimentation der mehrheitlich Faulen durch den einlullenden und lähmenden Sozialstaat gerade in NRW und besonders in *** erklären. Die Sozialfraktion ist in fast allen Parlamenten mittlerweile die stärkste in allen Parteien. Wirtschaft spielt keine Rolle mehr, auch nicht im Bundestag. Nur mehr und mehr Soziales mit dem gegenteiligen Effekt auf die Psyche der Profiteure. Und jetzt noch die illegalen Migranten, die ein weiteres Fass öffnen für die gigantische Sozialindustrie, die jetzt schon über 800 Mrd. Euro pro Jahr leistungslos umverteilt mit keiner Obergrenze (Merkel). In *** sind es 500 Mio. Euro pro Jahr bei bis zu 6 Mrd. Euro Schulden. Das war einer der Gründe für den Zusammenbruch der kommunistischen Staaten und der DDR. Wir marschieren in die gleiche Richtung. Alles eine Frage der Zeit und wie lange Draghi weiter Eurolire drucken kann und wird. Der Krug geht so lange ... «

19. September

Man soll es mit den historischen Analogien nicht übertreiben, doch es gibt eine gewisse Ähnlichkeit zwischen den Spätphasen des Kaiserreichs, des Dritten Reichs, der DDR und nun der BRD. Die Durchhaltebefehle der Regierungen ähneln sich. »Integration und Teilhabe« sind das Pendant zu »Wunderwaffe« und »Endsieg«; »Wir schaffen das« ist die Neuauflage von »Die Partei, die Partei, die hat immer recht!« Die Invadierung deutschen Staatsgebietes durch Menschen, denen unsere sogenannten Werte egal und abschaffenswert sind, wird kurioserweise mit der Universalität dieser Werte begründet. Dieses irrationale Verständnis von Politik hat eine selbstauslöschungsaffine Dynamik entwickelt. Unter dem Motto »Kein Mensch ist illegal« – das heißt: Jeder gehört zu Deutschland – versammeln sich nicht nur der linksextreme Pöbel und die Leitartikler der Gesinnungspresse, sondern sogar Parlament und Regierung. Allerdings werden nach diesem Zusammenbruch nicht mehr genügend junge Deutsche für den Neuanfang existieren. Die Idee, Schwarzafrikaner und Orientalen würden das Land erhalten, ist rührend, vor allem mit Blick auf die Zustände in orientalischen und schwarzafrikanischen Ländern. Es ist ein Blick in die deutsche Zukunft.

Ganz früher 22. September

In der gestrigen Plauderrunde der Frau Maischberger – in Rede stand wie immer, seit Sex nicht mehr deutsches Thema Nr. 1 ist, die neue Nr. 1 – wurde der thüringische Meister Urian und Herr der Fliegen B. Höcke nicht etwa eingeladen, sondern bloß eingespielt, und zwar musste der Gebührenzahler ansehen, wie dieser Schubiak vom Erfurter Podium weihevoll die Worte »Dreitausend Jahre Europa! Tausend Jahre Deutschland!« ins versammelte Restvolk wuchtete. Das, erklärte ein Sprecher mit ernster Stimme dem von Gruselschauern wohlig überrieselten spätabendlichen TV-Zuschauer, hätten schon die Nazis gesagt. Das sei voll rechtsextremrassistischausländerfeindlichneonazistischislamophob.

Nun heißt es wohl, alle Schulbücher und sämtliche Historikerschwarten zu schreddern, die von deutscher Geschichte handeln, denn bekanntlich wurde Otto I. (der Große) 936 zum König des Ostfrankenreiches sowie 962 zum römisch-deutschen Kaiser gekrönt, und seit dem frühen 11. Jahrhundert bezeugen Urkunden die Existenz eines *Regnum Teutonicum*, was womöglich sogar ein bisserl über tausend Jahre ergibt. Und selbstverständlich blickt unser Schleppfuß und Wendenschimpf mit seinen Worten bloß in die Vergangenheit, oder, Besser- und Zukunftsdeutsche, glauben Sie tatsächlich, dass er Europa noch 3000 Jahre Zukunft gibt? So irre ist nicht einmal B. Höcke! Nein, keine Sorge, noch eine Generation durch die inzwischen bzw. noch demokratische deutsche Wüste gewandert, dann gilt hier in vielen Landstrichen eine andere Zeitrechnung, und die beginnt sogar 314 Jahre vor der Thronbesteigung des Liudolfingers und Ostfrankenkönigs mit dem bereits Nazinamen.

Und noch eine Bemerkung zur Sendung: Neuerlich rügte ein Gast, ich habe vergessen, ob es die SPD-Frau war oder der für einen Parteienforscher vielleicht allzu parteiische Parteienforscher, dass in Meckpomm mit der Forderung nach dem sog. Burka-Verbot »Stimmung gegen Muslime« gemacht worden sei, obwohl es im ganzen Bundesland nicht eine einzige Burkaträgerin gäbe. Na so was. Wie viele Atomkraftwerke waren denn in Deutschland explodiert, als der Atomausstieg beschlossen wurde? (»Er hat Burkaträger*innen mit explodierenden Atomkraftwerken verglichen! Er hat Burkaträger*innen mit Atomexplosionen verglichen! Er hat die Burka mit der Atombombe verglichen!«) Aber man hatte doch das deutschlandumstürzende Detonatiönchen im 10 000 Kilometer entfernten Fukushima im Fernsehen bestaunen dürfen! Und der Mecklenburger muss nicht einmal viel mehr als 100 Kilometer fahren, nach Berlin-Neukölln etwa, um zu sehen, wie er *nicht* leben will. Oder in die anderen deutschen Großstädte, wo der Niqab – es geht in dieser sog. Debatte fast immer um den Niqab, afghanische Frauen sind hier eher selten, wahrscheinlich weil sie den deutschen Alltagsrassismus fürchten – zum traulichen Stadtbild gehört. Allein in München sehe ich täglich mehrere dieser pinguinesken Engelsgeschöpfe. »Schau mal Papa, ein Monster!«, flüsterte so weise wie noch nicht restlos aufgeklärt mein Jüngster weiland beim Erstanblick in der U-Bahn, allmählich indes hat sich auch bei ihm jene Mischung aus Gewohnheit, Ekel und Desinteresse durchgesetzt, die man hierzulande Toleranz nennt ... – wo waren wir stehengeblieben? Ah, beim braven Mecklenburger. Ja, den soll doch der Höcke holen!

Mittäglich heiterer 22. September

»Faszinierend« (wie Mr. Spock sagen würde): Brandenburgs Ministerpräsident Dietmar Woidke (SPD) gibt zu, dass man unter seiner Führung die Kriminalstatistik weit offensiver fälscht als dortselbst vor beispielsweise 30 Jahren (offenbar aus damals noch nicht bestehenden Veröffentlichungszwängen). In seinem

Gau, erklärte er, gebe es bei der Erhebung rechtsextremer Straftaten eine neue Maßnahme: »Bei der Polizei wird jeder Übergriff, bei dem nicht erwiesen ist, dass er keine rechtsextreme Motivation hat, in die Statistik hineingezählt.« (Sie sehen, auch auf Sozialdemokraten färbt das erlesene Deutsch der Kanzlerin ab). Da auch jede sexuelle Belästigung eine frauenverachtende, also im Grunde rechte Straftat ist und viele Angriffe auf Deutsche aus fremdenfeindlichen Motiven geschehen, wäre es nicht längst angezeigt, sie ebenfalls unter »rechtsextreme Straftaten« zu rubrizieren?

23. September

Souverän ist, wer darüber entscheidet, auf wessen Territorium der Ausnahmezustand eintritt.

25. September

Kaum ein Anblick treibt mir verlässlicher ein Lächeln ins Gesicht als der einer Schar von Dirndlträgerinnen. Allein deshalb mag ich das Oktoberfest. Das Dirndl ist ein Meisterwerk weiblicher Figurbetonung (und gegebenenfalls auch -kaschierung), das nahezu jede Frau kleidet. Außerdem ruft die hinreißende Kombination aus Magdkleid und Rokokomieder in genau den richtigen Kreisen Aversionen hervor: Für radikale Feministinnen ist das Trachtenkleid zu sexy – die Trägerin als Objekt! –, der Gender-Fraktion ist es zu weiblich – die Trägerin als Konstrukt! –, den Progressisten zu traditionell – die Trägerin als personifizierte Vorgestrigkeit! –, und den verklemmten Frauenhautverhüllern muslimischer Provenienz zu westlich-dekadent – die Trägerin als Männerblickfang! Das Dirndl, liebe Madln, ist ein profankulturelles Bollwerk wider die versammelten Barbaren der Jetztzeit. Und wenn eine Schwarze es trägt, eine Asiatin, eine Russin, eine Türkin: desto besser!

Morgengrauenhafter 26. September

Ungarns Ministerpräsident Viktor Orbán will eine Volksabstimmung über seinen Anti-Flüchtlings-Kurs durchführen lassen. Ja so ein Populist! Als ob Ungarn den Ungarn gehörte!

Fortschreitender 26. September

Gideon Botsch ist ein deutscher Politikwissenschaftler mit Job, das heißt, er steht, wenn er einen Kollegen trifft, an der Pommesbude auf der Bestellseite. Als Privatdozent muss er gleichwohl zuweilen mit der Spendendose rasseln und brav gegen »rechts« kämpfen bzw. wenigstens schreiben. So nannte er Thilo Sarrazins inzwischen klassisches Interview mit *Lettre International* »rassistisch, elitär und herabwürdigend«. Nun hat er in der *Jüdischen Allgemeinen* den raffinierten Satz verzapft: »Die AfD instrumentalisiert Antisemitismus, indem sie ihn muslimischen Zuwanderern zuschreibt.«

So wie das Geschlecht bekanntlich nur eine Zuschreibung ist, sind viele Judenhasser in Wirklichkeit gar keine Antisemiten, es wird nur – etwa von Menschen, denen zugeschrieben wird, dass sie AfD-Mitglieder sind – über sie behauptet. Aber gibt es nicht viele Menschen, denen zugeschrieben wird, dass sie Muslime sind, die wiederum sich selbst zuschreiben, dass sie Juden hassen? Machen wir, liebe Kinder, aus der logisch vertrackten Situation das Beste, indem wir sie spielerisch vervielfältigen. Der Verfassungsschutz instrumentalisiert den Linksextremismus, indem er ihn der Antifa zuschreibt. Heiko Maas instrumentalisiert den Rechtsradikalismus, indem er ihn Pegida zuschreibt. Hans Joachim Schellnhuber instrumentalisiert den Kohlendioxidausstoß, indem er ihn der Menschheit zuschreibt. Peter Sloterdijk instrumentalisiert den weiblichen Orgasmus, indem er ihn den Frauen zuschreibt. Alice Schwarzer instrumentalisiert den Sexismus, indem sie ihn muslimischen Männern zuschreibt. HSV-Trainer Bruno Labbadia instrumentalisiert den Ballbesitz, indem er ihn dem FC Bayern zuschreibt. Bildet weitere Beispiele!

PS: *stern TV* instrumentalisiert die Deutschenfeindlichkeit, indem der Sender sie muslimischen Schülern zuschreibt. »Die Schülerin ist den Anfeindungen einer ganzen Klasse ausgesetzt, weil sie Deutsche ist«, sagt ein Sprecher aus dem Off. »Ähnlich wie ihr geht es 60 Prozent der Schüler, die *stern TV* geschrieben haben.« (Es waren übrigens insgesamt mehr als anderthalbtausend.) Ein Junge gab zu Protokoll: »Ich werde nahezu täglich von ausländischen Schülern angespuckt, verprügelt und abgezogen ... Ich habe keine Kraft mehr, mich zu wehren.« Ob das seit Jahren mit der gegenteiligen Version traktierte *stern TV*-Publikum diese Überdosis Realität erträgt?

28. September

Ob es irgendwo »auf der Erde Rücken« (Wotan, *Siegfried*) ein Land gibt, in dem die amerikanische Präsidentenwahl mit vergleichbarer Vehemenz kommentiert, bekakelt und bevor-

ahnt wird wie hier? Erst erschien Obama den Deutschen, die
ja schon 60 Jahre keinen mehr haben, als Erlöser, nun dräut
mit Trump umgekehrt und den Höllenhilfsheizer Bush jun.
weit überragend Satan selber – eine hierzulande eigentlich nun
wiederum *seit* 60 Jahren triumphal besetzte Planstelle, aber dieser überseeische Teufel lebt immerhin und hat insofern etwas
durchaus Leibhaftiges. Zwar weiß kaum ein deutscher Gottsei-
beiuns so ganz genau, was Trump vorhat (noch was Frau Clinton will), aber sie bekreuzigen sich alle mit einer irritierenden
Leidenschaft. Aufgeklärte Nation? Es scheint vielmehr, dass wir
den Führerkult und die Führerverfluchung externalisiert haben.
Vielleicht mangels geeigneten einheimischen Führermaterials.

*29. September, Geburtstag von Pompeius, Horatio Nelson und
Jutta Ditfurth*

In Dresden ist am noch recht helllichten Spätnachmittag eine
63-jährige Frau von drei – angeblich syrischen – Jugendlichen
angegriffen worden. Die Dame lief gegen 18.30 Uhr in Beglei-
tung ihres Lebensgefährten über den Wiener Platz. Einer der
Jugendlichen stellte ihr ein Bein. Sie stürzte und verletzte sich
am Knie. Danach bewarfen die Jugendlichen sie mit einem
Feuerwerkskörper. Das Alter der Rabauken: 13, 13, 14. Die Frau
musste ärztlich behandelt werden.
    Der Fall verhallte, wie jeder Einzelfall, in den lokalen Medien.
Malen wir uns jetzt nicht aus, was passiert wäre, wenn Dresdner
Herkunftsnazis eine 63-jährige syrische Schutzsuchende umge-
worfen und gedemütigt hätten. Uns soll auch nicht die Frage interessieren, wie in einer doch angeblich vollrohr rechten Stadt,
wo Ausländer Angst haben, abends auf die Straße zu gehen, der-

gleichen passieren kann, einer Stadt, in der überdies, wie wir ständig lesen, quasi null Migranten leben. Verschwenden wir auch nicht unsere Zeit, indem wir über die Befindität der Frau nachsinnen, die in Zukunft nicht mehr ganz so unbeschwert durch ihre Stadt laufen wird (könnte sie in Aleppo schließlich auch nicht). Lenken wir unser Interesse vielmehr auf die Mentalität dieser Racker. Sie kommen – angeblich – aus einem Bürgerkriegsland, sind – angeblich – vor Gewalt und Terror geflohen, sind – angeblich – traumatisiert und schutzbedürftig und wurden in einem fremden Land durchaus gastlich aufgenommen. Nicht nur ihre Dankbarkeit für Gratis-Kost und Gratis-Logis scheint sich, anders als Deutschland selbst, in Grenzen zu halten, auch ihr Respekt vor diesem Land und seinen Bewohnern ist offenkundig wenig ausgeprägt. Warum? Was für eine Mentalität verbirgt sich dahinter?

Ich unterstelle, es handelt sich um die *Mentalität der Landnahme*. Sie ist in deutschen Städten überall mit Händen zu fassen. Ihre Bilder und Symbole sind vielgestaltig: das raumgreifende, aggressive öffentliche Auftreten junger muslimischer Männer, die regelmäßigen Gewalttaten gegen sichtlich Einheimische, die sich am nächsten Morgen meistens nur in den Polizeiberichten finden, die noch regelmäßigere sexuelle Belästigung von westlich gekleideten Frauen, die dröhnende orientalische Musik aus offenen Autofenstern, Bandenkriege und Massenschlägereien zwischen Großfamilien, zu denen schon mal ganze Polizeihundertschaften ausrücken (das schadet dem Wirtschaftsstandort Deutschland im Gegensatz zu Pegida aber nicht), nächtliche Autorennfahrten testosteronbefeuerter Neumitbürger durch leider nicht völlig leere Innenstädte mit zuweilen (deutschen) Toten, immer mehr Schulen mit hohem Migrantenanteil bzw. muslimischer Mehrheit und das gezielte Mobbing deutscher bzw. europäischer Schüler dort, per Händi organisierte Spontanzusammenrottungen spontan empörter Araber gegen diensttuende Polizisten, das immer häufigere Auftauchen von Kopftuch, Kaftan und Schleier im Straßenbild, der Aufkauf ganzer Straßenzüge durch beispielsweise türkische Investoren, die gezielt an türkische Mieter vermieten, am Ende orientalisierte Stadtviertel, Segregation, Auszug der letzten Einheimischen, Parallelgesellschaft. Und wehe, wenn den Kartoffeln und Schweinefleischfressern die Mittel für die Alimente ausgehen!

Es ist dieses Klima, im dem drei – angeblich syrische – Frühteenager in einer immer noch recht deutschen Stadt in aller dreisten Unschuld eine pensionsnahe eingeborene Unreine umschubsen, und zwar, *weil sie es können*. Natürlich auch, weil sie zur Fremdenfeindlichkeit erzogen worden sind, aber vor allem eben, weil sie begriffen haben, dass diese Gesellschaft sturmreif ist, dass sie ihnen keine Regeln diktiert, weil sie zu schwach ist, dass die Menschen sich nicht wehren, weil sie entweder alt oder enteiert und sowieso immer in der Unterzahl sind, weil sie sich untereinander nicht solidarisieren, sondern die meisten lieber betreten die Blicke senken und schnell weitergehen, wenn irgendwo Gewalt ausbricht. Diese Schlingel haben gelernt, dass die Polizei ihnen nichts tut und dass es nichts gibt, was sie einschüchtern könnte. Sie haben kapiert, dass es in Deutschland keine Clans, keine Großfamilien, keine Männer, keine Brüder, keine Enkel gibt, sondern nur beliebig angreifbare Einzelne, und ganz besonders dürfte es diese Schlawiner kitzeln (sofern sie dergleichen überhaupt mitbekommen), dass in den Medien dieses Landes ständig behauptet wird, von deutschen Dunkelmännern ginge eine große Gefahr aus: für Europa, für

Flüchtlinge, für die Demokratie, für Frauen, für Muslime. Diese Rabauken haben begriffen, dass Deutschland schwach und ehrlos ist, denn in einem Land, wo Menschen mit Ehre im Leib leben, laufen sie zusammen und schlagen dir die Fresse ein, wenn du in aller Öffentlichkeit eine alte Frau angreifst. Hier aber, im drohenden Vierten Reich, kriegst du einen Kaugummi, einen Sozialhelfer und eine Aufenthaltsgenehmigung.

OKTOBER

4. Oktober

Eins.
Claudia Roth rügt die Dresdner bzw. sächsischen Demonstranten, die mit ihren Pöbeleien die ohnehin störenden Feierlichkeiten zum Tag der deutschen Einheit noch mehr störten. »Dieser offen gezeigte, organisierte und brutale Hass machte vor keiner Obszönität mehr Halt, und es war nur ein kleiner Schritt bis hin zur physischen Gewalt«, sagte die grüne Bundestagsvizepräsidentin.

Am Rande der besagten Feierlichkeiten vollzogen einstweilen Unbekannte diesen Schritt: Sie setzten drei Polizeiautos in Brand. Welchem politischen Spektrum diese Zündelfrieder zuzurechnen sind, steht entweder in den Sternen oder auf *indymedia*. Zur tatsächlichen Gewalt in Dresden verlor Frau Roth aber kein Wort. Sie hielt es bislang auch nicht für erwähnenswert, dass in der Nacht wiederum Unbekannte das Wahlkreisbüro der Leipziger CDU-Bundestagsabgeordneten Bettina Kudla verwüsteten. Dass in Stuttgart ebenfalls in dieser Nacht mehrere Pkw von AfD-Mitgliedern zerstört wurden. Waren ja nicht ihre Autos. Außerdem stand sie vermutlich noch unter Schock.

Zwei.
»Was sagen Sie zu den Pöbeleien in Dresden?«, fragte mich ein Bekannter. »Ich bin der falsche Adressat«, entgegnete ich, »Sie müssen Helmut Kohl fragen, der hat das sechzehn Jahre lang erlebt.« Der Unterschied war nur, dass weder die Medien noch seine Opponenten es besonders schlimm fan-

den, wenn nahezu jeder öffentliche Auftritt Kohls von Pfiffen und Sprechchören begleitet wurde – man denke doch an seine Rede vor dem Reichstag am 3. Oktober 1990 oder den Eierwurf zu Halle (damals wurde der Werfer, ein Juso, übrigens von Küppersbusch zum TV-Plausch eingeladen und in der *Titanic* mit einem Gedicht gefeiert). Andererseits dürfte er in seiner Partei deutlich beliebter gewesen sein, als es Angela Merkel heute in ihrer ist.

Drei.

Ein berühmter, wenngleich nicht mehr aktiver Sozialdemokrat sagte, die Sportpalastrede sei sozusagen die »Wir schaffen das!«-Rede des Reichsministers Jos. Goebbels gewesen.

Vier.

Brächte eine tatsächliche Demokratie noch sinnvolle Ergebnisse zustande? Eine Zahl spricht gewaltig dagegen: Es gibt in Deutschland ungefähr noch 15 Millionen echte, also nicht vom Staat beschäftigte Steuerzahler. Das sind die Leute, die den ganzen 82-Millionen-Karren schieben müssen, auf den Merkel nun noch mal ein reichliches Milliönchen Alimentierungsbedürftige – sofern man den neuen niedrigen Zahlen des Innenministers Glauben schenken mag – gewuchtet hat. Was auch immer diese Karrenschieber wählen, es wird nie wieder mehrheitsfähig.

Fünf.

Thilo Sarrazin hat in einem Vortrag durchgerechnet, was die Masseneinwanderung mit allen kalkulierbaren Folgen nach derzeitigem Stand den deutschen Steuerzahler *mindestens* kosten wird: eine Billion Euro. Freund *** kommentiert sarkastisch: »Teurer als die Energiewende wird's also nicht.«

5. Oktober

Im spanischen Almeria steht ein marokkanischer Muslim vor Gericht, der als Kapitän eines Flüchtlingsbootes sechs christliche Flüchtlinge über Bord geworfen und damit ermordet hat. Dieser Vorfall illustriert sehr schön die gängige Aussage, wir alle säßen gemeinsam in einem Boot.

7. Oktober, Tag der DDR

Von der Pariser *Fashion Week* meldet sich die Chefredakteurin einer dieser wahrscheinlich frauenfeindlichen Frauenzeitschriften und plaudert im Radio über die neuesten Modetrends. Welche darin bestünden, dass die Mädels wieder großzügig geschnittene Klamotten trügen, gern auch Übergrößen, jedenfalls gingen sie nicht mehr so körperbetont wie bisher auf die Straße, und man werde auch nicht mehr so viel Haut herzeigen.

Aber warum denn bloß? Woran das wohl liegen mag?

Jungfräulicher 9. Oktober

Der Franzose Michel Houellebecq erscheint in den deutschen Medien gemeinhin mit dem Namenszusatz »Skandalautor«, wahlweise auch als »Provokateur«. Man muss das wahrscheinlich als journalistische Entlastungshandlung verstehen, etwa so, wie die AfD immer mit dem Zusatz »rechtspopulistisch« versehen wird. Wer ohne solche Attribute auskommt, erweckt den Verdacht der Sympathie. Wer einmal Sympathie anklingen ließ, wird auch noch zehn Jahre später in Haftung genommen, wenn der Provokateur nun wirklich etwas Unverzeihliches, nicht mehr zu Tolerierendes geäußert hat.

Vor ein paar Tagen nun hat Houellebecq mit seiner Dankesrede zur Verleihung des Frank-Schirrmacher-Preises (über die groteske Kluft zwischen Namenspatron und Preisträger breiten wir den Mantel des Schweigens) einen Stein in den deutschen intellektuellen Konsens-Teich geworfen. Feuilletonisten wie der *Zeit*-Mann Robin Detje – zum Bellen geboren, zum Apportieren bestellt – schlugen prompt an. Detje bescheinigte dem Franzosen »ein aberwitzig reaktionäres Weltbild«, das »seiner Kunst unwürdig« sei; was der Romancier in Berlin vorgetragen habe, sei »nekrophiler Muff vom Endzeitclash« gewesen (ein »Muff vom Clash«, da macht aber einer Ernst). »Der Zündler vom Dienst«, bellte assistierend der *Tagesspiegel*, ein paar andere Pudel stimmten kämpferisch ein, aber eine veritable, auf Existenzvernichtung sinnende Hatz wäre wohl nur losgebrochen, wenn der Autor erstens ein Deutscher und zweitens kein Millionär wäre. Angesichts seiner vorhersehbaren Folgenlosigkeit verebbte der Angriff, und der Skandalautor gewann, nur mäßig gezaust, das rettende linksrheinische Ufer.

Diese Rede, suggerierte der erwähnte Feuilletonist, schände gewissermaßen das Houellebecqsche Gesamtwerk. Tatsächlich fügt sie sich so nahtlos darein wie ein *Zeit*-Feuilletonist ins *Zeit*-Feuilleton oder ein Pinguin in die Antarktis. Der Autor handelt die Themen ab, die sich auch in seinen Romanen finden: die Bindungslosigkeit, Fortpflanzungsunwilligkeit und Abdankungsgeneigtheit des westlichen Menschen, die Verweiblichung und Gouvernantisierung der Gesellschaft, die Niederwerfungsbereitschaft des vor allem von innen sturmreif geschossenen Kontinents vor dem Islam, die groteske Selbsteinsperrung der westlichen Intellektuellen ins Laufställchen der politischen

Korrektheit. Inbegriffen ist zudem eine maßvolle Attacke auf die französische Linke; die liege, so Houellebecq, »allem Anschein nach im Sterben«. Er beobachte einen Prozess, der sich seit dem Amtsantritt von François Hollande beschleunigt habe. Die Linke sei »immer aggressiver und bösartiger geworden. Es handelt sich um den klassischen Fall des in die Enge getriebenen Tiers, das Todesangst verspürt und gefährlich wird.«

Wie gesagt, all das ist Houellebecq *as usual*. »Was damals an Inhalten von den Linken noch übriggeblieben war, war die Ablehnung des Rassismus oder, genauer gesagt, ein gegen die Weißen gerichteter Rassismus«, heißt es im Roman *Die Möglichkeit einer Insel*. »Wenn die Leute über die ›Menschenrechte‹ reden, habe ich immer den Eindruck, es handele sich dabei um Ironie«, steht in *Plattform*, und ebendort findet sich die Passage: »Wir legten eine kurze Pause ein, um zu Mittag zu essen. Zur gleichen Zeit schlugen zwei Jugendliche aus der Cité des Courtillières einer Frau in den Sechzigern mit einem Baseballschläger den Schädel ein. Als Vorspeise nahm ich Makrelen in Weißweinsauce.« Der Feuilletonistenblick auf die Welt in drei Sätzen! Chapeau!

Houellebecq hat seine Berliner Rede als freier Geist vorgetragen; das erhebt sie zu einem Ereignis, den einen ein Ärgernis, eine Wonne den anderen. Allein wie er Parallelen zieht zwischen der Blutrünstigkeit und Mordlust der Jakobiner und jener der Dschihadisten, ist grandios und käme einem hiesigen Autor wohl kaum in den Sinn, geschweige über die Lippen (wobei sich Martin Mosebach in seiner Büchnerpreisrede einer ähnlichen Frechheit erkühnte, indem er Saint-Just und Himmler in einem reaktionären Atemzug vereinte). Herrenhaft in ihrer Rücksichtslosigkeit gegen die herrschenden Sprachregelungen ist die Passage, in der Houellebecq darauf verweist, dass Frankreich nach Schweden das zweite Land der Welt sein könnte, welches die Kunden von Prostituierten bestraft, woraus er folgert: »Die Prostitution abschaffen heißt, eine der Säulen der sozialen Ordnung abzuschaffen. Das heißt, die Ehe unmöglich zu machen. Ohne die Prostitution, die der Ehe als Korrektiv dient, wird die Ehe untergehen und mit ihr die Familie und die gesamte Gesellschaft. Die Prostitution abzuschaffen, das ist für die europäischen Gesellschaften einfach ein Selbstmord.«

Der »Skandalautor« unternimmt gar nicht erst den Versuch einer Anpassung an irgendein diskursives Benimmregelwerk. Warum sich um die Selbstknebelungsrituale einer abdankenden Gesellschaft scheren? Anthropologischen Optimismus kennt er nicht, daher rührt seine Fremdheit gegenüber der Linken. Er gehört nirgends dazu. Er will niemandem gefallen. Wie Gott ist er Biologist, und darum trifft er lakonische Feststellungen wie: »Der Jihadismus wird ein Ende finden, denn die menschlichen Wesen werden des Gemetzels und des Opfers müde werden. Aber das Vordringen des Islam beginnt gerade erst, weil die Demographie auf seiner Seite ist und Europa, das aufhört, Kinder zu bekommen, sich in einen Prozess des Selbstmords begeben hat. Und das ist nicht wirklich ein langsamer Selbstmord. Wenn man erst einmal bei einer Geburtenrate von 1,3 oder 1,4 angekommen ist, dann geht die Sache in Wirklichkeit sehr schnell.«

Houellebecq, der in aller Bescheidenheit die Bezeichnung »Spießer« zur Selbstcharakterisierung wählte, besitzt im Gegensatz zu fast allen Spießern dieses Planeten die Marotte, in aller Schonungslosigkeit auszusprechen, was er für die Wahrheit hält. Normalerweise wird man dafür gelyncht. Der »Provokateur« hatte Glück, er wurde Bestsellerautor. Er hat diese Rolle keinesfalls gesucht; von allen Romanciers, die hohe Auflagen erzielten, dürfte er derjenige sein, der die geringsten Konzessionen an den Leser macht.

Auf eine zumindest hierzulande undenkbare Weise macht er auch sich selbst gegenüber keinerlei Konzessionen. »Es handelt sich bei uns beiden um ziemlich verachtenswerte Individuen«: Mit diesen Worten eröffnete Houellebecq einen 2008 unter dem Titel *Volksfeinde* veröffentlichten Dialog mit dem salon-bolschewistischen Leitartikler Bernard-Henri Lévy. Ohne dem geschätzten und dem weniger geschätzten Welschen mit dem folgenden Vergleich zu nahe treten zu wollen, aber kann sich jemand vorstellen, dass Richard David Precht dergleichen im Dialog mit Elke Heidenreich vortrüge?

Der 1958 in La Réunion geborene Landwirtschaftsingenieur begann seine schriftstellerische Karriere als eine Art Anti-Hemingway. Im Gegensatz zum Männerschweiß-Heroismus des amerikanischen Großkitschiers strotzen die Lebenswege seiner Figuren vor Niederlagen, Peinlichkeiten und Selbstanklagen. Mit seinem ersten Roman oder Quasi-Roman *Ausweitung der Kampfzone* brachte er einen völlig neuen Ton der Verzweiflung in die französische Literatur. Auf der literarischen Bühne erschien der Verkünder und Bekenner des sexuellen Pauperismus. Seine Protagonisten haben nichts zu verlieren als ihre Unattraktivität, ihre Minderwertigkeitskomplexe und ihre Porno-Abos. Die sogenannte sexuelle Befreiung habe die meisten Menschen nur versklavt und gedemütigt, statuierte dieser Autor, neben den Kampf um die Lebensgrundlagen sei nun auch noch der um die Sexualpartner getreten, doch so üppig sich das Angebot an juveniler weiblicher Schönheit ausnehmen mag, für die meisten Männer endete die Werbung mit der deprimierenden Einsicht, dass sie für die Schönen nicht in Frage kämen. Der sexuelle Liberalismus sei nichts als die konsequente Fortsetzung des Wirtschaftsliberalismus, die »Ausweitung der Kampfzone« auf alle Altersstufen und Gesellschaftsklassen.

Houellebecq ist *der* Autor der westlichen Dekadenz. Seine Figuren haben die Fähigkeit verloren, in Generationen zu denken. Unfähig und vor allem unwillig, Kinder zu zeugen, träumen sie doch von Unsterblichkeit und ewigem Leben. Seine Bücher beschreiben die Erosion einer Gesellschaft und die Vereinzelung ihrer Mitglieder zu *Elementarteilchen* – so der Titel seines 1998 erschienenen zweiten und essentiellsten Romans.

Im Roman *Plattform* hat Houellebecq ein Plädoyer für den Sextourismus geschrieben und unmittelbar vor dem 11. September 2001 den islamischen Terror thematisiert – seine deutschen Kollegen waren damals fast alle noch mit der Erbschuld und deren Folgen beschäftigt – und in *Unterwerfung* dann die naheliegendste Frage der Gegenwart gestellt, nämlich: Was geschieht in den westeuropäischen Ländern, wenn der stetig wachsende und im Vergleich mit den Eingeborenen vor allem deutlich jüngere muslimische Bevölkerungsteil anfängt, seine Vorstellungen des gesellschaftlichen Zusammenlebens in die Politik »einzubringen«? Am Erscheinungstag von *Submission* drangen Dschihadisten in die Redaktion der Pariser Satirezeitung *Charlie Hebdo* ein, die gerade mit Houellebecq als Titelfigur herausgekommen war, und massakrierten die Mitarbeiter. Der Mann hat also mindestens »Timing«, vielleicht besitzt er sogar prophetische Gaben.

Der erste literarische Repräsentant des sexuellen Pauperismus, der trostloseste Schilderer der existentiellen Erschöpfung des europäischen Menschen, der Erfinder des Begriffes »nullogam« und Verkünder einer neuen Kallokratie – »Die körperliche Schönheit spielt hier genau die gleiche Rolle wie der Geburtsadel im Ancien régime« (*Die Möglichkeit einer Insel*) – stimmte auf einmal den Sirenengesang der Erlösung an. Houellebecq insistiert darauf, dass der europäische Mensch, dass der gesamte überalterte und mutlos gewordene Erdteil in hohem Maße erlösungsbedürftig geworden ist. Führte der Weg seiner Protagonisten bislang stets nur durchs Nadelöhr des Sexuellen ins temporäre Glück, um nach dem Rausch der Paarung den Kater der Vereinsamung und des Alterns umso entsetzlicher zu spüren, bringt er in *Unterwerfung* die Erlösung durch den religiösen Kniefall ins Spiel. Die verschiedenen Parteiungen Frankreichs können sich unter einem neuen Stern versöhnen. In der gemeinsamen Unterwerfung unter den Islam finden sie endlich jene Gleichheit, Freiheit und Brüderlichkeit, die der Franzose seit 200 Jahren offenbar notorisch sucht.

Eine Erlösung hat naturgemäß ihren Preis. Das skandalöse Geheimnis des Buches *Unterwerfung* besteht ja nicht darin, dass es islamfeindlich ist – das ist es nämlich nicht –, sondern dass es beschreibt, wer den Preis einer Islamisierung Europas zahlen würde: die Frauen. Die Kölner Silvesterkirmes war gewissermaßen die erste deutsche Rate. Seit *Unterwerfung* erschienen ist, häufen sich auch hierzulande die Indizien dafür, dass der Franzose womöglich nichts anderes als das Skript für die nähere europäische Zukunft entworfen hat.

Bei näherer Betrachtung hat Houellebecq zwar verschiedene Romane verfasst, aber im Grunde nur ein einziges Buch immer weiter fortgeschrieben. Fünf ziemlich willkürlich ausgewählte Stellen aus seinen Romanen mögen das illustrieren:

»Ich war unfähig, für mich selbst zu leben, und für wen sonst hätte ich leben sollen? Die Menschheit interessierte mich nicht, sie widerte mich sogar an. Ich betrachtete die Menschen keineswegs als meine Brüder, und ich tat es umso weniger, wenn ich einen kleineren Ausschnitt der Menschheit in Augenschein nahm, so zum Beispiel denjenigen, der aus meinen Landsleuten oder meinen ehemaligen Kollegen bestand. Dennoch musste ich wohl anerkennen, dass diese Menschen mir unangenehm ähnelten, dass sie meinesgleichen waren, auch wenn es gerade diese Ähnlichkeit war, die mich dazu veranlasste, sie zu meiden.«

»Das Scheitern einer Zivilisation ist eine traurige Angelegenheit, es ist traurig, mit ansehen zu müssen, wie sich ihre klügsten Köpfe verrennen – zunächst fühlt man sich leicht unwohl in der eigenen Haut, und schließlich sehnt man sich nach einer Islamischen Republik.«

»Bis zum Schluss werde ich ein Kind Europas, ein Kind des Kummers und der Schande bleiben. Ich habe keinerlei Hoffnungsbotschaft zu verkünden. Ich empfinde keinen Hass auf die westliche Welt, höchstens tiefe Verachtung. Ich weiß nur, dass wir alle, die wir hier sind, von Egoismus, Masochismus und Tod durchdrungen sind. Wir haben ein System geschaffen, in dem es einfach unmöglich geworden ist, zu leben; und dieses System exportieren wir noch dazu.«

»Wenn man die Ideologie des ständigen Wandels akzeptiert, akzeptiert man auch die Vorstellung, dass das Leben eines Menschen auf sein individuelles Dasein beschränkt ist und dass die früheren oder künftigen Generationen in seinen Augen keinerlei Bedeutung haben. So leben wir jetzt, und ein Kind zu haben, hat für einen Mann heutzutage überhaupt keinen Sinn mehr.«

»Vor unseren Augen uniformiert sich die Welt; die Telekommunikation schreitet unaufhaltsam voran; neue Apparaturen bereichern das Wohnungsinventar. Zwischenmenschliche Beziehungen werden zunehmend unmöglich, was die Zahl der Geschichten, aus denen sich ein Leben zusammensetzt, entsprechend verringert. Und langsam erscheint das Antlitz des Todes in seiner ganzen Herrlichkeit. Das dritte Jahrtausend lässt sich gut an.«

Zwischen diesen Zitaten liegen 21 Jahre. Sie stammen aus den Romanen *Unterwerfung* (2015), *Die Möglichkeit einer Insel* (2005 – ja, bereits damals geisterte der islamische Staat durch sein Werk), *Plattform* (2002), *Elementarteilchen* (1998) und *Ausweitung der Kampfzone* (1994). Houellebecqs Werk ist ein Kontinuum, in das sich seine Essays und sogar seine Lyrik nahtlos einfügen, zwei Genres, die er in aller Unbedenklichkeit zuweilen in seine Romane amalgamiert.

Bleibt die Frage nach dem im eigentlichen Sinne künstlerischen Rang Houellebecqs. Ist der Franzose wirklich ein überlebensgroßer Schriftsteller, ein Meister der Form, ein Stilist sui generis, ein unsterblicher Menschenschilderer, ein fesselnder Erzähler, kurzum: ein Achttausender der Literaturgeschichte wie Proust, Kafka oder Nabokov? Jetzt stoßen wir auf ein Paradoxon. Die Sprache seiner Romane ist höherer Standard, hier arbeitet kein Meisterstilist; die Plots wirken gestellt, viele Selbstmorde oder Unfälle verhindern, dass Figurenfäden »unnötig« ausgedehnt werden; die Figuren selber bleiben merkwürdig blass. Immer wieder eingestreute kommentierende und essayistische Passagen deuten an, dass die Gestalten keineswegs nur in ihrer romanhaften Existenz beschrieben werden, sondern dass ihnen nach der Auffassung des Autors eine Bedeutung zuwächst, die darüber hinausgeht.

Keine seiner Figuren stellt Houellebecq dem Leser plastisch und sinnlich konkret vor Augen, er ist kein Wahrnehmungserotiker, gerade in seinen seltsam sterilen erotischen Szenen wird das deutlich. Und doch besitzen seine Bücher eine beeindruckende Wahrhaftigkeit. Er verfügt in hohem Maße über Apperzeptionsfähigkeit, wie Heimito von Doderer es nannte – also die Fähigkeit, die Welt zu sehen, wie sie ist. Von einem Satz auf den anderen vermag er es, eine Verzweiflung und Trostlosigkeit ohnegleichen zu erzeugen.

Houellebecqs Romane sind die höchste Form dessen, was Vladimir Nabokov als »Ideenliteratur« verachtete. Houellebecqs Figuren agieren, wie gesagt, niemals nur als literarische Individuen, sie treten immer zugleich als durchaus plakative Symptome im Dienste der Zeitdiagnose auf. Keine dieser Figuren besitzt etwas Archetypisch-Einprägsames, keiner seiner Charaktere wird unsterblich werden wie Kapitän Ahab oder Anna Karenina, aber seinen Büchern darf man gleichwohl eine hohe Halbwertszeit prophezeien. In einer *Unio mystica* mit allen seinen Ich-Erzählern ist Houellebecq selber der Archetyp. Er verkörpert, analog zu Nietzsches Letztem Menschen, den Letzten Europäer. Als Kind seiner Zeit und echter Dekadent ist er außerstande, etwas anderes zu tun, als um sich selbst zu kreisen. Houellebecq mag keiner der ganz großen Schriftsteller sein, aber er ist der bedeutendste Literat unserer Zeit.

Natürlich ist der Mann viel zu reflektiert, als dass ihm dieser Befund bei der Selbstbetrachtung entgangen wäre. Bereits 1995 vertraute er dem Magazin *Art Press* an, er sei »ein wenig überrascht, wenn man mir sagt, dass mir psychologische Porträts von Individuen, von Personen gelingen«. Er habe »oft den Eindruck, dass die Individuen in etwa identisch sind, dass das, was sie ihr Ich nennen, nicht wirklich existiert und dass es in gewissem Sinne einfacher ist, den Gang der Geschichte zu definieren«.

Dieser Gang ist ein Niedergang, und er verläuft historisch in den Stadien: Trennung von Sex und Fortpflanzung, Verabsolutierung der Lust, Liberalisierung der Lust, Zerstörung der Familie, Zerstörung der Tradition, Abschaffung des Kinderwunsches, Entwertung des Alters, Vernutzung aller Dinge im Namen der individuellen Freiheit, Tod der westlichen Kultur.

Der Chronist dieser Entwicklung ist körperlich in den vergangenen zehn Jahren auf schockierende Weise gealtert, sein Hirn indes scheint vom Verfall nicht tangiert zu sein. »Der jugendliche Körper ist das einzige begehrenswerte Gut, das die Welt je hervorgebracht hat«, hat Houellebecq geschrieben. Das ist sein Credo, und seine Theodizee lautet: » ... der einzige Ort auf der Welt, an dem ich mich je wirklich wohlgefühlt hatte, war in den Armen einer Frau, wenn ich tief in ihrer Scheide steckte; und ich sah keinen Grund, warum sich das in meinem Alter ändern sollte. Dass es überhaupt so etwas wie eine Muschi gab, war schon als solches eine Segnung, sagte ich mir, und allein die Tatsache, dass ich mich darin verkriechen konnte und mich dabei wohl fühlte, war Grund genug, um diesen beschwerlichen Weg fortzusetzen.« (*Die Möglichkeit einer Insel*)

In *Plattform* erklärt der Ich-Erzähler: »Es war nicht sicher, ob die Gesellschaft sehr lange mit Individuen wie mir überleben konnte.« Wahrscheinlich nicht, aber über diesen einen auserwählten Fall darf man sagen, dass die Gesellschaft durch ihn überlebt, wenn auch nur literarisch, wenn auch nur als Flaschenpost eines degenerierten, nihilistischen Spätlings.

10. Oktober

In einer TV-Doku einen Oktopus gesehen, der mit stupender Geschwindigkeit exakt die Farbe des Untergrunds annahm, auf welchem er sich gerade befand. Musste sofort an einen jüngst ernannten Chefredakteur denken.

Fortgeschrittener 10. Oktober

Die Macht der Gewohnheit, die den Ochsen sein Joch tragen lässt, vereint sich mit jener der Feigheit, die das Joch begrüßt, wenn nur die Peitsche schweigt und das Messer nicht gegen einen gewetzt wird. Diese beiden allzuirdischen, allzumenschlichen Regungen beenden schließlich die Rebellion und führen in die Duldung und in die Unterwerfung.

Am 19. September 2006 veröffentlichte der französische Philosoph Robert Redeker in der Tageszeitung *Le Figaro* den islamkritischen Artikel »Face aux intimidations islamistes, que doit faire le monde libre?« (»Was soll die freie Welt angesichts der islamistischen Einschüchterungsversuche tun?«), einen Beitrag zur Debatte um die Regensburger Rede von Benedikt XVI. Durch einen Kommentar im Fernsehsender *al-Dschasira* fanden Zitate aus dem Text Verbreitung in der islamischen Welt. In Ägypten und Tunesien wurde am Folgetag der Vertrieb des *Figaro* eingestellt, der Autor erhielt zahlreiche Morddrohungen. Auf einer Internetseite fand sich neben dem Mordaufruf und Redekers Konterfei ein Foto seines Hauses samt detaillierter Anfahrtsbeschreibung. Der Philosoph tauchte unter und verkaufte sein Haus. Seine Dozentenstellen an zwei Mittelschulen in Toulouse wurden ihm gekündigt; die Eltern hatten Angst, wenn er weiter ihre Kinder unterrichtete. Seither lebt Redeker unter Polizeischutz an verschiedenen geheim gehaltenen Orten in Südfrankreich. Seinen jüngeren Sohn schickte er ins Internat, der ältere entfernte sein Namensschild vom Briefkasten, die Tochter heiratete und trägt nicht mehr seinen Namen.

»Die Unterdrückung, die auf mir lastet, ist eine Unterdrückung neuer Art, gegen die der Staat kaum eine Handhabe hat«, schrieb Redeker 2007 in einer Zeitschrift. »Eine Unterdrückung des dritten Jahrtausends, die noch nicht einmal einen Namen hat. Eine unsichtbare Freiheitsberaubung: Ich sehe weder meine Kerkermeister noch meine möglichen Mörder. Aber ich weiß, es gibt sie, und sie hindern mich effektiv daran, so zu leben wie meine Mitmenschen, wie vor dem Artikel im *Figaro*.«

Bis heute lebt der Mann in diesem Modus, und er wird es wohl bis ans Ende seiner Tage tun müssen, wenn er nicht riskieren will, dass dieses Ende früher kommt, als die Natur es für ihn vorsieht. Als der Skandal noch frisch war, gab es eine Solidaritätserklärung französischer Intellektueller, doch inzwischen kümmert der Fall niemanden mehr, und selbst wenn er jemanden scherte, was sollte derjenige tun? Und welcher Öffentlichkeitsarbeiter verspürte angesichts von Redekers Schicksal nicht jenes gewisse Ochsenglück, welches eben darin besteht, dass man zwar das Joch spürt – ein derzeit noch lächerlich leichtes Joch gewisser Meinungsfreiheitseinschränkungen und Blasphemieverbote –, aber die Peitsche schweigt und die Messer nicht gegen einen selbst gewetzt werden?

Fast schon Mittag des 13. Oktober

Mit einem Messer hat ein 19 Jahre alter Asylbewerber einem 18-jährigen ebenfalls Asylbewerber im hessischen Schlüchtern das Gesicht verstümmelt. Die Tat ereignete sich bereits am Freitagabend. Das Opfer wurde in eine Spezialklinik gebracht. Der junge Mann muss mit bleibenden Schäden rechnen. Ob er dauerhaft erblindet, ist noch unklar.

Der Täter befindet sich in Untersuchungshaft. Es wurde Haftbefehl erlassen wegen versuchten Totschlags und schwerer Körperverletzung. Auch ein Mordversuch könne nicht ausgeschlossen werden, sagte der Oberstaatsanwalt: »Diese Form der Gewalt haben die Ermittlungsbehörden hier noch nicht erlebt.«

Mondbeschienener 14. Oktober

Frohe Kunde kommt aus dem Breisgau. Die Kommission zur Überprüfung der Freiburger Straßennamen hat ihren Abschlussbericht vorgelegt. Sie empfiehlt, zwölf Straßen umzubenennen, darunter den Martin-Heidegger-Weg. »Damit ist Freiburg die erste deutsche Stadt, die eine derartige, vollumfängliche Untersuchung aller Straßennamen initiiert hat«, strahlt die *Badische Zeitung* über die Größe und Herrlichkeit dieses Aufbruchs.

Getilgt werden soll neben dem Heideggerweg unter anderem auch die Hindenburgstraße, denn man weiß ja, wohin die führt. Dann gibt es noch 15 Straßennamen der »Kategorie B«, quasi die bloß kryptofaschistisch Versippten unter den Straßen, die zwar »trotz dunkler Flecken in der Vita der Betroffenen« nicht umbenannt, aber deren Schilder »mit kurzen Erläuterungen zur geschichtlichen Einordnung« bevölkerungserzieherisch veredelt werden sollen. Zu dieser Kategorie der Halb- und Viertelbeschmutzten gehören Fichte, Theodor Körner, Richard Wagner, Richard Strauss und merkwürdigerweise auch Carl von Linné (hat er womöglich in seinen *Fundamentalista Botanica* afrikanische Pflanzen diskriminiert?).

So um 1918 nistete sich der Typus des habituellen Nazis im deutschen Volkscharakter ein, und trotz diverser Kuren bekommt unser armes, gebrechliches Land auf seine späten Tage diese Filzlaus nicht mehr los, weil sie sich ständig an neuen Stellen exponiert. Immer wollen unsere Habitatsnazis denunzieren, verfolgen, dingfest machen, löschen, flurbegradigen, umbenennen, Ordnung schaffen, Maßnahmen einleiten, den Konsens vollstrecken, endgültige Lösungen anstreben. Und dieser Typus wird in den Stürmen der nächsten Völkerwanderung nur zum Teil vergehen, der andere Teil wird konvertieren und im Namen des Propheten so gründlich, so systematisch missionieren und verfolgen, dass selbst radikale Muslime lauter kleine Kaabaklötzer staunen werden, mit welchen Strebern sie sich da eingelassen haben.

Was nun wiederum Heidegger und Wagner angeht, so ist es ziemlich gleichgültig, wie heute akademische Tagelöhner und andere publizistische Gartenzwerge über sie befinden. In »tausend Jahren« (B. Höcke), wenn niemand mehr weiß, was Deutschland war und wo der SC Freiburg spielte, werden sie einer der wenigen Gründe sein, warum in einigen Winkeln dieses Planeten noch ein paar geistvolle Menschen Deutsch lernen.

15. Oktober

»Wie geht es Ihnen?«, fragt mein ca. 75-jähriger syrischer Nachbar.

»Nun, ich könnte sagen: Lari, aber fari träfe es auch. Und Ihnen?«

»Ich würde wiederum sagen: Außen hui, innen pfui!«

Abendlicher 15. Oktober

Ulrich Schacht, Schriftsteller und Großkomtur des St.-Georgs-Ordens, bemerkt, es sei ein »Treppenwitz der Weltgeschichte«, dass heute Moskau als »der Sitz der Reaktion« gelte, ein Vor-

wurf, welcher bekanntlich vom Kreml aus 70 Jahre lang gegen
die Metropolen des Westens geschleudert worden war. Und
fügt hinzu: Nachdem Russland mit dem Import westlicher
Fortschrittsideen, nämlich jener von 1789 und daran anschließend der des Marxismus, so einschlägige Erfahrungen gemacht
habe, könne man verstehen, warum die Russen heute eher skep-
tisch auf westliche Empfehlungen über die Gestaltung ihrer Zukunft reagierten.

16. Oktober

Die Wahl des neuen Bundespräsidenten steht an, und die Menschen da draußen im Land, der Arbeiter an seiner Werkbank, die
Mathematikerin an ihrem Schreibpult, die Pilotin in ihrer Kan-
zel fiebern dem populären Akt repräsentativer demokratischer
Willensbildung hoffnungsfroh entgegen. Die Parteien bringen
ihre profiliertesten Kandidaten in Stellung. Es sind Namen, die
im Volke ehrfürchtig von Mund zu Mund gehen: Frank-Walter
Steinmeier, Wolfgang Schäuble, Winfried Kretschmann, Norbert Lammert, Ursula von der Leyen. Jeder weiß, was diese
Männer und Frauen in der Flüchtlingskrise, bei der Rettung
des Euro, bei der Rettung Griechenlands, des Weltklimas und
des deutschen Rufs im Ausland geleistet haben. Vergessen wir
nicht den Geheimfavoriten Herfried Münkler, den Architekten
der Einwanderung, den Mann, der im Nachhinein genial begründete, was unsere Willkommens-Kanzlerin mit sicherem
Instinkt bereits realisiert hatte. Gemeinsam mit seiner Frau hat
der Professor aus der Hauptstadt in einem Buch dargelegt, wie
die Deutschen es und warum sie es schaffen werden; er brächte
die ideale First Lady also gleich mit …

Beenden wir die CDU-Generalsekretärstagträume und schauen wir auf die Realitäten.

Das Amt des Bundespräsidenten ist ein Relikt der konstitutionellen Monarchie. Der Präsident verkörpert, in den Worten des Bundesverfassungsgerichtes von 2014, »die Einheit des Staates« – wie der Monarch es tat und in glücklicheren Ländern noch heute tut. Glücklicher allein deswegen, weil die monarchistische Etikette es verbietet, Volksreden zu halten (unser einstweilen letzter Kaiser war die große Ausnahme). Außerdem amtiert ein Monarch kraft Tradition und nicht aufgrund von Parteienproporz.

Wie auch immer, die Karriere der Institution Bundespräsident begann in Gestalt von Theodor Heuss durchaus hoffnungsvoll. Gustav Heinemann war der erste Quasi-Pastor an der symbolischen Staatsspitze, wenngleich er achtenswerte Sätze formulierte wie: »Ein Staat ist immer nur so frei wie sein Waffenrecht.« Heute würde er für so viel Liberalität schäumende Rücktrittsforderungen ernten. Richard von Weizsäcker schien nie verwinden zu können, dass die Bergpredigt schon gehalten worden war, und verlieh dem Amt eine penetrant pastorale Note. Es war nur folgerichtig, dass mit Joachim Gauck schließlich der erste echte Pfarrer zum Staatspastor aufstieg. Zugleich darf man Weizsäckers Rede zum 8. Mai 1985 als den Einzug der DDR-Terminologie in die BRD werten. Auch wenn sie deutlich differenzierter war als später verschlagwortet, blieb doch einzig der »Tag der Befreiung« von ihr übrig. Weizsäcker hat auf seine Weise den Weg gebahnt für Merkel und Gauck.

Gab der knorrige Roman Herzog noch eine akzeptable Figur ab, begann mit dem Kirchentagssprechautomaten Johannes Rau die Wendung ins Peinliche. Auf »Bruder Johannes« folgte der habituelle Sparkassendirektor Horst Köhler, von dem einzig

der Rücktritt im Gedächtnis blieb, als er wegen einiger Medienberichte mit tränenerstickter Stimme erklärte, man lasse es an
Respekt ihm und seinem Amt gegenüber fehlen. Damals wurde
gemutmaßt, er sei in Wirklichkeit zurückgetreten, weil er nicht
mit seiner Unterschrift den Euro-Rettungsschirm bewilligen
wollte; wenn dies stimmt, wäre die weinerliche Begründung
seines Rücktritts erst recht skandalös.

Nach Köhler brachte es mit Christian Wulff der erste Mann
vollkommen ohne Eigenschaften zum Staatsoberhaupt; der
Niedersachse war ein Präsident von Merkels Gnaden. Aber
immerhin verschaffte er mit seiner Frau Bettina (»Ich habe bei
Männern kein festes Beuteschema«) einer gewissen Halbwelt
Zugang ins Schloss Bellevue. Ihm folgte mit Gauck ein spät-
berufener DDR-Bürgerrechtler – wie Merkel stand auch der
Rostocker Pfarrer in einem unauslotbaren, immerhin Reisepri-
vilegien einschließenden Verhältnis zum SED-Staat –, der seit
der Amtsübernahme immer weniger Interesse für die Rechte
der Bürger zeigt. Kein kritisches Wort von ihm fiel zur Politik
der offenen Grenzen oder zur faktischen Entmachtung des
Parlaments in der Eurokrise. Längst verkörpert der Bundespräsident nicht die Einheit des Staates oder gar der Nation,
sondern ist bloß von allen Sprechpuppen des Zeitgeistes die
prätentiöseste.

Verglichen mit der Medienhatz, die Wulff wegen pekuniärer
Nichtigkeiten ertragen musste, mag mancher die Dresdner Pöbeleien gegen seinen Nachfolger eher zu den harmlosen demokratischen Schikanen rechnen. Die Frage ist nur: Wer will sich
das als Nächster antun? Wer wäre zugleich im Volke populär,
ein Darling der Leitartikler und ein windelweicher rhetorischer
Fettnäpfchenumtänzler mit vollendet langweiliger Biographie?
Und vor allem: Was soll das eigentlich alles?

Den TV-Abendunterhalter Markus Lanz überkam zum Schimpf, der am Tag der deutschen Einheit über Gauck herniederging, die Erkenntnis, dergleichen sei »bei einem Auftritt der englischen Königin nicht möglich«. Wir haben aber keinen König mehr. Was ist also zu tun?

Die AfD fordert, dass der Bundespräsident vom Volk gewählt werden soll. Wenn das Volk wählte, würde wahrscheinlich Dieter Bohlen knapp vor Günther Jauch gewinnen. Und was wäre gegen Bohlen zu sagen? Er ist weniger vulgär als Gauck eitel, und er spräche wohl auch im höchsten symbolischen Amt weniger verlogen als seine Vorgänger. Er würde das pastorale Parfüm mit realitätsnaher Unterklassen-Rotzigkeit austreiben. Zugleich ist Bohlen ein erfolgreicher Unternehmer und hat mehr Steuern gezahlt als sämtliche Bundespräsidenten zusammen. Noch aus seiner letzten Zote spricht mehr Weltkenntnis als aus den gesammelten Präsidialpredigten unseres Bundesfreiheitsbuffos. Bohlen würde dem politisch korrekten Schwätzamt in freier Rede den Gnadenstoß versetzen. Er würde es auf dem Boden der schnöden Tatsachen zerschellen lassen.

Danach sollte aber Schluss mit dem Theater sein, bevor beispielsweise der erste Muslim nominiert wird (weil es ja, wie wir inzwischen gelernt haben, Muslime waren, die Deutschland nach dem Krieg wiederaufgebaut haben), und das symbolische Repräsen-Tantentum sich sukzessive in schiere Minderheitenmachtpolitik verwandelte. Der Präsident gehört in die historische Mottenkiste. Bis der Kaiser oder Erlöser oder wenigstens der Katechon wiederkehrt! Jenem mag ein Präsident dann Rosen streuend vorangehen!

Frühester 17. Oktober

Leser *** schreibt zu den Freiburger Straßenumbenennungsplä-
nen (Eintrag vom 14. Oktober): »Sehr geehrter Herr Klonovsky, daß Carl von Linné heute zu den politisch Unkorrekten gerechnet werden könnte, kann nur daran liegen, daß er in seinem
wissenschaftlichen Eifer bei der Beschreibung des *Homo sapiens*
in seinem Buch ›Systema naturae‹ die vier damals bekannten
Menschenrassen aufzählte: Weiße, Gelbe, Schwarze und Rote;
und jeder von ihnen hat er bestimmte Charaktereigenschaften
zugeschrieben.«

   Aber es werde noch toller, wenn man auf der Webseite nach-
schlage, wo die bunten Khmer ihre Umbenennungs- und Stig-
matisierungsvorschläge begründen. Der Fall Linné ist dabei tatsächlich ein Glanzlicht. Wir lesen dort nämlich nicht nur, dass
er, wie Gott auch, ein Rassist gewesen sei, weil er »die Spezies
Mensch in vier Rassen anhand von körperlichen Merkmalen«
eingeteilt und »diesen auch höhere und niedere charakterliche
Eigenschaften« zugeschrieben habe. Vor allem war er ein Sexist,
der die Heteronormativität bis in die Flora ausdehnte. Linné
»begründete und verfestigte« jene Irrlehre der zwei Geschlech-
ter nämlich »mit seiner Klassifizierung und auch Sexualisie-
rung des Pflanzenreichs anhand der Morphologie in männliche
und weibliche Pflanzen« und nahm dabei die Diskriminierung
stockschwuler Steckrüben, lesbischer Linden und von Tulpen-
transen sehenden Auges in Kauf *. Ferner implementierte dieser
Pseudowissenschaftler »durch die nicht zwingende Klassifikati-
on von Tieren (Säugen als weibliche Grundfunktion und We-
sensbestimmung) eine Denkweise und Gesellschaftsordnung,
die die Unterordnung von Frauen unter Männer sowie die traditionelle geschlechtliche Arbeitsteilung als natürlich erklärt und

›beweist‹.« Wie soll man da als emanzipierter Anwohner einem Säugetier noch in die Augen schauen?

Deswegen empfehlen die Kommissköpfe ein Ergänzungsschild unter dem Namen, worauf für alle Zeiten geschrieben stehe und zu lesen sei: »Carl von Linné (1707–1778). Schwedischer Naturforscher und Begründer der biologischen Systematik, Vordenker einer biologistisch begründeten Geschlechterhierarchie und Rassenlehre.« Einen weiteren Höhepunkt der Endaufklärung bildet der Vorschlag, das Schild Fichtestraße mit dem Zusatz »Nationalistischer Philosoph und erklärter Gegner Frankreichs« zu versehen. Hätte Nationalist nicht genügt? Schauen wir indes nach Frankreich oder Russland, wo viele »erklärte Gegner« Deutschlands mit Straßennamen geehrt wurden, speziell eben jenes Deutschlands, das zwischen 1940/41 und 1944/45 ihre Länder besetzt hatte wie Napoleon das Deutschland Fichtes, könnte einem ganz blümerant werden angesichts des nazihaften Eifers unserer Stigmatisierungshumanisten.

Was für ein Ergänzungsschild, frage ich mich, werden diese Edlen wohl dereinst für die erste Freiburger »Prophet-Mohammed-Straße« vorschlagen?

* Siehe dazu auch die Standardwerke: Friederieke Teufels, *Die Lage der arbeitenden Polle in Deutschland*, Judith Kerka-Porta, *Die Imme als soziales Konstrukt* und Lann Hornhaut, *Alterseinsamkeit unter homosexuellen Langusten*.

PS: Um den Fragen von Botanikern vorzugreifen: Schwule Steckrüben zeichnen sich dadurch aus, dass die Staubblätter den Fruchtknoten ablehnen und neurotisch die Selbstbestäuber beneiden, weil sie selber ja der Fremdbestäubung nicht wehren können; deshalb ist die Diskussion um das Adoptionsrecht bei Rüben noch nicht in Gang gekommen. Bei den lesbischen Linden verhält es sich genauso, nur eben andersherum.

19. Oktober

Bernd lebt im Problemkiez und hat regelmäßig handfesten Ärger mit Ali und seinen Brüdern; Pech für Bernd, er hat keine
Brüder. Bernd geht abends auf eine Veranstaltung einer rechten Protestpartei und bekommt auf dem Heimweg eins über
den Schädel von einem Trupp vermummter Linksextremisten,
die ihn als Veranstaltungsteilnehmer identifiziert haben; Pech
für Bernd, er hat keine politische Clique, die ihn schützt. Am
nächsten Tag haut Bernd seinen Frust bei Facebook in die Tasten und wird von der Masi für einen Monat gesperrt; Pech für
Bernd, er hat keine Partei, die für seine Meinungsfreiheit eintritt. Er hat überhaupt viel Pech, unser Bernd. Aber immerhin
wird er nach seiner Ausbildung, anders als die meisten Brüder
von Ali und die Vermummten und die Typen von der Masi, in
der freien Wirtschaft arbeiten und dafür sorgen, dass auch künftig seine Malträtierung solide durchfinanziert ist.

20. Oktober

Gestern Abend Podiumsgespräch mit Václav Klaus über sein
soeben erschienenes Buch *Völkerwanderung* (Manuscriptum
Verlag) in einem Dresdner Hotel. Der langjährige tschechische
Präsident hat darin das schöne Wort »Wander-Mainstreaming«
geprägt. Es bezeichne »die Umgestaltung der europäischen Gesellschaft, vielleicht besser gesagt: die Liquidierung der europäischen Kultur, Traditionen und Werte und die dafür als Instrument benutzte Massenmigration«. Die »Hauptbotschaft« seines Buches laute: Die Bedrohung von Zivilisation und Kultur,
von Freiheit und Prosperität »haben nicht die Migranten, son-

dern die europäischen Politiker – an der Spitze deutsche Politiker – verursacht«. Beifall brandet auf. »Diese Politiker glauben wahrscheinlich aufrichtig an die Ideologie des Multikulturalismus, was aber schwer zu begreifen ist. Wollen sie wirklich aus den heutigen Migranten einen neuen europäischen Menschen, einen *homo bruxelarum*, erschaffen?« (*Homo bruxellensis?*)

Ich sah eine heitere Schar weinseliger römischer Senatoren in der ersten Reihe sitzen. An ihren Togen trugen sie »Vandalen willkommen!«-Aufnäher.

»Diese Leute haben begriffen, dass der Nationalstaat im Verein mit der parlamentarischen Demokratie zum Bremsklotz ihrer Visionen vom neuen Europa und zum Störfaktor ihrer globalen Machtansprüche geworden ist«, erklärt Klaus. Europa sei »von lauter weltfremden und heuchlerischen humanistischen Ideen durchdrungen«. Solche Ideen stifteten Millionen von Menschen zum Verzicht auf ihr Zuhause, zum Verlassen ihrer Heimat in Richtung Europa an. »Sie werden zu der irrigen Annahme verführt, dass Migration ein Menschenrecht sei, dass es einen regelrechten Anspruch auf Migration gebe und dass sich daraus weitere Ansprüche automatisch ableiten würden – einschließlich der materiellen Versorgung von Migranten.«

Aber doch nur die Westeuropäer, halte ich entgegen. Ein Eiserner Vorhang teile den Kontinent noch immer, er teile auch nach wie vor Deutschland, die Frage sei nur, ob der Ostteil hinterwäldlerischer und unaufgeklärter sei als der Westteil oder ob die Gehirnwäsche im Westen am Ende bloß viel smarter funktioniert habe. *Ex oriente lux* also und quasi. Westrom und Byzanz! Ein Trupp Sioux, der durch den Saal ritt, störte meine Ausführungen. Auf ihre Brust hatten sie mit roter Farbe – der Herr gebe, dass es Farbe war – »Bleichgesichter willkommen!«

geschrieben. Ja, der Osten sei speziell, bestätigt Klaus. Man habe lange nicht genau gewusst, warum es die Visegrád-Gruppe überhaupt gebe, heute zeige sich wieder ein Sinn dieses Zusammenschlusses. Man könne immerhin Einwanderer-Routen versperren – Klaus plädiert energisch gegen den moralischen Vernebelungsbegriff »Flüchtlinge« –, aber Byzanz ist einstweilen recht machtlos gegenüber dem weströmischen Zeitgeist und Herrschaftsanspruch.

Im Buch schreibt Klaus: »Die derzeitige Immigration wird Europa bei extrem hohen finanziellen und gesellschaftlichen Kosten nicht etwa eine gesellschaftliche Wiederbelebung oder neue Harmonie bescheren, sondern im Gegenteil kaum zu bewältigende Konflikte. Es wird zu einer umfassenden Radikalisierung innerhalb der fragmentierten Gruppen und in ihren gegenseitigen Beziehungen kommen, die das Potential birgt, alles zu vernichten, was auf dem Wege der europäischen Integration in den letzten mehr als fünfzig Jahren erreicht wurde. Alle großen Sozialexperimente der Geschichte haben sich binnen kürzester Zeit in entsetzliche Katastrophen verwandelt. Der nahöstlichen Masseneinwanderung nach Europa, organisiert von den wohlmeinenden europäischen Eliten der Gegenwart, droht dasselbe Schicksal.«

22. Oktober

Neueste Nachrichten von der Willkommenskulturfront: Ein 51-jähriger Freiburger wurde (übrigens in keiner mit dem Namen eines Rassisten, Biologisten oder Nationalsozialisten verunzierten Straße) von vier »südländisch aussehenden Personen« so brutal zusammengeschlagen, dass er an den Folgen starb. Der »schafft« es also nicht mehr, ebenso wenig wie der 16-jährige Hamburger, dem ein »etwa 20 Jahre alter Südländer« an der Alster ein Messer mehrmals in den Rücken rammte, bevor er die Freundin des Jungen ins Wasser stieß und sich diskret entfernte. Die beiden schaffen es nicht mal in die exponierten Spalten der in solchen Fällen doch verlässlich rassistischen Premiumgesinnungspresse. Ebenfalls in Freiburg (und ebenfalls in einer korrekt benamsten Straße) steht ein 29 Jahre alter syrischer Asylbewerber vor Gericht, der im März und April 2016 zehn Kinder sexuell belästigt bzw. missbraucht haben soll bzw. hat, wobei nicht ganz klar ist, ob es sich nun um einen oder zehn Einzelfälle handelt. Eine sichtbar schwangere Frau wurde in Langenhagen (Niedersachsen) am sogenannten helllichten Tag von zwei Männern überfallen und zum Zwecke des Taschenraubs so elanvoll zu Boden geworfen, dass sie anschließend ins Krankenhaus gebracht werden musste. Die Täter sollen laut Angaben des Opfers von südländischem Aussehen gewesen sein und Englisch mit einem arabischen Akzent gesprochen haben.

Den Angehörigen und Nachbarn der Opfer empfehlen wir »eine mürrische Indifferenz« (*Herfried Münkler*).

Späterer 22. Oktober

Meine Tochter arbeitet seit einiger Zeit als Ärztin in der Rettungsstelle eines Klinikums zu Wittenberg (ja, die Lutherstadt), woselbst auch Asylbewerber in mittlerer Zahl und Stärke Obdach fanden. Was naturgemäß dazu führt, dass einige von ihnen, sei's mit einem Messerstich im Bauch, sei's mit einem beim Fußball ausgerenkten Finger, in der Notaufnahme vorstellig werden. In der Regel handele es sich um Syrer, und nicht ein einziger von ihnen, sagt meine Tochter, habe jemals Ärger gemacht. Kein einziger hatte ein Problem damit, dass ihn eine blonde Nichtmuslima behandelt und also berührt. Diese Menschen seien nett, respektvoll, dankbar – und gepflegt (Letzteres übrigens in gravierendem Unterschied zu einer gewissen Sorte prekärer Eingeborener). Sie könnten sich meist in keiner europäischen Sprache verständigen, ließen sich aber bereitwillig eine Nadel in den Arm jagen, in einen Diagnoseapparat schieben, den Finger wieder einrenken und so fort. Und nach der Behandlung bedankten sie sich artig.

Wegen der vielen Berichte aus hiesigen Krankenhäusern über aggressive, anmaßende, jede Behandlung durch weibliches Personal rigoros ablehnende oder die Schwestern begrapschende Asylbewerber will ich diesen Kontrast gern dokumentieren. Wer am Ende die Rechnung sowohl für die braven als auch für die asozialen Import-Patienten bezahlt, ist bekannt.

PS: »Das Problem dürfte eher anders herum liegen«, merkt Leser *** an. »Wie sieht es denn aus, wenn ein Arzt eine moslemische Frau behandeln will? Das dürfte sich in vielen Fällen ganz anders, ›spannender‹ darstellen: Wie ist es dann mit ›nett, respektvoll, dankbar‹ bezüglich des Ehemanns oder der bereitstehenden (Groß-)Familie?«

25. Oktober

Dass man für eine gute Sache durchaus ein bisschen flunkern und im Zweifelsfall auch schon mal eine veritable Lüge auftischen darf, gilt unter Bessermenschen und Medienschaffenden nicht erst neuerdings als ausgemacht. Ob nun nach Sebnitz,

wo eine Kohorte Skinheads einen Ausländerjungen am Ende
doch nicht ertränkt hatte oder nach der Attacke von bis heute
unentdeckten Neonazis auf den Passauer Polizeidirektor Alois
Mannichl mit dessen eigenem Küchenmesser, ob nach all den
autoaggressiven Hakenkreuzritzereien und am Ende doch von
den Insassen oder Unbekannten verübten rechtsextremen
Brandstiftungen an und in Asylheimen, stets konnte man in
irgendwelchen Kommentaren, auf irgendwelchen Foren mit
Verlässlichkeit lesen, dass diese Tat zwar ausnahmsweise nicht
von Rechtsextremisten oder am Ende überhaupt nicht verübt
worden war, es aber doch immerhin möglich gewesen wäre,
dass üble Gesellen vom rechten unteren Rand dergleichen
getan hätten (und auch fürderhin allzeit möglich sein werde,
wehrten die linken gelegentlichen Notlügner nicht emsig den
Anfängen).

In Schmölln hat sich jetzt ein somalischer Asylbewerber aus
dem Fenster gestürzt, und viele Medien verbreiteten ungeprüft
das faktisch haltlose, aber im Kern eine höhere Wahrheit ber-
gende Gerücht, schaulustige Dunkeldeutsche hätten den Mohren mit »Spring doch!«-Rufen angefeuert. Zur gleichen Zeit
brachte ein Landsmann des Selbsttöters in einem norddeut-
schen Seniorenheim eine 87-jährige Frau um. Das war wiederum nur wenigen Medien eine Meldung wert, wobei die Herkunft des Täters meist kultursensibel unter den Tisch fiel. Ein
Kommentator des *Deutschlandfunks* schrieb zu Schmölln, auch
wenn es keine »Spring!«-Rufe gab, sei es immerhin schlimm
genug, dass dergleichen vorstellbar sei. Was den Fall von der
unvorstellbaren, total unwahrscheinlichen und deshalb besser
beschwiegenen Ermordung einer Seniorin durch einen Schutzsuchenden unterscheidet.

29. Oktober

In den vergangenen Monaten ist Donald Trump zunehmend in die Rolle eines amerikanischen Rienzi hineingewachsen, wobei dem Milliardär im Gegensatz zum römischen Tribun ein *Happy-ending* durchaus noch gelingen könnte: Ein »artificial intelligence system«, das den Ausgang der vergangenen drei US-Präsidentenwahlen korrekt vorhergesagt hat, prognostiziert diesmal den Sieg Trumps.

Halten wir uns nicht mit der Provinzposse hiesiger Berichterstattung zum US-Wahlkampf auf. Bei sich daheim erhielt Trump nun die ambivalente Unterstützung von ausgerechnet Michael Moore, dem Darling der Globalisten, Linken und politkorrekten Konservativenverächter, einem erklärten Clinton-Wähler, der eine Art Rede gehalten hat, bei der es auch robuste Naturen sentimental ankommen kann. Wahrscheinlich wollte Moore nur die Motive der Trump-Wähler erklären, doch was er in wenigen Minuten vortrug, war von einer dermaßen atemverschlagenden Wucht und mitreißenden Intensität, dass einen Zeugen deutscher politischer Reden nur rasender Neid befallen kann auf ein Land, in dem dergleichen möglich ist, und zwar auch noch aus dem Mund eines Linken. Selbst den Mitarbeitern von Trumps Wahlkampf-Team dürfte, wie man sagt, der Mund offen gestanden haben, als sie hörten:

»Ob es Trump nun ernst meint oder nicht, ist eher irrelevant, weil er diese Dinge zu Menschen sagt, die leiden, und darum liebt jeder niedergeschlagene, namenlose, vergessene Malocher, der einmal Teil dessen war, was man die Mittelschicht nannte, Trump. Er ist der menschliche Molotow-Cocktail, auf den sie gewartet haben; die Handgranate in Menschengestalt, die sie legal auf das System schmeißen können, das ihnen das Leben gestohlen hat. (...) Sie sehen, dass die Eliten, die ihr Leben ruiniert haben, Trump hassen. Das Amerika der Konzerne hasst Trump. Die Wall Street hasst Trump. Die Karrierepolitiker hassen Trump. Die Medien hassen Trump, nachdem sie ihn geliebt und geschaffen haben und nun hassen. Danke, Medien: Der Feind meines Feindes ist derjenige, den ich am 8. November wählen werde. Ja, am 8. November, da werdet ihr, Joe Blow, Steve Blow, Bob Blow, Billy Blow, all die Blows werden losziehen und das ganze gottverdammte System in die Luft blasen, weil das euer Recht ist. Die Wahl Trumps wird zum größten ›Fuck you!‹ in den Annalen der Menschheitsgeschichte werden, und es wird sich gut anfühlen.«

Am Ende seines Vortrags verbreitet Moore dann wieder jene Panik, wie man sie auch in den deutschen Medien lesen kann: Wenn Trump gewänne, dann »Gute Nacht Amerika. Dann habt ihr den letzten Präsident der Vereinigten Staaten gewählt.« Aber egal – wie die verspätete zwölfte gute Fee an Dornröschens Wiege den Fluch der bösen dreizehnten nicht aufzuheben vermag (oder, elaborierter, wie der finale Satz von Mahlers Dritter spannungstektonisch neben dem Kopfsatz nicht standhält), hebt diese routinierte Warnung den weit eindrucksvolleren Teil der Rede nicht einmal ansatzweise auf. Aus Moores Worten spricht die Zerrissenheit eines heutigen Establishment-Angehörigen, der in einem Vorort einer amerikanischen Kleinstadt als Sohn einer Sekretärin und eines Handwerkers aufwuchs, dessen gesamte Familie bei General Motors arbeitete und dessen Onkel zu denjenigen gehörte, die in den 1930er Jahren die Einführung einer Gewerkschaft bei GM erzwungen hatten. Das dürfte auch der Grund sein, warum er so reden kann. Durch ihn verläuft gewissermaßen jene neue Front, welche die Bewohner der westlichen Welt in zwei Großparteien scheidet. Symptome für die Teilung der Sphären gibt es zuhauf; die amerikanische *Tea-Party*-Bewegung und das Erstarken der sogeschmähten europäischen Rechtspopulisten zählen dazu.

Der Autor und Blogger Michael Seemann spricht von einer »dritten Klasse«, die sich gebildet habe. Es sei eine »globalisierte Klasse der Informationsarbeiter«, die fast ausschließlich in Großstädten lebe, flüssig Englisch spreche, für die Europa kein abstraktes Etwas sei, »sondern eine gelebte Realität, wenn sie zum Jobwechsel von Madrid nach Stockholm zieht«. Diese neue globalisierte Klasse sitze in den Medien, in den Start-ups, NGOs, in den Parteien, und weil sie die Informationen kontrolliere, gebe sie kulturell und politisch den Takt vor. »Sie kontrolliert den Diskurs, sie kontrolliert die Moral.« Diese Klasse – übernehmen wir den Begriff, indem wir ihn *cum grano salis* verwenden – entstammt zwar dem Bürgertum, hat sich aber von dessen Traditionen losgesagt. Ihr Weltbild ist progressistisch, also links. Ihr natürlicher Verbündeter ist das global agierende Kapital. Die Allianz aus internationalistischer Linker und internationalen Unternehmen zeigt sich vor allem in der Förderung der Migration und der Aufweichung nationaler Strukturen.

Dieser Allianz gegenüber steht eine andere: die der Unterklasse und des nationalen Bürgertums. Zu den potentiellen Globalisierungsverlierern gehören auch viele abstiegsbedrohte Angehörige der Mittelschicht, die hierzulande zu erheblichen Teilen die AfD wählen. Sozial unter ihnen stehen die tatsächlichen Globalisierungsverlierer, deren Jobs nicht mehr existieren, die Einfachen, denen Heimat noch etwas bedeutet, weil sie oft nicht mehr haben als das und zugleich als erste ihre Heimat verlieren, weil es ihr Milieu ist, in das die Einwanderer strömen.

Mag das alles noch konstruiert und theoretisch unausgegoren wirken, die Tendenz steht fest: »Zwischen den Kräften des Hergebrachten und denen des ständigen Fortbringens, Abservierens und Auslöschens wird es Krieg geben« (Botho Strauß 1993 in seinem Essay *Anschwellender Bocksgesang*). Da die Völker eher unwillig sind, den grauen Tod der Diversity zu sterben, haben die Globalisten den Migranten als neues revolutionäres, jedenfalls zu emanzipierendes Subjekt entdeckt. Die Gretchenfrage unseres Epöchleins lautet denn also: Wie hast du's mit der Migration? Näherhin: dem vermeintlichen Recht auf Migration? Hier scheiden sich die Geister und die Sphären. Und wenn Sie mich fragen: Hier entscheidet sich das Schicksal zumindest der europäischen Zivilisation.

Morgendlicher 31. Oktober

Der wackere Freiheitsstreiter Hadmut Danisch grummelt auf seinem Blog:

»Ist Euch mal aufgefallen, wie sich das Recht in Deutschland verschiebt? Einbruch, Diebstahl, Straßenraub, Drogenhandel, Erpressung, Freiheitsberaubung, Vergewaltigung, Kinderschänderei werden immer öfter gar nicht mehr verfolgt oder mit Witzstrafen auf Bewährung belegt. Ganze kriminelle Großfamilien werden nicht mehr verfolgt. Steuern werden da auch nicht mehr erhoben. ›Hate Speech‹ dagegen wird immer öfter mit Haftstrafen über einem Jahr und ohne Bewährung belegt. Selbst für das Nichtzahlen von Fernsehgebühren sollte neulich eine in den Knast gehen. Und wehe, einer hier zahlt seine Steuern nicht. Man hat den Eindruck, dass Recht nur noch repressiv gegen die einheimische Bevölkerung existiert.«

Das nennt sich Willkommenskultur und dürfte wahrlich ein Prozess sein, der erst am Anfang steht. Der Rechtsstaat wird

überproportional – und tendenziell ausschließlich? – gegen diejenigen in Stellung gebracht, die sich von seinem Instrumen-
tarium beeindrucken oder mit ihm drohen lassen und die ihn
zugleich finanzieren; für die anderen ist er eine Kasperlepup-
pe. Während in den einen Stadtteilen Knöllchen an Falschpar-
ker verteilt werden, kommt in anderen die Polizei auch dann
nicht, wenn die Autos brennen. Während für den Steuerzahler eine Vorstrafe das Karriereende bedeuten kann, ist sie dem
Alimentierten oder Selbstbediener völlig einerlei. Der Steuerzahler wird zur Geisel des Sozialstaats, und zwar nicht obwohl,
sondern weil er ihn finanziert. Natürlich kann das nicht lange
gutgehen, und in der Erosion des Rechtsstaates zum selektiven
Rechtsstaat kündigt sich der Kollaps an. Der nächste Schritt
wird darin bestehen, all jene mundtot zu machen, die diese
Dinge beim Namen nennen; gewisse Linksextremistensüpp-
chenkochklubs genießen dank justizministerlicher Förderung
bereits für gewisse Online-Portale Zensorenrechte.

Der Historiker Rolf Peter Sieferle hat in seinem letzten (in
der Zeitschrift *Tumult* veröffentlichen) Essay darauf hingewiesen, was für unwahrscheinliche, seltene und zerbrechliche Phänomene der Rechtsstaat und der Sozialstaat aus weltgeschicht-
licher Perspektive sind. Wir hielten sie im Tunnelblick unseres
Kurzzeitdenkens für normal, nähmen es als gegeben hin, dass
sie existierten, hätten das Gefühl dafür verloren, welcher gewaltige Aufwand und welches Unmaß an Leiden nötig waren,
dass solche Strukturen ausnahmsweise entstehen konnten. Sie
entstanden übrigens in Europa, ein paar andere Weltgegen-
den übernahmen dieses Modell, doch global und aufs Ganze
gesehen sind sie exotische Ausnahmen. Die mit den Begriffen
Rechtsstaat und Sozialstaat beschriebene Sphäre von Sicherheit und Prosperität wird momentan von der politischen Klasse

(West-)Europas und ihren intellektuellen Lautsprechern sehenden Auges im Namen der Gleichheit, der Antidiskriminierung und der heiligen Diversivität preisgegeben.

»Die europäischen Gesellschaften sind von dem Grundgedanken des Egalitarismus besessen«, schrieb Sieferle dazu. »Dieses ideologische Muster produziert die Utopie der totalen materiellen Gleichheit, die gewissermaßen den naturalen Attraktionspunkt der menschlichen Existenz bildet. Ungleichheiten sind dagegen ›unnatürlich‹, sie gelten als bloße ›soziale Konstrukte‹ und sind daher ohne weiteres zu dekonstruieren. Dies gilt für alle Dimensionen, also für Geschlecht, Rasse, Begabung, soziale Position etc. Aus dieser Perspektive eines universalistisch-egalitären Programms ist jede reale Ungleichheit schlechthin unerträglich.«

Die derzeit anhebende Völkerwanderung aus Afrika und dem Orient ist für einen von innen hypermoralisch weidwund geschossenen Erdteil nicht parierbar; er muss sterben, das heißt sich in eine multiethnische Stammesgesellschaft neuen Typs verwandeln, im Namen der Menschlichkeit. Und dies wird er tun, sofern nicht jemand das Ruder herumreißt. Im Gegensatz zu Australien, Japan und den USA/Kanada ist Europa nur von einem vergleichsweise schmalen Meer und nicht durchgängig von einem solchen umgeben, die Landbrücke nach Europa beherrscht ein glaubensdurchglühter Sultan, der von einem neuosmanischen Imperium tagträumt und diese Grenze als politisches Druckmittel gegen Europa benutzt. Während die Bevölkerungen Nord- und Südamerikas ungefähr ausgeglichen sind, explodiert die Bevölkerung Afrikas und übertrifft heute bereits jene Europas um das nahezu Doppelte (um 1900 lebten in Afrika etwa so viele Menschen wie in Deutschland und Frankreich zusammen). Für Afrika gilt in noch stärkerem

Maße, was Winston Churchill 1935 im Parlament zur dritten Lesung der »India Bill« ausführte, es ist ein Kontinent, der auf den Import der europäischen Ordnung und Wissenschaft »nur mit einem Wachsen der Bevölkerung reagierte. Ungeheuer ist dort das Steigen der Bevölkerungszahl. Neuer Reichtum, neue Nahrung, neue Fortbewegungsmöglichkeiten, neue Hygiene, neue Kanäle, Verbesserungen des Wald- und Ackerbaus haben an der Lage der Masse nichts geändert. Sie haben nur in den letzten fünfzig Jahren hundert Millionen Menschen mehr ins Leben gerufen (für Afrika wären es in den letzten 50 Jahren zwischen 600 und 700 Millionen – M. K.). Eine ungeheure Bevölkerung ist im großen und ganzen auf einer sehr niedrigen Lebensstufe stehengeblieben, hat sich aber vermehrt.« Und vor den Augen dieser Massen liegt, dank amerikanischer Politik nicht mehr von einem Sperrgürtel aus Diktatoren umgeben, das europäische Schlaraffenland, in dem man nur dafür, dass man anwesend ist, Geld bekommt.

Unsere Willkommenskulturbolschewisten werden selbstredend andere Früchte ernten, als sie derzeit noch mit dem inneren Frohlocken des nivellierungssüchtigen revolutionären Ressentiments wähnen. Denn während die Linke bei der Zerstörung gewachsener Strukturen stets zielstrebig und berechenbar agiert, ist sie mit eigenen Aufbauleistungen ebenso stets überfordert. Sowohl der Rechtsstaat als auch und vor allem der Sozialstaat sind als Kompromisse zwischen Konservativen und Progressisten entstanden. Das heute herbeigeholte Ersatzproletariat der Linken, die diesmal in einem welthistorisch bislang unerhörten Bündnis mit den asozialsten, bindungslosesten Teilen des Großkapitals agiert, ist aber so zahlreich, dass die verbliebenen konservativen Dämme (west)europaweit zu brechen drohen. Welche historisch gewachsenen Strukturen das Leben in Europa so einzigartig gemacht haben, »wird man erst begreifen, wenn sie verschwunden sind, d. h. wenn eine neue multitribale Struktur sie verdrängt hat. Vielleicht ist der Untergang Europas dann ein Lehrstück für andere industrialisierte Zivilisationen (wie China), und vielleicht werden die letzten Europäer in Übersee Zuflucht suchen«, notierte Sieferle. Der Prozess der Universalisierung und Globalisierung sei wohl unvermeidlich, und jene Völker, welche die Geschichte der letzten Jahrtausende geprägt haben, »werden letztlich von ihm verschlungen werden. Wir sollten uns aber darüber im klaren sein, daß dies mit zahlreichen schmerzlichen Friktionen verbunden sein wird. Viele Deutsche möchten heute gerne als Volk verschwinden, sich in Europa oder in die Menschheit auflösen. Andere Völker werden aber heftig Widerstand gegen eine solche Aussicht leisten. Harmonisch wird dies alles nicht abgehen, zumal einzelne Kulturen versuchen werden, bei dieser Gelegenheit ihre tradierten Muster universell durchzusetzen, sei es in Gestalt der westlichen ›Menschenrechte‹, sei es in Gestalt des islamischen ›Dschihad‹ oder was auch immer. Die Immigrationskrise, in der wir uns aktuell befinden, ist daher vielleicht nur der Vorbote umfassenderer Konvulsionen, in denen alles untergehen wird, was uns heute noch selbstverständlich scheint.«

NOVEMBER

1. November

Fragen eines Grünen-Wählers: Was ist eigentlich schlimm daran, wenn Europa durch Einwanderer männlicher, religiöser, schwulen- und frauenverachtender, sexistischer, deutschenfeindlicher, unsicherer, ärmer und wirtschaftlich schwächer wird?

2. November

Gelegentlich bekam ich in den vergangenen Wochen die offenbar nicht als Kompliment gemeinten Worte zu hören, ich hätte kein Herz für die Flüchtlinge, verstünde ihre Not nicht etc. Dass sie die Guten, die Humanen, die Wohlgesinnten seien, ist nicht nur das Mantra unserer Willkommenskulturfunktionäre und -nutznießer, sondern auch vieler tatsächlich hilfsbereiter Zeitgenossen. Vielleicht ist es sinnvoll, dass ich mich dazu erkläre und ein paar Differenzierungen vornehme.

Zunächst: Ich empfinde Mitleid mit tatsächlichen Flüchtlingen und bin durchaus der Ansicht, dass – auch – der deutsche Staat ihnen Hilfe gewähren sollte. Aber wer ist ein echter Flüchtling und wer nicht?

Die »Flüchtlingskrise« ist ja in Wahrheit eine Einwanderungskrise, bei der Politik und Medien nahezu unisono die Semantik des gesinnungsethischen Lagers übernommen haben. Mit der Installation des Allzweckbegriffs »Flüchtling« verfolgt dieses Lager lediglich das Ziel der moralischen Erpressung der Mehrheitsbevölkerung zu seinem eigenen Nutz und Frommen. Bei mindestens der Hälfte der ungebetenen Gäste handelt es sich nicht um Asylsuchende aus Kriegsgebieten, sondern um die meist juvenil-maskuline Vorhut künftiger Einwandererkohorten, was von Politik und Medien systematisch falsch dargestellt wird. Die Behörden registrieren jeden als Syrer, der sich als Syrer ausgibt. Das mag erklären, warum so viele Ankömmlinge auf der Flucht ihren Pass verlieren, aber fast nie einer sein Händi.

Ich würde also zunächst empfehlen, dass jeder, der keinen Pass besitzt, aber beispielsweise eben ein Händi mit sich führt, keineswegs einreisen darf, sondern durch sprachkundiges Personal, z. B. Syrer, die sich ihren Unterhalt verdienen wollen, genauestens überprüft wird. Dazu bedarf es geschlossener und kontrollierter Grenzen, der Grundvoraussetzung jeglicher Flüchtlingsaufnahme und Einwanderungspolitik, die sich vor dem Staatsvolk legitimieren will. Überhaupt sind jungmännliche Alleinreisende auf Schlepperrouten mit hoher Wahrscheinlichkeit keine Flüchtlinge. Junge Männer aus Marokko, Algerien und Tunesien sind, auch wenn grüne Spitzbuben das anders sehen, sowieso keine Flüchtlinge. Jeder, der hier eine Straftat begeht, ist kein Flüchtling, und sollte er je einer gewesen sein, dann ist er es von diesem Augenblick an nicht mehr. All die Prügler, Stehler, Räuber, Messerstecher, Grapscher, Vergewaltiger, Antänzer, Asylheimzerleger, Christenverfolger, Frauenverächter, Drogenhändler und Zusammenrotter mögen eine enorme bunte Bereicherung der entsetzlich grauen deutschen Farbpalette sein, aber Flüchtlinge sind sie keineswegs.

Noch nicht behandelt haben wir die Frage, warum jemand, der Zuflucht sucht, ausgerechnet in ein bestimmtes europäisches Land kommen dürfen muss. Wie verträgt sich das Schutzbedürfnis mit einer fordernden Haltung? Ein Einwanderer, der unbedingt nach Deutschland will und dort meist auch noch unbedingt in ein bestimmtes Bundesland, erweckt zumindest hochgradig den Verdacht, kein echter Flüchtling zu sein.

Sie sehen also, geschätzte weniger geneigte Leser diese Diariums, die Schar der meinerseits potentiell bemitleidenswerten Ankömmlinge schmilzt und schrumpft bei näherer Betrachtung doch etwas. Und solange dieser Staat Hunderttausende Menschen auf u. a. meine Kosten beherbergt, die keinerlei Anspruch auf Asyl haben, will sich der erwünschte Tarantelbiss des schlechten Gewissens bei mir nicht einstellen.

Im Übrigen gestatte ich mir den Hinweis, dass sich die *Acta diurna* nicht nur als ein höchst subjektiver Spiegel der Zeitläufte verstehen, sondern bis zu einem gewissen Maße auch als Korrektiv anderer, sich objektiv, ja normativ aufspielender Reflektoren wahrgenommen werden wollen, mithin also nur Bestandteil eines Mosaiks oder Puzzles sind, denn »Glaub unsereinem, dieses Ganze/ ist nur für einen Gott gemacht« (Mephistopheles).

Aber auch die tatsächlichen Flüchtlinge werden in Deutschland wie Einwanderer behandelt. Normalerweise bietet man Flüchtlingen Asyl, bis der Fluchtgrund entfallen ist, danach lässt man sie heimkehren. Angeblich stehen die Deutschen aber in der Pflicht, die Immigranten dauerhaft bei sich aufzunehmen und zu »integrieren«, wobei diese Integration kurioserweise vor allem von den Einheimischen zu leisten sein soll, welche zugleich auf die Sitten und Bräuche der Neumitbürger »kultursensibel« Rücksicht zu nehmen haben. Grundlage dieser auf einmal wieder als solche bezeichneten »nationalen Kraftanstrengung« ist die großzügige Gewährung von Sozialhilfe. Wer sich gegen diese Pflicht sperrt, ist, um ein längst geflügeltes Wort des Justizministers aufzugreifen, eine »Schande für Deutschland«.

Womit wir bei den Nutznießern der Masseneinwanderung wären. Jene, die lediglich ihr moralisches Superioritätsgefühl Gassi führen, lasse ich hier aus ähnlichen Gründen weg, wie ich wenig Lust verspüre, im Garten die Steine umzudrehen. Jene wiederum, die an der Einwanderung Geld verdienen, Immobilienvermieter, Anwälte, Sozialarbeiter, Kirchen, NGOs etc., dürfen auf ihre Einkünfte rechnen, nimmermehr aber darauf, dass man sie für etwas anderes halte denn für Bratenriecher und Absahner. Ausschließlich all jene, die auf eigene Kappe und Rechnung helfen, haben eine Art moralisches Recht, zum Beispiel mir vorzuhalten, ich besäße kein Herz für die Flüchtlinge und ihre Nöte, ich sei ein Willkommenskulturbanause und so weiter.

Ich pflege in solchen Fällen dreierlei zu entgegnen.

Erstens: Ich bewundere Ihr persönliches Engagement, sehe mich aber selber aus Raumnot und allgemeinem Widerwillen gegen allzu große menschliche Nähe (»Der demographische Druck vertiert«, *Gómez Dávila*) außerstande, jemanden zu beherbergen.

Zweitens: Wollen Sie jedes Jahr eine Million sogenannte Flüchtlinge aufnehmen, und wenn nicht, wie werden Sie diese Ungleichbehandlung begründen bzw. ab wann wäre sie legitim?

Drittens und *ad finitum*: Wenn die Gewährung von Hilfe darauf hinausläuft, dass sich dieses Land zur Unkenntlichkeit verändert, dass etwa seine Töchter binnen zweier Generationen mehrheitlich mit Kopftüchern herumlaufen werden, dass eine in Europa heranwachsende Großgruppe die europäische Kultur und die europäischen Sitten dauerhaft für *haram* erklärt, dann will ich in der Tat nicht einmal, dass wirkliche Flüchtlinge zu uns kommen. Zumindest nicht, solange wir eine Regierung haben, die Flüchtlinge wie Einwanderer und Einwanderer wie

Deutsche behandelt, die zeitlebens brav Steuern und Sozialabgaben gezahlt haben. Das ist alles.

3. November

Unbedingt festhaltenswert, bevor er in Vergessenheit gerät, ist der vielleicht amüsanteste Lapsus aus einer deutschen Schularbeit der jüngeren Gegenwart: *De bello Gallico* übersetzte ein Gymnasiast in »Der schöne Gallier«. Das ist nicht nur witzig, sondern illustriert trefflich den Paradigmenwechsel von einer am Historischen orientierten Schule zu einer besenrein der Gegenwart verpflichteten, den Auszug der Klassen aus den letzten Zimmern der Altphilologie in die Zweckbauten der Jetztzeit.

Sich mählich absentierender 4. November

Soeben tat ich mir den Tort an, nacheinander bei Frau Illner und Herrn Lanz zu hospitieren und so die deutsche Talkshow-Perspektive auf die US-Wahl zu verfolgen. Den prägnantesten Satz des ansonsten aber deutlich clintonfreundlichen Abends – niemand erwähnte übrigens mit einer Silbe die enorme finanzielle Wahlkampfhilfe, welche die demokratische Kandidatin aus dem Gottesstaat Saudi-Arabien erhält – sprach die US-amerikanischen Autorin Deborah Feldman: »Neoliberalismus hatten wir schon, Populismus kennen wir noch nicht.«

Was die in beiden Sendungen dem Wahlredner Trump – aber nimmermehr Frau Clinton! – vorgeworfenen Verdrehungen, Übertreibungen, Halbwahrheiten und Drittellügen angeht, gestatte ich mir den sachdienlichen Hinweis, dass sogar ein ganzer

Eisenbahnzug voller Donalds nicht imstande wäre, eine auch nur ansatzweise vergleichbare Halde Verdrehungs-, Übertreibungs-, Fälschungs- und Verlogenheitsmülls zu hinterlassen, wie er in den vergangenen Jahren aus politisch korrekten linken, linksliberalen, feministischen, genderistischen, vermeintlich antirassistischen, multikulturalistischen, konstruktivistischen und diversifizierenden Mündern über jede Öffentlichkeit innerhalb der westlichen Welt ausgekübelt wurde.

5. November

Gemeinsam mit meinem Jüngsten besuchte ich erstmals das Münchner Völkerkundemuseum, um dort zunächst festzustellen, dass der schöne neogotische Bau gar nicht mehr so heißt, seit 2014 sogar schon, denn damals ward er umgetauft auf den Namen »Museum Fünf Kontinente«. So könnte freilich auch jedes naturkundliche Museum heißen, weshalb ich nachschlug, mit welcher Begründung die Umbenennung vor zwei Jahren wohl stattgefunden haben mag. Damals schrieb die Münchner Lokalpresse, die musealen Wiedertäufer seien von dem edlen Drang beseelt gewesen, einen durch den Kolonialismus und vor allem durch den Nationalsozialismus kontaminierten Terminus zu tilgen und einen zeitgemäßeren an seine Stelle zu setzen.

»Weltoffen seit 1862«, steht wiederum auf einem Plakat in der Eingangshalle. »Uns leiten Weltoffenheit und Toleranz«, ist gleich darunter für Begriffsstutzige noch einmal zu lesen. Als »erstes ethnologisches Museum in München« sei das Dingenskundemuseum weiland gegründet worden, und bis heute biete es »einen einzigartigen Zugang zum kulturellen Reichtum der Menschen in aller Welt«. (Muss es nicht übrigens heißen: »der

Menschen da draußen in aller Welt«?) Der Eiertanz um das V-Wort endet mit einer veritablen Gauckiade: »Wir laden Sie dazu ein, die Vielfalt der Kulturen und der sie prägenden Menschen kennenzulernen. Dabei leiten uns Offenheit und Respekt, denn wir wollen einen Beitrag leisten zum gegenseitigen Verständnis und zum Abbau von Fremdenfeindlichkeit und Diskriminierung – auch in unsrem Land.«

Dieses »auch« ist natürlich dreist, eigentlich muss es ja »insbesondere« oder »gerade« heißen, aber neben den orgiastischen Offenheitsbekenntnissen fällt das relativierende Adverb nicht weiter auf. Ein globales Bevölkerungskunde- oder eben Fünf-Kontinente-Museum hat schließlich ein solches Bekenntnis noch dringender nötig als ein Bordell. Die braven bürgerlichen Gelehrten, die ab dem frühen 19. Jahrhundert als Forschungsreisende so neu- wie altgierig in die entlegensten sogenannten Winkel der Welt aufbrachen, um die dortigen Völker und versunkenen Hochkulturen zu erforschen, wurden dagegen geleitet von Rassehochmut und Kulturchauvinismus, ihre Offenheit war voller Dünkel, ihr Respekt gönnerhaft, ihr Blick auf die Vielfalt der Kulturen und der sie prägenden Menschen kolonialistisch und völkisch. Zwar haben ihre Nachfahren nicht nur von den Traditionen exotischer Kulturen, sondern sogar von ihrer eigenen oft kaum mehr ein Ahnung, aber dafür wissen sie, dass sowieso alle Kulturen gleich sind (außer der eigenen, die ist aufs Großeganze gesehen doch irgendwie schlechter) und nun gewissermaßen aus dem Delta der jeweiligen Eigenart in den weltumspannenden Ozean der Diversity münden, womit es im Grunde überflüssig ist, sich mit einer speziell zu beschäftigen.

Wo bleibt das Positive, Genosse? Nun, in einem Ausstellungsraum über Burma, das heutige Myanmar, stieß ich auf das hübsche Zitat: »Was der Birmane erübrigt, legt er im Goldschmuck seiner Frau oder für festliche Veranstaltungen an.« Es stammt allerdings von zwei Völkerkundlern – pardon Ethnologen – aus dem frühen 20. Jahrhundert und ist in seiner Undifferenziertheit – »der Birmane«! – wahrscheinlich bloß bislang übersehen worden.

8. November

Morgen entscheidet sich – wer weiß? – vielleicht nichts, vielleicht das Schicksal der Welt? Dass eine Robin-Hood- oder Rienzi-Figur wie Donald Trump überhaupt so weit steigen konnte, versöhnt mich mit den USA. Die gesammelte moralische Fragwürdigkeit Amerikas, ja des Planeten hasst Trump: die Ganoven der Wall Street ebenso wie die globalistischen Spitzbuben vom Schlage eines Soros, die Nivellierungsbarbaren in ihren Bürotürmen und NGOs, die kriegsgeilen Neocons, die feministische und die Migrationslobby, die meisten Charaktersimulanten und Leinwandkasper aus Hollywood, die neidzerfressenen sogenannten Linksintellektuellen und natürlich die Pressstrolche, die smarten opportunistischen Faktenverdreher aus den klebrigen Medienkanälen. Egal indes, wer morgen triumphiert, die USA sind, wie nahezu sämtliche westlichen Länder, zutiefst gespalten, man sieht es bei der österreichischen Präsidentenwahl, man sieht es in Frankreich, wo der Front National zwar stärkste Partei ist, von den vereinten Konservativen und Sozialisten jedoch von der Regierungsverantwortung ausgeschlossen wird, man sieht es an der grotesken Blockbildung hierzulande gegen die AfD. Künftige demokratische Voten mit 51:49-Prozent-Resultaten werden den Riss nicht kitten können, vor allem wird sich die große Masse der Absteiger nicht länger manipulieren und sedieren lassen. In den Staaten der westlichen Welt tritt seit mehr als sechzig Jahren erstmals eine Generation ins Berufsleben ein, die genau weiß, dass es ihr schlechter gehen wird als ihren Eltern und dass es ihren Kindern mit hoher Wahrscheinlichkeit schlechter gehen wird als ihnen selbst, dass es in zwei Generationen keinen Mittelstand mehr geben wird und wahrscheinlich auch ihre Völker nicht mehr existieren, dass sie verarmen und verelenden und sich in ihren ehemaligen Heimatländern, vor den Ruinen ihrer Nationalkulturen, mit dem Lumpenproletariat der Dritten Welt und dessen halbbarbarischen Riten werden herumschlagen müssen, während sich in den Händen einiger weniger ungeheure Kapitalmengen konzentrieren und genau diese jeglicher Bindung und Verantwortung enthobenen, mobilen Weltabmelker daran arbeiten, dass es den sogenannten einfachen Menschen noch schlechter geht. Es riecht nach Revolution, es riecht nach Bürgerkriegen allüberall … Das Pendel schlägt zurück. Wir gehen rechten Zeiten entgegen.

Wenn Globalisierung heißt, dass die Staaten zerfallen, dass die Völker entwurzelt und aufgelöst und die Kulturen verramscht werden, dann spucken wir auf sie. Wenn Globalisierung heißt, dass der Planet in die graue Tristesse der Diversity getaucht wird, dann pfeifen wir auf sie. *Let's make the people, let's make the nations great again!*

9. November

Für den heutigen Tag mag gelten, was Goethe 1792 bei Valmy angeblich doch nicht gesagt hat, aber irgendetwas Vergleichbares wird er schon geäußert haben, nämlich: »Von hier und heute geht eine neue Epoche der Weltgeschichte aus, und ihr könnt sagen, ihr seid dabei gewesen.«

Mein Motto für heute ist einfacher: »Schweig und tanze!« (Hofmannsthal: *Elektra*).

God bless America!

10. November

In Amerika haben sie eine wundersame Demokratie. Da liefern sich erst zehn, dann fünf, dann vier, drei und schließlich zwei Kandidaten mit zum Teil fundamental unterschiedlichen politischen Positionen eine monatelange öffentliche Wahlschlacht, und am Ende gewinnt einer bei ziemlich ausgeglichenem Gesamtstimmenverhältnis. Diesmal ein Mister Trump, ein alter, weißer Mann. Schlimm, aber legal, ja sogar legitim. Der Mann ist leider kein Lehrer oder Beamter, er hat auch keine Parteikarriere hinter sich, er hat sich nie in einer Ortsgruppe bewährt. Er ist vielmehr Milliardär, ein Kapitalist also, aber er trat immerhin als absoluter Außenseiter und spinnerter Uhu an, niemand setzte auch nur einen halben Dollar auf ihn, doch gegen alle Widerstände schaffte er es und wurde 45. Präsident der USA. In einer Demokratie solchen Zuschnitts ist offenbar so ziemlich alles möglich.

Andere Demokratien haben daraus gelernt. Etwa im fernen Deutschland, wo eine Art Mistress Germany vor die Mikrophone trat und sagte: Wenn der Mann sich an die demokratischen Spielregeln halte, werde sie mit ihm kooperieren. (Und was, wenn nicht?) Falls der neue US-Präsident nicht ganz im Bilde ist, was die Regeln sind, buchstabierte die Lady, Kanzlerin geheißen, sie noch mal durch: »Demokratie, Freiheit, Respekt vor dem Recht sowie der Würde des Menschen unabhängig von Herkunft, Hautfarbe, Religion, Geschlecht, sexueller Orientierung oder politischer Einstellung. Auf der Basis dieser Werte biete ich dem künftigen Präsidenten der Vereinigten Staaten von Amerika, Donald Trump, eine enge Zusammenarbeit an.« Wie unsere Frau Holda sie unter anderem auch Sultan Recep Tayyip dem Prächtigen beharrlich anbietet.

»Respekt vor dem Recht«, bei diesen Worten mag der Donald in Übersee, falls ihm der Sermon zugetragen wurde, erheitert aufgegrunzt haben. Immerhin ist diese Frau Merkel eine x-fache Rechtsbrecherin, sie brach deutsches und EU-Recht in der Masseneinwanderungsstaatskrise wie Strohhalme, aber sie tat dies nur im Dienste des Respekts vor der Religion, der Würde des Menschen und des Geschlechts (wozu womöglich auch gewisse nordafrikanische Geschlechtsteile gehören, aber wir wollen nicht spekulieren). Jedenfalls werden die verbindlichen demokratischen Spielregeln inzwischen in Deutschland festgelegt. Muss Trump noch lernen. Er kann ja mal Beobachter nach Deutschland schicken und gucken, wie unglaublich pluralistisch die Kanzlerinnen-Demokratur funktioniert, wie elegant und divers in Old Germany debattiert wird und wie in Miss Merkels kurioserweise noch christdemokratisch geheißener alternativloser Einheitspartei die Kandidatenschlacht ersetzt worden ist durch die rechtzeitige Schlachtung von Kandidaten.

Merkels Parteifreundin, die wiederum allen Ernstes so genannte deutsche Verteidigungsministerin Ursula von der Leyen – das ist die Frau, die Kampfpanzer schwangerentauglich machen will, von innen aber nur – fühlte sich von der Wahl Trumps »schwer schockiert«. Wie quasi die gesamte CDU.

Da wollten die roten Strolche von der SPD natürlich nicht unschockiert abseits stehen. Vor die Kamera trat Frank-Walter Ribbenmeier, und zwar um Trump ausdrücklich nicht zu gratulieren. »Das Ergebnis ist anders als die meisten in Deutschland sich das gewünscht haben«, kommentierte der Außenamtschef. Skandalöserweise wurden die Deutschen aber nicht gefragt, weshalb große Teile der Wehrmacht nun von der Ostfront nach Westen verschoben werden müssen. Man dürfe nicht auf Trump schauen »wie das Kaninchen auf die Schlange«, sagte Steintrop. Anders als sonst immer wolle er diesmal »nichts schönreden«.

Vizekanzler und SPD-Chef Sigmar Gabriel kabelte, Trump sei der »Vorreiter einer neuen autoritären und chauvinistischen Internationalen«. Der Republikaner wolle ein »Rollback in die alten, schlechten Zeiten«, als er, Sigmar, noch dünn und Deutschland geteilt war. Sein stets origineller Genosse Ralf Stegner notierte: »Wenn dieser Rechtspopulist und sexistische Hassprediger US Präsident wird, dürfen wir uns auf einen politischen Kälteschock gefasst machen.« Mit Verlaub: Wem würde ein politischer Kälteschock besser tun als dem Hysteriker Stegner?

Die Grünen lassen wir weg, bei denen wäre sowieso die Frau Präsidentin geworden. Schauen wir stattdessen, was Spitzenvertreter der Qualitäts- und Wahrheitspresse äußerten.

Willkommen etwa bei »Drei Fatzkes, eine Meinung«! (Die Ziffer ist natürlich variabel.) »Die Wahl Trumps ist das Ende des Westens«, twitterte der Premiumjournalist Jakob Augstein. »1776 & 1789 entstand der Westen, 2016 verabschiedet er sich«, ließ sich sein Kollege Nils Minkmar nicht lumpen (nebenbei: Der Westen entstand um 500 v. Chr. und wurde 1789 tödlich verletzt, aber das nur am Rande). »Mein Kumpel Minkmar was right: the end is near«, sekundierte der andere, noch coolere

Premiumjournalist, Ulf Poschardt. Ich schließe mich diesen Hoffnungen an. Den Dreien sofort weit voraus war übrigens der an Fascholalie erkrankte Moritz von Uslar, Allah schenke ihm demnächst wenigstens das Hirn einer Zikade: »Das Land, das uns vom Faschismus befreit hat, wählt den Faschismus.« Gilt in Richtung Osten wie in Richtung Westen. Ist aber heilbar.

Geneigter Leser, nicht böse sein, dass ich hier schon aufhöre, aber ich will erstens weitertanzen und die Trump-Wahl feiern, wie es ein fröhlicher Rechtspopulist eben tut, mit Champagner, Kaviar, Austern, Hummer, Seeigel und so fort. Außerdem kann ich, zweitens, hier nicht jeden Kretin zu Wort kommen lassen, denn wenn die *Acta diurna* später als Buch erscheinen, bekommen sie ein Register, und wie sieht das mit solchen Namen darin denn aus? Ich muss schließlich auch an die asiatischen Philologen und Historiker denken, die sich in hundert Jahren über diese Texte beugen. Kurzum: Es langt. Obwohl ich gern die Sängerin Cher zitieren würde, die sich wegen des Wahlergebnisses an Deutschland 1933 erinnert fühlt, vielleicht auch an ihre erste Schönheitsoperation im selben Jahr.

Aber gut, einer geht noch: Der Grünen-Politiker Johannes Rehborn twitterte: »Dieser Moment, wenn man sich fürs weiß sein schämt. Und dafür Mann zu sein.« Schau an, dieser Obszönitäts-Athlet schämt sich nicht mehr für Auschwitz, sondern für Trump. Ich kann den Buben allerdings beruhigen: Er ist weder als Mann noch als Weißer bislang irgendwem aufgefallen, und strenggenommen auch als Johannes Rehborn nicht. Und die Scham würde ich an seiner Stelle lieber auf die Orthographie lenken.

Nein, diese Deutschen – näherhin ihre sogenannten Eliten –, sie haben einfach einen Knall! Wenn die Kanzlerin das Land mit Analphabeten, Frauenverächtern, Christenverfolgern und

Antänzern flutet, schreien sie »Freiheit!« und »Menschenrechte!« und »Willkommen!« Wenn aber in den USA in urdemokratischen und freien Wahlen ein Mann Präsident wird, den sie für den Falschen halten, weil er ihre kulturelle Hegemonie gefährdet, beschimpfen sie den Mann und seine Wähler, als gäbe es kein Morgen. Berlin hält sich für das neue Rom, doch statt Legionen entsendet es Moralscheißer, die Welt am deutschen Wesen genesen zu lassen. Mal sehen, an welches Hosenbein sich diese trostlosen Figuren verkriechen, wenn Trump einmal grimmig die Stirn runzelt. Zu Putin jedenfalls brauchen sie nicht zu gehen, der wird sie verächtlich abstreifen.

13. November

Die Sonntage immer den Künsten!

Das famose Buchhaus »Taschen«, dessen prachtvolle Bildbände von Vermeer und Velázquez ich wärmstens empfehlen kann, hat ein weiteres *Must-have* produziert: Alison Castle, *Das Stanley Kubrick Archiv*, 850 Seiten Fotos, Gespräche, Interviews, Briefe, Notizen, Drehbuchentwürfe und Artikel »aus dem Archiv eines besessenen Filmemachers«.

Man sieht die bekannten Darsteller und Kulissen aus den berühmten Filmen, nur diesmal eben als Kulissen. Man kommt dem Apperzeptions-Genie und Kubrick nicht wirklich auf die Schliche, aber näher; man erfährt viel über seine Arbeitsweise und den kolossalen Aufwand, den er auf der Suche nach der perfekten Szene immer und immer wieder trieb. Anderthalb Jahre etwa dauerte die Herstellung der Kostüme für *Barry Lyndon*; vor dem Beginn der Dreharbeiten von *Shining* fuhr der Filmarchitekt und Bühnenbildner ein Jahr quer durch die

USA und fotografierte Hotels. Auf die Frage eines Interviewers: »Wie viel planen Sie, bevor Sie eine Szene zu drehen beginnen?«, versetzt Kubrick: »So viel, wie der Tag Stunden hat und die Woche Tage.« An anderer Stelle gesteht er, dass ihm am Set mit den Schauspielern sofort viele Unzulänglichkeiten seines Skripts auffielen, weshalb er beim Drehen ständig das Drehbuch umschreibe. Die Schauspieler, auch wenn er sie verschlissen hat und oft nur für einen Film besetzte, haben ihn verehrt, weil sie bei ihm mehr lernen konnten als bei jedem anderen, so wie die Orchester den Maestro Carlos Kleiber verehrt haben, der ähnlich wie Kubrick ein detailversessener Perfektionist, ein Proben- und Wiederholungsfanatiker und ein Menschenbeseeler war.

Zu den Glanzlichtern des Buches gehört die Mitschrift einer Unterhaltung Kubricks mit dem Schriftsteller Joseph Heller, die man im Nachlass des Regisseurs fand, wobei Termin, Ort und Umstände des Gesprächs unbekannt sind. Da es sich vor allem um den Film *Dr. Seltsam oder: Wie ich lernte, die Bombe zu lieben* aus dem Jahr 1964 dreht, lässt es sich halbwegs datieren. Kubrick statuiert dort, die satirische Überspitzung bis hin ins Absurde sei dem platten Realismus überlegen: »Die Leute bekommen dadurch viel besser ein Gefühl für die Wahrheit.« Heller stimmt zu: »Dass die Realität, wenn man sie verzerrt – und das habe ich in ›Catch 22‹ versucht –, nicht wirklich verzerrt, sondern nur ihre Oberfläche verändert wird, um sie deutlicher hervortreten zu lassen, das erzeugt diese Art von nervösem Lachen.«

Was mit dem Begriff »Antikriegsfilm« gemeint sein möge, fragt Kubrick und verblüfft vielleicht den Leser, keineswegs aber seinen Gesprächspartner mit der Überlegung: »Für viele Leute ist der Krieg gar keine Hölle. Viele Leute haben Spaß daran. Es ist aufregend.« Heller, der Bombenschütze des Zweiten Weltkriegs, setzt noch einen drauf: »Die Gefühle, die ich in ›Catch 22‹ zum Ausdruck gebracht habe, waren nicht meine Gefühle, als ich Bomben abgeworfen habe, denn die meiste Zeit hatte ich einen Riesenspaß dabei. (...) Ich bin Einsätze geflogen, und wenn es keine Flak gab, war ich enttäuscht. Je gefährlicher es wurde, desto besser gefiel es mir. Ich war ein richtiger fieser 19jähriger Bursche. Aber bevor meine Zeit als Soldat zu Ende ging, bekam ich höllische Angst. Ich flog 60 Einsätze, und ich glaube, beim 40. begann langsam die Angst.«

Am interessantesten sind die ästhetischen Betrachtungen Kubricks. »Ich habe sehr bewusst der fast unwiderstehlichen Versuchung, der viele Satiren erliegen, widerstanden, zumindest an einem Punkt dem Publikum reinen Wein einzuschenken und ihm zu sagen, was ich wirklich denke«, erklärte er zu *Dr. Seltsam*. Dieser Verzicht auf Kommentare und letzte Erklärungen, das durchaus intendierte Verharren im Vagen, Unheimlichen, Mysteriösen durchzieht sein gesamtes Werk, insbesondere seine Menschheitsgeschichte *Odyssee im Weltraum*, über deren letzte zehn Minuten ein Dutzend philosophische Promotionen geschrieben werden könnten (oder bereits vorliegen), aber auch *Shining*, der Horrorfilm aller Horrorfilme, lässt den Zuschauer mit einem zutiefst unbehaglichen Gefühl außer Kraft gesetzter Kausalität zurück. Ganz goethisch – »Das *Was* bedenke, mehr bedenke *Wie*« – führt der Regisseur aus: »In ›Aspects of the Novel‹ spricht E. M. Forster davon, wie bedauerlich es sei, dass man auf Handlung nicht verzichten könne (...) Aber man zahlt einen ungeheuer großen Preis für eine gute Handlung, denn wenn jeder da sitzt und sich fragt, was als nächstes passiert, dann bleibt nicht viel Zeit darüber nachzudenken, wie es passiert oder warum es passiert.«

Oder: »Ich suche nicht wirklich nach Filmstoffen. Ich lese eine Menge Bücher, und an einem Punkt packt mich plötzlich das Verlangen, etwas zu verfilmen. Eine solche Entscheidung ähnelt der Frage, warum man seine Frau geheiratet hat. Es finden sich eine Menge Gründe, aber keine Erklärung.«

Bemerkenswert ist der Brief, den der Regisseur 1972 an die *New York Times* schrieb, deren Filmkritiker Fred M. Hechinger in *Clockwork Orange* die »Stimme des Faschismus« gehört zu haben vorgab. Die damalige Auseinandersetzung um Kubricks wahrscheinlich bedeutendstes Meisterwerk demonstriert eine erstaunliche und deprimierende Konstanz der linken, liberalen, linksliberalen, politisch korrekten oder wie auch immer zu rubrizierenden Vorurteile gegenüber der Freiheit der Kunst und das Beharren dieser restlos Aufgeklärten darauf, alle Künstler gewissermaßen erkennungsdienstlich behandeln zu dürfen, ob sie mit ihren Werken hinreichend dem sogenannten gesellschaftlichen Fortschritt auf die Sprünge helfen. In mehr als 40 Jahren hat sich nichts geändert, dieselben Vorwürfe werden im selben reflexhaften Tonfall mit denselben Begründungen auch heute noch vorgetragen. Kubrick konstatiert, dass der Kritiker bei seiner Distanzierung von der angeblich hinter *Clockwork Orange* stehenden Ideologie »nicht eine einzige Dialogstelle zitiert, auf keine einzige konkrete Szene Bezug nimmt, sich mit keinem einzigen Thema des Films auseinandersetzt – sondern ihn einfach gleichsetzt mit einem ›Trend‹, den er in mehreren aktuellen Filmen erkannt zu haben meint (›ein tief antiliberaler totalitärer Nihilismus‹).«

Es sei wahr, fährt er fort, »dass das Bild des Menschen in meinem Film weniger schmeichelhaft ist als jenes, das Rousseau in einer ähnlich allegorisch konzipierten Erzählung zeichnete. Aber muss man denn, um den Faschismus zu verhindern, den Menschen als einen edlen Wilden sehen, darf man nicht den unedlen, gemeinen Burschen zeigen?« Der Kritiker habe ja durchaus das Recht, die menschliche Natur optimistisch zu sehen, aber das verleihe ihm keineswegs auch noch das Recht, Pessimisten mit Faschismus-Vorwürfen zu verunglimpfen. Kubrick fragt: »Liegt es an den hysterischen Anschuldigungen selbsternannter ›wachsamer Liberaler‹ wie Fred M. Hechinger, dass der Liberalismus heute so geschwächt dasteht?« Wie gesagt, wir befinden uns im Jahr 1972.

»Der Tonfall des Artikels«, schließt Kubrick, wirke auf ihn »wie der eines konditionierten Menschen, der das wiedergibt, was er zu finden erwartet und was ihm zuvor gesagt wurde oder was er gelesen hat, hingegen legt er nicht dar, was er in ›Uhrwerk Orange‹ wirklich gesehen hat. Vielleicht sollte er sein Bündel konditionierter Reflexe in der Garderobe abgeben und sich den Film noch einmal anschauen. Und dieses Mal ein wenig wählerischer sein.«

Wahrscheinlich waren diese Worte, wie fast immer, in den Wind gesprochen.

Allein für das Intro von *Clockwork Orange*, zwei Minuten reinster Wagnerianismus, würde ich fast alle Filme der Welt drangeben. So müsste man schreiben können!

Schließen wir mit dem amüsantesten Kubrick-Zitat des Buches: »Das Filmemachen widerspricht der alten Weisheit, dass ein ideales, von Genies entworfenes System von Idioten genutzt werden könne. Beim Film war es immer umgekehrt.«

16. November

Der *Berliner Kurier* bildet auf seiner Titelseite groß Frank-Walter Steinmeier und klein daneben den amerikanischen Scheitan ab

und schlagzeilt ganzseitig: »Guck mal, Trump: So geht Präsident!« Die Titelseite des Boulevardblattes versetzte mich wieder einmal in einen jener dem konsequenteren Leser dieses
Diariums bereits geläufigen Tagwachträume, in welchem ich
mich mit meinem russischen Freund Boris unterhielt:

Boris: »Wer ist denn dieser Herr Steinmeier?«
Ich: »Das ist der designierte neue Bundespräsident.«
»Aber ihr habt doch schon eine Kanzlerin.«
»Der Bundespräsident bekleidet ein eher repräsentatives Amt.«
»Was bedeutet das? Besitzt er Macht?«
»Theoretisch schon, denn er muss wichtige Gesetze unter-
schreiben. Praktisch aber unterschreibt er sie ohnehin, und an-
sonsten hält er vor allem Reden.«
»Hat Herr Steinmeier schon irgendeinen Satz gesagt, an den die
Menschen sich erinnern?«
»Nicht dass ich wüsste.«
»Hat er schon mal eine Wahl gewonnen?«
»Er ist 2008 von seiner Partei mit über 95 Prozent der Stimmen
zum Spitzenkandidaten für die Bundestagswahl gekürt worden.«
»Ich meine: Hat er schon mal eine Wahl gewonnen, in der das
Volk entschieden hat?«
»Er hat 2009 als SPD-Kanzlerkandidat 23 Prozent der Stimmen
bekommen.«
»Hat er die Wahl damit gewonnen?«
»Nein, es war das schlechteste Wahlergebnis, das die SPD je-
mals erreicht hat. Sie verlor damals ein Drittel ihrer Mandate.«
»Und warum vergleicht diese Zeitung ihn dann mit Trump?«
»Sie will wahrscheinlich damit zum Ausdruck bringen, dass sie
Steinmeier für einen moralisch edleren Menschen hält als
Trump.«

»Aufgrund welcher Verdienste?«

»Das weiß ich nicht. Er hat 2006 dafür gesorgt, dass die EU-Sanktionen gegen Usbekistan gelockert werden. Zumindest war er dafür.«

»Und sonst?«

»Das weiß ich nicht.«

»Aber aus welchem Grund wählen die Deutschen ihn dann zum Präsidenten?«

»Sie wählen ihn doch gar nicht.«

»Nein? Aber wer wählt ihn denn?«

»Die Parteien stellen Kandidaten auf. Gewählt wird der Präsident von der Bundesversammlung, die aus Mitgliedern des Bundestages und der Landesparlamente sowie einigen sogenannten Persönlichkeiten des öffentlichen Lebens besteht.«

»Das heißt, dort gibt es ungefähr dieselben Mehrheiten wie im Parlament?«

»Ja.«

»Dann ist doch von vornherein klar, dass nur ein Kandidat gewählt wird, den die Regierungsparteien unterstützen?«

»Ja.«

»Und gibt es wenigstens davor ein richtiges demokratisches Hauen und Stechen? Stehen verschiedene Positionen zur Wahl? Finden große öffentliche Debatten unter den Kandidaten um die Probleme des Landes statt?«

»Nein.«

»Gegen wie viele Kandidaten hat sich Steinmeier durchsetzen müssen?«

»Gegen keinen. Er ist nach Absprache der Führer der beiden Regierungsparteien nominiert worden, und ob die AfD oder die Linke Gegenkandidaten aufstellen, ist völlig egal, weil die sowieso nicht gewählt werden.«

»Und was ist, wenn die Bevölkerung einen dieser kleinen Kandidaten toll findet?«

»Die Bevölkerung erfährt doch gar nicht erst, dass diese Leute überhaupt antreten.«

»Also ich fasse mal zusammen: Ein Mann mit einer reinen Funktionärskarriere, der das einzige demokratische Votum, dem er sich je stellte, mit Pauken und Trompeten verloren hat, wird am Volk und an den Oppositionsparteien vorbei ...«

»... Oppositionspartei. Wir haben nur eine ...«

»... zum Kandidaten für das Amt des Bundespräsidenten nominiert, weil das die beiden Vorsitzenden der Regierungsparteien so abgesprochen haben, und er steht von diesem Augenblick an als Amtsinhaber fest, weil ihn die sogenannte Bundesversammlung sowieso wählen wird? Und es gibt Medien, die diese, ich darf wohl sagen: Marionette als demokratisches Vorbild für den neuen US-Präsidenten hinstellen, für den aus dem Nichts 60 Millionen Amerikaner gestimmt haben?«

»So ist es.«

»Ich wundere mich nun zumindest nicht mehr, dass der Herr Steinmeier die Sanktionen gegen Usbekistan gelockert hat. Dort wird der Präsident ähnlich gewählt.«

18. November

Vorgestern Abend geriet ich auf *3sat* in den deutschen Spielfilm *Am Himmel der Tag*, der mir nicht aus dem Kopf gehen will. Ich zappte anfangs nur wegen des erfreulichen Anblicks der Hauptdarstellerin Aylin Tezel nicht weiter, aber wirklich zu interessieren begann mich der Film von jenem Augenblick an, als die Hauptfigur, eine Architekturstudentin, nachdem sie von einem

Spontanfick auf der Disco-Toilette schwanger geworden war –
Leser *** moniert, ich möge doch eine elaboriertere Formulierung wählen, etwa *coitus spontaneus in camera*, aber es war
szenisch und faktisch exakt dies –, beschließt, das Kind nicht
abzutreiben. Wie wir im Stahlbad des Feminismus und der
deutschen Vergangenheitsbewältigung gelernt haben, ist eine
Abtreibung kein existentieller Notfall, sondern nur ein »Eingriff« – mit dem Euphemismus aller Euphemismen »Schwan-
gerschaftsunterbrechung« geheißen –, weil *Mein-Bauch-ge-
hört-mir* und *Wir-müssen dem Führer-kein-Kind-mehr-schenken*
und so, weshalb mich diese Volte des Films sacht überraschte,
was sich fortsetzte, als die junge Frau in einer Szene bei der
Schwangerschaftsberatung auf den »Abbruch« eingestimmt
wird und sie sich bei der älteren Angestellten erkundigt, ob
die denn selber Kinder habe. »Nein«, lautet die schmallippige
Antwort. »Darf ich fragen, warum nicht?« »Es hat sich nicht
ergeben.«

Dieser Satz ist hierzulande so oft ausgesprochen und gedacht
worden, dass man ihn ergänzen muss: Es hat sich nicht ergeben
sollen.

Die adventische Euphorie der werdenden Mutter schlägt
um in eine handfeste Psychose, als irgendwann in sechsten
oder siebten Monat die Herztöne in ihrem Bauch verstummen.
Obwohl von ihrer Ärztin dringend ins Krankenhaus beordert,
spielt die junge Studentin ihrer Umwelt weiter vor, sie sei *in
Hoffnung*, bis sie schließlich zusammenbricht und notoperiert
werden muss. Danach folgt eine Szene, die so herzzerknüllend
ist, dass man sie kaum aushält, die sich aber so ähnlich offenbar
regelmäßig in Krankenhäusern abspielt. Eine Ärztin fragt die
Patientin, ob sie denn *ihren Sohn* noch einmal sehen möchte,
nach ihrer Erfahrung wünschten das die meisten Frauen, denen

ein solches Schicksal widerfahren ist, und es erleichtere ihnen den Abschied. Und dann bringt sie den winzigen Toten in einem Körbchen ans Bett ... –

Mit einer gewissen Zwanghaftigkeit musste ich nach dem Film an die Proteste gegen die Lebensschützer-Demonstrationen denken, an die wuttriefenden Gesichter und hasserfüllten Parolen der Embryonen-Entmenscher (»Treib ab, es könnte ein Nazi werden«), die sich groteskerweise für Humanisten halten. Man verstehe mich nicht falsch, ich meine nicht, dass die Abtreibungsgegner im Recht sind, ich halte sie lediglich für menschenfreundlicher als die Gegenseite. Wie alle tatsächlichen Probleme ist auch dieses nicht nach einem Gut-Schlecht-Schema lösbar; eine ungewollte Schwangerschaft stellt die Frau vor eine tragische Entscheidung, aber ich empfinde Personen als widerwärtig, die für diese Tragik keinen Sinn haben.

Natürlich fielen die Totentänze unserer Abort-Progressisten sofort unter Rassismus, wenn sie einem anderen Kollektiv als den Weißen im Allgemeinen und den Biodeutschen im Speziellen gälten, natürlich wissen diese Wichte das genau, und wie alle Feiglinge suchen sie immer den Weg des geringsten Widerstands. Sollte beispielsweise einmal eine nennenswerte Zahl muslimischer Männer gegen die laxen deutschen Abtreibungsgepflogenheiten demonstrieren, hörten wir keinen queeren, grünjugendlichen oder feministischen Mucks dagegen. Aber warum sollten die Muslime an der geringen Lebenserwartung deutscher Embryos Anstoß nehmen? Lass die doch abtreiben, werden viele sich denken, desto mehr Platz bleibt später für uns ...

Frühnachmittäglich-föhniger 21. November

Deutschland wird mit jedem Tag noch ein bisschen bunter! Und aufregender! Und immer lassen sich kreative Bürger mit Wanderhintergrund dafür etwas Neues einfallen. In Hameln hat jetzt ein »Mann« einer »Frau« ein Seil um den Hals gebunden und dieses an der Anhängerkupplung seines Autos befestigt. Danach fuhr er durch mehrere Straßen des Stadtzentrums und schleifte die festgebundene Frau hinter dem Auto her. Während der Fahrt soll der Täter mit seinem Wagen stark beschleunigt haben, melden Zeitungen. Wer hätte gedacht, dass dieser uralte Brauch, den besonders die Reiternomaden der asiatischen Steppe pflegten, Jahrhunderte nach den Mongoleneinfällen wieder zu uns zurückkehrt! Danach ließ sich der Mann widerstandslos verhaften, seine Ehre war offenkundig wiederhergestellt. Die lebensgefährlich verletzte Frau wurde per Hubschrauber in ein Krankenhaus gebracht. Wer den Knastaufenthalt und die Krankenversorgung bezahlt? Na unser Heiko Maas, er lebe hoch! Hoch! Hoch!

Man darf indes, gerade als Landsmann des Frauenmisshandlers R. Brüderle, solche Einzelfälle nicht falsch einordnen. Folgsam sprechen die meisten Medien auch gleich von einer »Beziehungstat«. Wie bei Kachelmann quasi. Außerdem versichern uns Politik, Medien und führende Kader der statistischen Auxiliarwissenschaften nachdrücklich, dass durch Fliehende und unserer Obhut anderweitig Zugelaufene die Kriminalität in Schilda keineswegs gestiegen, sondern oft sogar zurückgegangen sei. Speziell die Gewalt gegen Frauen stehe inzwischen schon gewissermaßen auf der Roten Liste. Deshalb seien in diesem der Nostalgie bekanntlich wohlwollend gegenüberstehenden Diarium einige späte Blüten dieser so unerwartet rasch aus-

sterbenden Kavaliersdeliktart quasi wie bunte Schmetterlinge
auf Nadeln gespießt:

München, 21. November: Eine 24-jährige Frau ist auf dem
Heimweg von der Arbeit gegen Mitternacht im Olympiapark
von einem Unbekannten ins Gebüsch gezerrt und ausgezogen
worden, wo dieser ihr 90 Minuten lang (Respekt!) den Willkommensdank abstattete. Täterbeschreibung: »dunkelhäutig,
kurzes, seitlich rasiertes krauses Haar, platte Nase«.

Ingolstadt, selbe Nacht: Während der Fahrt in das Südvier-
tel forderte ein männlicher Fahrgast die Taxifahrerin zum Geschlechterverkehr auf. Er zwang sie, anzuhalten und versuchte,
sie zum »alten Rein-raus-Spiel« (so Alex DeLarge in *Clockwork
Orange*) zu nötigen. Als ein Passant hinzukam, flüchtete er. Der
Täter sprach nur gebrochen Deutsch und hatte ein südosteuro-
päisches Aussehen.

Bochum, 16. November: Auf ihrem Heimweg von der Universität wurde eine chinesische Studentin von einem unbekannten
Mann in ein Waldstück gezogen und vergewaltigt. Der Täter
sei eindeutig ein Asylbewerber gewesen, schrieb die junge Frau
im chinesischen Internet. Das Generalkonsulat in Düsseldorf
bestätigte am 18. November die Vorgänge in einer öffentlichen
Mitteilung und gab eine Sicherheitswarnung an »alle chinesischen Bürger in Deutschland« heraus. Täterbeschreibung: un-
gepflegter vollbärtiger Araber oder Afghane um die 30.

München, 1. November: Eine 21-jährige Frau wurde in der
Nacht auf dem Weg vom Kunstpark Ost zu ihrem Auto von
einem Mann überfallen. Der Täter würgte sie und drohte, sie
umzubringen, wenn sie zu schreien anfinge. Dann zog er ihr die
Hose aus. Typisch Frau, schrie sie trotzdem, zwei Münchner,
die in der Nähe in einem Auto saßen, hörten es und leuchteten
den Tatort aus – woraufhin der Vergewaltiger letztlich unver-

richteter Dinge Reißaus nahm. Täterbeschreibung: dunkelhäutig, kurze schwarze Haare.

Diese Stichproben sollen genügen; um ganz Deutschland nach solchen Nachtfaltern abzusuchen, fehlt mir die Zeit. Festhalten möchte ich aber noch einen Fall aus unserem südlichen Nachbar- und Bruderland. Dort, näherhin in Traiskirchen, hat ein 17-jähriger afghanischer Schutzsuchender eine 72-jährige Frau so nachdrücklich missbraucht, dass sie seither auf der Intensivstation liegt und künstlich ernährt werden muss. Der Täter bekam 20 Monate Jugendhaft, darf aber als Asylant in Österreich bleiben, da er sich zu den Einwohnern des Alpenlandes doch offenbar so sehr hingezogen fühlt. Was für eine schöne, humane Geste inmitten des menschenverachtenden rechtspopulistischen Geschreis!

Immer noch recht frischer 22. November

Auf der Pressekonferenz mit Noch-US-Präsident Obama am 17. November in Berlin sagte die Kanzlerin: »Deutschland hat nach der Zeit des Nationalismus gerade auch von den Vereinigten Staaten von Amerika unglaublich viel Hilfe bekommen. Die Tatsache, dass die deutsche Einheit hat stattfinden können, ist unter anderem und ganz besonders auch den Vereinigten Staaten von Amerika zu verdanken. Deutschland ist jetzt, seitdem es diese Einheit gibt, noch stärker in der Lage, seinen Beitrag zu leisten, um die Ordnung, die wir lieben, für die sich auch die Menschen gerade in der DDR eingesetzt haben, *weltweit aufrechtzuerhalten* (Hervorhebung von mir – M. K.) oder zumindest in unseren Ländern aufrechtzuerhalten.« Wäre es nicht ausgesprochen wünschenswert, wenn unsere Ordnungsliebhaberin damit im Kongo oder in Mali anfinge, statt hierzulande das Chaos zu vergrößern? Und apropos »weltweit«: Es genügt ja schon, wenn sie in Afrika die Ordnung aufrechterhielte. Die Asiaten, die Australier, die Russen, die Israelis, die Eskimos und die Amerikaner beider Hemisphären schaffen das ganz allein.

Sich in den Nachmittag verkrümelnder 22. November

Der verpönteste Satz unter Linken: »Du bist selber schuld!«

25. November

Gestern trat in der Gesprächsrunde des Herrn Lanz der Autor und TV-Journalist Samuel Schirmbeck auf. Der Mann hat als ARD-Korrespondent zehn Jahre in Nordafrika gelebt, die meiste Zeit in Algerien, und erfuhr dort die Re-Islamisierung der Gesellschaft aus nächster Nähe. Das heißt, die Sendung verließ für zehn oder fünfzehn Minütchen die üblichen Kuschel- und Wunschwelten, um kurzeitig in der Wirklichkeit – womöglich sogar in der Zukunft – aufzuschlagen.

Als er 1991 nach Algier kam, berichtete Schirmbeck, sei das Leben dort »absolut frei« gewesen, er habe »Diskussionen in jede Richtung« erlebt, die Frauen trugen weder Kopftuch noch Nikab, und baden gingen sie im Bikini. Damals sei vom islamischen Fundamentalismus, wie er sich heute dortzulande »und leider auch in Europa« ausbreitet, keine Spur zu finden gewesen. Inzwischen sei der gesamte Strand von vollverschleierten Frauen bevölkert, die sich ihrer feschen Überzüge auch dann nicht entledigten, wenn sie ins Wasser gingen. Eine algerische

Bekannte von ihm habe unlängst versucht, sich im Badeanzug am Stand niederzulassen, sei aber von ihren verschleierten Geschlechtsgenossinnen regelrecht vertrieben worden. Das war nicht schön, weder für die Frau noch für unseren Moderator Lanz, der bereits leicht nervös auf des Journalisten Aussage reagiert hatte, dass der Islamismus selbstverständlich zum Islam gehöre, und wir in Kein-schöner-Land zwar unendlich viele Talkshows zum Thema veranstaltet hätten, aber aufgrund des linksgrünen Dogmas, der Islam habe nichts mit den Unerfreulichkeiten zu tun, die in seinem Namen passieren, noch nie eine ernsthafte und realitätsnahe Debatte zum Thema geführt worden sei. Hierzulande pflegten sich viele verschleierte Frömmlerinnen als Opfer der diskriminierenden Mehrheitsgesellschaft darzustellen, doch in Algerien habe er erlebt, wie es sich anlasse, wenn sich die Verhüllten erst einmal in der Mehrheit befinden. Kaum habe der Islam dort politische Macht erhalten, sei er sofort fundamentalistisch geworden. Man müsse, sagte Schirmbeck, »den Islam vom Islamismus befreien«.

Ein vom empirischen Eiweißschock leicht gezeichneter Moderator fragte nun keineswegs, wie man das am besten bewerkstelligen solle, sondern warf seine eigenen Erfahrungen in die Runde. Er habe schließlich auch arabische Muslime kennengelernt, versicherte Lanz treuäugig, und er habe sich bei ihnen immer willkommen und gut aufgehoben gefühlt und nichts von Restriktionen oder gar Aggressionen verspürt. Also die übliche Das-kann-man-doch-nicht-verallgemeinern- und Ist-doch-alles-gar-nicht-so-schlimm-Rhetorik. Wie jeder, der alle Tassen im Schrank hat, weiß auch Schirmbeck, dass das eine das andere nicht ausschließt. »Gerade weil ich die Muslime so toll fand, bin ich zehn Jahre dort geblieben, trotz Bürgerkrieg und trotz der Morddrohungen, die ich erhalten habe«, entgegnete er. Der in der hiesigen Öffentlichkeit allgegenwärtige Vorwurf, wer den Islam kritisiere, wende sich gegen die Muslime als solche, sei ungefähr so schlüssig, »als wenn man zu Zeiten des Stalinismus gesagt hätte, wer den Stalinismus kritisiert, kritisiert den einzelnen Russen«. Islamkritik bedeute nicht, alle Muslime schlechtzumachen, »sondern sie vor den furchtbaren Auswirkungen des radikalen Islam zu schützen«. Lanz kann erlöst hinzufügen: »Die Mehrheit der Opfer des Islamismus, das wird oft vergessen, sind Muslime.« Das war ja noch mal gut gegangen für den Moderator. Er hatte schon Angst gehabt, jemand sage in seiner Sendung etwas gegen Muslime.

Was aber ist der Erkenntnisgewinn aus diesem spätabendlichen Zwiegespräch? Zunächst einmal: Schirmbeck hat erlebt, wie sich binnen weniger Jahre eine westlich orientierte, säkulare Gesellschaft in eine restriktive islamische Gesellschaft verwandelt hat, obwohl viele Menschen dort, vielleicht sogar die Mehrheit, es nicht wollten. Eine radikale Minderheit hat ihre Ideologie durchgesetzt und den öffentlichen Raum islamisiert. Die Menschen sind unter diesem Angriff umgefallen wie Dominosteine, sie haben die Regeln der Scharia als verbindlich akzeptiert, sie trinken keinen Alkohol mehr in der Öffentlichkeit, spielen keine verbotenen Spiele, befolgen die religiösen Speisevorschriften und Rituale, teilen die Menschen in Reine und Unreine, die Frauen verschleiern sich usw. Mehr noch, nachdem sich die Masse erst einmal den Regeln der Radikalen unterworfen hat, übt sie nunmehr kollektiven Druck auf diejenigen aus, die noch nicht umgefallen sind. Algerien steht hier nur als *pars pro toto*. Dasselbe ist schon vor Jahrzehnten im Iran geschehen, desgleichen in Afghanistan, es geschieht derzeit in Ägypten, etwas langsamer in der Türkei, weitaus radikaler im Irak und in Teilen Syriens. In ganz Nordafrika befindet sich der intolerante, gewalttätige Islam auf dem Vormarsch. Das Christentum wird in diesem Weltteil sukzessive ausgelöscht, und was einstmals zumindest in Teilen eine offene, freundliche, exotische Welt war, verwandelt sich mit jedem Jahr mehr in eine düstere, uniforme, brutale, niederdrückende Antizivilisation.

Sodann: Dieser Prozess hat längst auf Europa übergegriffen. Viele Stadtteile in Frankreich, England, Belgien, den Niederlanden und Schweden werden von muslimischen Mehrheiten bevölkert. Im englischen Blackburn etwa, einer Stadt von der Größe Freiburgs, sind neun von zehn Schulkindern Muslime, die letzten autochthonen Briten verlassen die Stadt. In der zweitgrößten englischen Stadt Birmingham kommen seit längerem mehr muslimische Kinder auf die Welt als Kinder von Alteingesessenen. Dasselbe gilt für viele andere westeuropäische Kommunen. In immer mehr Regionen Europas bilden Muslime die Majorität, teils durch Einwanderung, teils durch hohe Geburtenzahl.

Die massenhafte Einwanderung von Muslimen ist zwar nicht gleichbedeutend mit einer massenhaften Einwanderung radikaler Reinheitsvollstrecker, aber nach allem, was sich in den Ländern Nordafrikas und in der Türkei beobachten lässt – und hier kommen wir zu unserer TV-Plauderrunde zurück –, wehren sich die meisten moderaten Muslime nicht dagegen, wenn religiöse Hardliner ihre Lebenswelt nach den Kriterien der Scharia verändern und die zivilen Freiheiten damit immer mehr einschränken. Die Grundloyalität zu Allah und zur Umma scheint es bei vielen Muslimen nicht zuzulassen, dass sie sich mit Christen oder Atheisten verbünden, um gegen die Islamisierung ihrer Umwelt zu kämpfen. Wenn Muslime gegen Muslime zu den Waffen greifen, dann geschieht dies im Namen der Familie, des Stammes, des Volkes, ihrer innerislamischen Glaubensge-

meinschaft, aber keineswegs im Namen der Menschrechte, der
Demokratie, der Freiheit, der religiösen Toleranz und anderer
westlicher Ideen, die im orientalischen Wertekosmos überhaupt keine oder allenfalls eine sekundäre Rolle spielen. Das
heißt letztlich: Wie freundlich, aufgeschlossen, liberal und welt-
lich einzelne Muslime in einer säkularen Gesellschaft auch sein
mögen, es sagt wenig darüber aus, wie sie sich verhalten werden,
wenn die Gesellschaft *peu à peu* islamisiert wird. Und die europäischen Gesellschaften werden schrittweise islamisiert.

Die Araber haben es im Mittelalter nicht geschafft, Europa zu
erobern; sie kamen bis nach Südfrankreich, wo sie 732 vernich-
tend geschlagen wurden, und hielten sich fast 800 Jahre in Spa-
nien, bis die Reconquista die Iberische Halbinsel ins Abendland heimholte. Die Türken haben es nicht geschafft, Europa zu
erobern; sie unternahmen vom 15. bis zum frühen 17. Jahrhundert immer neue Anläufe und okkupierten weite Teile des europäischen Südostens, aber schließlich wurden sie aus Europa
vertrieben wie die Araber auch. Militärisch war den Europäern
auf Dauer nicht beizukommen, ihre Technik, ihre Organisation
und Disziplin waren jener der Muslime überlegen, und solange
Männer an seiner Spitze und in seinen Heeren standen, blieb
das Abendland christlich. Aber die Europäer zogen es vor, sich
in der ersten Hälfte des 20. Jahrhunderts gegenseitig in einem
unvorstellbaren Ausmaß zu massakrieren. Damals begann der
Abstieg jenes Kontinents, der die Welt mehr geprägt hat als alle
anderen zusammen. Heute wird Europa nicht mehr mit Waffen-
gewalt invadiert, sondern durch Einwanderung und den sogenannten »Kampf der Wiegen«. Spätere Historiker auf anderen
Kontinenten werden womöglich die Köpfe darüber schütteln,
wie sorg- und arglos die Europäer dem dritten Ansturm des
Morgenlandes ihre Tore öffneten. Jahrhundertelang hatten tap-

fere christliche Männer ihren Kontinent gegen orientalische Invasoren verteidigt, heute geben europäische Politiker im Namen der Menschenrechte Stück für Stück die europäische Freiheit, die europäische Demokratie, das europäische Recht, den europäischen Geist, die europäische Kultur, den europäischen Pluralismus und natürlich das europäische Christentum preis.

Ob nun ausgerechnet diese Leute den Muslimen dabei helfen, den Islam vom Islamismus zu befreien, darf bezweifelt werden. Vielmehr kann es aus dem Sturz der nordafrikanischen und vorderasiatischen Gesellschaften in eine neue Glaubenssklaverei für Europäer nur eine Konsequenz geben: sich das Problem so weit wie möglich vom Leibe zu halten und sämtliche Politiker abzuwählen, die es importieren.

26. November

Nach meinen gestrigen Ausführungen, die in der Aufforderung endeten, alle Politiker abzuwählen, die nicht bereit sind, die muslimische Masseneinwanderung zu stoppen, ergibt sich zwangsläufig die Frage, wie man sich als Konservativer gegenüber den bereits hier ansässigen Muslimen positionieren soll. Diejenigen, die daheim vorm PC die nächste Reconquista ausrufen, obwohl sie es kaum noch im Laufschritt zum Bäcker schaffen, scheinen mir nicht die geeigneten Verbündeten zu sein. Wenn in den hier mehrfach zitierten Studien etwa jeder zweite in Deutschland lebende Muslim die Vorschriften des Islam über die Gesetze des Landes stellt, bedeutet dies immerhin auch, dass jeder zweite es nicht tut. Wenn Samuel Schirmbeck in Algerien beobachtet hat, wie eine religiöse Minderheit der Mehrheit binnen kurzer Zeit ihre Regeln aufgezwungen hat, bedeutet das nicht, dass dergleichen sich in Deutschland zwangsläufig wiederholen muss. So mühsam es wegen der oftmals hohen mentalen und kulturellen Barrieren auch scheint: Wir müssen uns mit der anderen Hälfte verbünden. Die Muslime, die nicht wollen, dass dieses Land verwahrlost, dürfen nicht in die Arme der Radikalen oder der SPD und der Grünen getrieben werden, also von Parteien, die nationale und zivilisatorische Selbstbehauptung für Rassismus halten und, feige wie sie sind, dem radikalen Islam »kultursensibel« ein Zugeständnis nach dem anderen machen werden. Der muslimische AfD-Sympathisant, der muslimische FPÖ- oder Front-National-Wähler, das sind Menschen, mit denen die Aufrechterhaltung bzw. die Wiederherstellung des sozialen Friedens möglich ist. Diese Leute sind oft erfreulich normal in ihrem Familienbild, ihrem Gesellschaftsbild und ihrem Unwillen, sich für das Elend der Welt verantwortlich zu fühlen und in Haftung nehmen zu lassen (ich habe gelegentlich gehört, dass türkischstämmige Polizeibeamte »schärfer« seien als ihre biodeutschen Kollegen). Den Muslim zum Feind zu erklären, ist nicht nur unmoralisch gegenüber denjenigen, die dieses Land als Heimat annehmen, sondern auch politisch dumm. Ein allmählich vergreisendes Volk muss mit seinen Beständen rechnen und realistisch sein. Es geht nicht um christlich/deutsch gegen muslimisch, sondern um Zivilisation gegen Barbarei. Nicht *Deutsche zuerst!* ist der angemessene Wahlspruch, sondern: *Zivilisierte zuerst!*

PS: »Ob Deutschland, wie Ihr Eintrag zum 26. sagt, mehr Glück haben könnte (als Algerien), ist zweifelhaft, aber immerhin möglich«, notiert Leser ***. »Wenn es nicht nur Wunschdenken ist, warum ist es sinnvoll denkbar? Es liegt, kurz gesagt, zum einen an der Vorarbeit Kemal Atatürks, der nicht nur einem Imam die seidene Schnur um den Hals hat legen lassen, wie auch am glücklichen Umstand, dass viele sog. Türken tatsächlich Kurden und viele Kurden in Wirklichkeit Aleviten sind. Mit anderen Worten: Ich hätte nichts gegen eine Einwanderung auch von Muslimen, wenn die Länder, aus denen sie kommen, eine ein- bis zweihundertjährige säkulare pluralistisch-demokratische Tradition hätten. Die 40 bis 50 Jahre in der Türkei haben zwar nicht ausgereicht, aber da kann man immerhin ansetzen. Inwieweit diese braven Leute noch ›Muslime‹ sind (ich nenne sie ›Teilzeit‹- oder ›30%‹-Muslime), kann uns egal sein. Leider hat die deutsche Politik genau diese zivilisierten türkischen und andersstämmigen Muslime, die an Deutschland mitarbeiten und es nicht islamisieren wollen, wie Ateş, Tibi, Kelek, Mansour, Abdel-Samad, zugunsten stockkonservativer bekopftuchter 80%-Muslime vernachlässigt. (Die 100%-Muslime des ›sogenannten‹ IS werden durch das Adjektiv auch schon verharmlost.) Das war und ist unverzeihlich. Es wird aber auch, wenn nicht bald etwas für diese säkularen Muslime geschieht (durch die AfD, wen sonst?), dazu führen, dass diese säkulare Tradition ausstirbt, wegen Erdogan et al. und wegen eines zunehmend schlechten Gewissens, das die allein gelassenen 30%-Muslime bekommen, die sich dann ihrer Religion wieder zu 80% vergewissern werden, um ein besseres Gewissen zu bekommen. Dann ist das Zeitfenster geschlossen und die Schirmbeck-Konklusion wird wahr. Gegen die Einwanderung von christlichen, jesidischen und anderen nichtmuslimischen Orientalen kann man kulturell, aber auch mengenbedingt, kaum etwas haben.«

Spätmittäglicher 28. November

Nachdem unser landesweit wichtigster Minister Heiko Maas –
er lebe hoch! Hoch! Hoch! – mit Vehemenz für Zensurmaßnahmen im Internet eintritt, war es eine Frage der Zeit, bis ihm
nicht nur Kollegen wie CDU/CSU-Fraktionschef Volker Kauder zur Seite springen, sondern auch echte Manager ihr enga-
giertes Nichtlängerabseitsstehenwollen zu verkünden sich anheischig machen würden. Etwa Dominik Wichmann, *Managing
Director & Editor-in-chief* bei Hubert Burda Media. In seinem
Text »Vorsicht vor Facebook« (ohne Ausrufezeichen) teilt er
dem interessierten Leser mit, es sei nach der Trump-Wahl »an
der Zeit, über die Begrenzung digitaler Freiheiten zu diskutieren«. Da dergleichen staatsfromme Obsessionen derzeit gewiss
auch bei der Bertelsmann-Stiftung, der Heinrich-Böll-Stiftung,
der Friedrich-Ebert-Stiftung und natürlich der Amadeu-Antonio-Stiftung inszeniert und ausgelebt werden, möge das von mir
gewählte Beispiel als zugleich beliebig und repräsentativ gelten.
Lauschen wir denn der Botschaft des »Insiders für Digitale Zu-
kunftsthemen«.

Der Wahlsieg Donald Trumps, statuiert Wichmann, sei »auch
der Triumph der sozialen Medien über die etablierten Medien.
Es ist nicht übertrieben zu sagen: Facebook ist schuld daran,
dass ein Mann wie Donald Trump in das mächtigste Amt der
Welt gespült werden konnte. Die vornehmliche Qualifikation
Trumps scheint sich jedoch darauf zu reduzieren, wesentlich
besser als seine Kritiker und Gegner verstanden zu haben, wie
dieser neue öffentliche Raum tickt, wie man sich in ihm bewe-
gen muss, um ihn zu beherrschen.«

Soll heißen: Trump kann praktisch nix – außer halt so lange
auf der Klaviatur der neuen Medien spielen, bis er ins »mächtig-

ste Amt der Welt« (was es alles gibt!) gespült wird. Wofür ein Schuldiger zu suchen war und alsogleich gefunden wurde.

»Nach den bisherigen Regeln des Mediengeschäfts hätte Trump diese Präsidentschaftswahl niemals gewinnen können. Er hat gelogen, gedroht und beleidigt. Aber die alten Regeln besitzen im neuen öffentlichen Raum keine Geltung mehr. Im Gegenteil: die Eskalation, die Lüge, der Hass, die Tyrannei der Emotion ist (sic!) das Benzin in den Motoren von Facebook und Konsorten. Denn der Kompromiss, die Reflexion und die Ausgewogenheit des Urteils generieren keine Klicks und damit keine Daten und damit auch keinen Wert.«

Und die sachliche, ausgewogene, wahrheitsliebende Hillary Clinton, die mit ihrer Sammelbüchse sogar bis zu den Saudis taperte, um dort Sponsoren für Toleranz, Reflexion und Weltfrieden zu werben, wurde einfach um ihre Klicks, ihre Daten und ihren Wert betrogen, während Trump die multimediale Eskalation bis zum Endsieg trieb.

»Man muss kein Hellseher sein, um vorherzusagen, dass diese Mechanik der Kommunikation künftig in aller Welt kopiert und technisch verfeinert werden wird«, fährt Wichmann fort. »Für die Zukunft und das Wohlergehen demokratisch und rechtsstaatlich verfasster Gemeinwesen ist das aus drei Gründen eine eher trübe Aussicht. Erstens, weil damit noch mehr Aggression in den politischen Diskurs Einzug einhalten wird. Zweitens, weil künftig die Manipulation, um nicht zu sagen: die Lüge, das probate Mittel der Wahl ist. Und drittens, weil auch die totale Entfremdung von der Politik eine logische Konsequenz sein wird. Wenn wir diesen Teufelskreis für einen Irrweg halten, wenn wir die Lüge, den Aufruf zur Gewalt und die Volksverhetzung nicht als Mittel zum Zweck akzeptieren möchten, dann werden wir

nicht umhin kommen, über die Begrenzung digitaler Freiheiten zu diskutieren. Auch, um uns letztlich vor uns selbst zu
schützen.«

Die einen halten den Teufelskreis für einen Irrweg oder
umgekehrt, die anderen glauben nach der regelmäßigen Teilnahme am alljährlichen Genialentreffen »Digital Life Design«
tatsächlich an Schamanensprüche wie »Das Medium ist die
Botschaft«. Nun soll aber das Phänomen Trump mit solcher
Orakel-Lallerei gedeutet werden, was vor allem darauf hinausläuft, die Wähler des dissidenten Republikaners für blöd und
unbegrenzt manipulierbar zu erklären. Diesen Menschen stehen nach Ansicht unserer Zeitgeist-Schickeria einfach keine
Gründe für ihre Entscheidung zu, schon gar keine wahren und
guten – insofern erscheint dieses treuherzige »uns vor uns
selbst zu schützen« so glaubwürdig, als wenn Blasiertheits-
athleten wie J. Augstein oder H. Prantl dergleichen vortrügen.
Die Entfremdung der Wähler von der Politik soll jedenfalls
keineswegs das Werk der Politiker und des Establishments
sein, sondern derjenigen, die dem wechselwarmen Blutkreis-
lauf der Demokratie bisweilen zwar sogar neue, aber stets erschütternd falsch votierende Wähler zuführen. Wie der Lüg-
ner und Beleidiger Trump.

Es ist ganz gleich, ob unser digitaler Eingeweideleser tatsächlich glaubt, was er da schreibt, oder bloß düpierte Zeitgeisterei
aus ihm spricht – die Selbstverständlichkeit, mit welcher er den
Wahlausgang als falsch behandelt, weist diesen Mann als alles
Mögliche aus, nur eben nicht als Demokraten (das Wort hier
mit aller gebotenen Ironie verwendet). Er hätte den Text nicht
geschrieben, wenn Clinton als Siegerin aus den Wahlen hervor-
gegangen wäre, obwohl diese Frau als Präsidentin aller Wahrscheinlichkeit nach sowohl die Lage in Syrien als auch in der

Ukraine verschärft hätte (ob nun mit oder ohne Facebook), so wie sie es als Außenministerin bereits in Libyen bewerkstelligt hat, indem sie Obama zur Bombardierung des Landes drängte. Die kompromissbereite und reflexive Frau Clinton ist mitverantwortlich dafür, dass der entscheidende nordafrikanische Riegel aufgesprengt wurde und die Europäer sich heute der Invadierung ihrer Staatsgebiete durch Hunderttausende und bald Millionen nordafrikanische Hochbegabte ausgesetzt sehen.

Nun mag jeder die Weltlage kommentieren, wie er will. Aber wenn auf einmal Staats- und Wirtschaftsfunktionäre ihre Geheimpolizeiinstinkte entdecken und Zensurmaßnahmen fordern, weil ihnen die Ergebnisse von Volksabstimmungen nicht passen, muss man hellhörig werden. Selbstredend hört unsereiner mit seiner Zonenvergangenheit das totalitäre Gras eher wachsen als ein in der Diversity- und Toleranzbrühe gegarter smarter Westdeutscher mit Oberschichtkontakt. Das Netz ist nämlich gar kein rechtsfreier Raum, wie diese Leute uns einzuflüstern versuchen, um staatlichen Eingriffen in die Redefreiheit so etwas wie Legitimität zu verleihen, und es war nie ein rechtsfreier Raum; das Strafrecht gilt im Netz wie überall sonst (gewisse bunte Stadtteile in NRW, Bremen und der Hauptstadt der DDR vielleicht ausgenommen), und auch wenn es wegen der partiellen Anonymisierung der Absender und ausländischer Server schwierig ist, können Beleidigungen und Verleumdungen im Internet strafrechtlich verfolgt werden. Aber um strafrechtlich relevante Beleidigungen geht es hier nicht, sondern um politische Kontrolle; man will uns suggerieren, das Netz sei ein rechtsfreier Raum, damit es schrittweise in einen Unrechtsraum verwandelt werden kann, in den dreidimensionalen Maas-Kauder-Kahane-Raum aus Zensur, Löschung und Sperre. Nicht das klar definierte Strafrecht soll im Netz gelten, sondern der nach Gutdünken und Willkür handverlesener Ideologen, Spitzel und Denunzianten veranstaltete »Kampf gegen rechts«.

Die »Menschen da draußen im Land« (A. Merkel) werden sich entscheiden müssen, ob sie lieber ein amerikanisches *Freedom-of-speech*-Internet haben wollen oder ein staatlich kontrolliertes halbchinesisches Erziehungsinternet. Und wenn Sie mich fragen: Besser ein tatsächlich rechtsfreier virtueller Raum mit all seinem Schmutz und Geifer als ein steriler Unrechtsraum nach dem Geschmack von Parteifunktionären, Karriere-Opportunisten und aggressiven Papageien der jeweils gerade angesagten politischen Tendenz.

29. November

Großbrände wüten seit Mittwoch in Israel, darunter in den Gebieten um Jerusalem und Haifa. Griechenland, Italien, Kroatien, Russland und Zypern haben Löschflugzeuge geschickt, sogar die palästinensische Autonomiebehörde beteiligte sich an den Hilfsaktionen. Deutschland allerdings half nicht. Es heißt, Justizminister Maas benötige derzeit sämtliche verfügbaren Löschkräfte für Facebook.

DEZEMBER

4. Dezember

Viele Dinge entpuppen sich erst im Nachhinein zur Deutlich-
keit. 2015 warb der Lebensmittelgroßhändler Edeka zu Weihnachten im Fernsehen mit einem sentimentalen Zwei-Minuten-
Spot namens »Heimkommen«. Inzwischen haben viele wachsame Konsumenten begriffen: Gemeint war damit »Heim ins
Reich kommen«. Die diesjährige Folgekampagne hat es offenbart. Im aktuellen Werbefilm »Zeitschenken« sind zwei Auto-
kennzeichen zu sehen, »die gängige Codes der rechtsextremen
Szene zeigen«, hat Sabine Bamberger-Stemmann, Direktorin
der Landeszentrale für politische Bildung in Hamburg, erkannt.
Es handelt sich um die Nummern MU-SS 420 und SO-LL 3849.

Da die Buchstaben SS in Deutschland als Kennzeichen verboten seien, erläutert die »Minderheiten- und Migrationsforsche-
rin«, sei es »nicht vertretbar, das in einem Werbespot zu nutzen«.
Dass die Werbeagentur damit auf den Weihnachtsstress der Eltern anspielt (»Muss noch dies, muss noch jenes«, sagt der Sprecher im Film), glaubt Frau Bamberger-Stemmann nicht, denn die
Ziffer 420 sei eine »in rechten Kreisen auch hierzulande gängige
Abkürzung für Hitlers Geburtstag am 20. April«. Die Zahl 84 wiederum symbolisiere das H und das D, also: »Heil Deutschland«.
Sie ist umrahmt von den Ziffern 3 und 9, welche für »Christliche
Identität« stünden. »Dies bedeutet in rechten Kreisen im Um-
kehrschluß Antisemitismus. Damit ist die Aussage klar.« Ohnehin vermittle der Spot »eine heile Welt und transportiert Werte,
die auch für die Neue Rechte stehen. Die Kinder spielen zum Beispiel eine altmodische Version von ›Mensch ärgere dich nicht‹.«

Wie bei den Nazis bäckt die Mutter Plätzchen, und die biodeutsche Familie geht auf den »Weihnachtsmarkt«, obwohl der
doch längst »Winterfestmarkt« heißt. Im Jahr des Brexit und
der Trump-Wahl, in Zeiten des erstarkenden Rechtspopulismus versucht Edeka offenkundig mit der Beschwörung einer
weißen, christlichen und heterosexuellen Familie bei den Rassisten, den Homophoben, den Islamophoben und den Antisemiten zu punkten.

Anders als die täglichen Einzelfälle in den Polizeiberichten ist der Fall Edeka keiner. Drei Beispiele. Anfang November nahm der Deko-Anbieter Butlers ein Knusperhäuschen
aus seinem Weihnachtssortiment, dessen Bemalung sensible
Kunden an das Hakenkreuz erinnerte. Zuerst hatte der WDR
darüber berichtet und gefragt: »Wie kommt das Hakenkreuz
auf das rosa Glitzerhaus?« Rosa! Führers Lieblingsfarbe! Das
soll Zufall sein? Vergeblich versuchte sich der Konzern damit
herauszureden, dass die Dinger irgendwo in Fernost handbe-
malt wurden.

Weiter. Unter dem Titel »Gefahr von rechts« sensibilisier-
te im September die auflagenstarke Apothekenzeitschrift
Baby & Familie die Bevölkerung vor der Unterwanderung der
Kindergärten durch Nazifamilien. Es sei allerdings vergleichsweise kompliziert, Nazi-Eltern und Nazi-Kinder zu identifizieren. Aber nicht unmöglich. Die Eltern seien oft »unauffällig,
blond, nett und engagiert«. Kinder rechter Eltern »sind nicht
unbedingt anders als Kinder anderer Eltern. Sie fallen manchmal erst nach längerer Zeit auf, zum Beispiel, weil sie sehr still
oder sehr gehorsam sind.« Außerdem lieferten »akkurat ge-
flochtene Zöpfe und lange Röcke« den ehrenamtlichen Ermitt-
lern sachdienliche Hinweise. Übrigens: Im Edeka-Spot hat das
Mädchen blonde Zöpfe!

Man stelle sich vor, zu Zeiten der Hexen- oder Judenverfolgung hätte es schon Hashtags, Apothekenzeitungen und eine im Internet leicht zu findende Reichszentrale für politische Bildung gegeben, wie sehr hätte das die Identifikation von Hexen und Juden und die Konsensvollstreckung erleichtert!

Auch im Land des einstigen Nazi-Verbündeten versuchen extreme Rechte, das Rad der Geschichte zurückzudrehen. Der Vorsitzende der Barilla-Gruppe, Guido Barilla, erklärte in einem Interview, die Familie sei in seiner Firma »ein fundamentaler Wert«. Auf die Frage, ob er sich vorstellen könne, einen Werbespot mit einer homosexuellen Familie zu produzieren, antwortete er: »Nein, so einen Werbespot würden wir nicht machen. Unsere Familie ist eine traditionelle Familie.«

Nach Boykottaufrufen und massenhaftem Schmah im Netz (»Wo es Homophobie gibt, gibt es Barilla«) servierte Konkurrent Bertolli ein küssendes schwules Paar zur Lasagne, und der *Stern* kommentierte mit erleichterter Genugtuung: »Den Netznutzern schmeckt die tolerantere Pasta jedenfalls deutlich besser als die Barilla-Bilderbuchwelt mit Mamma, Bambini und Basilikum.« Hoffnungsfroh harrt das Qualitätsmagazin der fälligen homosexuellen Kebab-Kampagne!

Diese willkürlichen Beispiele mögen hier genügen, denn die Botschaft ist ja klar: Wenn du meinst, dir stünde so etwas wie Heimat zu, obwohl so viele Fliehende unterwegs sind, wenn du glaubst, Weihnachten und Ostern und ein »Mensch ärgere dich nicht«-Spiel seien Traditionen, die du kulturunsensibel in alle Ewigkeit fortführen darfst, nur weil du Steuern zahlst, wenn du nach einem überkommenen Familienbild lebst und in stereotypen Geschlechterrollen denkst, wenn du keinen Migrationshintergrund hast und keinen Doppelnamen und es im

Darkroom nicht wenigstens mal mit einem gleichgeschlechtlichen Nachbarn versucht hast, dann pass auf, was du öffentlich von dir gibst. Pass überhaupt auf, was du von dir gibst. Deine Normalität ist nämlich nicht normal.

Mittagsbesonnter 7. Dezember

Auf *Spiegel online* weist eine Kolumnistin darauf hin, dass 2015 in Deutschland 331 Frauen von ihrem Partner getötet wurden (und 84 Männer von ihrer Partnerin – zur Seriosität dieser Zahlen siehe das PPS unten), um sodann zu postulieren: »Würde man die Meldungen darüber jedes Mal in die Abendnachrichten einbauen, würden wir denken, wir leben in einem Land, in dem Gewalt gegen Frauen eine wahre Epidemie ist – und es würde stimmen.« Der von »rassistisch eingestellten Leuten« veranstaltete Lärm über den Mord an einer Freiburger Studentin sei also letztlich irgendwie, nun ja, unbegründet.

Ist er nicht – aus drei Gründen.

Erstens: Eine Beziehungstat bedroht nicht die Allgemeinheit. Sie findet in einem Binnenraum statt. Sie verbreitet nicht Unsicherheit und Angst in der Bevölkerung. Niemand muss sich sorgen, Opfer einer fremden Beziehungstat zu werden. – Ganz anders ein Sexualmord wie jener in Freiburg. Das Opfer solcher Taten ist in der Regel zufällig ausgewählt. Jede halbwegs junge Frau – seit wir willkommenskulturell tätig sind aber sogar auch manche Greisin – kann zum Opfer werden. Solche Taten verbreiten Unsicherheit und Angst in der Bevölkerung, auch wenn Heribert Prantl versichern mag, dass durch Haushaltsunfälle weit mehr Frauen verunglücken bzw. ungewollt schwanger werden als sogar durch den IS.

Zweitens: Der Täter ist illegal eingereist, die Tat ist also importiert worden. Egal wie viele Frauen in Deutschland vergewaltigt oder sexualgemordet werden, es ist zumindest nicht
dringend nötig, den Opfern der ohnehinnigen Gewalt durch
Gewaltimport neue Opfer hinzuzufügen. Die massenhafte Ein-
fuhr junger ungebildeter Männer aus frauenverachtenden Ge-
waltkulturen bedeutet aber genau dies. Während nicht davon
auszugehen ist, dass in bestehenden deutschen Partnerschaften
künftig häufiger vergewaltigt und getötet wird, ist der Anstieg
von Gewalt gegen Frauen durch Migranten gewissermaßen be-
schlossene Sache. Das weiß auch die *Spiegel*-Kolumnistin. Wir
wünschen ihr persönlich alles Gute.

Drittens: Das besonders Pikante oder eben doch Perfide an
der Freiburger Tat besteht darin, dass Politik und Medien den
»Menschen, die schon länger hier leben«, eingeredet haben,
dass es sich bei den lichten Scharen, die über unsere einladend
offenen Grenzen an unsere gedeckten Tische strömen und neuerdings sogar eingeflogen werden, samt und sonders um Fliehende, um Schutzsuchende, um Verfolgte, um Bürgerkriegsbe-
drohte handele, denen zu helfen unsere Menschenpflicht sei.
Die wir sogar dauerhaft bei uns zu integrieren hätten, sonst:
Bissu Rassist oder was?

Einschub: Ein Flüchtling ist immer jemand, der *aus* einem
Gebiet oder Land flieht; sobald dieser Jemand erklärt, er strebe
in ein bestimmtes Land, ist er kein Flüchtling mehr, sondern ein
Migrant.

Wie gesagt und wie unter anderem auch hier vielfach dokumentiert, handelte es sich in Freiburg zwar um einen – womöglich zweifachen? – Einzelfall, aber eben um einen unter vielen, mit eindeutiger Tendenz zum Immer-mehr. Die Masseneinwanderung mag zur Hälfte tatsächlich Schutzbedürftige

ins Land gebracht haben – wobei sich die Frage aufwirft, was mit den Alten, den Behinderten, den Schwachen, den Frauen und Kindern ist, die es nicht hierher schaffen, die in den Bürgerkriegsgebieten zurückbleiben müssen, warum wir denen nicht helfen, sondern so viele von deren Brüdern und Männern aufnehmen –, zur anderen Hälfte ist sie ein Gewaltakt gegen Deutschland und diejenigen, die schon länger hier leben. Ohne diesen Gewaltakt würde die Freiburger Studentin – und würden einige andere – noch leben. Ohne diesen Akt hätten viele Eingeborene einschlägige Gewalterfahrungen nicht machen müssen. Und deren Zahl wird wachsen, wie übrigens auch die Zahl der in Beziehungen vergewaltigten, misshandelten oder getöteten Frauen hierzulande wachsen wird, bis sie in den ebenfalls wachsenden Parallelsegmenten der hiesigen Einwohnerschaft ungefähr jenes Niveau erreicht, das in orientalischen oder afrikanischen Ländern als üblich zu veranschlagen ist.

PS: Die ägyptische Schriftstellerin und Feministin Mona Eltahawy am 2. Mai 2012 in *Le Monde:* »Ja: sie (die Männer der arabischen Welt – M. K.) hassen uns. Es muss endlich gesagt werden (…) Die Frauen der ganzen Welt haben Probleme; stimmt, die Vereinigten Staaten haben noch keine Frau zur Präsidentin gewählt; und richtig, in vielen ›westlichen‹ Ländern (ich lebe in einem von ihnen) werden Frauen weiterhin wie Objekte behandelt. Das ist im Allgemeinen der Punkt, an dem das Gespräch beendet wird, wenn Sie versuchen, über die Gründe zu diskutieren, aus denen die arabischen Gesellschaften die Frauen hassen (…) Nennen Sie mir den Namen arabischer Länder, und ich werde Ihnen eine Litanei an Beispielen für den schlimmen Umgang – er ist tausendmal schlimmer, als Sie denken – mit Frauen rezitieren, der von einer giftigen Mischung aus

Kultur und Religion angefacht wird, mit der sich anscheinend nur wenige auseinandersetzen wollen, aus Angst, der Blasphemie beschuldigt zu werden oder zu schockieren.«

Siehe dazu auch: Mona Eltahawy: *Headscarves and Hymens: Why the Middle East Needs a Sexual Revolution* (London 2015).

PPS: »Die Zahl 331 im Jahr 2015 von ihrem Partner getöteten Frauen, die Frau Stokowski dort angibt, ist falsch«, moniert Leser ***. Es handle sich um die Summe aus vollendeten und versuchten Tötungsdelikten. Der Fehler liege hier nicht bei Frau Stokowski, sondern beim BKA, das in seiner Auswertung irreführend diese Zahl genannt und nur versteckt darauf hingewiesen habe, »dass vollendete und versuchte Delikte gemeinsam betrachtet werden. Die Intention scheint klar: Man wollte in dieser von Frau Schwesig vorgestellten Studie möglichst erschreckend hohe Zahlen präsentieren.«

Tatsächlich getötet wurden aber naturgemäß nur die Opfer der vollendeten Taten. »Das sind 131. Umgekehrt sind tatsächlich auch nur 20 Männer von ihren Partner(inne)n getötet worden und nicht 84, wie Frau Stokowski schreibt.«

Abendlich vernebelter 7. Dezember

Grün wirkt. Bei der Studie Bildungstrend des Instituts zur Qualitätsentwicklung im Bildungswesen (IQB), dem nationalen Pendant zur internationalen Pisa-Studie, war Baden-Württemberg anno 2009 in den Sprachkompetenzen noch zusammen mit Bayern Spitzenreiter. In der aktuellen Studie haben sogar die tumben ost- (bzw. mittel-)deutschen Länder und Schleswig-Holstein das seit 2011 von einer grün-roten Koalition regierte Ländle überholt.

Baden-Württemberg ist das einzige Bundesland, in dem die Schülerleistungen im Englischen stagnieren. In der sogenannten Lesekompetenz auf Deutsch (bzw. Dunkeldeutsch) liegt es 30 Punkte hinter dem führenden Sachsen (!), was etwa dem Leistungsstand eines ganzen Schuljahres entspricht. Beim »Zuhören« sind es gar eineinhalb Jahre. »Das«, resümierte die *Welt*, »stellt den Schulreformen der vergangenen Jahre unter der Regierung von Grünen und SPD ein desaströses Zeugnis aus.«

Im aktuellen Pisa-Test wiederum schneidet Deutschland eher mäßig ab (Platz 16 von 72 getesteten Ländern), wobei die Gesamtpunktzahl im Vergleich zum letzten Test gesunken ist. Alexander Wendt weist auf einen kaum beachteten Kollateraleffekt hin, nämlich dass Deutschland bei der Frage, wie viele Schüler sich für eine naturwissenschaftliche Karriere interessieren, auf dem drittletzten Platz landet.

Das ist eine elende Bilanz für ein Land, das – vor allem in den finsteren Zeiten des Frontalunterrichts – 30 Chemie-, 28 Physik- und 24 Medizinnobelpreisträger hervorgebracht hat, für das Land von Gauß, Helmholtz, Hertz und Röntgen, das Land von Bosch, Daimler, Diesel und Siemens, von Heisenberg, Planck, Einstein, von Robert Koch, Paul Ehrlich …

Grün wirkt. Die Naturwissenschaften sind schlecht. Die Naturwissenschaften sind der Feind. Schüler lernen heute soziale Kompetenz, kultursensibles Verhalten, Medienkompetenz und deutsche Verbrechenskunde, sie lernen, ihren Namen zu tanzen und dass sowieso alle Menschen gleich begabt sind – wozu sie also mit Preisen diskriminieren? –, sie lernen, dass alle Gleichungen und Naturgesetze und vermeintlichen biologischen Tatsachen bloß sozial konstruiert sind, und warten auf die Klimafee, mit der sie zusammen Windräder umarmen gehen. Wie ein Internetforist süffisant anmerkte, haben deutsche Gymnasiasten heute mit sechzehn ungefähr die mathematisch-physikalischen Kenntnisse, die ein zwölfjähriger Gymnasiast vor hundert Jahren besaß, dafür aber wissen zwölfjährige Schüler heute besser über die verschiedensten Sexualpraktiken Bescheid als sechzehnjährige damals. Und das Bundeskriminalamt kann viele Stellen nicht besetzen, weil die Bewerber durch den Deutschtest fallen.

Ein Land, das die Grünen hat, macht Schreckliches durch.

8. Dezember

Uns wird seit längerem beteuert bzw. weisgemacht, dass die »Flüchtlinge« bzw. Einwanderer, allen spektakulären und vor allem sich häufenden Einzelfällen zum Trotz, nicht krimineller seien als »die schon länger hier Lebenden« (immer wieder schön: A. Merkel). Gestern versicherte Tübingens grüner OB Palmer bei Maischberger, wenn man die Statistik von allen Verzerrungen reinige, also in Rechnung stelle, dass die Ankömmlinge männlicher, jünger und ärmer sind als der deutsche Durchschnitt, junge männliche und arme menschliche Wesen aber eben mehr Straftaten begingen als Oma und Opa im Reihenhaus, dann käme man zu dem beruhigenden Resultat, dass unsere Neumitmieter im Schnitt – immer nur im Schnitt, liebe GrünInnen! – gar nicht besonders kriminell seien. Also mit anderen Worten: Sie begehen schon mehr Straftaten als die ansässige Vergleichsgruppe, aber die Vergleichsgruppe sei eben keine. Anders gesagt: Borussia Mönchengladbach hat in Barcelona nicht verloren, weil es elf Spieler auf dem Patz hatte, sondern elf harmlosere als die Katalanen. Praktisch hat Barcelona vier Tore geschossen und Gladbach keines, aber wenn man die Verzerrungen aus der Statistik rechnet, etwa die Spielergehälter und die Begabungsunterschiede, haben beide gleich viele Tore erzielt und waren einander ebenbürtig. So richtig?

9. Dezember

Der progressive Trojaner hält Kassandra für eine »populistische Hetzerin«.

Frühnachmittäglicher 12. Dezember

Der Journalist Alexander Wendt hat auf seiner Facebook-Seite einen politischen Witz gemacht, nämlich: »Der neue Begriff Angela Merkels für Senioren: ›Die nicht mehr lange hier leben.‹« Ruprecht Polenz, kurzzeitiger und somit Ex-Generalsekretär der CDU sowie langjähriger Vorsitzender des Auswärtigen Ausschusses des Deutschen Bundestages, Ruprecht Polenz also las diese Worte und postete alsogleich: »Beleg?«

Auf Wendts Replik »Oh Mann, Ruprecht Polenz, das ist SATIRE. Verstehen Sie: uneigentliches Sprechen. So wie bei Ulbricht-Witzen in der DDR. Und Sie waren tatsächlich mal CDU-Generalsekretär?«, versetzte Polenz, in Parteikreisen »Knecht Ruprecht« genannt (wofür ich keinen Beleg habe): »Wir leben nicht in der DDR. Ich denke nicht, dass ich der einzige bin, der Ihren Post anders versteht.« Und verlinkte auf die Webseite einer »Initiative gegen Falschmeldungen«.

Ich halte diesen Vorgang für bedeutend. Noch das letzte Stasi-Rindvieh wusste, was als Witz gemeint war und was als Tatsachenbehauptung. Aber ein ehemals im Joch ziemlich weit vorn gehender CDU-Ochse will Witze unter Falschmeldungen rubrizieren.

Vormittäglicher 16. Dezember

Der wissenschaftliche Dienst des Bundestages publiziert eine erhellende Analyse über »Hass und Hetze im Strafrecht«. Hass, heißt es dort, werde »seitens der höchstrichterlichen Rechtsprechung definiert als ›eine gesteigerte, über die bloße Ablehnung oder Verachtung hinausgehende feindselige Haltung gegen den betreffenden Bevölkerungsteil‹«. Im rechtswissenschaftlichen Schrifttum werde allerdings betont, »dass eine sachliche, wahrheitsgemäße Berichterstattung in keinem Fall als Aufstacheln zum Hass angesehen werden könne, auch wenn sie in tendenzieller Absicht erfolge und geeignet sei, ein feindseliges Klima gegen einen Teil der Bevölkerung zu schaffen.«

Und: »Das geltende Strafrecht als Tatstrafrecht knüpft die Strafbarkeit stets an Handlungen, nicht allein an Meinungen, Überzeugungen oder die Täterpersönlichkeit, was oft schlagwortartig dahingehend benannt wird, das geltende Strafrecht sei kein ›Gesinnungsstrafrecht‹. Gedanken, Überzeugungen und Meinungen können für sich genommen nicht strafrechtlich relevant sein, wie schon der römische Jurist Ulpian feststellte: *Cogitationis poenam nemo patitur* – Gedanken sind straffrei (Digesten 48, 19, 18). Hass an sich mag also etwa aus moralischen Gründen abgelehnt werden, ist jedoch nicht strafbar. Auch die Qualifikation einer Äußerung als ›Hetze‹ besagt noch nichts über deren strafrechtliche Relevanz.«

Deswegen wollen Maas, Schwesig et al. auch nicht das geltende *Strafrecht* im Netz durchsetzen, sondern ein von ihnen geschaffenes *Sonder-* und also *Unrecht* aus Gesinnungskontrolle, Löschung und willkürlichen Sperrung ohne juristische Legitimation.

Heller 17. Dezember

Wieder ein paar Tage im sächsischen Landesparlament hospitiert. An einem Vormittag treffen sich knapp zwanzig Abgeordnete im Foyer des Landtags zum Weihnachtssingen. Drei von ihnen rücken mit Instrumenten an: zwei Trompeter, ein Posaunist. Das Publikum sammelt sich auf den Emporen. Ein MDR-Team schneidet mit, und drei Journalisten der *Jüdischen Rundschau*, die gerade Frauke Petry interviewen, müssen das Gespräch unterbrechen, weil die sangesgeschulte AfD-Chefin – sie ist ausgebildete Chorleiterin und Organistin – ebenfalls mit von der Partie ist. Traulich vereint stehen die Abgeordneten und singen diverse Klassiker wie »Alle Jahre wieder« und »Es ist ein Ros entsprungen«. Obwohl keinerlei Proben stattfanden, klingt der Chor passabel. Vor zwei Jahren, werde ich unterrichtet, habe es noch abwehrendes Gebrummel ausgelöst, als der sangestaugliche Teil der AfD-Fraktion zum Weihnachtsständchen vorstellig wurde. Auch heute noch stünden dort Landtagskollegen, die sich auf ein *Gespräch* nicht einlassen würden, singend neben den AfDlern. Die verbindende Kraft der Musik – lässt sie sich besser illustrieren?

Einen Tag später schleppt mich ein freundschaftlich Bekannter unter Vortäuschung falscher Tatsachen (»halbe Stunde«) zum abendlichen Weihnachtskonzert der Kreuzschule, wo zwei Schulorchester und der Schulchor ebenfalls unter anderem die besagten Klassiker intonieren. Die zahlreich anwesenden Familienangehörigen werden zum Mitsingen aufgefordert, verblüffend notenkundig und textsicher stimmt der gesamte Saal ein, zuweilen sogar zweistimmig. Wunderliches traditionsbewusstes Sachsen! In den meisten westlichen Bundesländern gälten solche Gesänge wohl längst als kulturunsensibel, weil sie irgendjemandes religiöse Gefühle beleidigen könnten. Und den Text kennte ohnehin kaum einer mehr.

Im Landtag bekundet ein *Spiegel*-Reporter seine Verwunderung darüber, dass manche linke und grüne Abgeordnete alles, was vom AfD-Flur kommt, nicht grüßen. Wie man sich mir gegenüber verhalte, erkundigt er sich, ob man mich kenne bzw. erkenne. Ich werde gegrüßt, wenn ich durch den Flur der Linkspartei laufe, erwidere ich; folglich kenne man mich dort wohl eher nicht.

Dunkeldeutscher 17. Dezember

Wie klingt es, wenn der Zynismus der Macht sich mit der Impertinenz trendkonformen Nichtwahrhabenwollens und dem Gemüt eines Fleischerhundes verschränkt, zugleich aber die Larve des Wohlmeinens trägt? So:

»Was ich verstehe: Der Afghane als solcher hat nicht selten ein so genanntes ›archaisches Frauenbild‹. Er kommt, sozusagen, vom Lande in die große Stadt, sieht dort Tabledance und Sexmesse, Silikon und Glitzernails, und all diesen Kram. Er ist geschockt. Aber wie? Freut er sich? Ekelt er sich? Oder will er auch so sein wie die neuen Anderen oder die anderen Neuen? Anders gefragt: Was ist das Afghanische am Afghanen in Germanistan?

Was ich nicht verstehe: Warum sollte der Afghane als solcher nun denken, die Frauen in diesem schockierenden Wunderland dürfe, müsse oder solle man vergewaltigen? Darf man das in Afghanistan? Ich glaube nicht. Welche ›migrantische‹ Kultur soll sich hier Bahn gebrochen haben? Springen jugendliche Afghanen in Kabul Radfahrerinnen an und finden nichts dabei, weil das dort üblich oder erlaubt ist? Gibt es, allgemeiner gefragt, irgendein Flüchtlings-Herkunftsland, in dem die Vergewaltigung oder Tötung von zufällig des Wegs einher gehenden Frauen kulturell verankert ist?

Ich weiß, diese Fragen klingen seltsam. Aber sie sollten doch vielleicht beantwortet werden können, wenn und bevor man behauptet, es könne sich etwas spezifisch Migrantisches spezifisch Afghanisches, in der Tat von Freiburg widerspiegeln.«

Also schreibt Thomas Fischer, Bundesrichter in Karlsruhe, in der *Zeit*.

Was spezifisch afghanisch ist? Nun, zum Beispiel dies: »In spite of major achievements, women remain one of the most marginalized segments of the Afghan population. (...) *Violence against women and girls is exceptionally high in Afghanistan and is almost at a pandemic level, with up to 87.2 percent of women having experienced some form of violence* (Hervorhebung von mir – M. K.) such as physical, psychological, sexual, economic violence, social abuse as well as forced and early marriage.« So Phumzile Mlambo-Ngcuka, seit 2013 Präsidentin UN Women.

Mohammad Musa Mahmodi, geschäftsführender Direktor der Unabhängigen Menschenrechtskommission für Afghanistan, erklärt: »Diskriminierung von Frauen und die Gewalt gegen sie sind seit Jahrhunderten in der afghanischen Gesellschaft verankert.«

Amnesty International: »Seit über einem Jahr werden vor allem aus den ländlichen Regionen Afghanistans wieder vermehrt Fälle gemeldet, in denen Frauen und Mädchen geschlagen, verstümmelt, entführt oder getötet werden.«

Nochmals Amnesty International: »Nach einer Statistik des afghanischen Gesundheitsministeriums wurden für das Jahr 2014 offiziell 4466 Selbstmordversuche durch Gifteinnahme und 2301 durch Selbstanzünden erfasst. (...) Als wichtigster Grund für die Selbstmordversuche bei Frauen galt geschlechtsspezifische Gewalt.«

Keine weiteren Fragen, Euer Ehren.

Frühvormittäglicher 19. Dezember

»Unsere Gesellschaft wird sich ändern, unsere Stadt wird sich radikal verändern. Ich bin der Auffassung, dass wir in 20, 30 Jahren gar keine ethnischen Mehrheiten mehr haben in unserer Stadt. Und ich sage Ihnen ganz deutlich, gerade hier in Richtung rechts: Das ist gut so.« Also sprach bekanntlich die Hamburger Bürgerschaftsabgeordnete Stefanie von Berg (Grüne).

Dieses Zitat steht hier nur als *pars pro toto* für viele ähnlich lautende aus dem rot-grünen politischen Milieu. Es ist nicht mehr fangfrisch, aber recht aktuell im Zusammenhang mit dem vielbeplärrten Begriff »Umvolkung« – wahlweise »Der große Austausch« (*Le grand remplacement*) –, mit dem rechte Panikmacher »Vorurteile verbreiten« und »Ängste schüren«, die aber, wie uns die Wahrheitspresse und das politische Personal unisono versichern, etwas zu suggerieren versuchen, was überhaupt nicht stattfindet.

Merke: Nur wer sie begrüßt, darf von der Umvolkung sprechen. Natürlich ohne das Wort zu verwenden.

Frühmittäglicher 19. Dezember

Mählich beginnen die TV-Anstalten ihre Jahresrückblicke zu senden. Einige fragmentarische Überlegungen hätte ich beizusteuern.

Mein persönliches Haileid 2016 war, trotz vielerlei bunter Konkurrenzveranstaltungen, die Kreuzabnahme unserer beider, pardon, Spitzenpfaffen Bischof Bedford-Strohm und Kardinal Marx auf dem Jerusalemer Tempelberg. Beide legten auf Wunsch der muslimischen Gastgeber ihr Brustkreuz ab, bevor sie den Felsendom betraten. Eine noble Geste in einem Weltteil, wo heute wieder Christen gekreuzigt, wegen ihres Glaubens massenhaft verfolgt und ermordet werden, zumal im Innenraum des heiligen Oktogons Inschriften darauf hinweisen, dass die Christen bezüglich der Rolle des Messias sowieso einer Irrlehre anhängen, denn, so lautet ein Schriftzug: »Jesus, Sohn der Maria, war nur ein Gesandter Allahs« (aus Sure 4, Vers 171).

Beide Kirchenvögte streuten später die Legende, auch die israelische Seite habe sie gedrängt, bei dem Besuch ihr Kreuz nicht offen zu tragen. Bedford-Strohm sagte laut *Welt*, die Kritiker seiner kultursensiblen Geste unterschlügen die Tatsache, dass auch an der Klagemauer dem Wunsch der jüdischen Verantwortlichen entsprochen worden sei. Die Reise habe zur Zeit des jüdischen Laubhüttenfestes stattgefunden, als in Jerusalem erhöhte Sicherheitsvorkehrungen galten. Nur: Offizielle israelische Stellen wussten davon nichts. »Fest steht, dass keine Sicherheitsbedenken bestanden haben und keine Polizei oder Armee die Herrschaften aufgefordert hat, ihre religiösen Merkmale zu verstecken«, erklärte der israelische Armeesprecher Major Arye Sharuz Shalicar.

Dieses Kreuz, das weiß sogar ich als nichtchristlicher Katholik, ist kein Schmuckstück und kein Talisman. Der Bischof trägt es in der Nachfolge Christi. Und nun vollzogen die beiden höchsten deutschen Kirchenführer am Ort der Kreuzigung des Heilands diesen Akt der symbolischen Unterwerfung gegenüber einer Konkurrenzreligion. Die Kreuzabnahme von Bedford-Strohm und Marx, das war *Petri Verleugnung anno 2016!*

Als die vielleicht größte Leistung der Lückenpresse verdient für 2016 festgehalten zu werden, dass sie den Münchner Attentäter Ali David (Daud?) Sonboly in einen »David S.« umwandelte. Zuletzt der *stern* auf seinem Titel.

Der technologische Hit anno 2016: Ein findiger Unternehmer (oder großer Humorist) aus Oberhausen bietet als »Weltneuheit« eine Damenunterhose namens »Safe Shorts« feil, die der vagabundierenden sexuellen Notdurft mit abendländischer Technik entgegenzutreten verheißt. »Reiß- und schneidfeste High-Tech-Schnüre verhindern das Aus- oder Herunterziehen« des Höschens, ein »flexibler, weicher Protektor im Schritt« wehrt wiederum dem unerwünschten »Eingreifen« beziehungsweise -dringen. Der High-Tech-Keuschheitsgürtel ist »atmungsaktiv, hygienisch, weich & anschmiegsam« und bei 30 Grad maschinenwaschbar.

Die Kette deprimierender Erfahrungen für den vergeblich am Hobbykeller seiner Beutefrau herumnestelnden Spontanpartyanbahner erlebt ihre Klimax, wenn ein »130 Dezibel lauter Sirenen-Poweralarm« ertönt, was ungefähr dem Lärmpegel einer startenden Boeing entspricht. Als Werbeclaim für das spröde Dessous empföhle sich: *Fluchtvorsprung durch Technik.* Silvester kann kommen.

Einzige Nebenwirkung: Man wird zwar nicht mehr erfolgreich vergewaltigt, jedoch bei Mehrfachbenutzung womöglich taub. Aber irgendwas ist ja immer.

Frühnachmittäglicher 19. Dezember

Im hessischen Babenhausen hat »ein 54-Jähriger« drei Frauen mit Messerstichen verletzt. Als 54-Jähriger fühle ich mich von dieser Meldung pauschal verunglimpft und einem Generalverdacht ausgesetzt.

Später 20. Dezember

Wird Deutschland, so fragen mit dräuendem Ernst unsere kommentierenden öffentlich-rechtlichen Gouvernanten sowie andere volkspädagogische Plagegeister nach dem Berliner Lkw-Attentat (aber auch sonst recht gern), ein »weltoffenes Land« bleiben, oder werden nach diesem oder jenem oder dem übernächsten Anschlag diejenigen Oberwasser bekommen, die »zurück« wollen in die finsteren und wirren Zeiten vor der »Weltoffenheit«? Halten wir deshalb zur semantischen Salvierung dieses immer wieder mutwillig sinnentstellten Begriffes fest: Weltoffen ist derjenige, in dessen Haus illustre und begabte und gern auch pittoreske internationale Gäste verkehren oder leben, der aber an seiner Tür für den Zweifelsfall geschultes Wachpersonal aufgestellt hat. Wer Abertausende zum Teil hochaggressive Analphabeten in sein Land lässt, ist nicht »weltoffen«, sondern geistesgestört. Wer seine Wohnungstür aushängt, ist keineswegs »offen«, sondern bloß leidlich bekloppt.

Sich entfaltender 21. Dezember

Eindrucksvoll poltert Hadmut Danisch:

»Es ist so lächerlich: Die Gesellschaft, die vor jeder dummen, kleinen, ranzigen Feministin einknickt, die nicht mehr kann, als alle als Sexisten und Nazis zu beschimpfen, und der man dafür quasi die gesamte Presse und das Fernsehen komplett überreicht hat, diese Gesellschaft redet sich jetzt ein, sie könnte, wolle und würde Terroranschlägen mit Bomben und LKW in Menschenmengen widerstehen. (...)

Man hat jetzt schon von Leuten gehört, die sich nicht mehr in U-Bahnen, nicht mehr auf Weihnachtsmärkte, nicht mehr bei Nacht raus, oder auch nicht mehr in den Minirock trauen. Genau so seid Ihr auch vor den Gender-Ideologen eingeknickt, vor jedem Spinner, der Euch ›Sexist‹, ›Nazi‹, ›homophob‹ oder sowas genannt hat. Ihr seid mehr als feige, Ihr seid schon feigistisch. Und Ihr wollt Euch Bomben und Kalaschnikows in den Weg stellen?«

22. Dezember

Ich bitte die geneigten Leser dieses Diariums um Pardon für gelegentliche Redundanzen, zu welchen mich gewisse Ereignisse nötigen, sofern ich sie nicht unkommentiert verstreichen lassen will. Wohlan denn:

Was macht der brave Deutsche drei Tage, nachdem ein islamischer Radikaler bei einem Anschlag zwölf Menschen getötet hat? Geht er auf die Straße gegen mörderischen religiösen Fanatismus? Aber wo! Er kämpft gegen »rechts«. Das hat er schon oft geübt, etwa zu Kirchweyhe, wo dieses noble

Zeichen gesetzt wurde, nachdem ein Türkischstämmiger einen Deutschen totgeprügelt hatte und »Nazis« am Tatort trauern wollten, oder in Garbsen, wo Jugendbanden mit dem berühmten edlen Hintergrund die Einwohner auf die bunteste Art und Weise, unter anderem durch Brandstiftungen, tyrannisieren und eines Tages auch eine Kirche angezündet wurde. Die Initiative »München ist bunt« – hier wieder nur als *pars pro toto* für mutmaßlich Dutzende vergleichbare Kaspereien erwähnt – ruft heute Abend zum »Zusammenstehen« bzw. zusammen Herumstehen »gegen nationalistische Populisten, Angstmacher und Hetzer«. Warum? Die Antwort ist erschütternd simpel (wenn wir vom knalldeutschen Fundamentalismus bis in die Kataklysmen des Endsieges und noch darüber hinaus absehen, der wahrscheinlich in einem tendenziell suizidären Defekt des Nationalcharakters gründet): Von »rechts« droht den Demonstranten keinerlei Gefahr. Nichts ist wohlfeiler, als ein paar Parolen gegen die schlimmen Rechtspopulisten zu skandieren und dann mit einem guten Gefühl heimzugehen. Es kostet nicht das Geringste und befriedigt schlichte Gemüter zuverlässig. Eine Kundgebung gegen den radikalen Islam indes könnte den einen oder anderen virilen Kontrahenten auf den Plan rufen. Und darauf sind unsere effeminierten und durchpazifizierten Aktivisten nicht eingerichtet. Nie würden sie gegen den islamischen Terror, gegen Salafisten und Wahhabiten auf die Straße gehen oder auch nur in Berlin-Neukölln, Bonn-Bad Godesberg, Essen oder Duisburg-Marxloh für die Menschrechte in Saudi-Arabien und im Iran oder für Frauenrechte, die Schwulenehe und andere linke Lieblingsthemen demonstrieren. Es sind Wichtel, die sich wohlfühlen wollen, ihr ganzer »Kampf gegen rechts« ist Bestandteil eines Wellnessprogrammes und wenig außerdem.

Feigheit ist der Universalschlüssel zu den Narreteien dieser sturmreifen Zivilgesellschaft. Es ist schwer, der Versuchung zu widerstehen, diesen penetranten Narren Erfolg zu wünschen.

23. Dezember

Jemand sagte: »Deutschland ist das einzige Land auf der Welt, das die Terroristen, die es zerstören wollen, durchfinanziert.«

25. Dezember

Ein Hotel mit internationalem Publikum in Tirol. An Heiligabend setzt sich die Frau ans Klavier und spielt Weihnachtslieder. Die Deutschen und Österreicher singen deutsch mit, Amerikaner, Briten und Australier englisch. Dann spielt sie russische Lieder, in die der russische Teil der Gästeschaft einstimmt, dazwischen ein Chanukka-Lied auf, naturgemäß, Hebräisch ... – Weltoffenheit diesseits ihrer semantischen Pervertierung.

Früher 27. Dezember

Als ein Mensch, der selten träumt und niemals Erzählenswertes, war ich heute Morgen überrascht, Folgendes in aller Klarheit geträumt und im Gedächtnis behalten zu haben:

Meine Eltern hatten abends Besuch. Der Gast war Donald Trump. Ich war zu dem Gespräch offenbar nicht zugelassen, jedenfalls befand ich mich im Garten und hörte dort gelegentlich Trumps Stimme. Das einzige, was ich verstand, war eine

Bemerkung über die Briten, die irgendetwas nicht glauben sollten (was, habe ich vergessen). Ich schrieb (im Traum) meinem
Freund *** eine SMS und teilte ihm halb ungläubig, halb stolz
mit, dass Donald Trump bei uns im Wohnzimmer sitze. Kaum
hatte ich sie abgeschickt, als ein Mann vom Secret Service auf-
tauchte und mir erklärte, ich dürfe niemandem schreiben, dass
der Präsident sich zurzeit hier aufhalte. Die SMS werde aber
später – eine Stunde nachdem der Präsident aufgebrochen sei –
dem Adressaten zugestellt. Das ärgerte mich maßlos, weil die
Nachricht im Präsens verfasst war und weil ich mit ihr angeben
wollte. – Am nächsten Morgen *in der Schule* erzählte ich meinen
Klassenkameraden, dass uns gestern Donald Trump besucht
hatte. Niemand hielt das für erwähnenswert. Es sei doch nichts
Besonderes, sagte mir einer, dass der neue Präsident einmal *bei
den Obamas* vorbeischaue …

Mittäglicher 27. Dezember

Die scheinheiligen Rechten und die feigen Fettärsche regen sich
wieder mal auf wegen importierter Folklore. Weil in Berlin ein
paar Halbstarke mit Exzellenz-Hintergrund einen Penner etwas
angekokelt haben, fahndet man gleich wegen versuchten Mor-
des nach ihnen. In Hamm wollten ungefähr zur selben Zeit drei
»Jugendliche«, die als »südländisch aussehend« beschrieben
wurden, auf einem Spielplatz zwei Kinder, neun und zehn Jahre alt, mit Spraydose und Feuerzeug erschrecken; dabei haben
sie ihnen Brandverletzungen zugefügt. In Köln bespritzte am
sogenannten heiligen Abend ein Türke ein paar Polizisten und
sich selbst mit Benzin und wedelte danach mit dem Feuerzeug;
wahrscheinlich hat er Weihnachten mit Silvester verwechselt.

Tatsache ist doch, dass wir das früher ständig gemacht haben. Was haben wir Leute angezündet! Also ich allein zirka … – na, ich sag's lieber nicht. Omas vor allem und Betrunkene, hin und wieder auch ein Haustier. Gab leider damals noch keine Kameras, die das aufgenommen und für die Mitwelt dokumentiert haben. Das war montags immer ein großes Hallo vor der Schule, wenn wir uns unsere verbrannten Finger gezeigt und uns gegenseitig Alibis verschafft haben. Wir haben im Grunde nur mit dem Feuerteufeln aufgehört, weil die Pubertät gewaltig anbrach und wir uns aufs Gruppen-, später Massenvergewaltigen fremdethnischer Mädels verlegten. Kein Volksfest, wo wir nicht mindestens unsere Finger in den Weiberhosen hatten! War aber auch schön. Und was meinen Sie, was erst los gewesen wäre, wenn wir einen Dreißigtonner und eine anständige Religion gehabt hätten! Na Heidewitzka und Alter-mach-Licht!

Immer noch mittäglicher 27. Dezember

Man male sich aus, die aktuell hierzulande herumlungernden muslimischen »Gefährder« würden sich durch Zauberhand in biodeutsche NSU-Kombattanten verwandeln: Wie viele Parlamentarier würden den Staatsnotstand ausrufen und Sondergesetze fordern, welche Datenschutzaufweichungen und Persönlichkeitsrechtseinschränkungen würden in Rekordzeit durchgepeitscht, wie viele Generalverdächte formuliert, polizeiliche Befugnisse erweitert, Parteiverbote gefordert, Sympathisanten dingfest gemacht oder wenigstens lebenslang auf Facebook gesperrt! Wie würden sich die derzeitigen Abwiegler aufschaukeln und aufprantein! Welche Hysterie wallte und wogte und waberte wonnig durch dieses weidliche Ländchen!

Frühnachmittäglicher 27. Dezember

Die ultimative Dialektik der Aufklärung haben Horkheimer und Adorno nicht vorausgesehen: dass keiner, der die Aufklärung durchlaufen bzw. genossen hat, je bereit sein wird, sein Leben für dieses holde Hirngespinst aufs Spiel zu setzen.

Nächtlicher 27. Dezember

»Wenn Luther das Luthertum im Lutherjahr hätte erleben können, hätte er's wohl bleiben lassen.«
(Johannes Gross, *Notizbuch vom 21. Oktober 1983*)

28. Dezember

In Deutschland gab es 2015 insgesamt 2,5 Millionen Verkehrsunfälle. Bei 37 450 Unfällen stand mindestens ein Beteiligter unter Alkoholeinfluss. Alkohol war bei 4,1 Prozent aller Unfälle mit Personenschaden eine der Unfallursachen. 7,4 Prozent aller tödlich verletzten Verkehrsteilnehmer in Deutschland starben infolge eines Alkoholunfalls.

Das heißt: 98,5 Prozent aller Verkehrsunfälle wurden von nüchternen Personen verursacht. 13 von 14 Getöteten gehen auf das Konto von nüchternen Fahrern.

Personen, die unter Alkohol stehen, fahren risikofreudiger, schneller und oft auch aggressiver als nüchterne. Nüchterne Fahrer sind deshalb als Vergleichsgruppe für das Unfallrisiko ungeeignet. Vergleicht man indes die Unfallbilanz angetrunkener Fahrer mit jener von anderen angetrunkenen Fahrern, ergeben sich kaum

Unterschiede. Angetrunkene Kfz-Lenker sind im Straßenverkehr nicht gefährlicher als andere angetrunkene Kfz-Lenker.

Das Vorurteil gegen alkoholisierte Fahrer ist populistisch und schürt Ängste. Die überrepräsentierte mediale Darstellung von Unfällen unter Alkoholeinfluss hat dazu geführt, dass viele Menschen angetrunkenen Fahrern aus dem Wege gehen oder nicht zu ihnen ins Auto steigen wollen. Dabei produzieren nüchterne Fahrer weit mehr Verkehrsopfer, auch wenn das oft verschwiegen oder als normal verbucht wird. Außerdem verursacht keineswegs jeder Alkoholisierte automatisch einen Unfall. Hier tut Aufklärung bitter not.

Das Alkoholverbot am Steuer ist mit einer offenen, toleranten, bunten Gesellschaft nicht vereinbar. Es stigmatisiert und stellt angetrunkene Fahrer unter einen Generalverdacht. Im Internet und vor allem auf Facebook kursieren immer mehr Hass-Postings, die vor Alkohol am Steuer warnen und alkoholisierte Fahrer beschimpfen. Dagegen muss die Bundesregierung vorgehen.

Das Alkoholverbot gehört auf den Müllhaufen der Geschichte.

29. Dezember

Mao Tse-tung wurde gefragt, wie sich die Weltgeschichte wohl verändert haben würde, wenn nicht John f. Kennedy, sondern Nikita Chruschtschow einem Attentat zum Opfer gefallen wäre. Nach längerem Nachdenken antwortete der Große Vorsitzende: »Onassis hätte nicht Frau Chruschtschowa geheiratet.«

Der Begriff »postfaktisch«, merkt Alexander Wendt an, bedeute tatsächlich nur: Wir lassen uns unser Monopol auf *Fake News* nicht nehmen.

30. Dezember

Gestern dirigierte ein weitläufiger Bekannter in der Philhar-
monie Beethovens Neunte, und ich hörte seit langem das
wunderliche Opus wieder einmal live. Ich sage wunderlich,
weil es mich jedes Mal in Erstaunen versetzt, wie auf die drei
ersten vollkommenen sinfonischen Sätze – das so rätselhaft
demiurgisch anhebende *Allegro ma non troppo, un poco mae-*
stoso, das geniale Scherzo (man muss es gewissermaßen mit
Gefäßchirurgenfingern dirigieren) und das ergreifende Ada-
gio –, wie auf diese grandiosen Sätze also der absonderliche
Radau des Finales mit Solisten und Chor folgt. Bei dem man
unter anderem merkt, dass Beethoven alles konnte, nur nicht
für die menschliche Stimme komponieren (ich kenne Sopra-
nistinnen, die sagen, sie sängen lieber dreimal die Isolde als
einmal die Leonore).

Und während dieses Finalsatzes schoss es mir denn durch
den Kopf, dass ich gewissermaßen dem Gründungsdokument
der aktuellen »Willkommenskultur« lausche. Die deutsche
Weltveredelungs-Hybris, der deutsche Marsch ins Ideal – und
sei es auch der in den Untergang –, hier wurde es erstmals Ereignis als ein orgiastisches Kulturfest für die Masse. Schillers Hym-
nus ist ja sehr edel, hochherzig und mitreißend, bis ins Hyste-
rische ambitioniert, aber eben auch ohne jedes Maß, vollkommen weltfremd und provinziell, was selbst diese Hochsprache
nicht kaschieren kann, mit einem Wort: sehr deutsch. »Dass alle
Menschen Brüder werden sollen, ist ein Traum von Einzelkin-
dern«, spottete dagegen der weltgewandte Johannes Gross, und
der philosophische Grübler Frank Lisson sekundiert: »Schiller
konnte sein ›Seid umschlungen, Millionen‹ nur ausrufen, weil
sie Jena und Weimar noch nicht belagerten.«

Beethoven hat Schillers Bacchanal des Humanismus immerhin in eine Tonsprache gesetzt, die, bei allem forschen D-Dur-Verbrüderungsgetöse, durchaus barbarisch und für den Kulturmenschen befremdlich ist. »Diesen Kuss der ganzen Welt!« – das kommt nicht aus der »Welt«, sondern aus der Welt des Winkelrieds. Wer die Welt kennt, will sie nicht küssen. Und das »Ihr stürzt nieder, Millionen?/Ahnest du den Schöpfer, Welt?« schmeckt heute nach dem Blut unzähliger durchgeschnittener Kehlen. Wofür der göttliche Schiller nichts konnte, gewiss. Er schrieb die Ode 1786. Kurz darauf begann in Paris und anderen französischen Städten die jakobinische Blutkirmes, jenes Großmassaker der Brüderlichkeit, das in seiner entfesselten, mit bestem Gewissen vor aller Augen zelebrierten Mordlust so sehr an die Halsabschneider des Islamischen Staates erinnert und das die Demokratien des Westens bizarrerweise heute als ihren Gründungsmythos betrachten. Immerhin, Monsieur Schiller, der Ehrenbürger des revolutionären Frankreichs, hat sich angeekelt davon abgewendet. Wahrscheinlich hätte er »An die Freude« fünf Jahre später schon nicht mehr geschrieben.

Dem Dichter war das überschwängliche Tisch- und Trinklied ein bisschen peinlich. Ein »schlechtes Gedicht« nannte er es in einem Brief vom 21. Oktober 1800. »Trotz seiner ungewöhnlichen Erfolgsgeschichte hat er den Text folgerichtig 1800 im ersten Band seiner gesammelten Gedichte nicht mehr neu drucken lassen«, notiert Schiller-Biograph Peter-André Alt. Erst in einer späteren Sammlung von Jugendgedichten erschien eine geringfügig veränderte Version der Ode im Druck.

Schiller schrieb die Ode auf Bitten seines Freundes und Gönners Christian Gottfried Körner im Sommer 1785 für die Tafel der Dresdner Freimaurerloge »Zu den drei Schwertern«. Inwieweit sich die Geldsorgen des Poeten und die Freimaurerei des Mäzenaten im zuweilen schwülstigen Ton des Werkes zum Table-Dance fügen, stehe dahin. Im erwähnten Brief schreibt Schiller an Körner: »Deine Neigung zu diesem Gedicht mag sich auf die Epoche seiner Entstehung gründen: Aber dies gibt ihm auch den einzigen Wert, den es hat, und *auch nur für uns* und *nicht für die Welt*, noch für die Dichtkunst.«

Wie andere Freimaurerlyrik dieser Zeit beschreibt »An die Freude« die Utopie einer Brüdergemeinde, die sich der Zwänge von Staats- und Standesschranken entledigt. Die Ode wurde in Logenkreisen rasch populär und erlebte um die 50 Vertonungen, eine unsterbliche durch das Chorfinale der 1824 uraufgeführten Neunten Symphonie. In Verbindung mit dieser Musik entfalten Schillers Verse eine bezaubernd vernunftwidrige idealistische Kraft, und man ahnt, warum Thomas Manns »Zauberberg«- Bewohner Ludovico Settembrini postulierte, Musik sei eine »politisch verdächtige« Kunst.

Beethoven hatte bereits im Chorfinale seiner einzigen Oper *Fidelio* (1805 uraufgeführt) aus Schillers Gedicht zitiert; man muss allerdings wissen, dass die reale Leonore, die ihren Mann aus dem Gefängnis befreite, das Vorbild der Hauptfigur der »Befreiungsoper«, eine Madame de Tourraine war, eine Roya- listin, und ihr Mann ein Aristokrat. Nur der Kerker gehörte der Revolution. Als Beethoven die »Neunte« komponierte, war die revolutionäre Erregung indes abgeklungen, und die Reaktion hatte fürs erste gesiegt. Die Ode war wieder rein utopisch ge- worden.

Heute wird das Opus der beiden Deutschen bekanntlich als Europahymne verwendet. Der Politiker Richard Nikolaus Coudenhove-Kalergi, Freimaurer und Gründer der »Paneuro- pa-Union«, schlug es erstmals 1955 dafür vor. 1972 nahm der Eu- roparat den Vorschlag an, allerdings als Instrumentalversion –

angeblich um keine europäische Sprache zu bevorzugen. 1985 wurde das Stück zur Hymne der Europäischen Union erklärt. Es ist von neuem politisiert – sprich: mit neuen politischen Emotionen aufgeladen – worden.

Wie diese Politisierung ausschaut, demonstrierten beispielsweise im November 2015 Mitglieder des Mainzer Staatstheaters. Sie sangen die Ode vom Balkon des Theaters, um einer auf dem Vorplatz stattfindenden AfD-Kundgebung ihre »Weltoffenheit« entgegenzusetzen. Da sie eine genehmigte Versammlung störten, erhielten die Mainzer Chormitglieder eine Strafanzeige des städtischen Polizeipräsidiums. Das Recht stellte sich über das Ideal – in Zeiten, wo das Ideal nach dem Willen der Machthaber und intellektuellen Wortführer den Rechtsbruch legitimieren soll, ein bemerkenswerter Vorgang.

Für alle Ideale zahlt am Ende irgendwer den Preis. In den Worten des späten Schiller:

Erloschen sind die heitern Sonnen,
Die meiner Jugend Pfad erhellt,
Die Ideale sind zerronnen,
Die einst das trunkne Herz geschwellt,
Er ist dahin, der süße Glaube
An Wesen, die mein Traum gebar,
Der rauhen Wirklichkeit zum Raube,
Was einst so schön, so göttlich war.

Für unsereinen aber – man verzeihe meine Abschweifung – beginnt 1794 der große reaktionäre Traum, die öffentliche Hinrichtung der revolutionären Mörder … Zu diesem Fest mag man meinethalben Beethovens Chorfinale spielen.

31. Dezember

Ich freue mich 2017 auf:

- die immer bessere Befriedigung der Bedürfnisse der Zuge-
wanderten durch unsere sozialistischen Werktätigen
- das noch entschlossenere Vorgehen aller antifaschistisch-
demokratischen Kräfte im »Kampf gegen rechts«
- die lückenlose Durchsetzung der Hassfreiheit bei Facebook
- die Verfolgung sämtlicher nichtstaatlicher *Fake News* durch
unseren Justizminister Heiko Maas, er lebe hoch! Hoch!
Hoch!
- die immer weiter sinkenden Umfrageergebnisse der AfD
(vor allem bei Forsa)
- die immer weiter steigenden Beliebtheitswerte der Kanzlerin
(bei ebenfalls vor allem Forsa)
- die dank eines chirurgischen Eingriffs endlich konstanten
Beleibtheitswerte ihres Vizetanks
- das erste Treffen der »Anonymen AfD-Sympathisanten«
- die vielen Medienberichte über den weiteren Rückgang der
sogenannten Flüchtlingskriminalität
- den Auftritt eines afghanisch-rumänischen Zuwanderer-
chors bei der Verleihung des Integrations-Bambis mit dem
Lied »Üb' immer Treu und Redlichkeit«
- die Zivilcourage all jener, die trotz der bereits erfolgten zahlreichen Attacken auf Personal und Gebäude der einzigen
Oppositionspartei dieses Landes den Mut nicht sinken lassen und zu weiteren Angriffen schreiten
- die Etablierung eines Aussteigerprogramms für Pegida-Demonstranten durch den Bundesinnenminister
- den Sieg eines nach eigenen Angaben aus Syrien stammenden
17-jährigen Antänzers bei »Deutschland sucht das Supertalent«

- den 59. Flüchtling, der bei einem DAX-Unternehmen Anstellung findet
- das neue, von SPD und Grünen gesponserte Satireformat von Carolin Kebekus: »Gauland leck mich, Petry streck dich, Höcke aus dem Sack!«
- die ersten staatlichen Zuschüsse für verdiente Medienschaffende bei *SZ*, *Spiegel online* und *taz*
- Ralf Stegners Charmeoffensive auf allen Hauptbahnhöfen
- die arabische Ausgabe der *Huffington Post*
- den zweiten Friedensnobelpreis für Barack Obama, weil er mit seiner Syrien- und Libyen-Politik Millionen Afrikanern den Weg in eine bessere Zukunft freigebom-, äh, -geräumt hat
- die Zusammenlegung von Netzwerk Recherche und Amadeu-Antonio-Stiftung unter der Schirmfrauschaft von Katrin Göring-Eckardt
- die Einführung fester Gebetszeiten bei Siemens
- die erste Bremer Mathematikolympiade für Gymnasiasten ohne Ergebniszwang
- das Verbot fester Geschlechtsidentitäten durch das Bundesverfassungsgericht (außer für Zuwanderer)
- die erste Talkrunde bei Anne Will mit ausschließlich freiwillig vollverschleierten Frauen
- die Aufstockung des Bundestags um exakt so viele Abgeordnete, wie die AfD bei den Wahlen Sitze gewinnt
- das Verbot von Schönheitsoperationen im Grünen-Vorstand
- die Aufnahme von Berlin-Neukölln und Duisburg-Marxloh ins Weltkulturerbe
- die Entdeckung von intelligentem Leben in A. Merkels Beraterkreis
- jede Konversion eines Intellektuellen, Künstlers und Medienschaffenden zur »Religion des Friedens«

- die Errichtung einer »Brücke der Menschlichkeit« über das Mittelmeer durch eingewanderte Ingenieure unter der Aufsicht eingewanderter Ärzte
- Katrin Göring-Eckardts Besuch in der von Nazis zerstörten Frauenkirche
- die WDR-Reportage »Wir begleiten Katrin Göring-Eckardt bei Begegnungen mit geschenkten Menschen«
- die Breitbart-Reportage »Geschenkte Menschen in Deutschland beim Auspacken einheimischer Frauen«
- die erste Übertragung der Hadithe ins Erzgebirgische
- das Mahnmal für den »Unknown Refugee« auf dem Brandenburger Tor
- die Verbeamtung der gesamten Familie von Sawsan Chebli im Auswärtigen Amt
- Mats Hummels' 90-minütigen Tanzkurs bei Ousmane Dembélé.

Ich werde mich 2017 vor allem ärgern wegen:
- der Polizeiberichte nach Silvester
- der Polizeiberichte überhaupt
- Donald Trumps Händeschütteln mit Wladimir Putin auf dem G20-Gipfel im Juli im Hamburg
- Donald Trumps Händeschütteln überhaupt
- Donald Trump überhaupt
- des Einzuges der AfD in den Bundestag mit einem deutlich besseren Ergebnis als in den Umfragen prognostiziert
- der vielen daraufhin in die AfD strömenden »Septembergefallenen«
- der konstanten Verbesserung der Wirtschaftslage auf der britischen Insel

Und weiß der Geier weswegen sonst noch!

PERSONENREGISTER

Abdel-Samad, Hamed 353
Adam, Konrad 80 ff.
Adorno, Theodor 382
al-Hakam II., Kalif von
  Cordoba 110
Albers, Wolfgang 14
Ali, Muhammad 170
Alt, Peter-André 385
Altmaier, Peter 143, 180
Asad, Muhammad 189 f.
Asserate, Asfa-Wossen 160 f.
Assmann, Jan 68
Atatürk, Kemal 49, 353
Ateş, Seyran 353
Augstein, Jakob 115, 179, 210,
  331, 356
Averroës (Ibn Ruschd) 50
Avicenna (Ibn Sina) 50

Bach, Johann Sebastian
  135, 137, 197, 254 ff.,
Bahners, Patrick 270 ff.
Balzac, Honoré de 263
Bamberger-Stemmann,
  Sabine 359
Barilla, Guido 361

Barroso, José Manuel
  Durão 248 f.
Barth, Mario 132
Baumann, Beate 180
Bebel, August 82
Beck, Volker 42, 177, 253
Beckenbauer, Franz 164
Bedford-Strohm,
  Heinrich 144, 374 f.
Bednarz, Klaus 32
Beethoven, Ludwig van
  27, 137, 164, 204, 384 ff.
Below, Nicolaus von 238
Benedikt XVI., Papst 296
Berg, Stefanie von 373
Blanco, Roberto 114 ff.
Boateng, Jérôme 71, 145,
  152 ff., 157
Bobzin, Hartmut 189
Böckelmann, Frank 33
Bohlen, Dieter 303
Bonhoeffer, Dietrich 118
Bono (Paul David
  Hewson) 176
Bosch, Robert 366
Botsch, Gideon 277

Brähler, Elmar 178
Brecht, Bertolt 46
Breivik, Anders 226 f.
Bronson, Charles 9
Brüderle, Rainer 162, 343
Bush, George W. jun. 279
Caesar, Gaius Iulius 28, 258
Caligula, römischer Kaiser
    182
Castle, Alison 333
Chebli, Sawsan 390
Cher (Cherilyn Sarkisian)
    332
Chesterton, Gilbert K. 145
Chomeini, Ruhollah
    Musawi 137
Chopin, Frédéric 135, 205
Chruschtschow, Nikita 383
Churchill, Winston 318
Clinton, Hillary 77, 279, 312,
    324, 355 ff.
Coudenhove-Kalergi,
    Richard Nikolaus 386
Cox, Helen Joanne
    (»Jo«) 174
Cruyff, Johan 70

Daimler, Gottlieb 133, 192 f.,
    199, 366
Danisch, Hadmut 163, 264,
    315, 377
Dávila, Nicolás Gómez 53,
    140, 175, 232, 323

De la Motte, Antoine
    Houdar 206
Dembélé, Ousmane 390
Detje, Robin 286
Diesel, Rudolf 366
Diez, Georg 26, 32, 140, 210
Disraeli, Benjamin 197
Ditfurth, Jutta 279
Doderer, Heimito von 293
Dörner, Katja 253
Donath, Orna 91, 93
Dostojewski, Fjodor 63
Doyle, Arthur Conan 197
Draghi, Mario 272
Dumas, Alexandre 222

Ebert, Friedrich 82, 354
Edathy, Sebastian 76
Ehrlich, Paul 366
Eibl-Eibesfeldt, Irenäus
    77 ff., 195
Eichendorff, Joseph von 68
Einstein, Albert 191, 197, 366
Eltahawy, Mona 364 f.
Enzensberger, Hans
    Magnus 34
Erdogan, Recep Tayyip
    49, 76, 114, 171,
    218 f., 353

Fallaci, Oriana 137 f.
Farage, Nigel 188, 237
Feldman, Deborah 324

Fichte, Johann Gottlieb 298, 305
Fischer, Sarah 91
Fischer, Thomas 372
Foreman, George 170
Forster, Edward Morgan 335
Franz, Matthias 85
Freud, Sigmund 103
Friedman, Michel 41, 176

Gabriel, Sigmar 10, 210, 218, 331
Gandhi, Mahatma 60
Gauck, Joachim 301 ff., 326
Gauland, Alexander 107, 145 f., 152, 154 f., 389
Gauß, Carl Friedrich 366
Gauweiler, Peter 77, 249
Gedeon, Wolfgang 183 ff., 199
Gerigk, Herbert 255
Gibbon, Edward 232
Giousouf, Cemile 138 f.
Goebbels, Joseph 284
Göbel, Esther 91
Goethe, Johann Wolfgang von 68, 74, 84, 137, 140, 164, 232, 250, 328,
Goldberg, Johann Gottlieb 148
Göring-Eckardt, Katrin 205, 389 f.
Grant, Cary 18

Grass, Günter 220
Gross, Johannes 9, 90, 382, 384
Groys, Boris 81
Guardiola, Josep (»Pep«) 18, 72, 162
Güllner, Manfred 211
Gundolf, Friedrich 103

Hacks, Peter 141
Hafis 35
Hamelin, Marc-André 148
Hebbel, Friedrich 175
Hechinger, Fred M. 336 f.
Hegel, Georg Wilhelm Friedrich 101, 129
Heidegger, Martin 137, 298 f.
Heidenreich, Elke 289
Heine, Heinrich 19, 149, 185, 197
Heinemann, Gustav 301
Heisenberg, Werner Karl 366
Heller, Joseph 334
Helmholtz, Hermann von 68, 366
Hemingway, Ernest 289
Hennig, Max 190
Henscheid, Eckhard 26
Herles, Wolfgang 48
Herrmann, Joachim 114 ff.
Herrnstein, Richard 195
Hertz, Heinrich Rudolf 366

Herzog, Roman 301
Hesse, Hermann 68
Heuser, Joachim 246
Heuss, Theodor 301
Hitler, Adolf 10, 35 f., 38, 58,
    64 ff., 83, 164, 184 f., 215, 231,
    238 f., 245, 254, 359
Himmler, Heinrich 233,
    244, 287
Hochhut, Rolf 27
Höcke, Björn 42, 273 ff.,
    299, 389
Hofmannsthal, Hugo von
    172 f., 329
Hölderlin, Friedrich 157, 163
Hollande, François 287
Horkheimer, Max 382
Hosokawa, Toshio 51
Houellebecq, Michel 285 ff.
Hüetlin, Thomas 56
Hugendubel, Nina 131
Hummels, Mats 390
Hunke, Sigrid 109

Illner, Maybrit 41, 324
Imhoff, Hans 262

Jauch, Günther 303
Jelpke, Ulla 119
Jensen, Arthur 195
Jesus von Nazareth 59, 73,
    118, 140, 257 f., 374 f.
Jirgl, Reinhard 33

Jongen, Marc 129
Jörges, Hans-Ulrich 211
Juncker, Jean-Claude
    179, 182
Junge, Uwe 270

Kachelmann, Jörg 343
Kaddor, Lamya 41, 211
Kafka, Franz 197, 293
Kahane, Anetta 38 f., 119, 211,
    247, 387
Kaiser, Joachim 27
Kant, Immanuel 137
Kapielski, Thomas 262
Käßmann, Margot 34
Kaube, Jürgen 171
Kauder, Volker 88, 113, 180,
    354, 357
Kebekus, Carolin 389
Kelek, Necla 353
Keller, Ska 84
Kennedy, John F. 383
Kipping, Katja 9, 119
Klaus, Václav 306 ff.
Kleber, Claus 179
Kleiber, Carlos 334
Kleist, Heinrich von 172
Koch, Robert 366
Kohl, Helmut 31, 283 f.
Köhler, Horst 301 f.
Köppel, Roger 56
Körner, Christian
    Gottfried 385 f.

Körner, Theodor 298
Krämer, Gudrun 118
Krause, Günther 165
Kretschmann, Winfried 300
Kubrick, Stanley 333 ff.
Kudla, Bettina 283
Küppersbusch,
    Friedrich 284

La Rochefoucauld,
    Francois VI., Duc de 5
Labbadia, Bruno 278
Lammert, Norbert 143, 300
Lanz, Markus 303, 324,
    346 ff.
Laqueur, Walter 242
Lassalle, Ferdinand 82
Leclerc, Georges-Louis,
    Comte de Buffon 233
Lee Kuan Yew 196
Leutheusser-Schnarren-
    berger, Sabine 250
Lévy, Bernard-Henri 289
Leyen, Ursula von der
    300, 330,
Lichtenberg, Georg
    Christoph 176 f.
Lichtschlag, André F.
    152, 227
Linné, Carl von 298, 304 f.
Lisson, Frank 103, 243, 384
Liszt, Franz 97, 148 f., 204
Littell, Jonathan 244

Lorrain, Claude 137
Luther, Martin 102, 254 f.,
    309, 382
Lynn, Richard 195

Maas, Heiko 14, 21 f., 38, 81,
    107, 112, 143, 157, 181, 207 ff.,
    228, 278, 343, 354, 357 f.,
    369, 388
Mahler, Gustav 313
Mahmodi, Mohammad
    Musa 372
Maier, Johann 184 f.
Maischberger, Sandra
    273, 367
Maistre, Joseph Marie,
    Comte de 232
Maizière, Thomas de 22, 113,
    239, 284, 388
Maizière, Ulrich de 238 f.
Mann, Thomas 5, 188, 217,
    386
Mannichl, Alois 311
Mansour, Ahmad 353
Manthei, Matthias 270
Mao Tse-tung 121, 184, 240,
    249, 383
Markl, Hubert 80
Marquard, Odo 185
Martenstein, Harald
    183 ff., 211
Marx, Karl 23, 79, 106,
    243 f., 300

Marx, Reinhard 374 f.

Mazyek, Aiman 118 ff., 212

Meckel, Miriam 210

Mendelssohn, Moses 197

Merkel, Angela 10, 14,
    18, 23 f., 31, 33, 35 ff., 43,
    45, 47 f., 62 f., 69, 74, 83,
    124, 138 f., 140 f., 152, 158,
    165, 169, 177, 179 f., 192,
    199, 201, 210, 214 f., 218 f.,
    223, 230, 239 ff., 250, 263,
    270 ff., 276, 284, 300 ff.,
    329 f., 332, 338, 345, 358,
    367 f., 388 f.

Merz, Friedrich 28

Messi, Lionel 70 ff.

Mielke, Erich 31

Minkmar, Nils 331

Mlambo-Ngcuka,
    Phumzile 372

Montesquieu,
    Charles-Louis de
    Secondat, Baron de la
    Brède et de 206

Moore, Michael 312 f.

Mosebach, Martin 27,
    232 ff., 287

Mozart, Wolfgang Amadeus
    37, 71 137, 197

Müller, Gerd 164

Münkler, Herfried 68, 271,
    300, 309

Murray, Charles 195

Nabokov, Vladimir 63 f.,
    293 f.

Napoleon I. Bonaparte,
    französischer Kaiser
    28, 216 f., 220 ff., 231, 305

Nahles, Andrea 27

Nebukadnezar II.,
    babylonischer König 185

Nemtsov, Jascha 261

Nelson, Horatio 28, 279

Netzer, Günter 164

Ney, Michael 221

Nietzsche, Friedrich 59 f.,
    137, 185, 189, 237, 294

Nolte, Ernst 241 ff.

Nolte, Paul 242 f.

Obama, Barack 179, 279,
    345, 357, 380, 389

Onassis, Aristoteles 383

Özoguz, Aydan 193

Orbán, Viktor 81, 84,
    182, 277

Ott, Alice Sara 149

Otto I., » der Große«,
    deutscher Kaiser 274

Palmer, Boris 205, 367

Pareto, Vilfredo 73

Pau, Petra 143

Paul, Jean 176 f.

Pawlow, Iwan
    Petrowitsch 187

Petry, Frauke 85, 111 f., 124, 138 f., 177, 269 f., 389

Pfeiffer, Christian 32

Pilatus, Pontius 257 f.

Pirinçci, Akif 63

Planck, Max 164, 366

Platon 137

Pogorelich, Ivo 148

Polenz, Ruprecht 368

Pompeius, Gnaeus 279

Poschardt, Ulf 332

Posener, Alan 24

Prantl, Heribert 95, 211, 356, 362

Precht, Richard David 289

Prezzolini, Giuseppe 105

Proust, Marcel 74, 122, 197, 293

Putin, Wladimir Wladimirowitsch 76, 183, 333, 390

Quirnheim, Albrecht Mertz von 238

Rachmaninow, Sergej Wassiljewitsch 135

Rathenau, Walther 197

Rau, Johannes 301

Reker, Henriette 223

Redeker, Robert 296 f.

Rehborn, Johannes 332

Reschke, Anja 181

Rilke, Rainer Maria 67 f.

Röntgen, Wilhelm Conrad 366

Roeseler, Dominik 54

Ronaldo, Cristiano 71 f.

Roosevelt, Eleanor 122

Rosenstock-Huessy, Eugen 258

Rosenzweig, Franz 258

Rosh, Edith (»Lea«) 62 f.

Roth, Claudia 84, 111, 176, 205, 223, 283

Rousseau, Jean-Jacques 92, 336

Rubinstein, Anton Grigorjewitsch 204

Rushton, John Philippe 195 f.

Saint-Just, Louis-Antoine-Léon de 233, 287

Sallust 101

Safranski, Rüdiger 33

Salter, Frank 195

Sardanapal, assyrischer König 65

Sarrazin, Thilo 34, 42, 277, 284

Schacht, Ulrich 299

Schäfer, Peter 257 f.

Schäuble, Wolfgang 164 ff., 170, 300

Scheler, Max 60, 127

Schellnhuber,
    Hans Joachim 278

Schiffer, Claudia 40

Schiller, Friedrich 68, 84,
    384 ff.

Schilling, Rolf 28

Schily, Otto 77

Schirmbeck, Samuel 346 ff.,
    351, 353

Schirrmacher, Frank 286

Schmidt, Harald 27

Schmidt, Helmut 229

Schmitt, Carl 220

Schneider-Addae-Mensah,
    David 114 f.

Schröder, Gerhard 248

Schubert, Franz 197

Schulz, Martin 179, 182

Schumacher, Kurt 82

Schumann, Robert 205

Schwarzer, Alice 162, 278

Schwesig, Manuela 208 f.,
    365, 369

Scrovegni, Enrico 137

Seemann, Michael 314

Shakespeare, William 137

Shalicar, Arye Sharuz 374

Sieferle, Rolf Peter 316 ff.

Siemens, Werner von
    366, 389

Slomka, Marietta 97

Sloterdijk, Peter 278

Sokolov, Grigory 148

Sonboly, Ali David
    226 ff., 375

Sophokles 137

Soros, George 179, 327

Spaemann, Robert 106

Spahn, Jens 165

Speer, Albert 65

Spengler, Oswald 145,
    186, 198

Stauffenberg, Claus Schenk
    Graf von 238

Stegner, Ralf 81, 212, 269,
    331, 389

Steinbach, Erika 68 f.

Steinberg, Ricky 111

Steinfeld, Thomas 33 f.

Steinmeier, Frank-Walter
    300, 331, 337 ff.

Sternberg, Thomas 142 ff.

Stengel, Theo 255

Stevenson, Robert
    Louis 197

Stieff, Hellmuth 238

Stoiber, Edmund 36

Stokowski, Margarete
    209, 365

Storch, Beatrix von
    147, 211

Strauß, Botho 27, 315

Strauss, Richard 298

Streicher, Julius 255

Strothotte, Thomas 49

Tappert, Horst 219
Tarlé, Eugen 222
Tauber, Peter 180, 247
Talleyrand-Périgord,
 Charles-Maurice de 27
Tessmer, André 208
Tezel, Aylin 341
Thälmann, Ernst 215
Tibi, Bassam 353
Titus, Kaiser von Rom
 185, 258
Tolokonnikowa,
 Nadeschda 142
Tolstoi, Lew Nikolajewitsch
 263 f.
Trifonov, Daniil 148 f.
Trovatello, Alica 53 f.
Trump, Donald 4, 76, 104,
 182, 219, 221, 279, 312 f., 324,
 327, 329 ff., 338, 354 ff., 360,
 379 f., 390

Ude, Christian 80 f.
Uslar, Moritz von 332

Velázquez, Diego 333
Verdi, Giuseppe 137
Vermeer, Jan 333
Vogel, Pierre 118
Vonderach, Andreas 195

Wäscher-Göggerle,
 Veronika 246 f.
Wagenknecht, Sahra
 147, 158
Wagner, Richard 10, 36, 38,
 40,138 ff., 298 f., 337
Wayne, John 71
Weißmann, Karlheinz
 114, 171
Weizsäcker, Richard von
 301
Wendt, Alexander 24, 118,
 124, 181, 366, 368, 383
Wichmann, Dominik 354 f.
Wiesenhütter, Christian 49
Will, Anne 112, 211,
 271, 389
Willemsen, Roger 55
Willms, Johannes 216 f.
Woidke, Dietmar 275
Wolski, Rainer M. 200 ff.
Wolters, Friedrich 103
Wulff, Bettina 302
Wulff, Christian 109, 302

Zayas, Alfred-Maurice de 67
Zeller, Bernd 132, 230
Zetsche, Dieter 192 f., 199
Zola, Émile 263
Zumwinkel, Klaus 167

Edition Sonderwege
© Manuscriptum Verlagsbuchhandlung
Thomas Hoof KG · Waltrop und Berlin 2017

Satz: Achim Schmidt, Graphische Konzepte, Mettmann. Gesetzt aus Arno Pro
Umschlag: Frank Ortmann, freies grafikdesign, Potsdam
Druck und Bindung: CPI books, Ebner & Spiegel GmbH, Ulm

Printed in Germany
ISBN 978-3-944872-45-2
www.manuscriptum.de